중국 금석문으로 한국 고대사 읽기

중국 금석문으로 한국 고대사 읽기

2023년 1월 20일 초판 1쇄 발행

지은이   권덕영
펴낸이   권혁재
편 집   조혜진
표 지   이정아

인 쇄   성광인쇄
펴낸곳   학연문화사
등 록   1988년 2월 26일 제2-501호
주 소   서울시 금천구 가산디지털1로 16 가산2차SKⅤ1AP타워 1415호

전 화   02-6223-2301
팩 스   02-6223-2303
E-mail   hak7891@chol.com

ISBN   978-89-5508-477-1 93910

중국 금석문으로 한국 고대사 읽기

권덕영

학연문화사

● 머리말

　일찍이 프랑스의 역사가 랑글루아(Charles V. Langlois)와 세뇨보(Charles Segnobos)는 "사료 없이 역사 없다"라 하였다. 사료에 근거하지 않은 역사는 허구이고, 빈약한 사료로는 풍성한 역사를 만들어낼 수 없다는 말이다. 필자는 사료가 부족한 한국고대사 연구에 입문한 이래 늘 새로운 자료 탐색에 고심하였다. 그 중에서 특별히 주목한 것은 금석문 자료였다.

　금석문은 문헌자료가 극히 제한된 한국고대사 연구에 각별한 가치를 가진다. 이러한 금석문 자료는 국내뿐만 아니라 국외에도 상당수 존재한다. 그 가운데 국내에 남아 전하는 금석문은 일찍부터 연구에 널리 활용되었으나, 국외 금석문은 그렇지 못하였다. 중국에 주로 소재하는 국외 금석문은 우리 역사와 관련 있는 자료가 상대적으로 적을 뿐더러 내용 또한 다양하지 못하기 때문이다. 그럼에도 그것을 종합적으로 정리, 분석해보면 의외로 새롭고 유익한 정보를 얻을 수 있다. 이 책은 지금까지 비교적 소홀했던 국외 금석문, 그 중에서 중국 당나라 금석문을 활용하여 한국고대사의 일부를 복원하고자 한 것이다.

　이 책은 전체 세 장(章)으로 구성되었다. 첫째 장에서는 한국고대사 관련 중국 금석문을 종합적으로 정리·소개하고, 일찍이 중국 금석문으로 한국고대사 읽기를 시도한 중국의 금석학자 뤄전위(羅振玉)의 《당대해동번벌지존》을 검토하였다. 둘째 장에서는 고구려 유민 고자(高慈) 묘지, 백제 유민 예씨(禰氏) 일족 묘지, 재당 신라인 이구부인경조김씨 묘지를 통해 삼국통일 전후 동아시아의 국제정세와 재당 한인 지배층의 동향과 활동 등을 살펴보았다. 아울러 당대(唐代)의 각종 금석문을 활용하여 신라의 삼국 통일전쟁과 대당외교, 그리고 사회·문화교류사의 일부를 보완하였다. 마지막 셋째 장에서는 십수년에 걸친 중국 금석문 탐사작업을 기행문 형식으로 정리, 소개하였다. 필자는 한국고대사 관련 중국 금석문을 찾아 중국 전역을 돌아다녔다. 그 과정에서 얻은 다양한 경험과 정보를 독자들과 공유하고자 특별히 이 장을 마련하였다.

지난해 고구려·백제 유민과 재당 신라·발해인의 묘지명을 종합적으로 연구한《재당 한인 묘지명 연구》자료편과 역주편을 출간하였다. 사실 이 작업을 시작할 당초에는 자료편과 역주편에 이어 연구편까지 모두 3부작으로 구상하였다. 그러나 주어진 연구 기간 안에 연구편까지 마무리하기는 물리적으로 도저히 불가능했다. 하는 수 없이 자료편과 역주편을 우선 출간하고 연구편은 후일을 기약하였다. 본서는 바로 훗날을 기약한 연구편에 해당한다. 이런 점에서 이 책은《재당 한인 묘지명 연구》의 자매편이라 해도 좋을 듯싶다.

눈 밝은 독자들은 금방 알아보겠지만, 이 책 내용의 상당 부분은 지난 수년 동안 여러 학술지에 발표한 논문에서 차용한 것이다. 그렇다고 기존의 글을 그대로 옮겨 실은 것이 아니라 대폭 다듬고 손질하여 단행본에 걸맞게 정리하였다. 또한 독자들의 이해를 돕기 위해 여러 가지 도표와 그림 자료를 실어 보완하였다.

요즘 우리나라 출판 시장이 매우 어렵다. 그럼에도 경제성이 별로 없는 이 책을 선뜻 출간해주신 학연문화사 권혁재 사장님께 감사한다. 아울러 난삽한 원고를 깔끔하게 다듬어 반듯한 책으로 꾸며준 출판사 관계자 여러분께도 고마움을 표한다.

2022년 11월 중순
금정산 기슭에서 권덕영 쓰다.

목 차

제1장 중국 금석문과 한국고대사

제1절 한국고대사 관련 중국 금석문 현황

금석문은 대부분 동시대에 만들어진 자료라는 점에서 사료적 가치가 매우 높다. 문헌자료가 극히 제한된 한국고대사의 경우, 금석문의 가치는 더욱 높을 수밖에 없다. 중국 지린성(吉林省) 지안(集安)의 고구려 광개토왕릉비는 4, 5세기 동북아시아 국제정세를 생생하게 보여주고, 경북 문경시 가은면에 소재하는 봉암사지증대사탑비(鳳巖寺智證大師塔碑)는 신라의 선종 전래와 하대 불교계의 동향을 잘 말해준다. 이런 점에서 금석문은 한국고대사 연구의 1급 사료라 해도 과언이 아니다.

한국고대사 관련 금석문은 한국뿐만 아니라 중국과 일본에도 존재한다. 그 가운데 국내에 남아 전하는 금석문은 일찍부터 연구에 활용되었으나 국외 금석문은 그렇지 못하였다. 국외 금석문은 우리 역사와 관련있는 자료가 상대적으로 적을 뿐더러 내용 또한 다양하지 못하기 때문이다. 그럼에도 그것을 종합적으로 정리, 분석해보면 의외로 많은 한국고대사 관련 기록을 찾을 수 있다. 특히 중국 금석문 속에 한국고대사 관련 자료가 상당수 포함되어 있다.

근년 우리 학계에서도 중국 금석문에 관심을 가지고 한국고대사 관련 금석문을 속속 소개하고 또 연구에 활용하였다. 중국 금석문을 통해 한국고대사 읽기를 시도하는 이 책의 첫머리에 중국 금석문의 전반적 현황과 한국고대사 관련 자료를 개관하는 것은 당연한 순서라 여겨진다. 이 절에서는 중국 금석문 가운데 압도적 다수를 차지하는 당(唐) 금석문을[1] 중심으로 그것의 보존과 정리 현황을 살펴보고, 아울러 한국고대사 관련 자료를 개관하고자 한다.

---

1) 이 책에서 사용하는 '당 금석문'은 唐代(618~907) 귀화인을 포함한 중국인이 각지에 만든 모든 금석문의 총칭으로 정의한다. 따라서 비록 한반도에 소재하더라도 당대 중국인이 만든 금석문, 예를 들면 부여 정림사지오층석탑에 새겨진 唐平百濟國碑銘과 같은 자료도 당 금석문의 범주에 포함된다고 할 수 있다.

1. 당 금석문의 보존과 정리

1) 발견과 보존

중국 금석문은 한국과 비교할 수 없을 정도로 양이 풍부하고 종류 또한 다양하다. 특히 당나라 금석문이 가장 풍부한데, 그것들은 중국 각지에 산재해 있다. 그 중에서도 시안(西安)과 뤄양(洛陽)이 자리잡은 산시성과 허난성에 가장 많이 분포한다. 그러한 사실은 수·당과 오대의 묘지(墓誌)를 모아 정리한 《수당오대묘지휘편》을 살펴보면 쉽게 알 수 있다. 후술하겠지만 이 자료집은 색인 1책을 포함해 총 30책으로 구성되었다. 그 가운데 낙양편 15책을 포함한 허난성 자료가 16책이고 산시성 자료가 4책으로, 이들 두 지역에서 출토된 금석문이 전체의 약 69%를 차지한다. 그리고 북경대학편 2책과 북경편 3책에 수록된 자료의 상당 부분도 원래는 산시성과 허난성에서 출토된 묘지들이다.

당나라 묘지가 허난성과 산시성에 집중적으로 분포하는 것은 이 지역이 당대 중국의 정치, 경제, 문화의 중심지였기 때문이다. 산시성 시안은 전한(前漢) 이후 여러 왕조가 수도로 정한 장안(長安)으로, 당대에 들어와 크게 발전하여 성당시대에는 인구 100만 명이 상주하는 세계 최대의 도시였고 동·서양의 문화가 한데 어우러진 국제도시였다. 허난성 뤄양 또한 시안에 버금갈 정도의 역사와 문화를 간직한 도시로, 당대에는 장안 동쪽에 있는 서울이라는 뜻으로 동도(東都)라 칭하였다. 당대 장안과 낙양의 위상이 이러함에 따라 왕족은 물론 고관대작들이 그곳에 많이 모여 살았고, 또 그들이 죽은 후 자연스럽게 장안과 낙양 주변에 묻히게 되었다. 특히 낙양 북쪽의 동서로 약 50㎞에 걸쳐 뻗은 야트막한 구릉형 산지인 북망산(北邙山)은 무덤 조성에 적합한 토질과 지형 조건을 갖추고 있어, 대대로 이상적인 사후 안식처로 인식되었다. 그래서 동주(東周)시대부터 당·송대에 이르기까지 수많은 왕공귀인들이 이곳에 묻혔다.[2] 그 중에서 당대의 능묘가 가장 많은데, 그러한 능묘에서 묘지석을 비롯한 각종 금석문 자료가 집중적으로 출토되었다.

묘지(墓誌) 이외의 당대 금석문도 산시성과 허난성 일대에 가장 많이 분포하는 것으로 추정된다. 물론 정확한 통계가 없어 그 양이 얼마나 되고, 또 어느 지역에 어떻게 분포하는지 등은 구체적으로 알 수 없다. 그럼에도 당대 장안과 낙양의 정치, 경제, 문화적 중요성을 감안하면, 묘지 이외의 금석문도 산시성과 허난성 일대에 집중되어 있을 가능성이 높다. 따라서 지금의 산시성과 허난성은 당대 금석문의 보고라 해도 과언이 아닐 듯싶다.

과문한 탓인지 모르지만, 산시성과 허난성을 중심으로 중국 전역에 흩어져 있는 당대 금석문을 종합적으로 정리, 분석한 연구는 아직 없다. 그에 따라 현재 당대 금석문이 얼마나 남아 있고 또 그 종류가 어떠한지 등에 관하여 자세히 알 수 없는 실정이다. 그런데 근년 금석문을 포함한 당대의 모든 문장을 종합적으로 정리한 《전당문신편》(길림문사출판사, 2002)이 출간됨으로써 그 개략적인 양상이랄까 경향을 파악할 수 있게 되었다.

《전당문신편》에는 비갈(碑碣) 964건, 묘지(墓誌) 5,702건, 석각과 제기(題記) 832건, 탑명·불상명·종명·당명(幢銘)·경명(經銘) 605건, 기타 199건 등 총 8,302건의 금석문이 수록되었다.[3] 이 가운데 실물이 없고 문집이나 역사서에 내용만 전해오는 것도 일부 포함되어 있으나, 그 수효는 많지 않고 대부분은 현재 중국에 실물 혹은 탁본으로 남아 전해온다.

어쨌든 《전당문신편》의 이러한 수치는 20세기 말까지 공식적으로 조사·정

---

2) 근년 중국의 망산고분군 조사 결과를 통해 알 수 있듯이, 망산에는 여섯 왕조의 여러 왕릉 24기와 배장묘를 비롯한 대략 10여만 기의 고분이 산재해 있다. 洛陽市第二文物工作隊, 〈洛陽邙山陵墓群的文物普查〉, 《文物》 2007-10, 43~59쪽 참조.

3) 권덕영, 〈한국고대사 관련 중국 금석문 조사 연구-唐代 자료를 중심으로〉, 《사학연구》 97, 2010, 7~8쪽.

리한 것에 불과하고, 실제로는 이보다 훨씬 많은 당대 금석문이 중국 전역에 산재할 것으로 판단된다. 개인적으로 소장하거나 미처 조사되지 않은 자료가 다수 존재할 것이고, 설사 공식적으로 조사되었더라도 이 책에 수록되지 않은 자료가 상당수 있을 것으로 여겨지기 때문이다. 게다가 21세기 중국의 산업화 과정에 각지에서 새로 발견된 수많은 금석문도 이 책에 반영되지 않았다.

실제 최근 조사에 따르면, 2015년 말을 기준으로 당대 묘지만 12,523점이 확인된다고 한다.[4] 따라서 《전당문신편》에 수록된 자료는 현재의 당대 금석문 전체 숫자와 상당한 차이가 있음을 알 수 있다. 그럼에도 《전당문신편》 자료는 당대 금석문의 유형별 분포상황을 추정하는 데 유효한 자료인 것은 분명하다. 즉 당대 금석문 가운데 묘지가 전체의 68.7%를 차지할 정도로 압도적 다수를 점한다. 그리고 비갈이 11.6%, 석각·제기가 10.0%, 탑명·불상명·당명·종명·경명이 7.3%, 기타 자료가 2.4%이다. 이러한 비율을 2015년 말 기준 당대 묘지 12,523점과 대비시켜 계산하면, 현재 당대의 각종 금석문은 대략 18,200여 점에 이를 것으로 추정할 수 있다.

이처럼 많은 당나라 금석문 속에 한국고대사 관련 자료가 305점 확인된다. 비록 전체에서 차지하는 비율은 미미하나, 당 금석문 중에 한국고대사 관련 자료가 다수 존재한다는 사실은 이채롭다고 하겠다. 앞서 살펴보았듯이, 당대 금석문은 허난성과 산시성에 집중적으로 분포하고, 또 묘지가 차지하는 비율이 압도적으로 높다. 한국고대사 관련 금석문도 마찬가지여서, 243점 곧 전체의 약 80%가 묘지이고 그것의 출토지 혹은 소재지는 대부분 허난성과 산시성이다.

허난성과 산시성에 당나라 금석문을 다량 소장하고 있는 곳은 허난성 신안현(新安縣)의 천당지재(千唐誌齋)와 산시성 시안시의 서안비림박물관(西安碑林

---

4) 氣賀澤保規,《新編 唐代墓誌所在總合目錄》, 明治大學東洋史料叢刊 13, 汲古書院, 2017.

博物館)이다. 천당지재는 당대 묘지석 1천여 점을 소장한 데서 유래한 명칭으로, 뤄양에서 서쪽으로 약 45㎞ 떨어진 신안현 톄먼진(鐵門鎭)에 자리 잡고 있다. 이 건물은 장팡(張鈁)이 1930년대 초 국민혁명군 제23로군(路軍) 총지휘 겸 하남민정청장(河南民政廳長)으로 재직할 때 뤄양 일대에 흩어져 있던 당대 묘지석과 각종 석각 자료를 광범위하게 수집하여 자신의 고향인 톄먼진으로 옮겨 보관하기 위해 건립한 것이다.[5] 당시 장팡이 수집한 자료는 모두 1,578점이었으나, 도중에 수차례 정치적 변란을 거치면서 일부 산일되고 1,419점만이 안전하게 보존될 수 있었다. 그 중에 당대 묘지가 가장 많아 1,191점에 이르렀다.

1980년대 이후 천당지재는 뤄양 북쪽의 망산, 남쪽의 만안산(萬安山)과 용문서산(龍門西山), 옌스현(偃師縣)과 멍진현(孟津縣) 등지를 재차 광범위하게 조사하여 800여 점의 묘지를 추가로 수집하였다. 이로써 천당지재는 총 2,200점에 가까운 석각자료를 소장하게 되었는데, 그 중에 1,700여 점이 당나라 묘지이다.

허난성에는 천당지재 외에도 뤄양시의 낙양박물관, 용문박물관, 낙양시문물고고연구원, 낙양구조각석문자박물관(洛陽九朝刻石文字博物館), 낙양고대예술관,[6] 낙양사범학원 하락고대석각예술관(河洛古代石刻藝術館)과 카이펑(開封)의 개봉박물관, 정저우(鄭州)의 하남박물원 등이 묘지를 비롯한 수많은 당대 금석문 자료를 소장하고 있다.

한편 산시성 시안시 서안비림박물관은 산시성 일대에서 수집한 각종 금석문을 수장하고 있다. 시안시 삼학가(三學街)에 자리 잡은 비림박물관은 당 멸

---

5) 趙跟喜, 〈千唐誌齋槪說〉, 《榮寶齋》 6, 2003, 201~209쪽; 衡劍超, 〈千唐誌齋槪況〉, 《東方藝術》 2008-16, 24~27쪽.
6) 關羽 사당을 모신 關林 안에 자리한 낙양고대예술관은 서쪽의 洛陽石刻藝術室과 동쪽의 洛陽墓誌陳列室로 구성되었다. 종전 이곳에 묘지를 비롯한 1천여 점의 금석문 자료가 소장되었으나, 근년에 대부분 낙양박물관으로 이관되었다.

망 후 각지에 방치되어 훼손되어가던 당대 금석문을 보호하기 위해 북송 원우 2년(1087)에 개성석경(開成石經)과 석대효경(石台孝經)을 현재의 자리로 옮겨 보존한 것에서 시작되었다.[7] 그후 금·원·명·청대를 거치면서 시안 일대의 비석과 묘지를 비롯한 각종 석각 자료를 꾸준히 수집함으로써 유물의 양이 크게 증가하고 건물의 규모가 확대되어, 청나라 초기에 이르러 비로소 이곳을 비림(碑林)이라 부르게 되었다. 근대에 들어와 1938년 비림연구위원회가 설립되고 이어서 비림을 섬서성역사박물관으로 삼았다. 이후 서북역사진열관, 서북역사박물관, 섬서성박물관 등으로 명칭이 바뀌었다가 1993년에 현재의 이름으로 정착되었다.

서안비림박물관은 공묘(孔廟), 비림, 석각예술실 등의 3구역으로 구성되었는데, 현재 국보급 문물 19종 134건을 비롯한 1만여 점의 유물을 소장하고 있다. 그 가운데 단연 중심이 되는 유물은 비석 556종 1,401점이다. 이 외에도 묘지 1,654점, 조상(造像) 70점, 경당(經幢) 63점 등의 금석문 자료를 소장하고 있다. 이들은 한대부터 청대까지 장구한 기간에 걸친 자료인데, 비석 63종, 묘지석 608점, 조상 14점, 경당 62점은 당대(唐代) 유물이다.[8]

서안비림박물관 외에도 시안의 섬서역사박물관, 서안박물원, 대당서시박물관, 섬서성고고연구원, 리취안현(禮泉縣)의 소릉박물관(昭陵博物館), 첸현(乾縣)의 건릉박물관(乾陵博物館) 등이 당대 묘지와 석각 자료 등을 다량 소장하고 있다.

---

7) 開成石經은 당 문종 개성 2년(837)에 《周易》과 《尙書》 등 12경을 114개의 돌에 새겨 만든 것이고, 石台孝經은 천보 4년(745)에 현종이 쓴 《孝經》 본문과 주석을 폭 120cm 높이 620cm의 사각형 돌 각 면에 돌아가며 새겨 3층의 대석 위에 세워 만든 것이다.

8) 路遠, 《碑林史話》, 西安出版社, 2000; 張雲, 《西安碑林博物館》, 陝西旅遊出版社, 2002.

2) 자료 정리 현황

중국에서는 진·한 때부터 금석문에 관심을 가지고 연구하였다. 진나라 이사(李斯)와 한나라 숙손통(叔孫通)은 창힐(蒼頡)이 만들었다는 28자 각석(刻石)을 연구한 바 있거니와, 이후 지금까지 수많은 학자들이 금석문을 수집, 정리, 편찬, 연구하였다. 특히 송나라 구양수(歐陽修)·구양비(歐陽棐) 부자를 비롯한 조명성(趙明誠), 정초(鄭樵), 진사도인(陳思道人) 같은 학자들이 금석문을 하나의 학문으로 정립할 수 있는 기반을 마련하였고, 청나라 고염무(顧炎武), 주이존(朱彝尊), 전대흔(錢大昕), 필원(畢沅), 왕창(王昶), 완원(阮元) 등은 금석문을 명실상부한 '금석학'으로 발전시켰다.[9]

금석학은 금석문의 수집과 정리에서부터 시작된다. 청대 이후 지금까지 많은 금석학자들은 각지에 산재한 자료를 모아 다양한 방식으로 정리하였다. 그것은 대략 3가지 형태로 나뉜다. 첫째는 탁본을 잘라 순서대로 붙여 만든 비첩(碑帖)이고, 둘째는 금석문을 판독하여 수기(手記) 혹은 판각을 포함한 활자 인쇄본이며, 셋째는 탁본을 촬영해 축소 혹은 확대 영인한 자료집이다. 이들 3가지 형태의 자료집은 모두 금석문 정리에 나름의 장단점을 가진다. 그 중에서 전근대에 주로 제작된 비첩 형태의 자료집은 다량의 금석문을 총체적으로 담아내는데 한계가 있다. 특히 비첩은 1만 수천 점에 이를 것으로 추산되는 당대 금석문의 정리 현황을 살펴보는 데 그다지 도움이 되지 않는다. 따라서 여기서는 활자본과 영인본을 대상으로, 19세기 후반 이후 지금까지 당나라 금석문의 정리 현황을 개관하고자 한다.

먼저 활자로 당대 금석문을 종합적으로 정리한 자료집으로는《전당문신편》,

---

9) 拜根興,〈중국 소재 韓國古代史 관련 금석문 자료의 現況과 展望〉,《신라 금석문의 현황과 과제》, 신라문화제학술발표회논문집 23, 2002, 172~174쪽.

《전당문보유》,《당대묘지휘편》을 들 수 있다. 청나라는 두 차례에 걸쳐 당대의 시와 문장을 집대성하였다. 성종 강희 42년(1703)에 당나라 시 48,900여 편을 900권 분량으로 종합·정리한 《전당시》와 인종 가경 13년(1808)부터 19년까지 7년에 걸쳐 당·오대의 각종 문장을 총집한 《전당문》 1,000권이 그것이다. 이 가운데 《전당시》는 일종의 시집이기 때문에 금석문이 제외되었으나, 《전당문》 에는 비문, 묘지명, 조상기(造像記), 경당명(經幢銘), 조탑기(造塔記) 같은 금석문을 포함한 각종 문장 20,025편이 수록되었다.

많은 연구자들이 지적하듯이, 《전당문》은 당대의 문장을 빠짐없이 수록하지 못했을 뿐더러 작자의 오류, 문장의 오·탈자, 중복 게재 등 내용상 많은 문제를 내포하고 있다.[10] 그에 따라 《전당문》에서 빠진 당대 문장을 모아 보완하고 내용을 수정하는 작업이 수차례 이루어졌다. 일찍이 진홍지(陳鴻墀)와 완원이 그러한 작업을 시도하였고, 함풍(1851~1861) 연간에 노격(勞格)이 《전당문》에 빠진 당대의 문장 100여 편을 목록으로 정리해 《독전당문찰기(讀全唐文札記)》에 수록하였으며, 광서(1875~1908) 연간에 육심원(陸心源)이 3,000여 편의 당나라 문장을 새로 찾아 《당문습유(唐文拾遺)》 72권과 《당문속습(唐文續拾)》 16권으로 정리하였다.[11]

이로써 《전당문》 보완 작업이 마무리되는 듯하였으나, 20세기에 들어와 개인과 사찰 및 도관(道觀) 등지에 비장되어 있던 당나라 문장이 속속 발견되었고, 다량의 둔황(敦煌) 유서들이 차례로 정리되었으며, 뤄양과 시안을 비롯한 전국 각지에서 수많은 당대 묘지와 비석이 출토되었다. 이에 《전당문》을 다시 새롭게 보완할 필요가 있었다. 그러한 작업의 결과물이 바로 《전당문신편》과

---

10) 閻現章, 〈全唐文的編纂動機及特色〉, 《北方論叢》 1994-5, 92~98쪽; 陳尙君, 〈述'全唐文'成書經過〉, 《復旦學報(社會科學版)》 1995-3, 202~210쪽; 陳尙君, 〈唐五代文章의 總彙-全唐文〉, 《古典文學知識》 1996-3, 92~100쪽; 李希泌, 〈全唐文篇目分類索引序〉, 《文獻》 1997-4, 223~226쪽.

11) 陳尙君, 앞의 글, 1995, 202쪽.

《전당문보유》이다.

저우샤오량(周紹良)은 1988년부터 롼구이밍(欒貴明), 장시허우(張錫厚), 펑후이민(馮惠民), 예수런(葉樹仁), 티앤이(田奕) 등의 많은 전문가들과 함께《전당문》의 오류를 일일이 교정하고《전당문》이후 출간된 각종 자료집을 참고하여 새로운 금석문과 전적 그리고 둔황 문서를 채록하였다. 아울러 기존에 알려진 문헌들을 재차 검색하여 누락된 당나라 문장을 찾아내 원래의《전당문》체제 속에 적절히 배치해 보완하였다.

이러한 작업을 거쳐 2002년에《전당문신편》1,000권 22책을 출간하였다. 여기에 수록된 작품은 총 34,742편으로, 종전의《전당문》20,025편에 비해 14,717편 곧 73.5%가 증가하였다. 그 중에서 8,300여 편이 묘지를 비롯한 금석문이다. 저자의 권위성, 편찬의 과학성, 자료의 완정성(完整性), 고증의 엄격성, 장정의 정미성(精美性)을 특징으로 내세우는《전당문신편》은 지금까지 편찬된 어떠한 자료집보다도 많은 양의 작품을 수록하였다.

《전당문보유》는 중국 산시성 고적정리판공실이 시안과 뤄양 일대에서 새로 발견된 당대 묘지를 비롯한 각종 자료를 모아, 1994년에 제1집을 출간한 이래 연차적으로 2007년까지 총 10책을 간행하였다. 그 속에 천당지재에서 새로 수집한 묘지명을 일괄 정리한 천당지재신장전집(千唐誌齋新藏專輯) 1책이 포함되어 있다. 《전당문보유》는 전반적으로《전당문》의 편집체제를 따랐으나, 본문에 표점을 찍고 말미에 작자 색인을 붙였다는 점이 서로 다르다. 그리고 이 책에 수록된 자료는 대부분 최근에 발견된 묘지를 중심으로 한 금석문이라는 특징을 가지고 있다.

다음의《당대묘지휘편》은 책 제목에서 알 수 있듯이, 당나라 묘지만을 모아 정리한 금석문 자료집이다. 저우샤오량이 책임 편집을 맡아 1992년에 1차로《당대묘지휘편》(상·하) 2책을 간행하였고, 이어서 1차 자료집에 빠진 묘지와 출간 이후 새로 발견된 자료를 모아 2001년에 2차로《당대묘지휘편속집》

1책을 간행하였다. 이 자료집은 20세기 초 이후 뤄양과 시안을 비롯한 중국 각지에서 발견 혹은 발굴되어 분산 소장되었던 수많은 당대 묘지명을 집대성한 노작이다.

두 차례에 걸쳐 간행된 《당대묘지휘편》에는 총 5,171점의 당대 묘지가 수록되었다. 그중 대부분이 《전당문》에 수록되지 않은 새로운 자료들이다. 편집 체제는 묘지를 제작 연대순으로 배열하고 표점을 찍어 해독의 편의를 제공하였으며, 원문 말미에 자료 소장처와 채록 전거를 명시하였다. 아울러 자료집 뒷부분에 인명 색인을 만들어 인물 검색이 용이하도록 배려하였다.

활자본뿐만 아니라 당대 금석문의 탁본을 사진으로 찍어 영인한 자료집도 여러 종류 편찬되었다. 사실 활자본은 금석문의 원형을 제시하지 않을 뿐더러 판독에 오류가 있을 가능성이 높다. 이 때문에 영인본 자료집이 활자본보다 학술연구에 더욱 유용하게 활용된다. 당 금석문 영인 자료집으로 우선 우수핑(吳樹平)과 자오차오(趙超) 등이 편집한 《수당오대묘지휘편》(천진고적출판사, 1991~1992)을 들 수 있다. 색인 1권을 포함하여 전체 30책으로 구성된 이 자료집은 낙양편(15책), 섬서편(4책), 북경·요령편(3책), 북경대학편(2책), 하북편(1책), 산서편(1책), 강소·산동편(1책), 하남편(1책), 신강편(1책) 등으로 나누고, 그것을 다시 제작 연대순으로 배열하였다. 이 자료집에는 총 5,050점의 묘지 탁본 사진이 수록되었다.

앞에서 언급했듯이 서안비림박물관은 산시성에서 출토된 금석문을 가장 많이 소장한 곳이다. 이에 가오샤(高峽) 등은 비림박물관이 소장한 금석문 중에서 위·진·수·당대의 금석문 1,000여 점을 정리해 《서안비림전집(西安碑林全集)》(광동경제출판사, 1999) 200권을 간행하였다. 이 책에 실린 금석문 가운데 약 700건이 묘지인데, 그중 절반 이상이 최근에 출토된 묘지명이라는 점에서 학술적 가치가 높은 자료집이라 할 수 있다.

그후 자오리광(趙力光)이 1980년대 이후 서안비림박물관에서 새로 수집한 한대 이후 원대까지의 묘지를 영인하여 《서안비림박물관신장묘지휘편》(선장서국, 2007) 3책과 《서안비림박물관신장묘지속편》(섬서사범대학출판사, 2014) 2책을 출간하였다. 이들 두 자료집에는 모두 611점의 묘지가 수록되었다. 그중 당대 묘지가 556점으로 전체의 91%를 차지한다.

뿐만 아니라 후지(胡戟)와 룽신장(榮新江)은 산시성 시안의 대당서시박물관에 소장된 묘지 가운데 500점을 선별하여 《대당서시박물관장묘지(大唐西市博物館藏墓誌)》(북경대학출판사, 2012) 3책을 간행하였고, 장안박물관과 서안시문물계사대는 각각 《장안신출묘지》(문물출판사, 2011)와 《서안신획묘지집췌(西安新獲墓誌集萃)》(문물출판사, 2016)를 출간하였다. 이들 자료집에 수록된 묘지도 대부분 시안 일대에서 출토된 당대 묘지명이다.

한편 허난성 뤄양 일대에서 출토된 금석문만을 모아 정리한 자료집도 있다. 낙양시문물공작대가 서진부터 수·당대까지의 뤄양 출토 역대 묘지를 영인한 《낙양출토역대묘지집승(洛陽出土歷代墓誌輯繩)》(중국사회과학출판사, 1991), 낙양시제2문물공작대가 편찬한 《낙양신획묘지》(문물출판사, 1996)와 《낙양신획묘지속편》(과학출판사, 2008), 지원통(濟運通)이 편집한 《낙양신획칠조묘지(洛陽新獲七朝墓誌)》(중화서국, 2012), 마오양광(毛陽光)과 위푸웨이(余扶危)가 편집한 《낙양유산당대묘지휘편(洛陽流散唐代墓誌彙編)》(국가도서관출판사, 2013) 2책, 마오양광(毛陽光)이 편집한 《낙양유산당대묘지휘편속집》(국가도서관출판사, 2018) 3책 등이 그것이다.

《낙양신획묘지》는 뤄양 일대에서 출토된 묘지 183점, 《낙양신획묘지속편》은 앞의 책 출간 이후 새로 발견된 묘지 304점의 탁본과 판독문을 수록하였다. 그 가운데 당대 묘지는 각각 113점과 258점으로 단연 다수를 차지한다. 뿐만 아니라 《낙양출토역대묘지집승》에 실린 묘지 836점 가운데 646점이 당나라 묘지이고, 《낙양신획칠조묘지》의 388점 가운데 314점이 당대 묘지이다. 그리고 《낙양유산당대묘지휘편》과 속집에 각각 322점과 405점을 소개하여 총 727점의 당대 묘지를 수록하였다.

이 외에도 천당지재에 소장된 묘지 탁본 1,360점을 영인한《천당지재장지(千唐誌齋藏誌)》(문물출판사, 1984) 2책, 리건위안(李根源)이 소장한 당 묘지를 그의 아들 리시비(李希泌)가 정리한《곡석정려장당묘지(曲石精廬藏唐墓誌)》(제로서사, 1986), 북경도서관 곧 지금의 중국 국가도서관에 소장된 각종 금석문 탁본을 영인한《북경도서관장중국역대석각탁본휘편(北京圖書館藏中國歷代石刻拓本彙編)》(중주고적출판사, 1991) 101책,[12] 마오한광(毛漢光)이 타이완 중앙연구원 역사어언연구소 부사년도서관(傅斯年圖書館)과 국립중앙도서관 소장 탁본을 중심으로 1,800점의 당대 묘지 탁본과 판독문을 수록하고 간략하게 고증한《당대묘지휘편부고(唐代墓誌彙編附考)》(중앙연구원 역사어언연구소, 1984~1994) 18책 등이 있다. 그리고 당 태종의 능인 소릉(昭陵) 능원에서 출토된 비석과 묘지를 모아 정리한《소릉비석(昭陵碑石)》(삼진출판사, 1993), 새로 출토된 중국 묘지들을 정리한《신중국출토묘지(新中國出土墓誌)》(문물출판사, 1994~2006) 하남편과 섬서편을 비롯한 북경편, 하북편, 중경편, 강소편 등이 있다.

1980년대 중국에서는 문화대혁명이 끝나고 고적과 전통문화에 대한 관심이 새롭게 일어났고, 1990년대 개혁·개방정책과 산업화가 급속하게 추진되면서 국토개발이 왕성하게 진행되었다. 그 과정에서 전국의 고적 조사와 발굴이 활발하게 진행되었고 문물자료에 대한 정리 작업이 본격화되었다. 당대를 포함한 중국의 역대 금석문 자료집이 1990년대 이후에 대거 출간된 것은 결코 우연한 일이 아니다. 아무튼 중국의 개혁·개방 이후 다양한 형태의 금석문 자료집이 간행, 보급됨으로써 중국을 포함한 동아시아의 역사와 문화에 대한 연구가 보다 활기차게 이루어질 수 있게 되었다.

---

12) 《북경도서관장중국역대석각탁본휘편》은 前漢부터 民國시대에 이르기까지 9부분으로 나누어 탁본을 영인해 100책에 수록하고 색인 1책을 더하였다. 그중 수·당·오대 부분은 총 28책인데, 그 속에 당대 금석문 탁본 4,193점이 수록되었다.

2. 한국고대사 관련 금석문

1) 고구려 관련 자료

① 고구려 유민 자료

현재 중국에는 1만 수천 점에 달하는 당 금석문이 존재하는 것으로 추정된다. 그것들은 당대의 정치, 경제, 사회, 문화 등의 전반적인 내용을 포괄하거니와, 그 속에 한국고대사 관련 금석문이 305점 포함되어 있다. 그 중에서 고구려 관련 자료는 222점으로, 전체의 약 72.8%를 차지한다. 이러한 고구려 관련 금석문은 당으로 이주한 고구려 유민 자료와 중국인의 고구려 내왕 자료로 대별할 수 있다. 또는 형태에 따라 비갈(碑碣), 묘지(墓誌), 탑상명(塔像銘) 등으로 나눌 수도 있다. 여기서는 재당 고구려 유민 자료와 중국인의 고구려 내왕 자료로 나누어 살펴보고자 한다.

고구려는 중국과 국경을 맞대었고 또 중국의 침략을 자주 받았으므로 주민들의 중국 이주가 빈번하였다. 특히 수·당과의 전쟁 와중에 많은 고구려인이 강제로 중국에 이주하였다. 645년에 당 태종이 고구려를 침략하고 퇴각할 때 요동성, 개모성, 백암성의 고구려인 7만 명을 붙잡아 당나라 내지로 이주시켰다.[13] 그리고 668년에 나당연합군이 고구려를 멸망시킨 후 반당 세력을 제거하기 위하여 28,200호를 강제로 끌고 가 장안과 낙양은 물론 장강과 회수(淮水) 지역, 산남도(山南道), 병주(幷州)와 양주(涼州) 서쪽의 여러 지방으로 옮겼다.[14]

---

13) 《자치통감》권198, 태종 貞觀 19년 10월;《册府元龜》권117, 帝王部 親征門 貞觀 19년.
14) 《구당서》권5, 總章 2년 5월 경자;《자치통감》권201, 고종 總章 2년 4월. 한편《삼국사기》(권6) 신라본기 문무왕 8년 9월 21일조에, 李勣이 보장왕과 왕자 그리고 대신 등 20만 명을 당에 데리고 갔다고 한다. 고구려인의 당나라 이주에 관해서는 盧泰敦,〈高句麗 遺民史 硏究-遼東·唐內地 및 突厥方面의 집

타의 혹은 자의로 당나라에 들어가 생활하던 고구려 유민들은 중국에 다양한 방식으로 그들의 흔적을 남겼다. 그중 일부는 묘지와 같은 금석문을 통해 자신의 존재를 후대에 알렸는데, 그러한 자료는 현재 17점이 확인된다. 그것을 성씨별로 나누면 고씨 묘지가 10점, 연씨 곧 천씨 묘지가 4점, 이씨·유씨·남씨 묘지가 각각 1점이다. 우선 고씨 묘지로는 고요묘묘지, 고제석묘지, 고현묘지, 고족유묘지, 고모묘지, 고자묘지, 고질묘지, 고을덕묘지, 소공부인 고씨묘지, 고진묘지가 있다. 그리고 천씨 묘지로는 천남생묘지, 천헌성묘지, 천남산묘지, 천비묘지가 있고, 기타 성씨로는 이타인묘지, 유원정묘지, 남단 덕묘지가 있다.

다음 절에서 상세히 살펴보겠지만, 이들 고구려 유민 묘지에는 전체적으로 몇 가지 특징이 눈에 띈다. 첫째, 묘지 주인공은 대부분 645년 당 태종의 고구려 침공과 668년 고구려 멸망을 전후한 시기 당에 투항한 유민과 그 후손들이다. 천남생과 천헌성은 고구려 멸망 직전 당에 투항하여 당나라 군사와 함께 고구려를 무너뜨렸다. 그리고 고제석은 태종이 고구려를 침공했을 때 투항한 고지우(高支于)의 손녀이고, 고요묘는 당이 평양성을 공격하자 그들과 내통하여 성문을 열어주고 항복한 사람이다. 비록 천남산과 고을덕은 당에 사로잡힌 후 어쩔 수 없이 항복했으나, 나머지는 모두 자발적으로 투항한 사람들이다.

둘째, 그들은 장안과 낙양에 거주하며 당나라 조정에 관리로 복무하였다. 고구려 유민들의 재당 관직 생활은 각각의 묘지에 상세히 소개되어 있다. 예를 들면 고현은 선성부좌과의도위(宣城府左果毅都尉)에서 시작하여 관군대장

단을 중심으로〉, 《韓㳓劤博士停年紀念 史學論叢》, 지식산업사, 1981, 81~101쪽; 金賢淑, 〈中國所在 高句麗 遺民의 동향〉, 《韓國古代史硏究》 23, 2001, 63~106쪽; 〈고구려 붕괴 후 그 유민의 거취문제〉, 《韓國古代史硏究》 33, 2004, 75~96쪽; 정병준, 〈고구려유민연구〉, 《중국학계의 북방민족·국가 연구》, 동북아역사재단, 2008, 69~108쪽 참조.

군 행좌표도위익부중랑장(冠軍大將軍行左豹韜衛翊府中郎將)에 이르렀고, 천헌성은 좌무위장군과 위위정경(衛尉正卿) 등을 거쳐 좌위대장군우우림위상하(左衛大將軍右羽林衛上下)를 역임하였으며, 남단덕은 내공봉사생(內供奉射生)과 절충과의(折衝果毅) 등을 거쳐 좌금오위대장군에 올랐다. 그리고 여성인 고제석과 소공부인고씨는 각각 우효위영녕부과의도위(右驍衛永寧府果毅都尉) 천씨와 선의랑 수당주자구현령(宣議郎守唐州慈丘縣令) 소씨 등의 고구려 유민 혹은 당나라 관인과 결혼하였다.

셋째, 그들은 죽은 후 수도 장안과 동도 낙양 부근에 묻혔다. 고관으로서 낙양과 장안에 거주하던 이들이 죽은 후 그곳에 묻힌 것은 당연하거니와, 고구려 유민 묘지가 주로 산시성 시안과 허난성 뤼양 일대에서 출토되는 것도 그 때문이다. 그들 묘지에 따르면, 고구려 유민은 대개 장안의 백록원(白鹿原)과 두릉(杜陵) 일대 그리고 낙양 북쪽 망산에 주로 매장되었다고 한다.[15]

한편 당인의 묘지나 비석 등에도 고구려 유민에 관한 정보가 실려 있다. 최담묘지(崔澹墓誌)에서는 고구려 유민 이정기가 주변 인물을 널리 초빙하여 활용한 사실을 언급하였고, 한굉신도비(韓宏神道碑)에서는 당 왕실이 이사고와 이사도의 군대를 토벌한 사실을 기록하였다. 그리고 양어릉묘지(楊於陵墓誌)와 백원봉묘지(柏元封墓誌)에서는 원화 14년(819)에 이사도를 토벌해 주멸시킨 일을 서술하였다. 이상에서 살펴본 고구려 유민 관련 자료를 종합적으로 정리하면 다음의 표와 같다.

---

15) 金秀鎭, 〈唐京 高句麗遺民 硏究〉, 서울대학교 박사학위논문, 2017, 223~234쪽.

〈표 1-1〉 고구려 유민 관련 금석문

구분	자료명
고구려 유민 墓誌	高鐃苗墓誌, 高提昔墓誌, 高玄墓誌, 高足酉墓誌, 高车墓誌, 高慈墓誌, 高質墓誌, 高乙德墓誌, 邵公夫人高氏墓誌, 高震墓誌, 泉男生墓誌, 泉獻誠墓誌, 泉男產墓誌, 泉毖墓誌, 李他仁墓誌, 劉元貞墓誌, 南單德墓誌
당인 碑誌	崔澹墓誌, 楊於陵墓誌, 柏元封墓誌, 韓宏神道碑

② 중국인 내왕 자료

고구려인의 당나라 이주뿐만 아니라 수·당대 중국인들도 여러 가지 목적으로 고구려를 내왕하였다. 중국인의 고구려 내왕은 이미 각종 문헌자료를 통해 개략적으로 알려졌으나, 수·당대 금석문은 그러한 사실을 보다 구체적으로 언급하였다. 당시 중국인들은 파병이나 사신의 임무를 띠고 단기간 고구려를 내왕했거나, 혹은 일찍이 고구려에 내주(來住)해 장기간 거주하다가 후에 중국으로 되돌아간 경우로 대별된다. 그 중에서 수·당의 고구려 침공을 계기로 고구려를 내왕한 경우가 대부분을 차지한다.

수·당대의 각종 금석문에 그러한 사실이 기록되어 있다. 그 중에 당의 고구려 침공과 관련한 자료가 148점으로 가장 많고, 수의 고구려 침공 자료가 34점, 수와 당대에 모두 내왕한 자료가 3점, 북위의 고구려 침공과 관련한 자료가 2점이다. 그리고 중국인의 고구려 내왕 자료를 형태별로 나누면, 묘지명이 압도적으로 많아 171점이고 비석이 29점이다.

당의 고구려 침공과 관련하여 가장 이른 시기에 만들어진 자료는 왕군악묘지(王君愕墓誌)이다. 이 묘지에 의하면, 왕군악은 정관 19년(645)에 당 태종을 따라 고구려를 침공했다가 주필산에서 전사했다고 한다. 그리고 이사마묘지(李思摩墓誌)에서는 이사마가 우위장군으로서 번병(藩兵)을 이끌고 고구려 백애성(白崖城)을 공격하던 중 화살에 맞아 부상당한 사실을 기록하였다. 뿐만 아니라 우수묘지(牛秀墓誌)에는 우수가 정관 21년(647)에 창해도행군대총관(滄海道行

軍大總管)으로서 고구려를 공격한 공로로 좌무위대장군이 되었고, 강인묘지(姜絪墓誌)에는 강인이 정관 19년(645)의 고구려 침공시에 위험을 무릅쓰고 조운은 담당한 공로로 문주자사(文州刺史)에 임명되었다는 사실이 기록되어 있다. 그리고 우수고묘지(于遂古墓誌)에는 우수고가 건봉 원년(666)에 군사를 이끌고 평양을 거쳐 한성을 경략한 전공으로 상주국 유격장군의 관작을 받았다는 사실이 적혀있고, 왕경묘지(王慶墓誌)에는 왕경이 용삭(661~663) 초에 고구려 토벌에 참전한 공으로 상주국 소무교위(昭武校尉)에 임명되었다고 한다.

위에서 소개한 몇몇 사례처럼, 당의 고구려 침공 관련 금석문은 전쟁에서 죽거나 혹은 살아서 공을 세운 사실을 기록한 것이 대부분이다. 그러한 자료를 여기서 일일이 소개할 수 없고, 다음의 〈표 1-2〉에서 일괄 정리한 '중국인 고구려 내왕 자료'를 참고했으면 한다. 다만 한 가지 덧붙이면, 은태사비간비(殷太師比干碑)와 삼장법사탑비(三藏法師塔碑) 같이 645년에 당 태종이 고구려 침공에 즈음하여 은나라의 현신 비간(比干)을 추증하였고 또 이즈음 천축 구법을 마치고 돌아온 현장법사를 낙양궁에서 인견했다는 등의 자료도 당대 고구려 내왕 자료에 포함시켰다.

다음으로 수나라의 고구려 침공 사실을 전하는 금석문으로서 가장 이른 시기의 자료는 609년에 만든 두로실묘지(豆盧實墓誌)이다. 이 묘지에 의하면, 대업(605~617) 연간에 수 양제가 고구려를 정벌할 때 두로실이 좌제이군해명도부장(左第二軍海冥道副將)으로 참전하여 공을 세워 금자광록대부가 되었다고 한다. 그리고 가장 늦은 시기의 자료는 문덕 원년(888)에 만든 전씨구주묘비(錢氏九州廟碑)이다. 거기서는 대업 9년(613)에 전진(錢璡)과 전춘(錢瑃)이 고구려 공격에 참전한 사실을 언급하였다. 이 외에도 황군한비(黃君漢碑)에는 황군한이 수양제 때 고구려 침공에 참여한 사실을 기록하였고, 왕안묘지(王安墓誌)에는 왕안 역시 수양제 때 창해도행군사마(滄海道行軍司馬)로서 요동, 곧 고구려를 공격했다고 한다. 그리고 북위의 고구려 침공 사실을 전하는 자료로는 조융묘지(趙隆墓誌)와 정현과묘지(鄭玄果墓誌)가 있다.

이와 달리 사신으로 고구려를 내왕한 사실을 전하는 금석문도 있다. 개황 11년(591)에 만들어진 배유업묘지(裵遺業墓誌)는 북제 무평 원년(570)에 배유업이 사절단을 이끌고 고구려를 방문했다 하였고, 정관 16년(642)에 제작된 온언박묘지(溫彥博墓誌)는 온언박이 수양제의 고구려 침공에 앞서 요좌(遼左), 곧 고구려에 사신으로 가 오랑캐들의 마음을 새롭게 바꾸었다고 한다.

한편 파병 혹은 사절로서 단기간에 고구려를 내왕한 것과 달리 수십 혹은 수백년의 장기간에 걸쳐 고구려를 내왕한 경우도 있다. 다시 말하면, 일찍이 중국에서 고구려로 내주하여 몇 세대 후에 중국으로 되돌아갔다고 한 것이다. 물론 이들을 고구려 유민으로 간주할 수도 있으나,[16] 이들 묘지에는 고구려에서의 활동과 고구려인으로서의 정체성이 전혀 나타나 있지 않다. 따라서 본서에서는 이들을 고구려를 내왕한 중국인으로 간주한다. 왕경요묘지(王景曜墓誌)에 의하면, 왕경요의 선조는 원래 태원(太原) 사람인데 진나라 말기에 난을 피해 해동으로 이주했다가 당나라 초에 중국으로 되돌아갔다고 한다. 그리고 주효범비(周孝範碑), 두선부묘지(豆善富墓誌), 고덕묘지(高德墓誌), 이은지묘지(李隱之墓誌), 이회묘지(李懷墓誌), 고목로묘지(高木盧墓誌), 고원망묘지(高遠望墓誌), 고흠덕묘지(高欽德墓誌) 등에도 선조 때 고구려 지역으로 추정되는 요동 혹은 해동으로 이주했다가 후에 당으로 돌아간 사실이 기록되어 있다.

어쨌든 고구려 관련 중국 금석문은 대부분 수·당의 고구려 침공에 참전한 내용을 담고 있다. 수·당이 고구려를 침공한 사실은 《수서》, 《구당서》, 《신당서》, 《자치통감》, 《삼국사기》, 《삼국유사》를 비롯한 각종 문헌자료에서 확인된다. 그럼에도 중국 금석문에 보이는 백수십 명의 수·당대 중국인이 이 전쟁에

---

16) 바이건싱, 〈고구려·발해 유민 관련 유적·유물〉, 《중국학계의 북방 민족·국가 연구》, 동북아역사재단, 2008, 215~229쪽; 이동훈, 〈고구려 유민 高德墓誌銘〉, 《韓國史學報》 31, 2008, 9~44쪽.

참여한 사실은 어디에도 기록되어 있지 않다. 또한 배유업과 온언박의 고구려 내왕 사실과 고구려에서 장기간 거주하다가 수·당대에 중국으로 돌아간 사람들에 대해서도 문헌사료에는 전혀 언급되지 않았다. 이런 점에서 수·당대 중국 금석문은 고구려의 수·당 전쟁과 당시의 국제관계, 그리고 주민이동 등을 이해하고 복원하는데 생생한 정보를 제공해준다고 할 수 있다. 이처럼 다양한 형태로 고구려를 내왕한 수·당대 관련 금석문을 정리하면 다음의 표와 같다.

〈표 1-2〉 중국인의 고구려 내왕 자료

유형	자료명
파병	豆盧實墓誌, 蕭瑒墓誌, 宋永貴墓誌, 劉德墓誌, 元△墓誌, 張壽墓誌, 鄧眄墓誌, 范安貴墓誌, 陳叔明墓誌, 唐直墓誌, 王世琛墓誌, 韋匡伯墓誌, 田行達墓誌, 屈突通墓誌, 蔣喜墓誌, 王安墓誌, 張合墓誌, 趙隆墓誌, 張騷墓誌, 張琮墓誌1, 楊溫墓誌, 李禎墓誌, 張孝緒墓誌, 獨孤開遠墓誌, 段志玄墓誌, 邴德備墓誌, 王君愕墓誌, 段師墓誌, 李思摩墓誌, △儉墓誌, 梁基墓誌, 張秀墓誌, 武希玄墓誌, 安諒墓誌, 樊興墓誌, 牛秀墓誌, 尉支茂墓誌, 陳毅墓誌, 趙安墓誌, 張團兒墓誌, 韓邏墓誌, 姜絪墓誌, 張羊墓誌, 張士貴墓誌, 張伽墓誌, 陳領墓誌, 尉遲融墓誌, 任素墓誌, 張楚賢墓誌, 索玄墓誌, *李諝墓誌, 王敬墓誌, 鄭廣墓誌, 王君墓誌, 强偉墓誌, 田仁汪墓誌, 劉孝節墓誌, 楊緘墓誌, 婁敬墓誌, 曹欽墓誌, 王道智墓誌, 郭君副墓誌, 張德墓誌, 李勣墓誌, 王大禮墓誌, 溫綽墓誌, 仵欽墓誌, 斛斯政則墓誌, 楊大隱墓誌, 王玄墓誌, 馬寶△墓誌, 邊眞墓誌, 張玄景墓誌, 侯彪墓誌, *阿史那忠墓誌, 王令德墓誌, 姬溫墓誌, 閻莊墓誌, 張脛墓誌, 爾朱義琛墓誌, 張琮墓誌2, 張仁褘墓誌, 韓仁楷墓誌, 高感墓誌, 韋泰眞墓誌, 張敬玄墓誌, 張和墓誌, 趙義墓誌, 王嘉墓誌, 李沖寂墓誌, 張擧墓誌, 成綸墓誌, 張貞墓誌, 李謹行墓誌, 段雅墓誌, 薛震墓誌, 竇氏夫人李氏墓誌, 張成墓誌, 龐德威墓誌, 元師奬墓誌, 元基墓誌, 張愁墓誌, 安範墓誌, 董師墓誌, 王玄裕墓誌, 屈突詮墓誌, 屈突季札墓誌, 楊師善及夫人丁氏墓誌, 趙女應墓誌, 李琮墓誌, 莫義墓誌, *陸仁儉墓誌, 南郭生墓誌, 張忱墓誌, 王思訥墓誌, 連簡墓誌, 樊廉墓誌, 溫思暕墓誌, 李起宗墓誌, 牛高墓誌, 姚思玄墓誌, 張素墓誌, 趙靜安墓誌, 王德表墓誌, 于逢古墓誌, 閻基墓誌, 袁公瑜墓誌, 劉公綽墓誌, 孫仁貴墓誌, 樊文墓誌, 李頂墓誌, 張仁楚墓誌, 陽玄基墓誌, 燕郡夫人李氏墓誌, 朱靜方墓誌, 房誕墓誌, 霍良墓誌, 李度墓誌, 鄭玄果墓誌, 張仁墓誌, 劉遼墓誌, 馬懷素公墓誌, 裴逈夫人李氏墓誌, 王慶墓誌, 契芯夫人墓誌, 劉節墓誌, 賈感墓誌, 執失善光墓誌, 契芯嵩墓誌, 路循範墓誌, 紀會墓誌, 郭盛墓誌, 屈突璇墓誌, △永墓誌, 張璥墓誌, 王△△墓誌, 馬貞墓誌, 河南鞏氏夫人墓誌, *豆善富墓誌, △永貴發願文, 黃君漢碑, 昭仁寺碑, 溫彥博碑, 常子碑, 周護碑, 許洛仁碑, 杜綽碑, 乙速孤神慶碑, 楊越碑, 王軌碑, 李勣碑, 魏哲神道碑, 阿史那忠碑, 安附國神道碑, 梁待賓神道碑, 鄭仁愷碑, 豆盧望碑, 大雲寺碑, 王行果神道碑, 殷太師比干碑, 焦希望神道碑, 三藏法師塔碑, 錢氏九州廟碑, 楊令一碑, 鄭忠墓碣, 劉仁願紀功碑, 柴將軍碑
사절	裴遺業墓誌, 溫彥博墓誌
장기거주	高木盧墓誌, 王景曜墓誌, *豆善富墓誌, 高德墓誌, 李隱之墓誌, 李懷墓誌, 高遠望墓誌, 高欽德墓誌, 似先義逸墓誌, 尙卿墓誌, 李仁德墓誌, 周孝範碑

* 중복 자료

2) 백제, 신라, 발해 자료

고구려뿐만 아니라 백제 사람들도 자의 혹은 타의로 대거 당으로 이주하였다. 660년에 나당연합군이 백제를 멸망시키고 소정방이 당으로 돌아갈 때 의자왕과 왕자, 대신 등을 포함한 12,000여 명을 붙잡아갔고,[17] 나당전쟁에서 패한 당나라 군사가 백제에서 철수할 때도 적지 않은 백제인을 당에 데리고 간 것으로 보인다.[18] 당에 끌려간 백제인들은 장안과 낙양을 비롯하여 연주(兗州), 서주(徐州) 등 곳곳에 안치되었다. 현재 이들 백제 유민과 그 후손들에 관한 금석문이 13점 확인된다. 백제 왕족 부여씨(扶餘氏) 자료가 3점, 흑치씨(黑齒氏)가 4점, 예씨(禰氏)가 4점, 진씨(陳氏)와 난씨(難氏)가 각각 1점이다.

부여씨 관련 금석문으로는 의자왕의 아들 부여융과 증손녀인 괵왕비부여씨(虢王妃扶餘氏) 묘지, 그리고 낙양 근교 용문석굴에 새긴 부여씨 석각이 있다. 백제 유민 묘지는 다음 절에서 일괄 살펴보기로 하고, 여기서는 묘지 이외의 자료만 간략하게 소개한다. 부여씨 석각은 용문석굴 제877호 감실 왼쪽 중간쯤에 얕은 부조(浮彫)로 나란히 새긴 2구의 조그만 불상 아래쪽에 "일문 낭장의 아내 부여씨가 공경히 불상 2구를 조성하였다[一文郎將妻扶余氏敬造兩軀]"라 새긴 것이다. 여기서 말하는 일문 낭장의 아내 부여씨가 구체적으로 누구인지 알 수 없다. 그럼에도 그는 백제 멸망 후 당에 이주하여 일문 낭장에게 시집간 왕족 출신의 백제 유민이었음은 분명한 사실이다.

흑치씨 관련 자료로는 흑치상지와 그의 아들 흑치준 묘지, 산시성 타이위안(太原) 서남쪽 약 40㎞ 지점 천룡산(天龍山) 석굴의 물부장군공덕비(勿部將軍

---

17) 《삼국사기》 권5, 태종 무열왕 7년; 같은 책, 권28, 의자왕 20년.
18) 李文基, 〈백제유민 難元慶 墓誌의 소개〉, 《경북사학》 23, 2000, 507쪽.

功德碑),¹⁹ 그리고 두충량묘지(杜忠良墓誌)이다. 이 중에서 물부장군공덕비는 좌금오위장군 상주국 준화군개국공(遵化郡開國公) 물부순(勿部珣)에게 시집간 흑치상지의 둘째 딸 낙랑군부인이 삼세불상(三世佛像)과 현성(賢聖)들의 상을 조성하고 부군의 덕을 드러내기 위하여 세운 기념비이다. 이 비석은 경룡 원 년(707) 10월에 건립되었는데, 곽겸광(郭謙光)이 비문을 짓고 글씨를 썼다고 한 다. 그리고 1933년 허난성 뤄양시 서두구촌(西陡溝村)에서 출토된 두충량묘지 에는 두충량이 흑치상지와 함께 군사 문제를 상의한 내용이 담겨있다.

예씨 관련 금석문으로는 최근 시안시 궈두진(郭杜鎭)의 예씨 일족 묘역에서 일괄 출토된 것으로 보이는 예식진, 예군, 예소사, 예인수의 묘지가 있고, 그 외 진법자묘지(陳法子墓誌)와 난원경묘지(難元慶墓誌)가 있다. 이 가운데 예씨 일족 묘지는 예식진-예소사-예인수 3대에 걸친 예씨 가문의 내력을 보여주는 흥미로운 자료라 할 수 있다.

신라인들 역시 당에 이주하여 장기간 생활하며 금석문에 그들의 흔적을 남 겼다. 신라 출신으로 당에 들어가 장기체류하며 생업에 종사하던 사람들을 재당 신라인이라 칭하거니와, 재당 신라인을 포함한 신라인 관련 당 금석문은 현재 20점이 확인된다. 그 중에서도 곽공희설씨묘지(郭公姬薛氏墓誌), 이구부인 경조김씨묘지(李璆夫人京兆金氏墓誌), 김일성묘지(金日晟墓誌), 청하현군김씨묘지 (淸河縣君金氏墓誌) 등은 당으로 이주한 신라인들의 생활을 생생하게 보여주는 자료이다.

뿐만 아니라 비록 단편적이기는 하나, 신라의 승려와 상인, 사절과 신라왕 의 이름이 언급된 금석문도 있다. 몇가지 예를 들면, 낭야왕씨부인묘지(瑯琊

---

19) Marylin M. Rhie, "A Tang Period Stele Inscription and Cave ⅩⅩⅠ at Tien-Lung Shan" Archives Asian Art 28, 1974; 문명대 역, 〈天龍山 제21석굴과 唐代碑銘의 硏究〉,《불교미술》5, 1980, 79~109쪽; 李裕群·李鋼,《天龍山石窟》, 과학출판사, 2003, 166~172쪽; 박현규, 〈天龍山石窟 제15굴과 勿部珣將 軍功德碑〉,《서강인문논총》25, 2009, 39~67쪽.

王氏夫人墓誌)는 대운사(大雲寺)에 학덕이 높은 신라 승려가 주석하고 있었던 사실을 기록하였고, 무염선원비(無染禪院碑)는 신라 상인 김청(金淸)의 불사 활동을 언급하였다. 그리고 수·당대의 피서 행궁이었던 구성궁 터에 현존하는 만년궁명비(萬年宮銘碑)에는 견당사 김인문의 친필이 새겨져 있고, 경당관기성명비(慶唐觀紀聖銘碑) 음기에는 신라왕 김흥광(金興光)의 이름이 적혀 있다. 이외에도 아래의 〈표 1-3〉에 소개한 여러 금석문에서 재당 신라인의 모습을 보여준다.

한편 재당 발해인 관련 금석문으로는 낙사계묘지(諾思計墓誌)가 있다. 산시성 시안에서 출토된 것으로 전하는 이 묘지는 부여부의 대수령(大首領)이었던 낙사계가 당에 투항한 후의 활동을 기록한 것이다. 이 묘지를 처음 소개한 동옌수(董延壽)와 자오전화(趙振華)는 낙사계묘지를 백제 유민 묘지로 파악했으나,[20] 부여부는 지금의 지린성 농안현(農安縣)에 치소를 두고 부주(扶州)와 선주(仙州)를 관할하던 발해 15부 가운데 하나이다. 따라서 낙사계는 발해인으로서 당에 투항한 재당 발해인 보는 것이 타당하다.[21] 이상에서 소개한 백제, 신라, 발해의 재당 이주민 자료를 종합적으로 정리하면 아래의 표와 같다.

〈표 1-3〉 재당 신라, 백제, 발해인 관련 자료

구분	자료명
백제	禰寔進墓誌, 禰軍墓誌, 扶餘隆墓誌, 陳法子墓誌, 黑齒常之墓誌, 黑齒俊墓誌, 禰素士墓誌, 難元慶墓誌, 號王妃扶餘氏墓誌, 禰仁秀墓誌, 勿部珣將軍功德記, 扶余氏造像記, 杜忠良墓誌
신라	郭公姬薛氏墓誌, 李璆夫人京兆金氏墓誌, 金日晟墓誌, 清河縣君金氏墓誌, 萬年宮銘碑, 海州大雲寺禪院碑, 慧義精舍四證堂碑, 無染禪院碑, 左谿(溪)大師碑, 新羅像龕銘, 金可記傳磨崖石刻, 眞德王石像臺座銘, 李訓夫人王氏墓誌, 慶唐觀紀聖銘碑, 惠覺禪師碑, 神昉法師塔碑, 東海大師塔碑, 菩提寺立置記碑, 阿育王寺寶塔碑, 金義讓石像銘
발해	諾思計墓誌

20) 董延壽·趙振華, 〈洛陽, 魯山, 西安出土의 唐代百濟人墓誌探索〉, 《東北史地》 2007-2, 2~5쪽.
21) 金榮官, 〈渤海人 諾思計 墓誌銘에 대한 고찰〉, 《목간과 문자》 7, 2007, 159~160쪽.

백제와 신라 그리고 발해인들의 중국 이주와 왕래뿐만 아니라 중국인들 역시 이들 나라를 자주 내왕하였다. 대표적인 사람이 당의 사절단이다. 삼국시대에는 산기시랑 주자사(朱子奢)와 사농승 상리현장(相里玄獎)을 비롯한 4차례의 사절이 백제를 내왕하였고, 통직산기상시(通直散騎常侍) 유문소(庾文素)를 비롯한 총 12차례의 당 사절이 신라를 다녀갔다. 그리고 남북국시대에는 당 사절이 신라에 26회, 발해에 16회 방문하였다.[22]

중국 금석문에도 당 사절이 신라와 발해를 내왕한 사실이 보인다. 비록 백제 관련 자료는 한 점도 발견되지 않았으나, 신라 관련 자료 15점, 발해 관련 자료 7점이 확인된다. 뿐만 아니라 삼국 통일전쟁을 전후한 시기 파병 형태로 신라를 내왕한 중국인에 관한 자료도 몇 점 존재한다. 신라를 내왕한 사절과 파병 관련 금석문은 다음 절에서 자세히 살펴보기로 하고, 여기서는 발해 관련 자료만을 소개한다.

우선 들 수 있는 것은 홍려정석각(鴻臚井石刻)이다. 이 자료는 개원 2년(714)에 홍려경 최흔(崔忻)이 발해에 사신으로 갔다가 당으로 돌아가는 길에 지금의 랴오닝성 다롄시(大連市) 뤼순구(旅順區) 황금산 서북쪽 기슭에 우물을 파고 그것을 기념하여 새긴 석각이다. 규암질의 자연석에 새긴 이 석각은 1908년경 일본으로 운반되어 현재 일본 황궁 내의 러일전쟁 기념관인 건안부(建安府) 앞뜰에 보관되어 있다.[23] 이 석각은 비록 29글자에 불과하나 8세기 초 당과 발해의 관계를 보여주는 귀중한 자료로 평가된다.

당은 최흔 이후에도 수차례에 걸쳐 발해에 사절을 파견하였다. 그러한 사

---

22) 권덕영, 〈8, 9세기 '君子國'에 온 唐나라 使節〉, 《신라문화》 25, 2005, 99~109쪽; 송기호, 〈대외관계에서 본 발해 정권의 속성〉, 《한국 고대국가와 중국왕조와의 조공·책봉관계》, 고구려연구재단, 2006, 169~230쪽.

23) 酒寄雅志, 〈唐碑亭, すなわち鴻臚井の碑をめぐって〉, 《朝鮮文化研究》 6, 1999, 33~42쪽; 劉俊男, 〈關于鴻臚井刻石的幾個問題〉, 《遼寧師範大學學報(社會科學版)》 2006-3; 《唐鴻臚井碑》, 人民出版社, 2010, 388~395쪽.

실을 적시한 금석문으로 먼저 장광조묘지(張光祚墓誌)를 들 수 있다. 이 자료는 1979년 허베이성 줘저우시(涿州市) 양뤄향(楊樓鄉) 탑상촌(塔上村)에서 지석과 개석이 함께 출토되었다. 묘지석은 가로와 세로가 각각 61㎝ 크기로, 23행에 걸쳐 687자가 새겨져 있다. 이 묘지에 의하면, 장광조는 범양(范陽) 사람으로 일찍이 발해에 사신으로 다녀온 후 대력 11년(776)에 46세의 나이로 죽었다고 한다. 이 묘지는 현재 줘저우시 문화관에 보관되어 있다.[24]

다음의 기일진묘지(祁日進墓誌)에서는 내시백(內侍伯) 기일진이 발해에 사신으로 다녀온 후 780년 56세의 나이로 죽었다고 한다. 그리고 동문악묘지(董文萼墓誌)는 내시 동문악의 장남 동승열(董承悅)이 원화 11년(816) 이전의 어느 시기에 사절로서 발해와 신라를 내왕한 사실을 전해준다. 이 자료는 1954년 산시성 시안시 동쪽 곽가탄(郭家灘)에서 지석과 개석이 모두 발견되어, 현재 서안비림박물관에 소장되어 있다.

장건장묘지(張建章墓誌)는 1956년 베이징시 덕승문(德勝門) 바깥쪽에서 개석과 함께 출토되었다. 가로 96cm 세로 95cm 크기의 지석에는 32행에 걸쳐 모두 909자가 새겨져 있다. 종형 장규(張珪)가 짓고 아우 장총장(張總章)이 글씨를 쓴 이 묘지에 의하면, 태화 7년(833) 가을에 장건장이 발해에 사신으로 갔다가 태화 9년에 귀국했는데 귀국 후 발해에서 견문한 내용들을 정리해《발해기》를 지었다고 한다. 이 묘지는 현재 베이징 시청구(西城區)에 소재하는 수도박물관(首都博物館)에 보관되어 있다.

발해 관련 금석문의 또 다른 것으로는 장구령신도비(張九齡神道碑)가 있다. 서호(徐浩)가 찬술한 비문에 의하면, 발해 무왕이 당의 명을 거스르자 현종이 장구령에게 발해왕을 타이르는 글을 작성하게 했다고 한다. 물론 이 비문에서는 당인이 발해를 내왕한 사실을 직접 언급하지 않았다. 그러나 장구령이

---

24) 歐潭生·王大松,〈唐代張光祚墓誌淺釋〉,《文物》1981-3, 78쪽.

지은 글을 지참하고 당나라 사신이 발해를 방문했을 터이므로 이 자료 역시 발해 내왕 관련 자료라 할 수 있다.

앞에서 살펴본 당 사절단의 내왕은 당과의 관계가 원만했던 시기에 이루어진 평화적인 내왕이다. 그러나 국가 간의 관계가 악화되어 군사적 충돌이 일어나면, 종전의 평화적 내왕은 파병과 같은 적대적 내왕으로 바뀐다. 당은 백제, 신라뿐만 아니라 발해와도 전쟁을 치렀다. 백제의 경우, 660년에 소정방은 13만 명을 거느리고 바다를 건너 신라군과 합세해 백제를 멸망시켰고, 662년에는 웅진에 주둔하던 유인원의 구원요청을 받고 손인사(孫仁師)가 7천 명을 이끌고 백제로 건너와 군사를 증원하였다. 그리고 고구려 멸망 이후 약 6, 7년 동안 계속된 나당전쟁 과정에서 수많은 당나라 군사들이 한반도를 내왕하였다.

이처럼 7세기 중엽 당의 백제 침공과 나당전쟁 와중에 수만 혹은 수십만 명의 중국인이 백제와 신라를 내왕했을 터인데, 현재 백제와 신라 관련 자료가 각각 9점씩 확인된다. 그러나 발해와의 전쟁 관련 금석문은 아직 발견되지 않았다. 백제 관련 금석문은 대부분 660년에 소정방을 따라 백제를 침공한 당인에 관한 금석문이다.

이서묘지(李謂墓誌)와 손통묘지(孫通墓誌)에는 이서와 손통이 현경 5년(660)에 백제를 침공해 멸망시킨 공로로 모두 상주국의 훈작을 받았다 하였고 풍사훈비(馮師訓碑), 육인검묘지(陸仁劍墓誌), 유준묘지(劉濬墓誌), 아사나충비(阿史那忠碑)도 그들이 660년에 소정방을 따라 백제 침공에 참전한 사실을 적기하였다. 그리고 당평백제국비에서는 현경 5년(660)의 백제 토벌 과정과 소정방을 비롯한 주요 군장들의 활동을 서술하였고, 유인원기공비는 유인원이 백제 멸망 후 사비성에 머물며 백제 부흥군을 토벌한 사적을 적었으며, 근욱묘지(靳勗墓誌)는 근욱이 백제 멸망 후 대방주녹사(帶方州錄事) 진례주사마(進禮州司馬) 웅진군자총관(熊津軍子總管)으로서 백제에 체류한 사실을 기록하였다.

신라 관련 자료로는 양복연묘지(楊福延墓誌), 가은묘지(賈隱墓誌), 곽행절묘지(郭行節墓誌), 이사정묘지(李思貞墓誌), 시장군정사초당비(柴將軍精舍草堂碑), 육효빈신도비(陸孝斌神道碑), 왕방익신도비(王方翼神道碑), 당평백제국비, 유인원기공비가 있다. 이 가운데 당평백제국비와 유인원기공비는 당의 백제 침공과 백제 부흥군 토벌 사실을 수록하였다. 자세한 내용은 다음 절에서 살펴보겠다.

한편 한국고대사 관련 중국 금석문에는 어느 특정 왕조를 지칭하기보다 삼국과 발해를 통칭해서 서술한 경우도 있다. 그리고 어느 왕조에 대한 사실인지 분명하지 않거나, 삼국시대 이전의 사실을 전하는 자료도 있다. 이러한 사례를 본고에서는 기타 자료로 묶었다. 기타 자료는 모두 7점이 확인된다. 이것을 내용에 따라 나누면 고조선 관련 자료, 삼국을 통칭한 자료, 요동 관련한 자료로 대별할 수 있다. 이상에서 살펴본 중국인의 신라, 백제, 발해 내왕 자료와 고조선 등의 기타 자료를 정리한 것이 아래의 표이다.

〈표 1-4〉 당인의 신라, 백제, 발해 내왕 및 기타 자료

구분	유형	자료명
백제	파병	*唐平百濟國碑, *劉仁願紀功碑, *李誧墓誌, 孫通墓誌, *陸仁劍墓誌, 劉濬墓誌, 靳晶墓誌, *阿史邢忠碑, 馮師訓碑
신라	사절	李禎墓誌, 皇甫奉源墓誌, 韋丹墓誌, 董文蕚墓誌, 馬于墓誌, 崔廷墓誌, *王逖墓誌, 朱公夫人趙氏墓誌, 武自和墓誌, 王文幹墓誌, 滎陽縣君鄭氏夫人墓誌, 苗弘本墓誌, 楊公夫人譙郡曹氏墓誌, 韋丹遺愛碑
신라	파병	*唐平百濟國碑, *劉仁願紀功碑, 楊福延墓誌, 賈隱墓誌, 郭行節墓誌, 李思貞墓誌, 柴將軍精舍草堂碑, 陸孝斌神道碑, 王方翼神道碑
신라	기타	弘聖寺眞堅大德幢銘, 元積墓誌, 白居易墓碑
발해	사절	崔炘刻石, 祁日進墓誌, *王逖墓誌, 張建章墓誌, 董文蕚墓誌, 張光祚墓誌, 張九齡神道碑
기타		董力墓誌, 元善妻公孫氏墓誌, 陳察墓誌, 張茂昭墓誌, 李尙卿墓志, 箕子碑, 鮮于氏里門碑

* 중복자료

고대 한반도 삼국과 발해는 수백년에 걸쳐 중국과 평화적 혹은 적대적 관

계 속에서 교섭과 교류를 이어왔다. 그 과정에 많은 사람들이 두 지역을 내왕 또는 이주하였다. 그러한 사실은 지금까지 확인된 305점의 한국고대사 관련 중국 금석문을 통해 구체적으로 알 수 있다. 그 중에 고구려 관련 금석문이 222점으로 가장 많고, 백제와 신라 관련 자료가 각각 22점과 46점, 발해와 기타 자료가 각각 8점과 7점이다.

여타 금석문도 그렇지만, 한국고대사 관련 중국 금석문은 대부분 단편적인 사실을 전하는 경우가 많다. 그럼에도 이들 자료는 문헌자료에 보이지 않는 귀중한 정보들을 싣고 있다. 재당 이주민 자료를 통해 한반도 삼국 유민의 생생한 생활상과 수대로 이어지는 가계, 그리고 그들이 중국화 되어 가는 모습을 알 수 있다. 또한 당대 중국인의 한반도 내왕 자료는 7세기 중엽 한반도 패권을 둘러싸고 벌어진 전쟁의 규모와 실상을 말해주고, 남북국시대 당 사절단의 신라 및 발해 내왕 자료는 동북아시아의 정치교섭과 문화교류의 일면을 보여준다.

제2절 재당 고구려, 백제 유민 묘지(墓誌) 개관

고대 한반도 삼국은 중국 대륙과 밀접한 관계 속에서 성장, 발전하였다. 그 과정에 삼국의 많은 사람들이 자의 혹은 타의에 의해 중국으로 이주하였다. 특히 7세기 중엽 당의 한반도 진출과 관련하여 수많은 고구려·백제 사람들이 당으로 강제 이주되었다. 당으로 이주한 고구려와 백제 유민들은 당나라 전역에 분산 배치되었다. 그 중에서 투항하거나 포로로 잡힌 왕족과 귀족들은 주로 수도 장안과 낙양에 안치되었다.

중국에서는 지난 100여년 동안 당대 고구려와 백제에서 중국으로 건너간 사람과 그 후손들의 묘지가 여럿 발견되었다. 고구려 유민 묘지 17점, 백제 유민 묘지 10점, 재당 신라인 묘지 4점, 발해인 묘지 1점 등 총 32점이 그것이다. 물론 왕경요묘지(王景曜墓誌)와 고덕묘지(高德墓誌)를 비롯한 몇몇 묘지를 고구려 유민 묘지로 간주하는 경우도 있다.[1] 그러나 이들 묘지에는 고구려에서의 활동과 고구려인으로서의 정체성 등이 전혀 나타나 있지 않다. 따라서 여기서는 그들을 고구려 유민의 범주에 포함시키지 않는다.

아무튼 중국에서 발견된 고구려와 백제 유민 묘지는 한국고대사 연구의 지평을 넓혀 줌과 동시에 당으로 이주한 한반도 유민에 대한 관심을 불러 일으켰다. 그런데 지금까지 확인된 고구려와 백제 유민 묘지는 모두 허난성 뤄양(洛陽)과 산시성 시안(西安) 일대에서 출토되었다. 앞 절에서 살펴보았듯이, 당대의 각종 금석문은 시안과 뤄양이 자리한 산시성과 허난성에 집중적으로 분포하였다. 이 절에서는 고구려와 백제 유민 묘지를 뤄양과 시안지역으로 나누어 일괄 소개하고자 한다.

---

1) 바이건싱, 〈고구려·발해 유민 관련 유적·유물〉, 《중국학계의 북방 민족·국가 연구》, 동북아역사재단, 2008, 215~229쪽; 이동훈, 〈고구려 유민 高德墓誌銘〉, 《한국사학보》 31, 2008, 9~44쪽.

1. 뤄양지역 출토 자료

1) 고구려 유민 묘지

① 고현묘지(高玄墓誌)

중국 허난성 신안현(新安縣) 톄먼진(鐵門鎮)에 묘지석을 전문적으로 수집, 전시하는 천당지재(千唐誌齋) 박물관이 있다. 천당지재는 중국 신해혁명의 원로인 장팡(張鈁)이 허난성 뤄양 일대에서 주로 출토된 당나라 묘지 1천여 점을 모아 건립한 데서 유래한 이름으로, 그 속에 고구려 유민 고현 묘지가 포함되어 있다. 고현묘지가 언제, 어떤 과정을 거쳐 천당지재에 들어갔는지 알 수 없으나, 그곳에 소장된 몇 점 되지 않는 이민족 출신 묘지라는 점에서 일찍부터 주목받아 왔다.

하남성문물연구소 곧 지금의 하남성문물고고연구원은 1984년 천당지재에 소장된 묘지의 탁본을 영인하여《천당지재장지》(상·하)를 간행하였는데, 고현묘지는 이 책 상편에 수록되어 세상에 처음 공개되었다. 그후 마오한광(毛漢光)의《당대묘지휘편부고》(11)와 첸창안(陳長安)의《수당오대묘지휘편》(낙양6)에 재차 소개됨으로써 보다 널리 알려졌다.

고현묘지는 1936년 뤄양 북쪽 10리 지점인 지금의 허난성 멍진현(孟津縣) 후리촌(後李村)에서 출토되었다. 출토 당시 묘실 안에서 삼채봉황호(三彩鳳凰壺) 1점, 접시 1점, 무사용(武士甬) 2점, 기마용(騎馬甬) 20점, 대좌화고인(帶座花鼓人) 1점을 비롯한 크고 작은 유물이 출토되었다고 한다.[2] 그런데 이 묘지의 개석은 일찍이 없어져 행방을 알 수 없고, 현재는 지석만 남아 전한다.

지석은 가로 세로가 각각 59cm 크기의 정방형으로, 윗면에 28행 28열에 걸

---

2) 郭培育·郭培智,《洛陽出土石刻時地記》, 大象出版社, 2005, 172쪽.

쳐 가는 선으로 공간을 구획한 다음 해서로 묘주의 행적과 명문을 새겼다. 묘지석은 사방 가장자리 부분이 다소 훼손되었는데, 위쪽이 아래쪽보다 약간 심한 편이다. 뿐만 아니라 보관 상태가 좋지 않아 상당수의 글자를 쉽게 알아보기 어렵다. 그럼에도 탁본과 실물을 면밀하게 살펴보면, 전체적으로 몇 글자를 제외하고는 대부분 판독이 가능하다. 한편 이 묘지는 천당지재 전시실 벽면에 박혀 보관되어 있어, 지석의 사방 측면 상태와 장식 여부는 알 수 없다.

묘지의 문장 구성은 여타 당나라 묘지와 크게 다르지 않다. 즉 제1행에 제명(題名)을 적고 이어서 선조의 행적과 가계, 묘주의 활동, 죽음과 장례, 명문 순서로 구성되었다. 다만 묘주가 49년이란 짧지 않은 생을 살았음에도, 다른 묘지에서 대부분 언급한 후손에 대한 내용이 전혀 없어 의아스럽다. 이 묘지는 측천무후가 당을 대신해 주(周)를 세우고 스스로 황제를 칭하던 천수 2년(692) 10월경에 만들어졌다. 그에 따라 묘지에는 천(天), 수(授), 연(年), 재(載), 월(月), 일(日), 신(臣), 정(正) 등의 8종 35글자의 측천문자가 사용되었다.

당을 포함한 전근대 중국의 묘지에는 황제와 황실을 비롯한 각종 존경과 경외를 나타내는 용어 앞에 몇 글자의 공란을 두었다. 이 묘지에서는 그러한 용어 앞에 한 글자를 띄었고, 명문이 시작되는 부분에서는 여타 묘지와 달리 행을 바꾸지 않고 두 글자를 띈 다음 곧바로 이어나갔다. 또한 마지막 행에 "△△二月"이라 한 다음에 최대 4글자가 결락되었다. 이 묘지는 천당지재 제8호 전시실 입구에서 정면으로 마주보이는 벽면 세 번째 열 왼쪽 두 번째 자리에 전시되어 있다.

② 고족유묘지(高足酉墓誌)

이 묘지는 1990년 4월 허난성 이촨현(伊川縣) 핑덩향(平等鄕) 루자구촌(樓子溝村) 서북쪽 약 500m 지점에서 출토되었다.[3] 묘지에 의하면, 묘주 고족유는

---

3) 洛陽市第二文物工作隊,《洛陽新獲墓誌》, 文物出版社, 1996, 220쪽; 洛陽市文物管理局·洛陽市文物工作

낙주(洛州) 이궐현(伊闕縣) 신성(新城) 언덕에 묻혔다고 한다. 신성은 오늘날 이촨현 시가에서 남쪽으로 약 1.5㎞ 떨어진 지점에 위치한 고성촌(古城村) 동북쪽 구릉에 형성된 성이다. 민간에서 전하기를 신농시대 이곳 신성 일대에 이국(伊國)이 있었다 하거니와, 근년 신성에서 앙소문화 유적이 발굴되었다. 이곳은 주나라 양왕(讓王) 때 이천(伊川)이라 했다가 전국시대 이후 이궐(伊闕) 혹은 신성이라 불렀다. 이 묘지가 출토된 이촨현 핑덩향 루자구촌은 바로 신성에 인접하였다.

묘지의 개석은 이미 없어지고 현재 지석만 남아 전한다. 지석은 재질이 청석(靑石)으로, 가로 세로가 각각 88.5㎝ 두께 17㎝ 크기의 정방형이다. 지석 윗면에는 34행 34열에 걸쳐 가는 선으로 공간을 구획한 다음 해서로 묘주의 활동과 행적을 기록하였다. 그런데 마지막 제34행은 글자를 적지 않고 공란으로 두었기 때문에 실제 지문은 33행 34열로 구성된 셈이다. 지석은 오른쪽 하단과 아래쪽 가장자리가 일부 파손되었고, 중간 아래쪽 몇 군데는 긁히고 마멸되어 전체 1,019글자 가운데 18자는 판독할 수 없다.

일반적으로 묘지의 가로 세로 구획선에 의해 만들어진 각 방격(方格)에는 한 글자를 새기는 것이 원칙이다. 그런데 이 묘지에서는 몇몇 곳에 하나의 방격에 작을 글씨로 두 글자를 새겼다. 제1행 제명 끝 부분의 '병서(幷序)'는 하나의 방격 속에 세로로 두 글자를 새겼고, 제26행에서 제33행에 걸친 명문의 '기일(其一)'에서 '기칠(其七)'은 하나의 방격 속에 가로로 두 글자를 새겼다.

이 묘지는 황제를 비롯한 경외와 존경의 대상을 나타내는 용어 앞에 두 글자의 공란을 두었다. 다만 제3행 8열의 '대(大)'와 제16행 25열의 '아(我)'는 경외의 대상을 의미하는 글자가 아닌데도 그 앞에 두 글자의 공란을 두었다. 이것은 아마 '대' 다음에 이어지는 천자의 교화를 의미하는 '화(化)'와 '아' 다음의

隊,《洛陽出土墓誌目錄》, 朝華出版社, 2001, 192쪽.

임금을 뜻하는 '군(君)'을 염두에 둔 표기로 판단된다. 그리고 명문이 시작되는 부분에서는 행을 바꾸어 서술하였다.

이 묘지는 측천무후 치세인 만세통천 2년(697) 정월에 만들어졌다. 그 결과 묘지 여러 곳에 측천문자가 사용되었다. 재(載), 신(臣), 년(年), 수(授), 국(國), 천(天), 증(證), 군(君), 성(聖), 일(日), 월(月), 정(正), 지(地) 등의 13종 47글자가 그것이다. 그런데 '군(君)'의 경우, 묘지 제명에서는 정자(正字)를 썼으나 제16행 26열과 제30행 32열에서는 측천문자를 사용하였다. 무주시기에 만들어진 다른 비각 자료도 마찬가지지만, 부군(府君)의 '군(君)'과 같은 일반적인 의미에는 정자로 적지만 황제를 의미하는 경우에는 특별히 측천문자로 표기하였다. 이 묘지도 그러한 관행에 따른 것으로 보인다.

묘지의 내용은 첫머리에 제명을 적고, 이어서 도입부와 간략한 가계, 묘주의 활동과 행적, 죽음과 장례, 후손, 명문의 순서로 되어 있어, 여타 당대 묘지의 구성과 다르지 않다. 다만 묘지명의 지은이와 글쓴이는 밝히지 않았다. 이 묘지는 현재 허난성 이촨현 문물관리위원회에 보관되어 있다.

③ 고모묘지(高牟墓誌)

2012년 2월 필자는 중국학자 로우정하오(樓正豪)와 함께 중국 허난성 뤄양시 주왕성광장(周王城廣場) 부근에 자리한 낙양비지탁편박물관(洛陽碑誌拓片博物館)을 방문하였다. 이 박물관은 뤄양 일대에서 주로 출토된 묘지와 비석의 탁본을 전문적으로 제작, 전시, 판매하는 민영박물관이다. 그런데 전시품을 둘러보던 중 뜻하지 않게 고구려 유민으로 보이는 고모(高牟) 묘지 탁본이 전시된 것을 발견하였다. 이에 로우정하오가 그것을 구입해 분석하여 한국과 중국에 소개함으로써 고모묘지가 세상에 알려졌다.[4]

---

4) 樓正豪, 〈高句麗遺民 高车에 대한 考察〉, 《한국사학보》 53, 2013, 389~412쪽; 〈新見唐高句麗遺民高车墓

이 탁본은 2000년대 초 낙양비지탁편박물관 류젠쥔(劉建軍) 관장이 뤄양의 문물시장에서 구입한 것으로, 현재 개석 탁본은 없고 지석 탁본만 전한다. 박물관 관계자의 말에 의하면, 뤄양 문물시장에서 탁본을 구입할 당시 지석과 개석을 실견하지 못했을 뿐더러 소장처도 확인하지 못했다고 한다. 따라서 고모묘지가 언제, 어디서, 어떤 과정을 거쳐 출토되었고, 현재 누가 이 묘지석을 보관하고 있는지 등에 관해서는 전혀 알 수 없다. 그래서인지 일부에서는 이 탁본을 위조품이 아닌가 의심하기도 한다. 그러나 당대 신분에 따른 묘지의 규격, 당시의 서체와 문체, 사방 측면에 새겨진 문양 등을 종합해보면, 이 탁본을 위조품으로 단정할 수 없다.

이 묘지는 지석과 개석의 실물이 확인되지 않아 개석의 크기와 모양은 물론, 지석의 정확한 크기와 재질 등을 알 수 없다. 다만 탁본에 의거하면, 지석은 가로 세로가 각각 45.5㎝ 크기의 정방형으로, 사방 아래쪽 측면에 화초넝쿨무늬를 음각해 장식하였다. 지석 윗면에는 19행 19열에 걸쳐 가는 선으로 공간을 구획한 다음 해서로 총 382글자에 걸쳐 묘주의 행적과 명문을 새겼다. 현재 한 글자도 빠짐없이 모두 선명하게 남아있는 점으로 보아, 탁본 당시 고모묘지의 지석은 매우 양호한 상태였음을 추지할 수 있다.

이 묘지에서는 황제와 황실을 비롯한 각종 존경과 경외를 나타내는 용어 앞에 일률적으로 두 글자의 공란을 두었고, 명문이 시작되는 부분에서는 행을 바꾸어 서술하였다. 이 묘지는 측천무후 치세인 성력 2년(699) 8월 경에 만들어졌다. 이에 따라 몇몇 곳에 측천문자가 사용되었는데 인(人), 수(授), 지(地), 재(載), 년(年), 월(月), 일(日), 성(聖) 등의 8종 11글자가 그것이다.

묘지의 격식과 구성은 여타의 당대 묘지와 크게 다르지 않다. 우선 지문은 제명을 필두로, 묘주의 이름과 출신, 활동과 업적, 죽음과 장례에 관한 내용

誌銘考釋〉,《唐史論叢》18, 2014, 265~273쪽.

을 순서대로 기술하였고, 명문에서는 변려체(駢儷體)로 묘주의 행적을 찬양하였다. 이 묘지의 탁본은 로우정하오를 거쳐 현재 필자가 소장하고 있다.

④ 고자묘지(高慈墓誌)

이 묘지는 1917년경 중국 허난성 뤄양 북쪽 망산에서 출토되었다. 1917년 뤄전위(羅振玉)가 저술한 《망락총묘유문(芒洛冢墓遺文)》(제4편)에서 고자묘지를 소개했을 뿐더러, 1937년에 간행한 《당대해동번벌지존》에 "이 묘지는 20년 전 낙양에서 출토되었다[此誌 二十年前出洛陽]" 하였기 때문이다.

그런데 1990년대에 뤄양 북쪽의 멍진현(孟津縣) 칠리촌(七里村)에서 고질묘지(高質墓誌)가 수습되었다. 고자는 고질의 아들로, 두 사람은 마미성에서 함께 전사하여 모두 같은 해 같은 날 낙주(洛州) 합궁현(合宮縣) 평락향(平樂鄉)에 묻혔다고 한다. 그렇다면 고자묘지는 고질묘지가 수습된 멍진현 칠리촌 혹은 그 인근에서 출토되었을 것이다. 아무튼 이 묘지는 뤄전위의 《당대해동번벌지존》을 통해 세상에 널리 알려졌다.

고자묘지의 정확한 출토 경위는 알 수 없다. 다만 《당대해동번벌지존》에서 "고자묘지는 나의 집에 있다[高慈誌在予家]" 혹은 "(이 묘지는) 지금 나의 집에 소장되어 있다[今藏予家]"라 하였고, 1924년에 편찬한 《설당소장고기물목록(雪堂所藏古器物目錄)》에 '좌옥검위장군고자묘지(左玉鈐衛將軍高慈墓誌)'가 실려 있는 점에서, 고자묘지는 출토 후 언제인가 뤄전위가 구득하여 수장하였음이 분명하다. 그런데 《당대해동번벌지존》에서 개석이 남아있는 천남생이나 천남산묘지와 달리 고자묘지는 개석에 관하여 전혀 언급하지 않았다. 이런 점으로 보아, 뤄전위는 이 묘지의 지석만 소장했을 것으로 추지할 수 있다.

한편 1945년 8월 일본 제국주의의 패망 직후 동북아시아의 혼란한 정국 속에서 뤄전위가 소장한 수많은 유물과 전적의 절반 이상 망실되고 훼손되었다. 《당대해동번벌지존》 편찬에 활용된 탁본과 묘지석도 이즈음 수난을 당해, 고자묘지의 묘지석은 현재 존재 여부와 행방을 알 수 없게 되었다.[5] 다만 중국의 금석학자 저우샤오량(周紹良)과 중국 국가도서관이 고자묘지의 탁본을 소장하고 있다는 사실이 확인될 뿐이다.

실물이 없어 지석의 정확한 크기는 알 수 없으나, 탁본에 의거하면 대략 가로 세로 각각 74㎝ 크기의 정방형이다. 지석의 윗면에는 37행 36열에 걸쳐 가는 선으로 공간을 구획한 다음 해서로 고자의 생애와 공적을 새겼다. 즉 제명을 필두로, 선조와 가계, 활동과 업적, 죽음과 장례, 명문 순으로 기록했는데, 지석에 새긴 글자는 총 1,241자에 이른다. 탁본에 의거하는 한, 전반적으로 보존상태가 양호한 편이다. 다만 제1행 4열과 5열, 제2행 3열, 그리고 제23행 21열과 22열 부분이 훼손되었으나, 제1행 4열과 5열의 글자를 제외하고는 잔획(殘劃)과 문맥을 통해 글자를 판독할 수 있다.

이 묘지에서도 존경과 경외를 나타내는 용어 앞에 2~4글자를 띄었고, 명문이 시작되는 부분에서는 행을 바꾸었다. 그리고 여러 곳에서 측천문자가 사용되었는데 신(臣), 인(人), 국(國), 초(初), 년(年), 지(地), 수(授), 성(聖), 월(月), 일(日), 천(天), 재(載) 등의 12종 63글자가 그것이다. 고자묘지가 측천무후 치세인 성력 3년 납월(臘月), 곧 699년 12월에 만들어졌기 때문이다.[6] 지문은 전반적으로 글씨가 단정하고 문장이 정제되어 있으나, 제26행에서 제27행으로 이어지는 부분에서 '좌옥검위(左玉鈴衛)'라 해야 할 것을 '좌옥옥검위(左玉玉鈴衛)'라 한 실수를 저질렀다.

이 묘지는 지문의 지은이와 글쓴이가 누구인지 밝히지 않았다. 그런데 고자와 고질 부자는 같은 날 같은 곳에 묻혔을 뿐만 아니라, 묘지의 내용과 문체는 물론 이체자를 포함한 글씨체가 매우 흡사하다. 이런 점에서 고자묘지

---

5) 권덕영, 〈羅振玉의 금석학과 唐代海東藩閥誌存〉, 《한국고대사연구》 91, 2018, 291~296쪽.
6) 권덕영, 〈고구려 유민 高慈 묘지에 대한 몇가지 문제〉, 《한국고대사연구》 102, 2021, 363~367쪽.

의 지은이와 글쓴이, 특히 글쓴이는 고질묘지의 글씨를 쓴 유종일(劉從一)일
가능성이 크다.[7]

⑤ 고질묘지(高質墓誌)

중국 허난성 신안현 톄먼진에 소재한 천당지재는 개관 초에 1천여 점의 당
대 묘지를 소장하였다. 그후 1980년대부터 뤄양 북쪽의 망산, 남쪽의 만안산
(萬安山)과 용문서산(龍門西山), 옌스현(偃師縣)과 멍진현 등지를 다시 광범위하
게 조사하여 800여 점의 묘지를 추가로 수집하였다. 이로써 천당지재는 총
2,200점에 가까운 석각자료를 소장하게 되었는데, 그중 1,700여 점이 당나라
묘지이다. 고질묘지는 천당지재가 새로 수집한 800여 점의 묘지 가운데 하나
이다. 그럼에도 고질묘지는 오랫동안 그 존재가 알려지지 않다가, 2006년에
간행된 《전당문보유》 천당지재신장전집(千唐誌齋新藏專輯)에 수록됨으로써 비
로소 세상에 알려졌다.[8]

고질묘지는 1990년대 허난성 멍진현 칠리촌(七里村)에서 출토된 것으로 전
한다. 천당지재에서 이 묘지를 수집할 당시 개석은 이미 없어지고 지석만 남
아 있었는데, 지석의 재질은 여느 당대 묘지와 마찬가지로 청석이다. 크기는
가로 세로가 각각 88㎝의 정방형으로, 윗면에 44행 44열에 걸쳐 가는 선으로
공간을 구획한 다음 단정한 해서체로 고질의 생애와 업적을 기록하였다. 구획
한 공간에 모두 글자를 적는다면 총 1,936자를 새길 수 있으나, 마지막 세 행
곧 제42행, 제43행, 제44행에서는 제13열 이전에 글자를 전혀 새기지 않았다.
그리고 황제와 황실을 비롯한 존경과 경외를 나타내는 용어 앞에 2~4글자,

7) 閔庚三, 〈中國 洛陽 新出土 古代 韓人 墓誌銘 研究; 高質墓誌銘을 중심으로〉, 《신라사학보》 15, 2009,
224~226쪽; 권덕영, 앞의 글, 2021, 355~363쪽.
8) 吳鋼 等, 《全唐文補遺: 千唐誌齋新藏專輯》, 三秦出版社, 2006, 79~81쪽. 한편 이 책은 천당지재가 소장한
당대 묘지 526점을 수록했거니와, 1984년에 간행한 《千唐誌齋藏誌》와 달리 탁본 없이 판독문만 수록하
였다.

심지어 제38행 10열의 '천(天)' 앞에는 6글자의 공란을 두었고, 명문이 시작되는 부분에서는 행을 바꿈으로써 실제 지석에는 총 1,775글자가 새겨졌다. 묘지석 사방 측면에는 화초넝쿨무늬와 용과 봉황으로 보이는 짐승이 어우러진 문양을 새겨 넣었다.

묘지석의 상태는 대체로 양호하여 대부분의 글자를 판독할 수 있다. 다만 제28행 26열과 30열, 제30행 26열과 27행의 글자는 훼손되어 알아볼 수 없다. 이 묘지는 여느 당대 묘지와 마찬가지로 제명, 선조와 가계, 생애와 활동, 죽음과 장례, 후손, 명문의 순서로 기록하였다. 그리고 마지막 행에 장례를 치른 연월일을 재차 명기하였다.

당대 묘지에서 찬술자와 글쓴이뿐만 아니라 새긴 사람의 이름까지 밝힌 경우는 흔치 않다. 그런데 이 묘지에서는 지문 말미에 찬술자와 글쓴이 그리고 새긴 사람의 이름을 차례대로 모두 갖추어 적었다. 지문 찬술자는 저명한 문장가인 위승경(韋承慶)이고 글쓴이는 유종일(劉從一)이며, 새긴 사람은 요처환(姚處環), 상지종(常智琮), 유랑인(劉郎仁)이라 하였다.

이 묘지는 고질을 장사지낸 성력 3년 납월(臘月), 곧 699년 12월에 작성되었다.[9] 그런데 당시는 측천무후 치세였으므로 측천문자가 널리 사용되었다. 신(臣), 인(人), 국(國), 초(初), 년(年), 지(地), 수(授), 성(聖), 월(月), 일(日), 천(天), 재(載), 군(君), 성(聖), 정(正) 등의 14종 72글자가 그것이다. 고질묘지는 현재 천당지재 박물관에 소장되어 있다.

⑥ 소공부인고씨묘지(邵公夫人高氏墓誌)

이 묘지는 1990년 중국 허난성 이촨현(伊川縣) 바이위안향(白元鄕) 토문촌(土門村)에서 지석과 개석이 함께 출토되었다. 바이위안향 토문촌은 동쪽으로 구

---

9) 권덕영, 〈고구려 유민 高慈 묘지에 대한 몇 가지 문제〉,《한국고대사연구》102, 2021, 363~367쪽.

룽이 이어지고 서쪽에 이하(伊河)가 흐르며, 동남쪽에 홍토령(紅土嶺)이 있다. 소공부인고씨묘지는 바로 홍토령의 당나라 무덤에서 수습되었거니와, 그 일대는 신석기 시대 유물이 대거 출토된 토문유지(土門遺址)와 인접하였다. 이 묘지는 낙양시제2문물공작대가 뤄양 일대에서 출토된 후한 이후 민국시기까지의 묘지 183점을 모아 편찬한 《낙양신획묘지》를 통해 처음 학계에 소개되었다.[10]

묘지의 개석은 사각추의 아랫부분을 수평으로 절단한 녹정형(盝頂形)으로, 왼쪽 하단 모서리 일부가 깨져나갔다. 크기는 가로 세로가 각각 34.5㎝의 정방형이고, 재질은 청석이다. 평평하게 다듬은 윗면에는 3행 3열에 걸쳐 전서(篆書)로 제액을 적었고, 제액의 사방 테두리에는 거북등껍질무늬[龜甲文]를 새겼으며, 아래쪽으로 비스듬히 깎아내린 네 면에는 구름무늬를 음각하였다.

지석은 가로 세로가 각각 34.5㎝ 두께 9㎝의 정방형으로, 사방 측면에 화초넝쿨무늬가 새겨져 있다. 지석 윗면에는 제1행을 제외한 나머지 부분에 가로 세로 구획선을 그은 다음 총 20행 20열에 걸쳐 고구려 유민 고진(高震)의 딸인 고씨부인의 생애를 기록하고 찬미하였다. 즉 제명을 필두로 선조와 가계, 출가와 가정생활, 죽음과 장례, 명문 순으로 새겼는데, 지문의 전체 글자 수는 383자이다.

지석의 상태는 비교적 양호한 편이나, 사방 가장자리에 해당하는 제1행과 제20행, 제1열과 제20열의 글자가 일부 훼손되었다. 그 중에서 제1행과 제18행의 첫 글자는 전혀 알아볼 수 없다. 그리고 황제와 황실을 비롯한 각종 존경과 경외를 나타내는 용어 앞에 일률적으로 두 글자를 띄어 썼고, 명문이 시작되는 부분에서는 행을 바꾸었으며, 제명에 해당하는 제1행은 다른 행과 열을 맞추지 않고 작은 글씨로 23글자를 새겼다. 이 묘지는 소공부인고씨를 장사지낸 대력 7년(772) 3월경에 제작된 것으로, 현재 허난성 이촨현(伊川縣)

---

10) 洛陽市第二文物工作隊, 《洛陽新獲墓誌》, 文物出版社, 1996, 81쪽 및 258쪽.

문물보호관리위원회에 보관되어 있다.

⑦ 고진묘지(高震墓誌)

중국의 금석학자 뤄전위(羅振玉)는 《당대해동번벌지존》 서문에서, 신유년 이후 톈진(天津)에 거주할 때 허난성 뤄양 일대에서 출토된 부여융, 천남생, 천남산, 천헌성, 고자, 고진, 천비 등의 묘지 탁본 7점을 얻었다고 한다. 여기서 말한 신유년은 뤄전위가 일본 망명생활을 마치고 귀국하여 상하이를 거쳐 톈진에 안착한 1921년이다. 그리고 그는 1928년에 톈진을 떠나 뤼순(旅順)으로 거처를 옮겼다. 그렇다면 뤄전위는 1921년에서 1928년 사이에 고진묘지를 비롯한 7점의 탁본을 구득한 셈이다. 그가 구체적으로 언제, 어떤 경로를 통해 이러한 자료를 입수했는지 알 수 없으나, 이때 수집한 탁본의 묘지석은 모두 1920년을 전후한 시기 뤄양 북쪽 망산에서 출토된 것들이다. 그렇다면 고진묘지 역시 이즈음 뤄양 망산에서 출토되었을 것으로 추정할 수 있다.[11]

고진묘지의 개석과 지석은 현재 그 존재가 확인되지 않는다. 뤄전위도 일찍이 "다른 세 묘지, 곧 천헌성, 고진, 천비의 묘지는 탁본 1부를 겨우 보았을 뿐 지석의 존재 여부는 알지 못한다[他三誌僅見一本 不知存否]"라 하였듯이, 고진묘지는 이른 시기에 이미 행방이 묘연하였다. 그러나 다행히 뤄전위가 《당대해동번벌지존》에서 지석의 크기와 지문을 자세히 소개하였을 뿐더러 현재 중국 국가도서관에 저우샤오량(周紹良)이 기탁한 탁본이 남아 있어,[12] 고진묘지의 개략적인 모습을 알 수 있다. 다만 개석에 관한 정보는 전혀 알려져 있지 않다.

---

11) 근년 王昊斐과 王琬瀛이 〈唐代三韓貴族墓誌的發現與硏究〉(《乾陵文化硏究》 9, 2015)에서, 高震墓誌는 1926년 뤄양에서 출토되었다고 한다. 그러나 무엇에 근거했는지는 밝히지 않았다.

12) 周紹良은 2002년 5월에 자신이 소장하던 唐代의 비문과 묘지 탁본 2,600여 점을 중국 국가도서관과 天津圖書館에 기탁하였다. 그때 고진묘지는 중국 국가도서관에 기증되었다. 李慶國, 《周紹良年譜》, 北京圖書館出版社, 2008, 296~321쪽 附錄(4) 참조.

뤼전위는 고진묘지의 크기를 가로 세로가 각각 2척 1촌 3푼이라 했거니와, 중국 국가도서관에 소장된 탁본에 의거하면 대략 가로 세로가 각각 50㎝ 크기이다. 이 묘지는 윗면에 22행 22열에 걸쳐 가는 선으로 공간을 구획한 다음, 해서로 고진의 생애와 활동을 기록하고 찬미하였다. 그런데 마지막 제22행에는 글자를 전혀 새기지 않았으므로 실제 글자를 새긴 공간은 전체 21행이다. 탁본으로 보아 지석의 상태는 매우 양호하여, 제21행 첫 글자를 제외하고는 모두 쉽게 판독할 수 있다.

탁본에 의하면, 제1행 제명은 가로 열을 무시하고 작을 글씨로 37글자를 촘촘히 새겨 넣었고, 제2행은 12열까지 공란으로 두고 13열부터 찬자의 직함과 이름을 새겼다. 그리고 본문은 첫머리에 묘주의 죽음과 장례를 언급한 후 선조와 가계, 묘주의 활동, 후사와 명문 순으로 구성되었다. 이 묘지에서는 황제와 황실을 비롯한 각종 존경과 경외를 나타내는 용어 앞에 한두 글자를 띄거나 혹은 제11행에서처럼 아예 행을 바꾸어 썼고, 명문이 시작되는 부분에서도 행을 바꾸었다.

고진묘지는 고진이 죽은 후 5년이 지난 대력 13년(778) 11월에 새로 무덤을 만들어 부인 진정후씨(眞定侯氏)와 합장할 때 만든 것으로, 헌서대제(獻書待制) 양경(楊憼)이 지문을 찬술하였다. 현재 개석과 지석의 존재는 알 수 없고, 지석의 탁본 1점이 중국 국가도서관에 소장되어 있다.[13]

⑧ 천남생묘지(泉男生墓誌)

이 묘지는 1922년 정월에 중국 허난성 뤄양 동북쪽의 망산, 곧 지금의 멍진현 송좡진(送庄鎭) 동산두촌(東山頭村) 남쪽의 3개 토총 가운데 중간 무덤에

---

13) 중국 국가도서관에 소장된 高震墓誌 탁본을 입수하는데 적극적으로 도와주신 전 국회도서관 허용범 관장과 실무를 맡은 박현숙 선생께 감사한다.

서 지석과 개석이 함께 출토되었다.[14] 출토 후 이 묘지는 전각(篆刻) 예술가 타오주광(陶祖光)의 손에 들어가 일본으로 반출될 뻔한 것을 당시 허난성 성장이었던 장펑타이(張鳳臺)가 1천원에 사서 회수하였다. 그후 허난성 성도(省都)였던 카이펑(開封)으로 옮겨 하남금석록편찬처(河南金石錄編纂處)에 잠시 보관하였다가 하남도서관으로 옮겼고, 이어서 언제인가 다시 개봉박물관의 전신인 하남성박물관으로 이관하였다. 1954년 허난성 인민정부가 정저우(鄭州)로 옮겨감에 따라 1961년 하남성박물관도 정저우로 옮겨갔다. 그리고 1998년 정저우에 하남성박물관을 신축하여 하남박물원으로 개명하면서 개봉박물관의 유물 일부를 이곳으로 이전하였는데, 이때 천남생묘지도 하남박물원으로 옮겨졌다.[15]

천남생묘지의 개석과 지석의 상태는 매우 양호하다. 개석은 당대의 여타 묘지와 마찬가지로 사각추의 아랫부분을 수평으로 절단한 녹정형으로, 크기는 대략 가로 세로가 각각 91cm, 두께 12cm이다. 개석 윗면에는 3행 3열에 걸쳐 전서로 제액을 새겼고, 제액 주변과 아래쪽 사방의 비스듬히 깎아내린 네 면에 화초넝쿨무늬를 음각하였다. 개석에 그려진 화초는 연화 혹은 모란으로 보이거니와, 넝쿨무늬 사이사이에 사자 형상이 정교하게 조각되었다.

지석은 가로 세로가 각각 91cm 크기의 정방형으로 개석과 동일하고, 두께는 23cm이다. 지석 사방 측면에는 개석과 마찬가지로 화초넝쿨무늬를 새겼는데, 역시 넝쿨무늬 사이사이에 사자 형상이 조각되었다. 지석 윗면에는 46행 47열에 걸쳐 가는 선으로 공간을 구획한 다음 정갈한 해서로 고구려 유민 천남생의 생애와 공적을 새겼다. 즉 제1행의 제명을 필두로 지문의 지은이와 글쓴이, 선조와 가계, 활동과 업적, 죽음과 장례, 명문을 순서대로 기록했는데,

---

14) 郭培育·郭培智, 《洛陽出土石刻時地記》, 大象出版社, 2005, 154쪽.
15) 郭培育·郭培智, 앞의 책, 2005, 154쪽; 김영관·조범환, 〈고구려 泉男生 墓誌銘에 대한 소개와 연구현황〉, 《한국고대사탐구》 22, 2016, 10~13쪽.

지석에 새긴 글자는 총 2,094자이다. 이 묘지에서는 존경과 경외를 나타내는 용어 앞에 적게는 1글자에서 많게는 10글자까지 공란을 두고 띄어 썼다. 특히 묘지에 인용된 당나라 황제의 조칙과 명문이 시작되는 부분에서는 행을 바꾸어 기록하였다.

천남생은 의봉 4년(679) 정월 29일 안동도호부 관사에서 죽은 후, 같은 해인 조로 원년 12월 26일 낙양 망산에 묻혔다. 따라서 이 묘지는 그 즈음에 작성되었을 것이다. 묘지에 따르면 중서시랑 겸 검교상왕부사마(檢校相王府司馬) 왕덕진(王德眞)이 지문을 찬술하고, 조의대부 행사훈랑중 상기도위 발해현개국남 구양통(歐陽通)이 글씨를 썼다고 한다. 이 묘지는 현재 정저우 하남박물원에 소장되어 있다.

⑨ 천헌성묘지(泉獻誠墓誌)

이 묘지는 1926년 8월 중국 허난성 뤄양 북쪽의 망산에서 출토되었다.[16] 중국에서는 일찍부터 허난성 멍진현 송좡진 동산두촌(東山頭村) 남쪽에 동서로 나란히 자리잡은 3개의 토총 가운데 맨 동쪽 무덤을 천헌성의 묘로 추정하였다.[17] 그렇다면 천헌성묘지는 멍진현 동산두촌의 이 무덤에서 출토되었을 것이다. 이 묘지는 출토 후 언제인가 뤄전위가 탁본 한 점을 구해 보관하다가 1937년《당대해동번벌지존》에 소개함으로써 세상에 널리 알려졌다.

《당대해동번벌지존》은 천남생묘지를 비롯한 고구려 유민 묘지 6점과 백제 유민 부여융 묘지 등 재당 한인묘지 7점을 판독, 고증한 저술이다. 이 책에서 뤄전위는 천헌성묘지에 대하여 "탁본 한 본을 겨우 보았을 뿐, 그것의 존재 여부는 알지 못한다[僅見一本 不知存否]"라 하였듯이, 그 자신도 천헌성묘지를

---

16) 羅振玉,〈泉獻誠墓誌跋〉,《丙寅稿》, 1926;《雪堂類稿》(丙), 遼寧教育出版社, 2003, 232~233쪽.

17) 郭培育·郭培智, 앞의 책, 2005, 192쪽; 張福有·趙振華,〈洛陽, 西安出土北魏與唐高句麗人墓誌及泉氏墓地〉,《東北史地》2005-4, 7쪽; 趙振華,《洛陽古代銘刻文獻研究》, 三秦出版社, 2009, 542쪽.

직접 보지 못했을 뿐더러 출토 과정과 소장처 등에 대한 정보를 전혀 가지고 있지 못하였다. 그후 어느 누구도 이 묘지를 보지 못했고, 또한 지금 어디에 어떤 상태로 보관되어 있는지 알려져 있지 않다.[18] 심지어 그것의 탁본조차 확인되지 않는다. 따라서 천헌성묘지에 대한 정보는 《당대해동번벌지존》에 소개된 내용이 현재로서 유일하다고 할 수 있다.

《당대해동번벌지존》에 의하면, 지석은 가로 3척 1촌, 세로 3척 1촌 5푼의 크기로, 거기에 41행 41열에 걸쳐 정서(正書) 곧 해서로 글을 새겼다고 한다. 이는 가로 세로가 각각 3척 1촌 6푼이라 한 고자묘지와 비슷한 크기이다. 고자묘지는 가로 세로가 각각 74㎝ 크기로, 37행 36열에 걸쳐 총 1,241글자를 새겼다. 그런데 천헌성묘지는 고자묘지와 비슷한 공간에 행렬을 더 나누었고, 글자 수도 370자가 더 많은 1,611자를 새겼다. 그렇다면 이 묘지는 고자묘지보다 작을 글씨로 촘촘하게 새겼을 것으로 추정할 수 있다. 또한 뤄전위의 판독문에서 제23행 16열의 한 글자를 제외하고 모두 판독한 점으로 보아, 탁본 당시 묘지석의 상태는 매우 양호했을 것으로 짐작할 수 있다.

《당대해동번벌지존》에 수록된 7점의 묘지 판독문은 모두 행렬을 구획하고 공격(空格)을 표시함으로써 묘지 전체의 형태를 추정할 수 있도록 구성하였고, 묘지에 사용된 별자(別字)와 속자 같은 이체자를 원래 모습과 가깝게 모사(模寫)하였다. 천헌성묘지 판독문도 예외가 아니다. 따라서 《당대해동번벌지존》을 통해 천헌성묘지의 지문과 글자 모습을 그대로 재현할 수 있다. 그 결과 천헌성묘지는 41행 41열로 구성되었음은 물론 다양한 이체자와 측천문자가 사용되었고, 존경과 경외를 나타내는 용어 앞에 일률적으로 한 글자씩 띄었으며, 명문이 시작되는 부분에서는 행을 바꾸어 서술했음을 알 수 있다.

---

18) 洛陽市文物考古硏究院, 《洛陽出土墓誌目錄續編》(國家圖書館出版社, 2012, 53쪽)에 의하면, 천헌성묘지는 開封博物館에 소장되어 있다고 한다. 그러나 현재로서는 소장 여부가 확인되지 않는다.

천헌성묘지도 당대의 여타 묘지와 마찬가지로 묘주의 생애와 활동을 소개하고 공적을 찬양하였다. 즉 제1행의 제명을 필두로 찬술자, 선조와 가계, 활동과 업적, 죽음과 장례, 명문 순서로 기록하였다. 이 묘지는 천헌성이 억울하게 죽은 후 10년째 되던 대족 원년(701) 2월 망산에 새로 장사지낼 때 만든 것으로, 조의대부 행문창선부원외랑(行文昌膳部員外郞) 호군(護軍) 양유충(梁惟忠)이 지문을 찬술하였다.

⑩ 천남산묘지(泉男産墓誌)

이 묘지는 1923년 4월 허난성 뤄양시 동북쪽 20리 지점의 멍진현 핑러진(平樂鎭) 유파촌(劉坡村)의 이른바 표자총(豹子塚)에서 지석과 개석이 함께 출토되었다.[19] 개석은 당대의 여타 묘지와 마찬가지로 사각추의 아랫부분을 수평으로 절단한 녹정형이다. 개석의 크기는 실측자에 따라 약간의 차이가 있으나, 대략 가로 세로가 각각 76㎝의 정방형이다. 개석 윗면의 평평하게 다듬은 사각 공간에 3행 3열에 걸쳐 전서로 제액을 새겼고, 제액 주변과 아래쪽 사방의 비스듬히 깎아내린 네 면에는 연화 혹은 모란으로 보이는 화초넝쿨무늬를 음각하였다.

지석은 모든 글자를 판독할 수 있을 정도로 상태가 양호하다. 다만 오른쪽 상단 모서리가 약간 깨져나갔고 제3행 하단 부분이 일부 박락(剝落)되었으나, 글자 판독에는 문제가 되지 않는다. 지석의 크기는 대략 가로 세로 각각 75㎝의 정방형으로, 윗면에 28행 29열에 걸쳐 정갈한 해서로 고구려 유민 천남산의 생애와 공적을 새겼다. 즉 제1행의 제명을 필두로 선조와 가계, 활동과 업적, 죽음과 장례, 명문을 순서대로 적은 다음 말미에 후손과 장지(葬地)를 명기하였다. 여기에 새긴 글자 수는 총 745자이다.

이 묘지에서는 존경과 경외를 나타내는 용어 앞에 일률적으로 두 글자의

---

19) 郭培育·郭培智, 앞의 책, 2005, 194쪽; 洛陽市文物管理局,《洛陽出土墓誌目錄》, 朝華出版社, 2001, 209쪽.

공란을 두었고, 명문이 시작되는 부분과 명문 이후의 후손과 장례일 및 장지를 밝힌 부분에서는 각각 행을 바꾸어 기록하였다. 그리고 제1행 제명의 마지막 글자인 '병서(幷序)'를 작은 글씨로 한 글자의 공간 속에 넣었고, 마지막 행인 제28행 다음에 한 행 정도의 공간을 비워두었다. 특히 제13행 말미에는 원래 "만세등봉원(萬歲登封元)"으로 새겼던 것을 후에 '만세(萬歲)'를 깎아내 삭제하고 '등봉(登封)'을 '천수(天授)'로 고쳤으며, 또 '원(元)'을 '삼(三)' 혹은 '이(二)'로 고쳐 새긴 점이 눈길을 끈다.[20]

이 묘지는 측천무후가 재위하던 장안 2년(702) 4월경에 만들어졌다. 따라서 묘지에는 국(國), 인(人), 일(日), 성(星), 년(年), 지(地), 수(授), 정(正), 신(臣), 성(聖), 천(天), 월(月) 등의 12종 40글자의 측천문자가 사용되었다. 이 묘지는 현재 북경대학 새클러(Arthur M. Sackler)고고예술박물관(賽克勒考古與藝術博物館)에 소장되어 있다.

⑪ 천비묘지(泉毖墓誌)

중국 허난성 멍진현 동산두촌(東山頭村) 남쪽에 동서로 나란히 자리잡은 3기의 파괴된 토총이 있다. 그곳은 뤄양 북쪽에 걸쳐있는 망산 남쪽 기슭에 해당하거니와, 1926년 5월에 3기 중 맨 서쪽 무덤에서 천비묘지가 출토되었다.[21] 천비묘지가 구체적으로 어떤 과정을 거쳐 출토되었는지 정확히 알 수 없으나, 출토 후 언제인가 뤄전위가 그것의 탁본 한 점을 구해 보관하다가 1937년《당대해동번벌지존》에 소개함으로써 세상에 널리 알려졌다.

천비묘지는 개석과 지석이 함께 출토되었겠으나, 현재는 지석만 남아 전한다. 탁본으로 보아 지석 상태는 비교적 양호한 편이다. 다만 지석의 아랫부분,

---

20) 권덕영,《재당 한인 묘지명 연구》(역주편), 한국학중앙연구원, 2021, 324쪽 참조.
21) 郭培育·郭培智, 앞의 책, 2005, 254쪽; 洛陽市文物工作隊,《洛陽出土歷代墓誌輯繩》, 中國社會科學出版社, 1991, 506쪽.

곧 지문 매 행의 마지막 열에 해당하는 부분이 약간 마멸되었고 가운데 일부분이 박락되었으나, 제12행 8열의 한 글자를 제외하고는 모두 판독할 수 있다.

지석의 크기는 대략 가로 세로가 각각 60cm의 정방형으로, 윗면에 25행 25열에 걸쳐 행서풍(行書風)이 가미된 해서로 천비의 생애와 공적을 새겼다. 즉 제1행의 제명을 필두로 지문 찬술자, 선조와 가계, 활동과 업적, 죽음과 장례, 명문을 순서대로 기록했는데, 여기에 새긴 글자는 총 566자이다.

이 묘지에서는 존경과 경외를 나타내는 용어 앞에 일률적으로 두 글자의 공란을 두었고, 명문이 시작되는 부분에서 행을 바꾸어 기록하였다. 이 묘지는 천비가 죽은 후 4년째 되던 개원 21년(733) 10월에 선영으로 이장할 때 만든 것으로, 지문은 천비의 아버지 천은(泉隱)이 찬술하였다. 천비묘지는 원래 낙양고대예술관에 전시, 보관되었으나 근년 낙양박물관으로 옮겨졌다.

⑫ 유원정묘지(劉元貞墓誌)

이 묘지는 중국 허난성 신안현 테먼진에 소재한 천당지재에 소장되어 있다. 천당지재는 개관 초에 1천여 점의 당대 묘지를 소장했으나, 이후 옌스현과 멍진현 등의 뤄양 일대를 광범위하게 조사, 수집한 결과 현재는 2,200점에 가까운 석각자료를 소장하게 되었다. 그 중에 1,700여 점이 당나라 묘지인데, 유원정묘지는 그 가운데 하나이다.

천당지재의 묘지는 지금까지 두 차례에 걸쳐 소개되었다. 첫 번째는 1984년 하남성문물연구소 곧 지금의 하남성문물고고연구원이 당시 천당지재에 소장된 모든 묘지의 탁본을 영인하여 《천당지재장지》(상·하) 2책을 간행한 것이고, 두 번째는 2006년 삼진출판사에서 1980년대 후반 이후 새로 수집한 당대 묘지 526점을 《전당문보유》 천당지재신장전집이란 이름으로 간행한 것이다.[22] 유

---

22) 《전당문보유》 천당지재신장전집은 탁본을 영인해 실은 《천당지재장지》와 달리 묘지 판독문만을 수록

원정묘지는 바로 두 번째 자료 정리 때 소개되어 비로소 세상에 알려졌다.

2006년에 유원정묘지의 존재가 알려졌으나, 몇몇 당대 묘지 목록집에 소개되었을 뿐 이에 대한 적극적인 연구가 이뤄지지 않았다. 그러한 데는 여러 가지 이유가 있겠으나, 무엇보다도 묘지의 실물이나 탁본이 공개되지 않았을 뿐더러 출토지, 출토시기, 크기를 비롯한 연구의 기본 정보가 거의 알려지지 않았기 때문이다. 다행히 최근에 유원정묘지 지석 탁본이 공개되고 또 그의 부인 왕씨묘지(王氏墓誌)가 새롭게 조명됨으로써 유원정묘지와 그의 활동에 대한 연구가 일부 진행되었다.[23]

필자는 수년 전에 천당지재를 방문하여 덩판(鄧盼) 연구원으로부터 유원정묘지 지석의 탁본 복사본을 구득하였다. 묘지석을 직접 보지 못해 지석의 재질은 확인할 수 없었으나, 크기는 가로 70㎝ 세로 71㎝ 두께 18㎝이고 그것이 뤄양 북쪽 망산 기슭에서 출토되었다는 사실을 전문(傳聞)하였다. 묘지석에는 30행 31열에 걸쳐 유원정의 행적을 새기고 공적을 찬양하였다. 탁본 복사본을 통해 본 지석의 보존 상태는 비교적 양호한 편으로, 제22행 11열의 한 글자를 제외하고 모두 읽을 수 있다. 그러나 개석의 존재 여부는 알 수 없다.

이 묘지는 여느 묘지와 마찬가지로 제명을 필두로 찬자, 선조와 가계, 활동과 업적, 죽음과 장례, 명문 순서로 구성되었다. 특이한 것은 묘지 말미의 찬문을 여타 당대 묘지의 명(銘) 혹은 사(詞)와 달리 '가(歌)'라 하였고, 제2행의 제명이 끝나는 부분에 연이어 새긴 찬자의 이름이 다른 글자에 비해 다소 크다는 점이다. 그리고 제7행 20열과 21열 사이 오른쪽에 작은 글씨로 '주(住)'를 추가로 새겨 넣었다.

하였다.

23) 辛時代, 〈唐高句麗移民劉元貞墓誌考釋〉, 《高句麗與東北民族研究》 7, 2015; 안정준, 〈唐代 高句麗 遺民 一族인 劉元貞과 그의 부인 王氏 墓誌銘-8세기 초반 高句麗 遺民 후손의 활동 사례〉, 《木簡과 文字》 23, 2019, 277~295쪽.

유원정묘지도 존경과 경외를 나타내는 용어 앞에 몇 글자의 공란을 두었다. 이 묘지에서는 그럴 경우 한 글자 띄는 것을 원칙으로 하였으나, 제15행 말미에서는 두 글자를 띄어 썼다. 그리고 명문이 시작되는 부분에서는 행을 바꾸었다. 이 묘지는 유원정을 장사지낸 천보 3년(744) 5월경에 만든 것으로 지문은 최비(崔朏)가 찬술하였다.

〈표 1-5〉 뤄양지역 고구려 유민 묘지

자료명	제작시기	출토지	출토시기	크기(cm)	소장처	기타
高玄墓誌	천수 2년 (691)	孟津縣 後李村	1936년	59×59(지석)	천당지재	
高足酉墓誌	만세통천 2년 (697)	伊川縣 平等鄉 樓子溝村	1990년 4월	88.5×88.5 (지석)	이천현문물 관리위원회	
高車墓誌	성력 2년 (699)	미상	미상	45.5×45.5 (지석)	미상	필자 탁본 소장
高慈墓誌	성력 3년 (699) 12월	孟津縣 七里村 (추정)	1917년	74×74(지석)	미상	周紹良과 중국 국가 도서관 탁본 소장
高質墓誌	성력 3년 (699) 12월	孟津縣 七里村	1990년대	88×88(지석)	천당지재	韋承慶 撰, 劉從一 書
邵公夫人 高氏墓誌	대력 7년 (772)	伊川縣 白元鄉 土門村	1990년	34.5×34.5 (개석,지석)	이천현문물 관리위원회	
高震墓誌	대력 13년 (778)	낙양 망산	1920년경	50×50(지석)	미상	楊憼 撰, 중국 국가 도서관 탁본 소장
泉男生墓誌	조로 원년 (679)	孟津縣 送庄鑛 東山頭村	1922년	91×91 (개석,지석)	하남박물원	王德眞 撰, 歐陽通 書
泉獻誠墓誌	대족 원년 (701)	孟津縣 送庄鑛 東山頭村	1926년	3.1촌×3.15 촌(지석)	미상	梁惟忠 撰
泉男産墓誌	장안 2년 (702)	孟津縣 平樂鑛 劉坡村	1923년 4월	76×76(개석) 75×75(지석)	北京大學賽 克勒考古與 藝術博物館	
泉毖墓誌	개원 21년 (733)	孟津縣 送庄鑛 東山頭村	1926년 5월	60×60(지석)	낙양박물관	泉隱 撰
劉元貞墓誌	천보 3년 (744)	낙양 망산	미상	70×70(지석)	천당지재	崔朏 撰

2) 백제 유민 묘지

① 부여융묘지(扶餘隆墓誌)

이 묘지는 1919년 중국 허난성 뤄양 북쪽의 망산(邙山)에서 출토되었다. 그러나 정확히 망산 어디서, 어떤 과정을 거쳐 출토되었는지는 알려져 있지 않다. 묘지 말미에 부여융을 북망산 청선리(淸善里)에 장사지냈다 하였으므로 당대의 청선리에서 출토되었을 것이나, 청선리가 현재 어디인지 알 수 없다. 출토 초기에는 개석과 지석이 함께 보존되었으나, 현재는 각기 떨어져 개석은 낙양고대예술관을 거쳐 낙양박물관에, 지석은 하남도서관을 거쳐 하남박물원(河南博物院)에 소장되어 있다.

묘지의 개석과 지석은 모두 청석으로, 개석의 상태는 비교적 양호하다. 크기는 실측자에 따라 약간씩 차이가 있으나, 최근 조사에 의하면 개석과 지석 모두 가로 57cm 세로 56cm 크기의 방형이라 한다.[24] 개석은 사각추의 아랫부분을 수평으로 절단한 녹정형으로, 윗면에 평평한 사각형 공간을 만들어 3행 3열에 걸쳐 전서(篆書)로 제액을 새겼고, 아래쪽 사방으로 비스듬히 깎아내린 네 면에는 모란으로 보이는 화초넝쿨무늬를 화려하게 새겨 넣었다.

한편 지석은 개석과 같은 크기의 정사각형에 가까운 방형 판석으로, 네 측면에 돌아가며 화초넝쿨무늬를 선각하였다. 지석 윗면에는 세로 27행 가로 27열에 걸쳐 가는 선으로 공간을 구획한 다음 예서풍(隷書風)의 해서로 부여융의 생애와 공적을 새겼다. 구획한 공간에 모두 글자를 새긴다면 총 729글자가 들어갈 수 있다. 그러나 마지막 제27행에 글자를 전혀 새기지 않았고, 황제와 황실을 비롯한 존경과 경외를 나타내는 용어 앞에 두 글자 혹은 세 글자의 공란을 두었으며, 명문이 시작되는 부분에서 행을 바꾸었고 제19행 24열의 '입(卄)'과 25열의 '일

---

24) 김영관, 〈부여융묘지명의 새로운 판독과 번역〉, 《한국고대사탐구》 25, 2017, 12쪽.

제1장 중국 금석문과 한국고대사 59

(日)' 사이에 '사(四)'를 추가함으로써 실제 지석에는 총 670글자가 새겨졌다.

부여융묘지 지석은 출토된 지 100년이 지났을 뿐더러 처음 망산에서 출토된 이래 개봉박물관, 하남도서관, 하남박물원 등지로 옮겨 다녔다. 그 과정에 지석의 일부가 훼손되어 현재는 군데군데 10여 글자의 판독에 어려움이 있다. 특히 오른쪽 하단 모서리 부분과 상단 제4행과 제5행 첫머리 부분이 훼손되어 해당 글자를 전혀 읽을 수 없다. 그런데 1924년에 초기 탁본을 촬영한 국립중앙박물관 소장 유리건판 사진을 보면 현재 보다 상태가 훨씬 양호한데,[25] 지석 가장자리에 해당하는 제1행 13열과 14열, 제6행 27열의 글자를 제외하고는 모두 판독할 수 있다.

묘지의 지문은 선조와 가계, 성품과 활동, 죽음과 장례, 명문 순으로 서술되었다. 특이한 것은 당대의 여타 묘지와 달리 묘지의 제명을 명문이 끝난 다음의 마지막 부분에 배치했다는 점이다. 물론 현경 3년(658)에 만든 선의랑주군묘지(宣義郎周君墓誌)도 부여융묘지와 마찬가지로 제명이 가장 뒷부분에 배치되었으나, 이러한 형식은 극히 드문 사례이다. 이 묘지는 부여융을 망산에 장사지낸 영순 원년(682) 12월경에 제작되었다. 그러나 지문의 지은이와 글쓴이는 알려져 있지 않다.

② 흑치상지묘지(黑齒常之墓誌)

흑치상지묘지는 1929년 10월 중국 허난성 뤄양시 망산 기슭에서 흑치준묘지(黑齒俊墓誌)와 함께 출토되었다. 출토 지역이 정확히 어디인지 알 수 없으나, 리건위안(李根源)의 〈경수당제발(景鿎堂題跋)〉에 의하면 두 묘지석이 발견된 무덤은 묘 구덩이 깊고 바깥 널이 넓었으며 유골의 일부가 남아 있었다고 한다.

---

25) 국립중앙박물관,《금석문자료(1)》(삼국시대), 국립중앙박물관소장 역사자료총서 10, 2010, 203~207쪽. 이 자료는 국립중앙박물관 소장번호 D240010이다.

그곳에서 한나라 옥기(玉器), 금은동기(金銀銅器), 도기(陶器), 와기(瓦器) 등이 다수 출토되었는데, 북경의 골동품상이 그것들을 대부분 구입해가고 묘지석은 값이 비쌀뿐더러 반출이 어려워 남겨 두었던 것을 자신이 한나라 옥기 1점과 함께 구매했다고 한다. 그때가 1932년이었다.

리건위안은 1932년에 국난회의(國難會議) 참석차 뤄양을 방문하였다. 그때 뤄양 북쪽 망산에서 출토된 다량의 당대 묘지가 시중에 나돈다는 사실을 알고, 은화 2,000원으로 흑치상지묘지를 비롯한 크고 작은 당대 묘지 93점을 구입하여 장쑤성 쑤저우(蘇州)로 가지고 내려가 곡석정려장구십삼방당지실(曲石精廬藏九十三方唐誌室)을 건립해 묘지를 보관하였다.[26] 그후 리건위안은 당대의 전적을 두루 참고하여 뤄양에서 수집한 묘지 목록을 작성했는데, 그것이 〈곡석당지목(曲石唐誌目)〉이다.

한편 1937년에 중일전쟁이 발발하였다. 리건위안은 자신이 수집한 묘지석이 일본군 수중에 넘어갈까 걱정하여 지석을 쑤저우시 우중구(吳中區) 궁륭산(穹窿山) 남쪽 소왕산(小王山) 중턱의 관묘(關廟) 앞 작은 연못의 물속에 빠뜨려 숨겨두었다. 전쟁이 끝나고 1949년에 중화인민공화국이 수립되자, 리건위안은 그동안 수집해 소장하던 한나라 비석 10점과 연못 속에 숨겨두었던 당나라 묘지석 93점, 그리고 각종 서화를 소주문물보관위원회에 기증하였다. 그 속에 흑치상지묘지가 포함되어 있었음은 말할 것도 없다. 그후 소주박물관(蘇州博物館) 곧 강소성박물관(江蘇省博物館)이 개관되자 리건위안이 기증한 자료는 그곳으로 옮겨지고, 또 1959년에 강소성박물관이 남경박물원(南京博物院)에 통합되면서 이들 지석은 남경박물원으로 이관되었다.

흑치상지묘지는 현재 지석만 존재하고 개석은 남아있지 않다. 리건위안이 뤄양에서 묘지석을 구입할 당시에 이미 개석은 없었던 것으로 보인다. 지석은

---

26) 李希泌,《曲石精廬藏唐墓誌》, 齊魯書社, 1986, 前言.

가로 71.5cm 세로 72.7cm 두께 14cm 크기의 방형으로,[27] 현재 남경박물원에 소장된 당나라 묘지 100점 가운데 규모가 가장 크다. 탁본과 사진을 통해 본 지석의 상태는 대체로 양호하나, 위쪽과 아래쪽 가장자리 일부가 깨져나가 두 글자는 판독이 불가능하다.

지석은 윗면에 41행 41열에 걸쳐 가는 선으로 공간을 구획한 다음, 해서로 흑치상지의 생애와 공적을 새겼다. 즉 제1행의 제명을 필두로 선조와 가계, 행적과 활동, 죽음과 신원(伸寃) 및 장례, 명문 순으로 서술했는데, 전체 글자 수는 1,604자에 달한다.

이 묘지는 측천무후 치세인 성력 2년(699) 흑치상지의 무덤을 개장(改葬)할 때 제작되었으므로 곳곳에 측천문자가 사용되었다. 즉 일(日), 월(月), 년(年), 천(天), 수(授), 인(人), 성(聖), 초(初), 정(正), 재(載), 국(國), 지(地), 신(臣) 등 13종 49 글자가 그것이다. 흑치상지묘지에서는 존경과 경외를 나타내는 용어 앞에 일률적으로 세 글자의 공란을 두었다. 그런데 제5행 29열과 31열의 '훈(訓)'과 '부(府)' 사이에 한 글자분의 공란을 두었는데 그 이유는 알 수 없다. 그리고 명문이 시작되는 부분에서는 행을 바꾸어 서술하였다. 이 묘지는 지문 찬술자를 별도로 밝히지 않았으나, 지문 내용으로 보아 흑치상지와 군중(軍中)에서 함께 생활한 어떤 사람이 찬술했음을 알 수 있다. 이 묘지는 현재 장쑤성 난징시의 남경박물원에 소장되어 있다.

② 흑치준묘지(黑齒俊墓誌)

이 묘지는 1929년 10월 중국 허난성 뤄양 망산 기슭에서 흑치상지묘지와 함께 출토되었다. 앞서 소개했듯이 1932년에 국난회의 참석차 뤄양을 방문한

---

27) 李之龍, 〈唐代黑齒常之墓誌文考釋〉, 《東南文化》, 1996-3, 102쪽; 束有春·焦正安, 〈唐代黑齒常之, 黑齒俊父子墓誌文解讀〉, 《東南文化》, 1996-4, 58쪽.

리건위안(李根源)이 그곳에서 흑치준묘지를 비롯한 당대 묘지 93점을 구매하여 장쑤성 쑤저우로 옮겨 보관하다가 소주문물보관위원회에 기증하였다. 그 후 이 묘지는 강소성박물관을 거쳐 남경박물원으로 이관되었다.

리건위안이 뤄양에서 수매한 당나라 묘지는 대부분 개석을 구비하지 못하였다. 흑치준묘지 역시 개석은 없고 지석만 남아 있다. 지석은 가로 54㎝ 세로 53㎝의 크기의 정방형에 가까운 형태이다. 탁본으로 보아 지석은 사방 가장자리와 중앙의 하단 일부가 손상된 듯하나, 전체적으로 비교적 양호한 편이어서 4글자를 제외하고는 모두 읽을 수 있다.

지석 윗면에는 26행 26열에 걸쳐 가는 선으로 공간을 구획한 다음, 총 642자의 해서로 흑치준의 생애와 활동을 새겨놓았다. 즉 제1행의 제명을 필두로 선조와 가계, 행적과 활동, 죽음과 장례, 명문 순서로 기록하였다. 이 묘지도 당대의 여타 묘지와 마찬가지로 다양한 이체자가 사용되었고, 황제나 황실을 비롯한 존경과 경외의 의미를 나타내는 용어 앞에 공란을 두었으며, 명문이 시작되는 부분에서는 행을 바꾸어 서술하였다. 다만 제20행과 제22행의 마지막 열에 한 글자분의 공란을 두었는데, 그 이유는 알 수 없다. 그리고 흑치준 장례 날짜를 적은 제17행 9열에는 한 글자의 공간에 '십삼(十三)'의 두 글자를 새겼고, 제명의 끝부분 '병서(幷序)'와 명문의 '기일(其一)'에서 '기오(其五)'까지 역시 한 글자의 공간에 작은 글씨로 두 글자를 새겨 넣었다. 이 묘지는 흑치준을 장사지낸 신룡 2년(706) 8월경에 작성되었을 터인데, 누가 글을 짓고 썼는지 알 수 없다.

전술했듯이 리건위안이 뤄양에서 수집한 당대 묘지 93점은 최종적으로 남경박물원에 이관되었다. 따라서 흑치준묘지는 당연히 남경박물원에 소장되어 있을 것이다. 그러나 일부에서는 이 묘지가 남경박물원에 없을 뿐더러, 현재 그것의 소재지를 알 수 없다고 한다.[28] 남경박물원은 근래 3년여에 걸쳐 박물

---

28) 束有春·焦正安, 〈唐代黑齒常之, 黑齒俊父子墓誌文解讀〉《東南文化》, 1996-4, 58쪽; 김영관, 〈백제 유민

관 수장고에 보관된 고대 비각자료를 조사, 정리하여 《남경박물원장 당대묘지(南京博物院藏 唐代墓誌)》(상해인민미술출판사, 2003)를 출간하였다. 당시 이 작업에 참여했던 위안다오준(袁道俊)이 책머리에서, 리건위안이 기증한 당나라 묘지 93점 가운데 왕지환묘지(王志渙墓誌)와 장리견묘지(張利肩墓誌)를 제외한 나머지 91점은 남경박물원에 소장되어 있다 하였다.[29] 따라서 흑치준묘지는 현재 남경박물원에 존재한다고 해도 틀리지 않을 것이다.

④ 진법자묘지(陳法子墓誌)

중국 산시성 시안시 롄후구(蓮湖區) 노동남로(勞動南路)에 소재한 대당서시박물관(大唐西市博物館)에 재당 한인 묘지 2점이 소장되어 있다. 그 중의 하나가 백제 유민 진법자 묘지이다. 이 묘지는 2012년 대당서시박물관에 소장된 역대 묘지 500점을 뽑아 정리한 《대당서시박물관장묘지(大唐西市博物館藏墓誌)》(상)에 소개됨으로써 비로소 세상에 알려졌다. 그러나 이 묘지가 구체적으로 언제, 어디서 출토되었고 또 어떤 과정을 거쳐 대당서시박물관에 들어가게 되었는지는 알 수 없다. 다만 묘지 내용으로 보아 이것은 허난성 뤄양 북쪽 망산에서 출토되었고, 또 2007년 이 박물관에 들어간 것은 분명한 사실이다. 그렇다면 일찍이 망산에서 불법적으로 반출되어 시중에 떠돌던 것을 2007년 경 대당서시박물관에서 매입한 것으로 추정할 수 있다.

이 묘지의 재질은 청석으로, 현재 개석과 지석을 온전히 갖추고 있다. 개석은 사각추의 아랫부분을 수평으로 절단한 녹정형으로, 가로 세로가 각각 44cm 두께 11cm 크기의 정방형이다. 개석 위쪽의 절단면에는 가로 세로로 가는 선을 그어 공간을 구획한 다음 3행 3열에 걸쳐 전서로 제액을 새겼고,

---

묘지명의 현황과 가치〉,《중국 출토 百濟人墓誌 集成》(원문·역주편), 충청남도역사문화연구원, 2016, 17쪽.

29) 袁道俊, 〈唐代墓誌釋讀及其文化解析〉,《南京博物院藏 唐代墓誌》, 上海人民美術出版社, 2003.

주변에 돌아가며 꽃과 잎이 어우러진 화초넝쿨무늬를 음각하였다. 그리고 사방으로 비스듬히 깎아내린 네 면에는 주작, 현무, 청룡, 백호의 사신도를 방위에 맞게 새겨 장식하였다.

지석은 실측자에 따라 약간씩 차이가 있으나, 대략 가로 세로 각각 45cm 두께 10cm 크기의 정방형이며[30] 왼쪽 하단 모서리가 약간 깨져 나간 것을 제외하고는 대체로 온전한 편이다. 지석 윗면에는 여타 묘지와 달리 가로 세로의 구획선은 긋지 않고 24행 25열에 걸쳐 해서로 묘주의 행적을 새겼다. 지문은 제9행 20열과 제10행 18열의 글자가 일부 훼손되었으나 판독하는데 큰 어려움이 없고, 제24행 다음의 한 행에는 글자를 전혀 새기지 않았다. 여기에 새긴 글자는 총 585자이다. 그리고 지석의 사방 측면에는 12지신상을 방위에 맞추어 4면에 각각 3개씩 음각하였다.

진법자묘지는 측천무후 치세인 천수 2년(691)에 제작되었다. 그에 따라 천(天), 지(地), 년(年), 월(月), 일(日), 정(正), 수(授), 재(載), 초(初) 등 9종 29글자의 측천문자가 사용되었다. 그럼에도 제2행 12열과 제12행 24열 '인(人)'의 경우에는 무주제자를 사용하지 않았다. 이는 측천무후가 무주를 개창한 직후인 691년에는 아직 '인(人)'이 측천문자로 제정되지 않았음을 말해준다.[31] 그리고 존경과 경외를 나타내는 용어 앞에 한 글자 혹은 두 글자를 띄었고, 여타 묘지와 달리 묘주를 지칭하는 군(君) 혹은 부군(府君) 앞에도 한 글자를 띄어 썼으며, 명문은 행을 바꾸어 서술하였다.

묘지의 내용은 제1행의 제명을 필두로, 선조와 가계, 묘주의 활동, 죽음과 후사, 명문 순서로 구성되었다. 특히 이 묘지는 종래 알려지지 않은 태학정(太學正), 군장(郡將), 좌관(佐官), 참사군(參司軍) 같은 백제 관직이 등장한다는 점

---

30) 胡戟·榮新江,《大唐西市博物館藏墓誌》(上), 北京大學出版社, 2012, 270쪽.
31) 王維坤,〈武則天造字的分期〉,《文博》1998-4, 64~68쪽.

에서 중요한 사료적 가치를 가진다. 이 묘지는 현재 대당서시박물관 지하 2층 특별전시실에 진열되어 있다.

⑤ 난원경묘지(難元慶墓誌)

이 묘지는 1960년 중국 허난성 루산현(魯山縣) 장디옌향(張店鄕) 장비구촌(張飛溝村)의 소평대(昭平台) 저수지 수로 공사를 하던 주민에 의해 발견되었다. 당시 촌민들은 이 묘지의 가치를 모른 채 마을의 큰 홰나무 아래 옮겨두고 주민들이 앉아 더위를 식히거나 식탁과 다듬돌 등으로 사용하였다. 그러던 중 1984년에 노산현문화관(魯山縣文化館) 고고문물 담당자인 왕종민(王忠民)이 이 마을을 방문해 역사유적을 조사하던 중, 난원경묘지의 존재를 알고 그것을 노산현문화관으로 옮겨 보관하였다.

난원경묘지는 당초 지석과 개석이 온전한 채로 출토되었다. 그런데 부근의 소하장촌(小河張村) 주민인 위안씨(袁氏)가 개석을 생활도구로 사용할 요량으로 가져감으로써 지금은 행방을 알 수 없게 되었다. 다만 이 마을 출신으로 현재 루산현 문화국에 근무하는 위안짠차이(袁占才)의 기억에 따르면, 개석 주위 사방에 돌아가며 용과 봉황 무늬를 생동감 있게 조각하였고, 윗면에는 전서(篆書)가 새겨져 있었다고 한다.[32]

한편 지석은 가로 세로가 각각 56cm 두께가 9cm 크기의 정방형으로, 재질은 청석이다. 현재 마멸이 심해 지석 윗면의 가로 세로 구획선을 확인할 수 없으나, 가로 30행 세로 30열에 걸쳐 총 836글자가 질서정연하게 새겨져 있다. 이 묘지석은 출토 후 20여년 동안 바깥에 방치된 결과, 군데군데 훼손되고 마멸되어 글자의 상당수를 판독할 수 없게 되었다. 특히 지석 사방 가장자

---

32) 呂占偉,〈魯山縣難元慶墓誌訴說百濟將軍傳奇〉,《平頂山晩報》2016년 9월 5일; 袁占才,〈唐難元慶墓誌的發現與研究〉,《平頂山日報》, 2019년 7월 3일.

리 부분, 곧 제1행과 마지막의 제30행, 맨 위쪽의 제1열과 맨 아래쪽 제30열의 글자는 거의 알아볼 수 없을 정도로 훼손되었다.

묘지의 지문은 여타 당대 묘지와 마찬가지로 제1행에 제명을 적고, 이어서 선조와 가계, 성품과 활동, 죽음과 장례, 명문, 묘지 작성 연월일을 순서대로 기재하였다. 그리고 황제나 황실에 대한 존경과 경외를 나타내는 글자 앞에 일률적으로 세 글자의 공란을 두었고, 제29행은 통째로 공란으로 비워두었다.[33] 또한 명문이 시작되는 부분에서는 행을 바꾸었고, 지문 작성 일자를 언급한 마지막 제30행은 9열부터 글자를 새겼으며, 제21행 첫머리에 "십일사일합장(十一四日合葬)" 운운하며 '일(一)'과 '사(四)'사이에 '월(月)'자를 빠뜨리기도 하였다. 이 묘지는 난원경이 죽은 후 12년째 되는 개원 22년(734) 11월에 그의 부인 감씨(甘氏)와 합장할 때 만든 것으로, 현재 허난성 노산현문화국에 보존되어 있다.

〈표 1-6〉 뤄양지역 백제 유민 묘지

자료명	제작시기	출토지	출토시기	크기(㎝)	소장처	기타
扶餘隆墓誌	영순 원년 (682)	낙양 망산	1919년	57×56 (개석, 지석)	낙양박물관(개석), 하남박물원(지석)	
黑齒常之墓誌	성력 2년 (699)	낙양 망산	1929년 10월	71.5×72.7 (지석)	남경박물원	
黑齒俊墓誌	신룡 2년 (706)	낙양 망산	1929년 10월	54×53(지석)	남경박물원	
陳法子墓誌	천수 2년 (691)	낙양 망산	미상	44×44(개석) 45×45(지석)	대당서시박물관	2007년경 구입, 入藏
難元慶墓誌	개원 22년 (734)	魯山縣 張店鄕 張飛溝村	1960년	56×56(지석)	노산현문화국	

---

33) 중국문물연구소·하남성문물연구소, 《新中國出土墓誌》(河南1(상), 文物出版社, 1994, 231쪽)를 비롯한 대부분의 자료집과 해설서에는 제29행의 공백을 감안하지 않고 이 묘지를 29행 30열이라 하였다. 그러나 難元慶墓誌의 실물은 물론 탁본을 보면, 공백으로 남은 제29행 다음에 묘지 작성일자를 적은 제30행이 이어지므로 전체적으로 30행 30열이라 할 수 있다.

2. 시안지역 출토 자료

1) 고구려 유민 묘지

① 고요묘묘지(高鐃苗墓誌)

이 묘지는 중국 산시성 시안의 서안비림박물관이 근년에 새로 수집한 여러 당나라 묘지 가운데 하나로, 김영관과 장옌(張彦)이 각각 한국과 중국에 소개함으로써 그 존재가 세상에 널리 알려졌다.[34] 이 묘지는 구체적으로 언제, 어디서, 어떤 과정을 거쳐 출토되었는지 알 수 없으나 2008년 비림박물관에 들어왔다고 한다.

묘지의 지석과 개석은 온전한 형태로 남아있는데, 재질은 모두 청석이다. 개석은 사각추의 아랫부분을 수평으로 절단한 녹정형(盝頂形)으로, 윗면에는 가로 세로 약 44cm 넓이의 평면에 4행 3열에 걸쳐 전서로 제액을 음각하였다. 그리고 사방의 비스듬히 깎아내린 각 면에는 화초넝쿨무늬를 새겨 장식하였다. 크기는 가로 56.9cm 세로 57.2cm 두께 13.3cm로,[35] 오른쪽 윗부분 일부가 긁혀 깨져나갔으나 전체적으로 상태가 양호한 편이다.

한편 지석은 개석보다 약간 작은 가로 56.0cm 세로 56.5cm 두께 11.8cm 크기의 정방형에 가까운 형태이다. 그런데 특이하게도 지석의 사방 측면뿐만 아니라 글자를 새긴 윗면 상단과 하단에도 화초넝쿨무늬를 음각하였다. 지석은 오른쪽 하단을 비롯한 모서리 일부가 깨져나갔고 윗면 일부가 수습 과정에 긁혀 훼손되었으나, 지문 판독에 문제가 될 정도는 아니다. 지석은 윗면에 18행 15열에 걸쳐 가는 선으로 공간을 구획한 다음, 앞의 두 행과 마지막 두 행

---

34) 김영관, 〈高句麗 遺民 高鐃苗 墓誌 檢討〉,《韓國古代史硏究》56, 2009, 367~397쪽; 張彦, 〈唐高麗遺民高鐃苗墓誌考略〉,《文博》2010-5, 46~49쪽.

35) 趙力光,《西安碑林博物館新藏墓誌續編》(上), 陝西師範大學出版社, 2014, 170쪽.

에는 글자를 적지 않고 제3행부터 제16행까지 전체 14행에 글자를 새겼다. 특히 제9행까지는 구획선이 수직을 이루며 정확하게 그어졌으나 제10행부터는 밑으로 내려올수록 왼쪽으로 기울어지게 그은 결과, 전체적으로 중간 이후의 지문은 세로로 약간 비스듬히 배열되었다.

지문은 제1행에 제명을 적고 이어서 묘주의 출신과 행적, 죽음과 장례, 명문을 순서대로 기재하였다. 이 묘지는 당시 대부분의 묘지와 달리 묘주의 선조와 후손에 대한 내용이 전혀 없고, 언제 태어나 몇 살에 사망했는지도 적시하지 않는 등 전반적으로 내용이 매우 소략하다. 그래서인지 지문의 전체 글자 수도 173자에 불과하다.

이 묘지에서는 존경과 경외를 나타내는 용어 앞에 두 글자 혹은 세 글자를 띄거나 아예 행을 바꾸었고, 명문이 시작되는 부분에서도 행을 바꾸어 썼다. 이 묘지는 고요묘가 죽은 함형 4년(673) 11월 11일 이후 멀지 않은 시기에 작성되었을 터인데, 구체적으로 언제인지 알 수 없다. 그리고 지문의 지은이와 글쓴이가 누구인지도 알 수 없다. 그럼에도 고구려 멸망 직후 당에 투항한 고구려 유민의 존재양태를 보여준다는 점에서 나름의 가치가 있다. 이 묘지는 현재 서안비림박물관에 소장되어 있다.

② 고제석묘지(高提昔墓誌)

근년 중국 산시성 시안시 공안부와 문물계사대(文物稽査隊)는 시안 일대의 각종 고분에서 도굴되었거나 건설공사 중에 출토되어 불법으로 민간에 흘러들어간 묘지 등을 일괄 조사하였다. 그 결과 시안시 인민정부는 남북조시대부터 민국시대에 걸쳐 제작된 많은 묘지를 회수하여 서안박물원에 이관하였다. 2016년 서안시문물계사대가 편집·간행한 《서안신획묘지집췌(西安新獲墓誌集萃)》(문물출판사)에 수록된 152건의 묘지는 바로 그런 과정을 거쳐 회수한 자료인데, 그 속에 고구려 유민 고제석 묘지가 포함되어 있다.

이 묘지는 2012년 시안시 동쪽 교외의 용수원(龍首原)에서 출토되었다. 그리고 다음해 중국과 한국 학계에 각각 소개됨으로써 세상에 널리 알려졌다.[36] 고제석묘지는 개석과 지석이 모두 온전하게 갖추어져 있다. 개석은 사각추의 아랫부분을 수평으로 자른 녹정형으로, 가로 세로가 각각 38㎝ 두께가 8㎝ 크기의 정방형이다. 개석 윗부분에는 가로 세로 27㎝ 크기의 평면 공간에 4행 3열에 걸쳐 전서로 제액을 새겼고, 사방에 돌아가며 화초넝쿨무늬를 음각해 장식하였다. 그리고 아래쪽 사방으로 비스듬히 깎아내린 네 면에도 같은 문양을 조각하였다.

지석은 가로 세로 각각 39㎝ 두께 8㎝ 크기의 정방형이다. 윗면에는 20행 19열에 걸쳐 가는 선으로 공간을 구획한 다음 해서로 묘주의 행적을 기록하였다. 지석 상태는 비교적 양호하여 지문을 판독하는데 별 어려움이 없다. 지문은 여타 당나라 묘지의 형식과 구성에서 크게 벗어나지 않는다. 우선 제1행에서 제2행 윗부분에 걸쳐 제명을 적고, 이어서 출신과 가계, 선조들의 활동, 묘주의 행적, 죽음과 장례, 명문 순서로 정리하였다. 그리고 황제나 황실과 관련 있는 용어 앞에 일률적으로 한 글자를 띄었고, 명문이 시작되는 부분에서는 행을 바꾸어 적었다. 묘지의 전체 글자수는 362자이다. 이 묘지는 묘주인 고제석이 죽은 지 두 달 보름이 지난 상원 원년(674) 8월 25일 장사지낼 때 제작되었는데, 지문의 지은이와 글쓴이는 알 수 없다. 고제석묘지는 현재 산시성 시안시 우의서로(友誼西路)에 소재한 서안박물원에 소장되어 있다.

③ 고을덕묘지(高乙德墓誌)

이 묘지는 근년 낙양사범학원의 마오양광(毛陽光)이 중국 허난성 뤄양시 일

---

36) 王其禕·周曉薇, 〈國內城高氏: 最初入唐的高句麗移民-新發現唐上元元年泉府君夫人高提昔墓誌釋讀〉, 《陝西師大學學報(哲學社會科學版)》42-3, 2013, 54~64쪽; 金榮官, 〈高句麗 遺民 高提昔 墓誌銘에 대한 연구〉, 《白山學報》97, 2013, 135~170쪽.

대의 고미술상과 개인수집가들이 소장하고 있는 당나라 묘지를 일괄 조사, 정리하는 과정에서 그 존재가 확인되었다.[37] 그러나 이것이 언제, 어떤 과정을 거쳐 뤄양의 유물 수장가에게 들어갔는지는 알 수 없다. 다만 묘지 내용으로 보아, 원래 산시성 시안시 동남쪽의 두릉(杜陵) 북쪽에서 출토되었다는 것은 분명하다. 그렇다면 고을덕묘지는 처음 시안에서 출토된 후 언제인가 뤄양으로 유입되었다고 할 수 있다.

고을덕묘지는 현재 개석과 지석이 짝을 이루어 온전하게 남아 있다. 개석은 가로 세로가 각각 37.5㎝ 크기의 정방형으로, 여타 당대 묘지와 같은 녹정형이고 사방 비스듬히 깎아내린 경사면에는 화초넝쿨무늬를 음각하였다. 당대 묘지는 대부분 개석 윗부분의 사각형 공간에 전액을 새기는 것이 일반적이다. 그런데 이 묘지는 특이하게도 개석 윗면에 12행 12열 총 139자에 걸쳐 명문을 새겼다. 물론 이와 유사한 사례가 전혀 없는 것은 아니라 하나, 개석에 명문을 새긴 것은 매우 드문 예에 속한다.

지석은 대략 개석과 동일한 크기의 정방형으로, 평평하게 다듬은 윗면에 21행 21열에 걸쳐 예서풍이 묻어나는 해서로 묘지의 서문을 새겼다. 지문은 첫 행과 마지막 행에 각각 25글자와 16글자를 새기고 나머지 행은 모두 각 행마다 21글자씩 새겨 총 434자를 새겼다. 묘지의 상태는 전반적으로 양호한 편이다. 개석은 오른쪽 아래 모서리 부분이 일부 깨졌으나 글자를 새긴 부분은 비교적 온전하고, 지석은 오른쪽 윗부분과 중간의 몇 글자를 제외하면 판독에 문제가 없다.

묘지의 내용은 제명을 필두로, 출신과 가계, 생애와 활동, 죽음과 장례에 관한 내용을 수록하였고, 개석에는 '사왈(詞曰)'로 시작하는 명문을 실었다. 지

---

37) 毛陽光이 편집한 《洛陽流散唐代墓誌彙編(上·下)》(국가도서관출판사, 2013)과 《洛陽流散唐代墓誌彙編 續集(上·中·下)》(국가도서관출판사, 2018)이 그러한 조사와 정리의 결과물이다. 그러나 고을덕묘지는 西安에서 출토되었기 때문인지 이 책에 수록되지 않았다.

석과 개석에는 모두 존경과 경외를 나타내는 용어 앞에 일률적으로 두 글자를 띄었고, 국(國), 인(人), 년(年), 일(日), 정(正), 천(天), 수(授), 성(聖), 월(月) 등 9종 28자의 측천문자를 사용하였다. 그리고 개석의 마지막 행에는 다른 행보다 한 글자 많은 13자를 새겨 넣었다.

이 묘지는 2015년 중국학자 왕롄룽(王連龍)에 의해 처음 학계에 소개되었다. 그는 인터넷 포털 사이트에서 이 묘지의 탁본을 보고, 문자의 서법과 역사적 사실을 통해 봤을 때 진품이 분명하다고 하였다. 그러면서도 자신이 보았다는 탁본을 논문에 수록하지 않아 의구심을 자아냈다. 비슷한 시기 정주대학(鄭州大學)에 재직하는 거지용(葛繼勇)이 마오양광으로부터 묘지 탁본을 입수해 내용을 분석하였고, 이성제 역시 이 묘지를 연구하였다.[38]

고을덕묘지가 한국에 처음 소개되었을 때 인터넷상에서 위작일 가능성을 둘러싼 논쟁이 일어났다.[39] 사실 이 묘지는 형식과 내용면에서 위작으로 의심받을만한 소지가 없지 않다. 그렇다고 구체적인 조사와 연구 없이 섣불리 위작이라 단정할 수도 없다. 이 묘지는 고을덕을 장사지낸 대족 원년(701) 9월경에 제작되었는데, 현재 허난성 뤄양시 뤄룽구(洛龍區)에 소재한 용문박물관(龍門博物館)에 소장되어 있다.

④ 이타인묘지(李他仁墓誌)

이 묘지는 1989년 1월 산시성 시안시 바차오구(灞橋區)의 서북국면(西北國棉) 제5공장 신축공사 중에 발견된 당나라 무덤에서 출토되었다. 그후 1998년 쑨톄산(孫鐵山)이 섬서성고고연구소(陝西省考古研究所) 40주년기념논문집인 《원망

---

38) 王連龍, 〈唐代高麗移民高乙德墓誌及相關問題硏究〉, 《吉林師範大學學報(人文社會科學版)》, 2015-4, 32~35쪽; 葛繼勇, 〈신출토 入唐 고구려인 高乙德墓誌와 고구려 말기의 내정과 외교〉, 《한국고대사연구》 79, 2015, 303~343쪽; 李成制, 〈어느 고구려 무장의 가계와 일대기-새로 발견된 高乙德墓誌에 대한 譯註와 분석〉, 《중국고중세사연구》 38, 2015, 177~217쪽.
39) 정동준, 〈高乙德 墓誌銘〉, 《木簡과 文字》 17, 2016, 256~257쪽.

집(遠望集)》(하)에 이타인묘지 발견 사실과 판독문 및 묘지 내용을 간략하게 검토해 발표함으로써 그 존재가 학계에 알려졌다.[40] 이때 쑨톄산이 발표한 논문에서는 탁본 사진은 물론 묘지 크기와 지문 구성 등 묘지 연구에 필요한 기본적인 정보를 전혀 언급하지 않았다. 그리고 몇 년 후 윤용구가 쑨톄산의 논문을 인용하여 이타인묘지 판독문을 한국에 소개하고 연구의 필요성을 제기하였다.[41] 이로써 한국에서도 이 묘지에 관심을 갖게 되었다.

이타인묘지는 발견 직후부터 행방이 묘연하였다. 당초 시안시 바차오구 서북국면 터에서 이타인묘지가 출토되자 섬서성고고연구원의 전신인 섬서성고고연구소가 그것을 수습하였다. 따라서 섬서성고고연구원이 이 묘지를 소장하고 있을 가능성이 높다. 그럼에도 섬서성고고연구원은 지금까지 그것의 소장 여부를 전혀 확인해 주지 않고 있다. 사실 얼마 전까지만 해도 이 묘지의 실물은 물론 탁본조차 볼 수 없었다. 그런데 최근 이타인묘지 탁본이 공개되어[42] 묘지의 개요를 어느 정도 파악할 수 있게 되었다.

이 묘지는 수습 과정에서 이미 개석은 없어지고, 현재 지석만 남아있다. 지석은 가로 세로가 각각 58㎝ 두께 10㎝ 크기의 정방형이고 재질은 청석이다. 지석 상태는 제13행과 제14행 아랫부분이 일부 박락(剝落)되어 한두 글자를 읽을 수 없는 것을 제외하고 모두 판독할 수 있을 정도로 양호한 편이다. 지석 윗면에는 33행 33열에 걸쳐 가는 선으로 공간을 구획한 다음 정갈한 해서로 고구려 유민 이타인의 생애와 활동을 새겼다. 즉 제1행의 제명을 필두로 선조와 가계, 활동과 업적, 죽음과 장례, 명문 순서로 기록했는데, 지석에 새긴 글자는 총 1,031자이다.

---

40) 孫鐵山, 〈唐李他仁墓誌考釋〉, 《遠望集》(下), 陝西省考古硏究所華誕40周年紀念文集, 陝西人民美術出版社, 1998, 736~739쪽.

41) 尹龍九, 〈중국 출토의 韓國古代 遺民資料 몇 가지〉, 《한국고대사연구》 32, 2003, 307~310쪽.

42) 余昊奎·李明, 〈고구려 유민 李他仁墓誌銘의 재판독 및 주요 쟁점 연구〉, 《한국고대사연구》 85, 2017, 365~413쪽; 권덕영, 《재당 한인 묘지명 연구》(자료편), 한국학중앙연구원, 2021, 278~280쪽.

이타인묘지에서는 황제와 황실 관련 용어 앞에 일률적으로 세 글자를 띄었고, 명문이 시작되는 부분에서는 행을 바꾸어 서술하였다. 다소 특이한 점은 명문이 끝난 다음에 "두 아들 과의는 모두 유격장군이다[二男果毅並是游擊將軍]"라 하여 두 아들의 무산계를 특별히 명기하였고, 마지막 행에 묘지 작성 연월일을 적은 다음 "앞의 글자 수는 총 968자이다[已前總有九百六十八字]"라 하여 지문의 글자 수를 밝혔다. 이러한 것은 다른 묘지에서 좀처럼 찾아볼 수 없는 형식이다. 이 묘지는 이타인이 죽은 지 2년째 되는 의봉 2년(677) 2월에 장사지낼 때 제작되었다. 이 묘지는 현재 어디에 있는지 확실하지 않으나, 여러 정황으로 보아 섬서성고고연구원에 소장되어 있을 가능성이 크다.

⑤ 남단덕묘지(南單德墓誌)

이 묘지는 산시성 시안시 바차오구 홍치향(紅旗鄕) 신록방(神鹿坊) 부근에서 출토되었다. 위하(渭河)의 지류인 파하(灞河)와 산하(滻河) 사이에 위치한 이곳은 당대 귀족들의 무덤이 많이 조성된 산하 동쪽 기슭의 백록원(白鹿原) 가장자리 언덕에 해당한다. 이 묘지는 서안초북용강혼응토유한책임공사(西安草北勇强混凝土有限責任公司)가 이곳에 레미콘 공장을 건설하던 중 발견했다고 한다. 그후 바차오구 공안국이 그것을 수습해 보관하다가 2010년 3월 서안비림박물관에 이관하여 지금에 이르고 있다.

이 묘지는 원래 개석과 지석이 모두 존재했겠으나, 개석은 없어지고 지금은 지석만 남아 전한다. 지석은 재질이 청석으로 왼쪽 윗부분 모서리 일부와 오른쪽 중간 및 아래쪽 일부가 조금씩 깨져나갔고, 지문을 새긴 윗면 몇몇 곳이 긁혀 훼손되었다.[43] 크기는 실측자에 따라 약간씩 차이가 있으나 대략 가

---

43) 김영관, 〈고구려 유민 南單德 墓誌銘에 대한 연구〉, 《백제문화》 57, 2017, 193~221쪽.

로 44.2cm 세로 43.5cm 두께 7.5cm이다.[44] 그리고 지석의 사방 측면에는 화초와 구름이 어우러진 무늬를 새겼고, 묘지석 뒷면은 정밀하게 다듬지 않고 거친 채로 마감하였다.

지석 윗면에는 24행 25열에 걸쳐 가는 선으로 공간을 구획한 다음 해서로 남단덕의 생애와 활동을 새겼다. 즉 제1행의 제명을 필두로 찬자, 가계와 선조, 활동과 업적, 죽음과 장례, 명문 순서로 기록했는데, 지석에 새긴 글자는 총 533자이다. 지석의 글자는 전반적으로 판독에 어려움이 없으나, 비교적 훼손이 심한 왼쪽 윗부분을 중심으로 마지막 두 행에서 몇 글자를 읽을 수 없다.

이 묘지는 존경과 경외의 대상을 나타내는 용어 앞에 일률적으로 한 글자를 띄었다. 다만 제13행에서는 두 글자를 띄고 행을 바꾸어 썼다. 명문이 시작되는 부분에서도 행을 바꾸어 서술하였고, 4구체로 된 명문은 각 구절이 끝날 때마다 두 글자씩 띄었다. 이 묘지는 남단덕이 죽은 대력 11년(776)에 제작되었는데, 중대부(中大夫) 행비서성저작좌랑 설기(薛夔)가 지문을 찬술하였다.

〈표 1-7〉 시안지역 고구려 유민 묘지

자료명	제작시기	출토지	출토시기	크기(cm)	소장처	기타
高鐃苗墓誌	함형 4년 (673)	미상	미상	56.9×57.2(개석) 56.0×56.5(지석)	시안비림박물관	2008년 박물관 入藏
高提昔墓誌	상원 원년 (674)	시안 龍首原	2012년	38×38(개석) 39×39(지석)	서안박물원	
高乙德墓誌	대족 원년 (701)	시안 杜陵	미상	37.5×37.5 (개석, 지석)	용문박물관	
李他仁墓誌	의봉 2년 (677)	시안 灞橋區 紡織城 西街	1989년 1월	58×58(지석)	미상	
南單德墓誌	대력 11년 (776)	시안 灞橋區 紅旗鄕 神鹿坊	2010년	44.2×43.5cm (지석)	시안비림박물관	薛夔 撰

44) 趙力光,《西安碑林博物館新藏墓誌續編》(下), 陝西師範大學出版社, 2014, 381쪽.

2) 백제 유민 묘지

① 예식진묘지(禰寔進墓誌)

2006년 중국 허난성 뤄양시의 한 골동품 가게에서 백제 유민 예식진(禰寔進)의 묘지가 우연히 발견되었다. 예식진묘지가 뤄양에서 처음 발견되었을 때 대부분 사람들은 묘주가 고양원(高陽原)에 묻혔다는 묘지 내용에 의거하여, 이것이 산시성 시안의 '어느' 지역에서 출토되었을 것으로 막연히 추정하였다. 그후 2010년에 서안시문물보호고고소(西安市文物保護考古所) 곧 지금의 서안시문물보호고고연구원이 시안시 창안구(長安區) 귀두진(郭杜鎭) 곽두남촌(郭杜南村) 남쪽에서 예식진의 아들 예소사(禰素士) 무덤(M13)과 손자 예인수(禰仁秀) 무덤(M23)을 발굴하였다. 그리고 예인수 무덤에서 동쪽으로 34m, 예소사 무덤에서 남쪽으로 약 20m 떨어진 곳에 이미 도굴되어 묘지석을 비롯한 유물들이 대부분 없어진 또 다른 무덤(M15) 하나를 발굴하였다. 이 무덤은 길쭉하게 경사진 묘도가 있는 쌍실토동묘(雙室土洞墓)로, 북쪽에서 남쪽으로 향했으며 남북으로 이어진 길이는 31.35m였다.

귀두진의 당나라 고분 발굴을 주도한 서안시문물보호고고연구원의 장취안민(張全民)은 이들 무덤을 예씨 일족 가족묘로 판단하고, 무덤의 규모와 양식 그리고 출토 유물 등을 비교·검토하여 이미 도굴되어 묘지석이 없어진 M15호 고분을 예식진의 무덤으로 확신하였다.[45] 아울러 서안시문물보호고고연구원 발굴단은 20세기 말 시안시 창안구 귀두진에 대학가를 건설하기 시작할 때쯤 이 고분이 도굴되었을 것으로 추정하였다. 발굴단의 이러한 추정이 사

---

45) 張全民, 〈唐禰氏家族墓的考古發現與初步研究〉,《西安地區中韓歷史文化交流學術研討會資料集》, 2011년 8월 26일, 52~53쪽; 〈新出唐百濟移民禰氏家族墓誌考略〉,《唐史論叢》14, 2012, 52쪽: 張全民, 이순애 역, 〈당나라 백제유민 고분과 출토 묘지〉,《중국 출토 百濟人 墓誌 集成》(원문·역주편), 충청남도역사문화연구원, 2016, 40~41쪽.

실이라면, 서기 2000년을 전후한 시기에 예식진 무덤이 도굴되어 묘지석이 뤄양의 골동품상으로 흘러들어갔다가 2006년에 비로소 그 존재가 알려졌다고 할 수 있다.

예식진묘지를 처음 학계에 소개한 동옌수(董延壽)와 자오전화(趙振華)에 의하면, 이 묘지는 개석과 지석이 세트를 이루어 온전하게 보존되었는데 재질은 모두 청석이라 한다. 그리고 개석은 가로 세로가 각각 57cm 두께가 15cm이고, 지석은 가로 세로 각각 58.5cm 두께 13cm 크기의 정방형이라 하였다.[46] 개석은 여타 당대 묘지와 같은 녹정형으로, 윗부분을 평평하게 다듬어 4행 4열에 걸쳐 전서로 제액을 새겼다. 그리고 아래쪽 사방의 비스듬히 깎아 내린 네 면에는 꽃과 잎이 어우러진 화초넝쿨무늬를 음각하였다.

한편 지석은 가로 세로 18행 18열에 걸쳐 가는 선으로 윗면 공간을 구획한 다음 해서로 지문을 새겼고, 옆면에는 사방으로 돌아가며 12지신상 문양을 그려 넣었다. 지석의 상태는 매우 양호하여, 총 289글자 모두를 육안으로 판독할 수 있다. 지문은 첫머리에 제명을 적고, 이어서 선조와 가계, 묘주의 활동, 죽음과 장례, 명문을 순서대로 서술하였다.

이 묘지도 존경과 경외를 나타내는 용어 앞에 2~4글자를 띄어 썼고, 명문이 시작되는 부분에서는 행을 바꾸었다. 그리고 묘주의 선조를 언급한 부분에서도 행을 바꾸어 서술하였다. 이 묘지는 예식진을 장사지낸 함형 3년(672) 11월경에 제작되었는데, 묘지문의 지은이와 글쓴이는 알 수 없다. 이 묘지는 현재 허난성 뤄양시 낙양이공학원(洛陽理工學院) 도서관에 보관되어 있다.

② 예군묘지(禰軍墓誌)

이 묘지는 2011년 길림대학에 재직하는 왕롄룽(王連龍)이 지린성 사회과학

---

46) 董延壽·趙振華, 〈洛陽, 魯山, 西安出土的唐代百濟人墓誌探索〉, 《東北史地》 2007-2, 2~12쪽.

원에서 발간하는 《사회과학전선》에 묘지 탁본을 포함한 연구논문을 발표함으로써 처음 세상에 공개되었다.[47] 그는 이 논문에서 예군묘지가 언제 어디서 출토되었고, 또 현재 어디에 소장되어 있는지 등에 관하여 명확하게 언급하지 않고, 다만 '이 묘지는 근래 산시성 시안에서 출토되었는데 2009년에 탁본을 입수했다'고만 간단히 기술하였다.

한편 2010년에 서안시문물보호고고연구원은 시안시 창안구 귀두진 곽두남촌 남쪽에서 예식진의 아들 예소사와 손자 예인수의 무덤을 발굴하였다. 그 일대는 예식진을 비롯한 예씨 일족 가족 묘역으로 추정되거니와,[48] 예군은 바로 예식진의 친형이다. 더욱이 예군묘지에서, 그는 의봉 3년(678) 2월에 죽은 후 그해 10월 고양리(高陽里)에 묻혔다고 한다. 여기서의 고양리는 예식진, 예소사, 예인수가 묻혔다는 고양원(高陽原)과 동일 지명이다. 그렇다면 예군 무덤은 예식진-예소사-예인수로 이어지는 예식진 일족 묘역에 소재했을 것이고, 그의 묘지 역시 귀두진 곽두남촌 일대에서 출토되었을 것이다.[49]

중국 산시성 시안시 인민정부는 20세기 말부터 다음 세기 초에 걸쳐 창안구(長安區) 귀두진 일대에 대학가를 건설하였다. 그 과정에서 많은 고분이 파괴되고 도굴되었는데, 예군 무덤 역시 그 즈음에 파괴 혹은 도굴되어 묘지석을 비롯한 각종 유물들이 반출되었을 가능성이 있다. 장취안민(張全民)의 전언에 따르면, 2013년 3월에 서안시 당국이 현지에서 도굴단을 적발하여 예군묘지를 비롯한 여러 출토 유물을 회수했다고 한다.

---

47) 王連龍, 〈百濟人禰軍墓誌考論〉, 《社會科學戰線》 2011-7, 123~129쪽.

48) 張全民, 〈唐禰氏家族墓的考古發現與初步研究〉, 《西安地區中韓歷史文化交流學術硏討會資料集》, 2011년 8월 26일, 52쪽; 〈新出唐百濟移民禰氏家族墓誌考略〉, 《唐史論叢》 14, 2012, 52~53쪽.

49) 拜根興은 〈당대 백제유민 禰氏家族 墓誌에 관한 고찰〉(《한국고대사연구》 66, 2012, 300쪽)에서, 예식진 무덤으로 추정되는 M15호분에서 북쪽으로 약 70m 떨어진 곳에 위치한 대형 塼室墳(M21)이 예군 무덤일 가능성을 제기하였다. 그러나 張全民은 〈당나라 백제유민 고분과 출토 묘지〉(《중국 출토 百濟人 墓誌 集成》 원문·역주편, 충청남도역사문화연구원, 2016, 47쪽)에서 M21호 무덤의 형태와 구조, 그리고 잔존 器物을 비교·분석해보면 이 무덤을 예군 무덤으로 확정할 수 없다고 한다.

예군묘지는 개석과 지석이 모두 온전하게 남아 있다. 개석은 사각추의 아랫부분을 수평으로 절단한 녹정형으로, 가로 63㎝ 세로 65㎝ 두께 12㎝ 크기이다. 평평하게 다듬은 윗면에는 4행 4열에 걸쳐 전서로 제액을 새겼고, 그 주변에 돌아가며 기하문양을 새겼으며 네 모서리에 꽃잎무늬를 그려 넣었다. 그리고 아래쪽 사방으로 비스듬히 깎아 내린 네 면에는 화초넝쿨무늬를 음각해 장식하였다.

지석은 가로 세로 각각 59㎝ 두께 10㎝ 크기의 정방형으로, 옆면에 사방으로 돌아가며 화초넝쿨무늬를 음각하였다. 지석 윗면에는 31행 30열에 걸쳐 가는 선으로 공간을 구획한 다음 정갈한 해서로 백제 유민 예군의 생애와 공적을 새겼다. 즉 제1행의 제명을 필두로 선조와 가계, 활동과 업적, 죽음과 장례, 명문 순으로 기록했는데, 지석에 새긴 글자는 총 884자이다. 예군묘지도 황제나 황실 관련 용어 앞에 일률적으로 두 글자를 띄었고, 명문이 시작되는 부분에서는 행을 바꾸었다. 이 묘지는 예군이 죽은 의봉 3년(678)에 제작되었는데, 현재 시안시 우의서로(友誼西路)에 소재한 서안박물원에 소장되어 있다.

③ 예소사묘지(禰素士墓誌)

2010년 초에 서안시문물보호고고소 곧 지금의 서안시문물보호고고연구원이 시안시 창안구 궈두진 곽두남촌 남쪽에서 당나라 무덤 3기를 발굴하였다. 이들은 남쪽의 2기와 북쪽의 1기가 대략 꺽쇠(ㄴ) 혹은 품(品)자 모양으로 배치되었는데, 그 중에서 오른편의 위쪽 곧 북쪽에 위치한 무덤(M13)에서 예소사의 묘지가 출토되었다. 이 묘지를 통해 예소사는 백제 유민 좌위위대장군 예식진(禰寔進)의 아들이라는 사실이 밝혀졌다.

예소사 무덤은 예식진 무덤으로 추정되는 M15호분에서 북쪽으로 약 20m 떨어져 있고, 예소사의 아들 예인수(禰仁秀) 무덤인 M23호분에서 동북쪽으로 대각선 지점에 위치한다. 이 무덤은 길고 경사진 묘도에 이어 하나의 묘실을 가진 토동묘(土洞墓)로, 북쪽에서 남쪽을 향했으며 남북 총 길이는 20.66m이다. 묘실은 남북 길이 3.5m 동서 폭 2.8m 크기의 장방형으로, 천정은 아치형인데 발굴 당시 이미 무너져 원래 높이는 불명확하다. 묘도 양쪽과 묘실의 사방 벽에는 백회(白灰)를 바르고 그 위에 그림을 그린 흔적이 남아 있고, 묘실 서쪽에 길이 3.5m 폭 1.5m 높이 0.2m 되는 생토 관상(棺床)을 조성하였다. 이 고분은 이미 도굴되었으나, 2010년 발굴 당시 묘실과 감실에서 탑 모양의 관자(罐子), 양·소·말·낙타 모양의 도자기, 구리거울 파편, 개원통보를 비롯한 150여 점의 유물을 수습했다고 한다.[50]

예소사묘지는 지석과 개석 모두 묘실 바깥의 천정 아래 세워진 상태로 발견되었다. 묘지석은 일반적으로 묘실 입구에 자리한다. 그럼에도 이 묘지석이 묘실 바깥에 있었던 것은 용도(甬道)로 들어온 도굴꾼이 원래 묘실 입구에 있던 묘지석을 그곳으로 옮겨놓았기 때문일 것으로 추정된다. 녹정형의 개석은 모서리 부분이 약간 깨져 나간 것을 제외하고 비교적 온전한 상태이다. 개석은 가로 세로 각각 60㎝ 크기의 정방형이고 두께는 13.3㎝이다. 윗부분에는 가로 세로 각각 38.5㎝ 크기의 평면 공간을 만들어 3행 3열에 걸쳐 전서로 제액을 새기고 주위에 화초넝쿨무늬를 새겼으며, 사방으로 비스듬히 깎아 내린 네 면에도 화초넝쿨무늬를 음각하였다.

지석도 개석과 마찬가지로 가로 세로 각각 60㎝ 두께 15㎝ 크기의 정방형이다. 윗면에는 30행 31열에 걸쳐 선을 그어 공간을 구획한 다음 해서로 묘주의 생애와 행적을 새겼고, 측면에는 사방을 돌아가며 화초넝쿨무늬를 음각하

50) 張全民, 〈唐禰氏家族墓的考古發現與初步研究〉, 《西安地區中韓歷史文化交流學術硏討會資料集》, 2011년 8월 26일, 53쪽; 〈新出唐百濟移民禰氏家族墓誌考略〉, 《唐史論叢》 14, 2012, 53쪽; 張全民, 이순애 역, 〈당나라 백제유민 고분과 출토 묘지〉, 《중국 출토 百濟人 墓誌 集成》(원문·역주편), 충청남도역사문화연구원, 2016, 41~44쪽.

였다. 지문은 제1행의 제명을 필두로 선조와 가계, 활동과 업적, 죽음과 장례, 명문 순으로 기록했는데, 지석에 새긴 글자는 총 923자이다. 지석의 상태는 전반적으로 양호하여 대부분의 글자를 읽는데 어려움이 없다. 다만 제6행 1열과 제29행 10열의 글자가 일부 훼손되었으나, 남은 획과 전후 문맥을 통해 쉽게 짐작할 수 있다.

예소사묘지에서는 존경과 경외를 나타내는 용어 앞에 일률적으로 한 글자를 띄었고, 명문이 시작되는 부분에서는 네 글자를 띄었다. 이 묘지는 예소사가 죽은 경룡 2년(708)에 제작되었는데, 현재 서안시문물보호고고연구원에 보관되어 있다.

④ 예인수묘지(禰仁秀墓誌)

2010년 초에 산시성 시안시 창안구 귀두진 곽두남촌 남쪽에서 백제 유민 예씨 무덤 3기가 발굴되었다. 이들은 남쪽의 2기와 북쪽의 1기가 대략 꺽쇠(ㄴ) 혹은 품(品)자 모양으로 배치되었는데, 그 중에서 남쪽의 왼쪽 곧 서쪽에 자리한 무덤(M23)에서 예인수 묘지가 출토되었다. 예인수 무덤을 발굴한 서안시문물보호고고연구원은 이 지역을 예씨 일족 묘역으로 추정했거니와, 이 묘지를 통해 예인수는 백제 유민 좌위위대장군 예식진의 손자이고 좌무위장군 예소사(禰素士)의 아들이라는 사실이 밝혀졌다.

예인수 무덤은 예식진 무덤으로 추정되는 M15호분에서 서쪽으로 약 34m, 예소사 무덤인 M13호분에서 서남쪽 대각선 지점에 위치한다. 이 무덤은 하나의 묘실을 가진 토동묘로, 북쪽에서 남쪽으로 향했으며 남북 총 길이는 19.8m이다. 전체적으로 묘도, 과동(過洞), 천정, 용도(甬道), 묘실 등 다섯 부분으로 구성되었는데, 묘도는 길고 경사지게 과동과 천정을 지나 용도 남쪽 입구까지 이어져 있다. 묘실은 남북 길이 3.4m 동서 폭 3.1m 크기의 직사각형 형태이고 천정은 아치형인데, 발굴 당시 이미 무너져 원래 높이는 불명확하다. 그리고 묘실 서쪽에 청기와를 평평하게 깔아 만든 관상(棺床)이 조성되어 있다. 묘실에서는 묘지석을 비롯한 탑 모양의 관자(罐子), 흙으로 구워 만든 사천왕상(四天王像)과 12지신상, 진묘수(鎭墓獸), 말과 낙타 모양의 도자기, 구리거울, 개원통보 등 40여 점의 유물이 출토되었다.[51]

발굴 당시 묘지석은 지석과 개석이 짝을 이루어 용도 남쪽 입구에 가지런히 놓여있었다고 한다. 묘지석은 모두 청석으로, 모서리 부분이 약간씩 깨진 곳도 있으나 전반적으로 양호한 편이다. 개석은 여타 당대 묘지와 같은 녹정형으로, 가로 세로 각각 52㎝ 두께 6.5㎝ 크기의 정방형이다. 윗부분에는 가로 세로 각각 32㎝ 크기의 평면 공간에 3행 3열에 걸쳐 전서가 아닌 해서로 제액을 적고 주위에 기하문양을 새겼으며, 사방으로 비스듬히 깎아 내린 네 면에는 화초넝쿨무늬를 음각하였다.

지석은 가로 세로 각각 51㎝ 두께 9.5㎝ 크기의 정방형이다. 윗면에는 23행 23열의 구획선을 그어 공간을 나눈 다음, 해서로 예인수의 생애와 행적을 새겼다. 그런데 마지막 두 행에 글자를 새기지 않았으므로 실제로는 21행 23열로 구성되었다고 할 수 있다. 지석의 네 측면에는 화초넝쿨무늬를 음각하였다. 지문은 제1행의 제명을 필두로, 총 434자에 걸쳐 선조와 가계, 활동과 업적, 죽음과 장례, 명문 순으로 기록하였다. 지석의 상태는 전반적으로 양호하여 대부분의 글자를 읽는데 어려움이 없다.

이 묘지에서는 황제나 황실 관련 용어 앞에 두 글자 혹은 세 글자를 띄었고, 명문이 시작되는 부분에서는 행을 바꾸었다. 다만 제14행 22열의 '치(致)' 다음에 한 글자를 공란으로 비워두었으나, 그 이유는 알 수 없다. 이 묘지는

---

51) 張全民, 〈唐禰氏家族墓的考古發現與初步研究〉,《西安地區中韓歷史文化交流學術研討會資料集》, 2011년 8월 26일, 53~54쪽; 〈新出唐百濟移民禰氏家族墓誌考略〉,《唐史論叢》14, 2012, 60~61쪽; 張全民, 이순애 역, 〈당나라 백제유민 고분과 출토 묘지〉,《중국 출토 百濟人 墓誌 集成》(원문·역주편), 충청남도 역사문화연구원, 2016, 44~47쪽.

예인수가 개원 15년(727)에 객지인 임조군(臨洮軍) 관사에서 죽은 후 24년째 되는 천보 7년(750)에 길일을 택해 장안현 고양원(高陽原)에 장사지낼 때 제작되었는데, 지문은 예인수의 아들 예적(禰適)이 지었다. 이 묘지는 현재 서안시문물보호고고연구원에 보관되어 있다.

⑤ 괵왕비부여씨묘지(虢王妃扶餘氏墓誌)

섬서성고고연구원은 2004년 3월부터 9월까지 약 6개월에 걸쳐 산시성 푸핑현(富平縣) 두춘진(杜村鎭) 북려촌(北呂村) 서북쪽 약 300m 지점의 당나라 무덤 1기를 발굴하였다. 이 무덤은 당 고조 이연(李淵)의 능인 헌릉(獻陵) 52개 배장묘 가운데 하나로, 헌릉 동북쪽 형산(荊山) 언덕에 자리잡고 있다. 무덤 북쪽에 석천하(石川河)가 흐르고 서남쪽 250m 지점에 괵왕(虢王) 이옹(李邕)의 할아버지 이봉(李鳳)의 묘가 있으며, 동남쪽으로 북려촌, 서쪽으로 사가흘탑촌(謝家疙瘩村)과 인접하였다.

촌민의 신고로 긴급히 발굴한 이 무덤은 약 60m 정도 이어지는 묘도 끝에 벽돌로 만든 묘실이 있고, 묘실에는 석관이 놓였으며 묘실 벽에는 벽화가 그려져 있었다. 그리고 묘실에서 두 개의 묘지석이 출토되었는데, 하나는 괵왕 이옹의 묘지이고 다른 하나는 그의 부인 괵왕비부여씨(虢王妃扶餘氏)의 것이었다. 괵왕비부여씨묘지는 원래 무덤 전실 중앙의 이옹묘지 뒤편에 놓여 있었던 듯한데, 출토 당시에는 도굴범들에 의해 전실 서쪽 벽 도굴구멍의 메워진 흙더미 위에 옮겨져 있었다고 한다.[52]

괵왕비부여씨묘지는 개석과 지석이 모두 남아 있다. 개석은 아래쪽 가장자리가 깨져 손상되었고 중간에 세로로 금이 갔으며, 지석도 세 조각으로 깨

---

52) 陝西省考古硏究院,《唐嗣虢王李邕墓發掘報告》, 科學出版社, 2012, 147쪽; 張蘊·汪幼軍,〈唐故虢王妃扶餘氏墓誌考〉,《碑林集刊》13, 2008, 95쪽.

졌다. 깨지고 손상된 개석과 지석을 수습하여 합치면 원형을 복원하는데 큰 문제가 없으나, 지석의 경우 깨진 곳을 연결한 부분의 글자가 손상되어 두 글자 정도는 알아보기 어렵다. 그러나 이를 제외한 나머지는 모두 판독이 가능하다.

개석은 여타 당나라 묘지와 같은 녹정형으로, 가로 74cm 세로 70cm 두께 13cm 크기의 장방형이다. 윗부분에는 가로 48cm 세로 42cm 크기의 평면 공간에 3행 3열에 걸쳐 전서로 제액을 새겼는데, 필적은 맑고 뚜렷하며 고졸하고 소박한 느낌을 준다. 그리고 사방으로 비스듬히 깎아 내린 경사면에는 화초 넝쿨과 모란을 물결모양으로 도안해 선각하였다.

지석은 가로 74cm 세로 70cm 두께 9cm의 크기의 장방형으로, 윗면에 지문을 새기고 사방 측면에는 개석과 마찬가지로 화초넝쿨과 모란 문양을 음각하였다. 잘 다듬어진 윗면에는 30행 31열에 걸쳐 정갈한 해서로 괵왕비부여씨의 삶을 소개하고 찬미하였다. 즉 제1행의 제명을 필두로 지문 찬술자, 괵왕비부여씨의 생애와 행적, 죽음과 후손, 명문, 작성 연월일을 순서대로 새겼다. 그런데 제1행의 묘지 제명은 다른 행과 달리 가로 열을 무시하고 작은 글씨로 33글자를 촘촘하게 새겼고, 명문이 시작되는 부분에서는 행을 바꾸었으며, 지문 찬술자와 제작 일자도 행을 바꾸어 적었다. 이 묘지에 새긴 글자는 총 831자이다.

이 묘지에서는 각종 존경과 경외를 나타내는 용어 앞에 한 글자 혹은 두 글자를 띄었는데, 묘주인 괵왕비부여씨를 지칭하는 용어 앞에도 한 글자씩 공란을 둔 점이 흥미롭다. 지문은 조의랑 수중서사인(守中書舍人) 양섭(梁涉)이 찬술하였다. 한편 묘지 말미에 "개원 26년(738) 11월 15일[開元卄六年十一月十五日]"이라 하여, 묘지 작성 일자를 기록하였다. 그런데 괵왕비부여씨는 개원 26년(738) 8월 9일에 죽은 다음 약 3개월이 지난 11월 16일에 장사지냈다. 그렇다면 괵왕비부여씨를 장사지내기 하루 전에 이 묘지를 완성하여 함께 묻었다고 할 수 있다. 이 묘지는 현재 시안시 섬서성고고연구원에 보관되어 있다.

〈표 1-8〉 시안지역 백제 유민 묘지

자료명	제작시기	출토지	출토시기	크기(㎝)	소장처	기타
禰寔進墓誌	함형 3년 (672)	시안 長安區 郭杜鎭 郭杜南村	미상	57×57(개석) 58.5×58.5 (지석)	낙양이공학원 도서관	
禰軍墓誌	의봉 3년 (678)	시안 長安區 郭杜鎭 郭杜南村	미상	63×65(개석) 59×59(지석)	서안박물원	
禰素士墓誌	경룡 2년 (708)	시안 長安區 郭杜鎭 郭杜南村	2010년	60×60 (개석,지석)	서안시문물보호 고고연구원	
禰仁秀墓誌	개원 15년 (727)	시안 長安區 郭杜鎭 郭杜南村	2010년	52×52(개석) 51×51(지석)	서안시문물보호 고고연구원	禰適 撰
虢王妃扶餘氏墓誌	개원 26년 (738)	富平縣 杜村鎭 北呂村	2004년	74×70 (개석,지석)	섬서성고고 연구원	梁渉 撰

제3절 신라 관련 중국 금석문 검토

자료가 극히 제한된 한국고대사 연구에서 동시대에 만들어진 금석문의 가치는 각별하다. 고구려, 백제, 발해에 비하여 상대적으로 사료가 풍부한 신라사 연구도 예외가 아니다. 근년에 발표된 신라사 관련 논문들을 일별하면, 대부분이 어떤 형태로든 금석문을 연구 자료로 활용하였다. 이러한 사실은 신라사 연구에서 금석문의 사료적 효용성을 잘 말해 준다. 그럼에도 그들이 이용한 금석문은 대부분 국내 금석문이고, 중국 금석문을 활용한 경우는 드물었다.

고구려와 백제사의 경우, 1920년대 이후 중국 뤄양(洛陽)과 시안(西安) 일대에서 속속 발견된 유민들의 묘지명을 연구에 적극 활용하였다. 그러나 신라의 경우는 이상하리만큼 중국 금석문의 탐색과 활용에 소홀하였다. 그러한데는 여러 가지 이유가 있을 터인데, 우선 신라는 상대적으로 국내자료가 풍부하다. 게다가 고구려와 백제 유민 묘지에 버금갈만한 자료가 중국에서 발견되지 않았다. 그러나 무엇보다도 신라 관련 중국 금석문에 대한 관심이 덜했기 때문이다.

근년 컴퓨터의 보급과 활용으로 한국, 중국, 일본의 한국고대사 관련 문헌자료는 물론 한국 금석문까지 데이터베이스화되어 손쉽게 이용할 수 있게 되었다. 그러나 중국의 한국고대사 관련 금석문 자료는 아직 체계적으로 조사, 정리되지 않은 실정이다. 문헌자료가 고갈되고 신자료 발견을 기대하기 어려운 상황에서 중국 금석문은 신라사, 나아가 한국고대사 연구에 활용할 수 있는 마지막 남은 자료라 해도 과언이 아닐 듯싶다. 따라서 중국 금석문에 대한 탐색은 신라사 연구의 지평을 넓힐 수 있는 계기가 되리라 생각된다. 이 절에서는 신라 관련 중국 금석문이 만들어지게 된 역사적 배경과 관련 자료를 검출해 살펴보고자 한다.

1. 신라 관련 금석문의 생성

1) 신라인의 당나라 이주

신라와 당이 병존하던 290년 동안 많은 신라인들이 다양한 목적으로 당에 이주하였다. 그들을 몇 가지 유형으로 나누면, 첫째는 신라의 정치·사회적 모순에 대한 불만과 국내에서의 정치적 알력으로 당에 들어가 정착한 경우이다. 신라는 골품에 따라 개인의 사회적 지위와 정치적 출세가 보장되거나 제한되었고, 심지어 일상생활까지 규제되는 엄격한 혈연 중심의 계급사회였다. 이러한 사회에서는 골품 사이의 계층갈등이 필연적으로 일어날 수밖에 없다. 신라인들은 그러한 계층갈등을 해소하기 위해 종종 당나라에 이주하였다.

골품제의 모순으로 비교적 이른 시기에 당으로 이주한 사람으로는 설계두(薛罽頭)가 있다. 귀족 가문의 자제인 설계두는 골품을 따져 인재를 등용하는 신라 사회에 불만을 품고 진평왕 43년(621) 당에 들어가 좌무위과의(左武衛果毅)가 되어 당 태종의 고구려 침공에 참전해 전사하였다.[1] 여기서 설계두의 성이 설씨인 점에서 그는 6두품 신분으로 판단된다. 그렇다면 그는 진골 중심의 신라 사회에서 자신의 신분적 한계를 극복하기 위해 당으로 이주했다고 하겠다.

설계두가 골품제의 질곡(桎梏) 때문에 당에 들어갔다면 김인문(金仁問)은 신라 내부의 정치적 알력으로 당나라에 정착하였다. 김인문은 무열왕의 둘째 아들로 태어나, 급박하게 돌아가던 7세기 중엽의 동아시아 국제정세 속에서 밖으로는 신라의 대당외교를 주도하였고 안으로는 고구려와 백제 토벌의 선봉으로 활약하였다. 그러나 고구려와 백제 옛 땅 영유권을 둘러싸고 일어난 나당간의 갈등 와중에 김인문은 그 땅을 직접 지배하려는 당의 노선을 지지

---

[1] 《삼국사기》 권47, 薛罽頭傳.

하였다. 그 결과 김인문은 문무왕과 관계가 악화되어, 668년에 입당한 이후 생전에 고국으로 돌아오지 못하고 당에서 생을 마감하였다.[2] 한편 청해진병 마사 최훈(崔暈)이 장보고 암살을 둘러싼 정쟁을 피해 사주(泗州) 연수현(漣水縣)으로 이주한 것도 정치적 요인에 의한 당나라 이주의 한 사례이다.

둘째는 나당간을 왕래하며 장사하던 신라인이 당에 정착한 경우이다. 고대 동아시아 율령체제 하에서 국제무역은 공무역만 허용되고, 사무역은 법적으로 일절 금지되었다. 그럼에도 문무왕 때 의상(義相)은 상선에 편승하여 당나라에 들어갔고 경덕왕 때 장춘(長春)은 바다에서 배를 타고 장사했다는 기록에서 알 수 있듯이,[3] 비록 활발하지는 않았으나 사무역은 늘 존재하였다. 특히 8세기 후반 이후 황해 양안의 정치적 혼란과 해상 실크로드를 통한 서방 상인들의 동방진출 등으로 종래 엄격히 통제되었던 사무역이 점차 활기를 띠기 시작하였다. 그러한 분위기 속에서 신라인들이 대거 사무역에 참여하였다.

한편 당은 중국의 역대 왕조 가운데 가장 개방적이고 국제적인 나라였다. 당은 10년 동안 조세를 면제해주는 조건으로 이민족의 귀화를 장려하였고, 귀화한 사람은 당나라 사람과 마찬가지로 토지와 노비를 합법적으로 소유할 수 있게 하였으며, 자유로운 정치·경제·사회 활동을 보장해주었다. 그 결과 사방으로부터 많은 이민족들이 당으로 이주하였다. 한·중·일 동아시아 삼국을 대상으로 국제무역에 종사하던 신라인들도 예외가 아니었다.

등주(登州) 문등현에 거주하던 장영(張詠)이 대표적이다. 장영이 언제 당으로 이주했는지 알 수 없으나, 824년에 이미 등주에 터전을 잡고서 대일무역에 종사하였고 그의 아우 장종언(張從彦)과 모친이 초주(楚州)에 거주하고 있었다.[4]

---

2) 권덕영, 〈金仁問小傳〉, 《문화사학》 21, 2004, 417~439쪽; 〈김인문〉, 《신라 천년의 역사와 문화》 22, 경상 북도, 2016, 137~149쪽.
3) 《송고승전》 권4, 義相傳; 《삼국유사》 권3, 敏藏寺.
4) 《入唐求法巡禮行記》 권4, 會昌 5년 9월 22일 및 大中 원년 6월 10일.

이런 점으로 보아, 장영 일가는 늦어도 9세기 초에 당나라로 이주해 국제무역에 종사했다고 할 수 있다. 장영 외에도 이소정(李少貞), 왕청(王請), 장공정(張公靖), 김자백(金子白), 흠량휘(欽良暉), 김진(金珍), 왕초(王超), 김문습(金文習), 김청(金淸) 등의 많은 신라 출신 상인들이 당으로 이주해 국제무역에 종사하였다.[5]

셋째는 불교나 유교를 공부하기 위하여 당에 들어갔다 그곳에 장기간 체류하거나 정착한 경우이다. 신라는 진흥왕대 초 각덕(覺德)을 양나라에 파견한 이래 진, 수, 당으로 이어지는 중국 왕조에 지속적으로 구법승을 파견하였다. 특히 진평왕대 원광(圓光) 이후에 더욱 활발하게 전개되어, 안홍(安弘), 원측, 자장, 의상 등으로 이어졌다. 일연(一然)은 신라 서학구법의 실태를 '계종동동(繼踵憧憧)'이란 말로 표현했거니와,[6] 앞 사람의 발꿈치를 좇아 부산하게 왕래하던 서학구법 행렬은 신라가 망할 때까지 계속되었다. 그런데 현재 이름이 확인되는 승려는 170여 명에 불과하다.[7] 이는 전체 구법승의 극히 일부분에 지나지 않을 터인데, 그들은 대부분 고국 신라로 돌아왔다. 그러나 일부는 신라에 돌아오지 않거나 돌아오지 못하고 이국에서 생을 마감하였다.

당으로 건너가 평생을 그곳에서 보낸 구법승으로는 원측, 혜초, 신방(神昉), 지장(地藏), 무루(無漏), 무상(無相), 혜각(慧覺), 도육(道育), 영조(靈照) 등을 들 수 있다. 여기서 일일이 그들의 행적을 소개할 필요는 없으나, 원측과 신방 그리고 혜초는 당나라 역경사업에 참여하여 많은 불경을 번역하고 다양한 저술을 남겼으며, 지장과 무루는 강론과 교화를 통해 당 황실과 백성들을 위해 봉사하였다. 그리고 무상은 지금의 쓰촨(四川) 지방에서, 영조와 도육은 저장(浙江) 지방에서, 혜각은 화북지방에서 각각 활동하였다.[8] 이 외에 등주 문등

---

5) 권덕영, 〈在唐 新羅人의 綜合的 考察-9세기를 중심으로〉,《역사와 경계》48, 2003, 26~31쪽.

6) 《삼국유사》권4, 圓光西學.

7) 黃有福·陳景富,《中朝佛教文化交流史》, 中國社會科學出版社, 1993, 436~475쪽; 김병곤, 〈신라 하대 求法僧들의 행적과 실상〉,《불교연구》24, 2006, 133~143쪽.

8) 권덕영, 〈신라 '西化' 구법승과 그 사회〉,《정신문화연구》30-2(통권 107), 2007, 319~347쪽.

현 적산 법화원의 신라 승려들과 원안(圓安), 승장(勝莊), 지인(智仁), 현초(玄超) 등도 끝내 신라로 돌아오지 않았던 것으로 보인다.[9]

한편 신라는 선덕왕 9년(640) 처음으로 당에 유학생을 파견한 이래 꾸준히 학생들을 보내 국자감을 비롯한 당나라 교육기관에서 공부하게 했다. 특히 하대에 들어와 신라의 도당 유학 풍조는 최고조에 달하여, 희강왕 2년(837) 3월에 당의 국학에서 공부하던 신라 학생의 수가 216명에 달했다.[10] 뿐만 아니라 신라 유학생이 다른 나라에 비해서도 수적으로 단연 많았다. 이런 점에서 당에 유학한 신라 학생을 모두 합하면 수천 명에 이르렀을 것이다.

이들 유학생 가운데 수업연한 10년이 지났음에도 귀국하지 않고 당에 정착해 장기 체류한 사람이 있었다. 김가기(金可記)는 당의 빈공과에 급제한 뒤 잠시 신라에 돌아왔다가 다시 입당하여 종남산에 숨어 일생을 마쳤고, 고비웅(顧非熊)의 시에 등장하는 박처사(朴處士)는 어린 나이에 당에 유학하여 그곳에서 세월을 보내다 늙어서 귀국하였다. 그리고 최치원 같은 사람은 빈공과에 합격한 후 당의 관리가 되어 그곳에 장기간 머물다가 돌아왔다. 이 외에도 상당수의 유학생들이 신라에 돌아오지 않고 당에 남았을 것으로 생각된다.

넷째는 신라에서의 경제적 어려움을 견디지 못하고 당으로 이주한 경우이다. 근대 한민족의 해외이주에 관한 연구에 따르면, 한민족의 해외이주는 국내에서의 경제적 어려움이 주요 원인이었다고 한다.[11] 신라인의 당나라 이주도 예외가 아니어서, 국내에서 흉년과 기근이 들면 많은 사람들이 살길을 찾아 해외로 이주하였다. 헌덕왕 8년(816)에 흉년이 들어 백성들이 굶주리게 되

---

9) 여성구, 〈신라 중대의 입당구법승〉, 국민대학교 박사학위논문, 1997, 191쪽; 김상현, 〈7·8세기 海東求法僧들의 중국에서의 활동과 의의〉, 《불교연구》 23, 2005, 66쪽; 〈신라 法相宗의 성립과 順璟〉, 《신라의 사상과 문화》, 일지사, 1999, 305~307쪽; 천징푸, 〈한국 승려의 長安에서의 활동〉, 《불교연구》 23, 2005, 127~128쪽.

10) 《唐會要》 권36, 附學讀書.

11) 崔協·李光奎, 《多民族國家의 민족문제와 한인사회》, 집문당, 1998, 71~208쪽 참조.

자 170명의 신라인이 중국 절동(浙東) 지방으로 건너가 먹을 것을 구했고,[12] 이와 비슷한 시기에 수백 명이 일본으로 건너간 것은[13] 바로 당시 신라를 엄습한 흉년과 기근 때문이었다. 경제적 사정으로 인한 신라인의 당나라 이주는 비단 헌덕왕 때뿐만 아니라 그 이전과 이후의 여러 차례 기근 때도 마찬가지였을 것이다. 그리고 흉년과 기근을 틈타 일어난 해적들에 의해 당에 강제로 팔려간 신라인도 있었다.

이처럼 신라인들은 여러 가지 이유로 당에 들어가 그곳에 정착하였다. 신라 출신으로 당에 들어가 장기체류하며 생업에 종사하던 사람들을 재당 신라인이라 하거니와,[14] 당에서 오래 생활하는 동안 그들은 당연히 당나라에 자신의 흔적을 남길 수밖에 없었다. 신라 관련 당나라 금석문은 바로 그러한 역사적 배경 하에서 생성될 수 있었다.

2) 중국인의 신라 내왕

많은 신라인이 당을 왕래했듯이 당나라 사람들 역시 신라를 자주 내왕하였다. 다른 나라의 경우도 마찬가지겠지만, 당인(唐人)의 신라 내왕은 형태와 목적에 따라 몇 가지로 나눌 수 있다. 국가 간의 공식 채널을 통한 내왕인지의 여부에 따라 공적 내왕과 사적 내왕으로, 양국 간의 물리적 충돌 여부에 따라 평화적 내왕과 적대적 내왕으로, 내왕한 인물의 규모에 따라 개인적 내왕과 집단적 내왕으로 나눌 수 있다. 그런데 현존하는 자료에 의거하는 한, 당과 신라 사이에는 대부분 사절단과 같은 공적이면서도 집단적 내왕이었다.

---

12) 《삼국사기》 권10, 헌덕왕 8년 정월.
13) 佐伯有淸, 〈9世紀の日本と朝鮮-來日新羅人の動向をめぐって〉, 《歷史學研究》 287, 1965, 8쪽; 〈朝鮮系氏族とその後裔たち〉, 《古代史の謎お探る》, 讀書新聞社, 1973, 197~198쪽; 奧村佳紀, 〈新羅人の來航について〉, 《駒澤史學》 18, 1971, 117~123쪽.
14) 권덕영, 《재당 신라인사회 연구》, 일조각, 2005, 117~121쪽.

그리고 평화적 내왕과 적대적 내왕이 교차했는데, 적대적 내왕은 양국관계가 악화된 7세기 중엽에 파병의 형태로 한시적으로 이루어졌다.

필자는 일찍이 나당관계사를 5시기로 구분해 개관한 적이 있다. 즉 삼국이 경쟁적으로 당에 접근하며 당과의 관계를 정립해나가던 모색기, 김춘추의 입당을 계기로 양국이 군사동맹을 맺고 백제와 고구려를 멸망시킨 동맹기, 고구려 멸망 후 한반도 지배권을 둘러싸고 당과 신라가 마찰을 빚었던 갈등기, 나당간의 갈등이 극복되고 양국간의 교류와 교섭이 왕성하게 이루어지던 안정기, 당과 신라의 정치적 혼란으로 양국관계가 원활하지 못했던 소원기(疎遠期)가 그것이다.[15] 그러면서도 신라와 당은 일시적인 갈등을 제외하고는 전반적으로 평화적이고 친밀한 관계를 지속하였다. 이러한 나당간의 친선관계를 유지·발전시키는데 중요한 역할을 한 사람은 양국을 오간 사절단이었다.

나당교섭기 동안 신라는 170여 차례에 걸쳐 견당사를 파견하였다. 이에 당역시 지속적으로 신라에 사절단을 파견하였는데, 최초로 신라에 도래한 당사절은 유문소(庾文素)와 이정(李禎) 일행이었다.[16] 그 후 당은 신라의 왕위교체가 있을 때마다 거의 매번 사신을 보내 신라왕을 책봉하였고, 당의 임금이 죽고 새로운 황제가 즉위하면 역시 사절을 보내 그 사실을 신라에 통보하였다. 뿐만 아니라 군사행동을 비롯한 긴급한 사안이 있을 때도 사절을 보내왔다.

특히 8세기에 들어와 동아시아가 안정을 되찾고 또 고구려 멸망 이후 단절되다시피 했던 나당관계가 정상화되자 당 사절단의 신라 내왕은 더욱 빈번해졌다. 현존하는 자료에 의하면, 8세기 이후 당은 총 42회의 사절을 신라에 보

---

15) 권덕영, 〈羅唐交涉史에서의 조공과 책봉〉, 《한국 고대국가와 중국왕조의 조공·책봉관계》, 고구려연구재단 연구총서 15, 2006, 235~247쪽.

16) 《삼국사기》 권4, 진평왕 43년. 이때 李禎이 신라를 내왕한 사실은 2013년 산시성 시안시 남쪽 교외의 羊頭鎭 주택구역의 당나라 무덤에서 출토된 이정묘지를 통해 알 수 있다. 拜根興·林澤杰, 〈新出隋唐之際李禎墓誌關聯問題探微〉, 《社會科學戰線》 2021-12, 86~96쪽 참조.

냈음이 확인된다.[17] 그 가운데 성덕왕 32년(733)에 하행성(何行成)과 김사란(金思蘭)이 이끌고 온 사절단은 604명에 이르렀다.[18] 물론 이때의 사절단은 신라에 파병을 요구하기 위해 특별히 대규모로 구성한 경우에 해당하겠지만, 그 점을 감안하더라도 나당교섭기간 동안 수천 명의 당나라 사람이 사절단의 일원으로 신라를 내왕했을 것으로 추정할 수 있다.

그 중에서 현재 이름이 알려진 사람은 30여 명에 불과한데, 노원민(盧元敏), 형숙(邢璹), 위요(魏曜), 귀숭경(歸崇敬), 원의방(元義方), 원계방(元季方), 최정(崔廷), 원적(源寂), 호귀후(胡歸厚) 등이 대표적이다. 그런데 이들의 이력을 살펴보면, 대부분 유교와 문장에 뛰어난 엘리트 학자였고 중앙과 지방의 요직을 두루 역임한 유능한 관료였다. 노원민은 무주자사(撫州刺史)와 강주자사(江州刺史)를 역임하였고,[19] 형숙은 《주역정의약례소(周易正義略例疏)》 3권을 찬술하고 태자시독을 역임하였으며,[20] 귀숭경은 고전과 예제에 밝아 문한직과 외직을 두루 역임하고 문집 20권을 남겼다. 그리고 원의방과 원계방 형제는 당대의 유학자로 이름이 높았고, 원적은 의성군절도판관(義成軍節度判官)과 검교병부원외를 거쳐 안왕부장사(安王府長史)를 역임하였다.[21]

그들의 신라 내왕 사실은 역사서를 비롯한 각종 문헌자료에 전하거니와, 문필에 탁월한 재능을 가진 그들은 스스로 신라 내왕사실을 전하기도 하였다. 혜공왕 4년(768)에 귀숭경을 따라 신라에 온 고음(高愔)이 신라에서의 견문을 바탕으로 《신라국기(新羅國記)》를 지은 것은 저명한 사실이거니와, 애장왕 7년(805)에 원계방의 부사로서 신라에 왔던 마우(馬宇)는 《신라기행(新羅紀行)》

---

17) 권덕영, 〈8, 9세기 '君子國'에 온 당나라 사절〉, 《신라문화》 25, 2005, 99~109; 《신라의 바다 황해》, 일조각, 2012, 115~135쪽.
18) 《삼국유사》 권2, 효성왕.
19) 《江西通志》 권46, 秩官 江州刺史.
20) 《宋史》 권202, 藝文志; 《新唐書》 권6, 숙종 즉위년; 《玉海》 권128, 官制 唐太子侍讀.
21) 《白氏長慶集》 권52, 中書制誥(5) 源寂可安王府長史.

을 저술하였다.[22] 뿐만 아니라 사후에는 그들의 지인들이 묘지명이나 신도비 같은 금석문에 그들의 신라 내왕사실을 언급하였다. 이런 점에서 사절단의 신라 내왕은 신라 관련 당 금석문 생성의 중요한 요인이 되었다고 할 수 있다.

신라와 당의 관계가 원만할 때는 사절단과 같은 평화적 내왕이 이루어지지만, 양국관계가 악화되어 군사 충돌이 일어나면 파병을 통한 적대적 내왕이 이루어진다. 앞에서 언급했듯이 신라와 당은 전반적으로 친밀한 관계를 유지하였다. 그러나 백제 멸망 이후 백제 옛 땅 영유권을 둘러싸고 당과 갈등을 빚다가 고구려 멸망 이후에 양국 간 물리적 충돌이 발생하여 6, 7년 동안 계속되었다. 그것이 이른바 나당전쟁이다.

나당전쟁의 시말에 관해서는 구체적인 연구가 있으므로 여기서 굳이 자세히 언급할 필요가 없다.[23] 다만 당인의 신라 내왕이라는 관점에서 나당전쟁을 개관하면, 신라와 당이 처음 군사적으로 충돌한 것은 671년 석성(石城) 전투이다. 당시 웅진도독부에는 1만 명의 당나라 군사가 주둔해 있었는데, 이 전투에서 신라는 5,300명의 당나라 군사를 죽였다. 그리고 서해에서 당나라 조운선 70여 척을 격파해 100여 명의 당군을 사로잡고 수많은 사람을 수몰시켰다. 이어서 672년에 당나라 장수 고간(高侃)과 이근행(李謹行)이 4만 명의 군사를 이끌고 신라를 침공하였고, 673년에는 당·말갈·거란 군사가 연합해 북쪽 변경을 침입하였다.

그리고 674년에 김인문을 신라왕으로 옹립하기 위해 유인궤를 계림도대총관으로 삼아 신라를 침공하였고, 이듬해에는 설인귀가 숙위학생 김풍훈(金風訓)을 향도로 삼아 쳐들어왔다가 패하고 돌아갔다. 이어 이근행이 20만 대군을 이끌고 매소성(買肖城)에 주둔하며 신라와 싸워 패하였고, 당의 조종을 받

---

22) 李翔, 〈秘書少監史官修撰馬(君)墓誌〉, 《文苑英華》 권946.

23) 서영교, 《羅唐戰爭史 研究》, 아세아문화사, 2006; 노태돈, 《삼국통일전쟁사》, 서울대학교출판부, 2009; 이상훈, 《나당전쟁연구》, 주류성, 2012 참조.

은 말갈과 거란병 역시 간단(間斷)없이 신라를 쳐들어와 공방을 벌였다. 뿐만 아니라 767년에는 설인귀가 수군을 이끌고 기벌포를 통해 신라를 침공하였으나 4,000여 명의 군사를 잃고 퇴각하였다. 이처럼 당은 671년 이후 수년 동안 신라에 파상적인 공세를 퍼부었다. 그 과정에 수십만 명의 당나라 군사가 신라를 내왕하였다.

전쟁은 국가적으로나 개인적으로 결코 잊을 수 없는 중요한 기억거리이다. 특히 전쟁에 참여한 당자자인 경우, 참전 사실은 생전 자신에게나 사후 그들의 후손들에게 자랑스럽거나 혹은 슬픈 추억이 될 수 있다. 여타 전쟁에 대한 기억도 마찬가지겠지만, 나당전쟁도 역사서를 비롯한 공적 문서와 개인 저술 등에 숱하게 언급되었다. 그리고 개인의 행적을 찬양하고 애도하는 묘지명과 기념비 같은 금석문에도 기록되었다. 신라 침공전에 참여한 당나라 사람들도 예외가 아니어서, 다양한 형태의 금석문에 그들의 신라 내왕 사실을 기록하였다.

앞에서 살펴본 공적 내왕 외에 무역이나 전법(傳法) 같은 사적 목적으로 신라를 내왕했거나, 직접 내왕하지 않았더라도 내왕에 준할 정도로 신라인과 교섭 혹은 접촉한 당나라 사람들도 있었을 것이다. 그들 역시 자신의 신라 내왕과 접촉 사실을 서책이나 금석문 형태로 후세에 남겼다.

어쨌든 신라와 당이 공존하던 시기에 수많은 당나라 사람들이 여러 가지 목적으로 신라를 내왕하였다. 그 가운데 극히 일부는 당으로 돌아가지 않고 신라에 남았겠으나, 대부분은 본국으로 돌아가 나머지 생을 당에서 보냈다. 국가 간 왕래가 용이하지 않던 당시에 신라를 내왕했다는 사실은 개인적으로 소중한 경험이었음이 틀림없다. 그래서 당으로 돌아간 그들은 스스로 혹은 타인의 손을 빌려 그들의 신라 내왕 사실을 문학작품이나 역사서 등을 통해 후대에 전하였다. 그리고 개인의 묘지나 기념비에 그러한 사실을 기록하였다. 결국 신라 관련 당 금석문이 만들어질 수 있었던 또 하나의 요인은 당인들의 신라 내왕이었다고 할 수 있다.

2. 금석문의 유형과 내용

1) 재당 신라인 자료

① 묘지(墓誌)

신라와 당이 병존하던 약 3세기 동안 많은 신라인들이 다양한 목적으로 당에 이주하였다. 특히 신라인들은 당나라 황해연안과 운하 주변에 신라방과 신라촌을 형성해 집중적으로 거주했으며, 장안과 낙양 등지에도 다수의 신라인들이 살았다. 수천 혹은 수만 명에 이를 것으로 추산되는 재당 신라인들은 당나라 전역에 다양한 형태의 금석문을 남겼을 것이다. 여기서는 지금까지 발견된 금석문을 형태에 따라 묘지와 비·석각(碑·石刻) 자료로 나누어 살펴보고자 한다.

묘지로서 우선 들 수 있는 것은 이구부인경조김씨묘지(李璆夫人京兆金氏墓誌)이다. 이 묘지는 1954년 중국 산시성 시안시 동쪽 교외의 곽가탄(郭家灘)에서 출토되었다. 경조김씨묘지는 특별히 크거나 화려하지 않고 또 고관을 역임한 유명인사의 묘지가 아니어서 그런지, 중국에서는 오랫동안 주목받지 못하였다. 그러던 중 2000년대 초 필자가 중국에 산재한 한국고대사 관련 금석문을 조사하던 과정에서 이 자료의 존재 사실을 알고 한국학계에 소개함으로써 비로소 세간의 주목을 받게 되었다.[24]

이 묘지는 신라에서 당으로 이주한 재당 신라인 김공량(金公亮)의 딸 김씨부인의 생애를 기록한 것이다. 출토 당시부터 개석과 지석이 모두 온전하게 보존되었는데, 개석은 사각추의 아랫부분을 수평으로 절단한 녹정형(盝頂形)으로 가로 세로가 각각 44.5㎝ 크기의 정방형이다. 윗면에는 평평하게 다듬

---

24) 권덕영, 〈大唐故金氏夫人墓銘과 관련한 몇 가지 문제〉,《한국고대사연구》54, 2009, 395~422쪽.

은 공간에 3행 3열에 걸쳐 전서(篆書)로 제액을 새겼고, 그 주위에 구름무늬를 새겨 장식하였다. 그리고 아래쪽 사방으로 비스듬히 깎아 내린 네 면에는 사신(四神)이 구름 속에 노니는 모습을 얕게 음각하였다.

지석은 대부분의 글자를 육안으로 쉽게 판독할 수 있을 정도로 양호한 편이다. 크기는 가로 세로가 각각 44.5㎝의 정방형으로,[25] 윗면에 지문을 새기고 옆면에는 사방으로 돌아가며 12지신상을 새겨 장식하였다. 지문은 23행 27열에 걸쳐 우아한 예서로 김씨부인의 행적을 기록하였다. 즉 첫머리에 묘지의 제명을 적은 다음, 향공진사 최희고(崔希古)가 짓고 한림대조 승봉랑 수건주장사(守建州長史) 동함(董咸)이 글씨를 썼다고 한다. 이어서 김씨 성의 유래, 선조와 가계, 품행과 생활상, 죽음과 후사, 명문을 순서대로 서술하였다. 지문의 전체 글자 수는 593자이다.

당을 포함한 전근대 중국의 묘지에는 황제와 황실을 비롯한 각종 존경과 경외를 나타내는 용어 앞에 몇 글자의 공란을 두었다. 이 묘지에서는 그러한 경우 일률적으로 한 글자를 띄어 썼다. 그리고 지문 말미의 4구체로 된 명문에서도 각 구절마다 한 글자를 띄었다. 이 묘지는 김씨부인을 장사지낸 함통 5년(864) 12월경에 제작되었는데, 현재 서안비림박물관에 소장되어 있다.

다음은 곽공희설씨묘지(郭公姬薛氏墓誌)이다. 2015년 현재 중국에는 12,523점의 당나라 묘지가 존재하는 것으로 조사되었다.[26] 그 가운데 대부분은 실물이 현존하나, 일부는 각종 문집 혹은 사서에 그 내용만 전하는 경우도 있다. 그 중의 하나가 곽공희설씨묘지이다. 이 묘지는 당의 저명한 문인 진자앙(陳子昻)의 글을 모은 《진습유집(陳拾遺集)》(권6)과 《진백옥문집(陳伯玉文集)》(권6)에 수록되어 있다. 또한 그것은 송대의 《문원영화(文苑英華)》(권964)와 청대의

25) 陳忠凱 等, 《西安碑林博物館藏碑刻總目提要》, 線裝書局, 2006, 121쪽.
26) 氣賀澤保規, 《新編 唐代墓誌所在總合目錄》, 明治大學東洋史料叢刊 13, 汲古書院, 2017.

《전당문(全唐文)》(권216) 등에 재수록 되었고, 한국에서는 한치윤의 《해동역사(海東繹史)》(권70)에 소개되었다.

이 묘지는 신라 귀족출신으로 김인문과 함께 당에 들어간 설영충(薛永冲)의 딸이 장수 2년(693)에 병으로 죽은 후 그녀의 생애를 소개하고 애도한 것으로, 총 346글자로 구성되었다. 글자 수로 보아 곽공희설씨묘지는 여타의 당대 묘지 가운데 작은 편에 속한다. 그럼에도 이 묘지는 제명을 필두로 가계와 성품, 출가와 환속, 죽음과 장례, 명문 순으로 서술하여, 내용 구성상 다른 묘지와 차이가 없다.

이 묘지는 지석과 개석이 확인되지 않아 형태와 크기, 재질과 글씨체, 그리고 띄어쓰기 방식 등은 알 수 없다. 그런데 현존하는 당대 묘지석은 대부분 정방형에 가까운 형태로 제작되었다. 곽공희설씨묘지도 그러한 형태에서 크게 벗어나지 않을 것으로 여겨진다. 따라서 비록 이 묘지의 크기는 알 수 없으나, 묘지의 문장은 대략 19행 19열 혹은 18행 20열로 제작되지 않았을까 한다. 물론 이러한 추정은 특정 글자 앞에 몇 글자를 띄어 쓰거나 행을 바꾸어 쓰는 당시의 관행을 무시한 추론이지만, 사실에서 크게 어긋나지 않을 것으로 판단된다.

곽공희설씨묘지를 찬술한 진자앙은 재주(梓州) 사홍현(射洪縣) 사람으로, 자는 백옥(伯玉)이다. 그는 젊어서 임협(任俠)으로 활동하다 나중에 독서에 매진하여 광택 원년(684)에 진사로 급제하였다. 그후 인대정자(麟臺正字)와 우습유(右拾遺)를 역임하고 무유의(武攸宜)를 따라 거란 토벌에 참여하여 군중의 문한을 담당하였다. 성력 원년(698)에 이르러 늙은 아버지를 봉양하고자 퇴직하고 향리에 머물던 중 사홍현령 단간(段簡)의 죄에 연루되어 옥사하였다.

진자앙의 고향인 재주 사홍현은 묘주인 설씨부인의 부군 곽원진(郭元振)이 현위로 재직한 통천현(通川縣)과 가까운 곳이다. 진자앙과 곽원진의 관계는 명확히 알 수 없으나, 진자앙은 곽원진이 통천현위로 재직한 것을 계기로 서로 교유했을 개연성이 높다. 진자앙이 곽원진의 처 설씨부인의 묘지명을 찬술한 것도 두 사람의 그러한 인연 때문이었을 것으로 판단된다. 곽공희설씨묘지는 아직 실물이 확인되지 않았으나, 묘지에서 통천현 혜보사(惠普寺) 남쪽에 장사 지냈다고 하였으므로 묘지가 존재한다면 아마 그 일대에서 발견될 가능성이 높다.

세 번째는 김일성묘지(金日晟墓誌)이다. 김일성묘지는 신라 왕족으로 당나라에 들어가 수십년 그곳에 체류하다 대력 9년(774) 장안에서 죽은 김일성의 행적을 소개하고 찬미한 묘지이다. 이 묘지는 2010년 시안의 대당서시박물관(大唐西市博物館)이 시중에서 매입한 것으로, 시안시 옌타구(雁塔區) 삼효촌(三爻村) 부근에서 출토되었다고 한다. 그러나 구체적인 출토 과정과 매입 경위는 알 수 없다.

묘지는 개석과 지석이 온전하게 갖추어져 있는데, 재질은 모두 청석(靑石)이다. 개석은 윗부분 중간 가장자리와 오른쪽 하단 모서리 부분이 일부 깨진 것을 제외하고는 대체로 양호한 편이다. 모양은 대부분의 당대 묘지와 같은 녹정형으로, 가로 세로가 각각 41cm 두께 7cm 크기의 정방형이다.[27] 윗부분 평면 공간에 3행 3열에 걸쳐 전서로 제액을 새겼고 아래쪽 사방으로 비스듬히 깎아 내린 네 면에는 얕은 선으로 구름무늬를 음각하였다.

지석은 가로 42cm 세로 42.5cm 두께 7cm 크기의 정방형에 가까운 형태로, 모든 글자를 육안으로 읽을 수 있을 정도로 상태가 양호하다. 윗면에는 제명을 시작으로 17행 19열에 걸쳐 해서로 총 304글자의 지문을 새겼고, 사방 옆면에는 아무런 무늬도 새기지 않았다.

이 묘지는 지석에 가로 세로를 일정 간격으로 구분하는 구획선이 없어, 각 행의 글자 수가 일정하지 않다. 뿐만 아니라 글자 크기도 균일하지 않아, 제 13행 6열의 '년(年)'은 그 위와 아래 글자인 '만(萬)'과 '영(令)' 사이에 구분하기 어

27) 胡戟·榮新江,《大唐西市博物館藏墓誌》(中), 北京大學出版社, 2012, 622쪽.

려울 정도로 작게 새겼고, 같은 행 24열과 25열의 '왕(王)'과 '토(土)' 역시 다른 글자에 비해 현저히 작다. 게다가 존경과 경외를 나타내는 글자 앞에 공란을 두는 방식에도 일정한 규칙이 없어, 적게는 한 글자에서 많게는 세 글자까지 공란을 두었다. 심지어 제9행 첫머리의 '천자(天子)' 앞에는 전혀 공란을 두지 않았다. 그리고 지석의 마지막 부분 세 행의 공간에는 글자를 새기지 않고 공백으로 남겨두었다. 이러한 여러 점으로 보아, 이 묘지는 전반적으로 정교하지 못할뿐더러 정성을 들여 제작하지 않은 것으로 보인다.

묘지의 내용은 제명, 생전의 활동, 죽음과 장례, 명문 순으로 구성되었다. 이러한 구성은 당대의 여타 묘지와 크게 다르지 않으나, 다른 묘지에서 거의 빠짐없이 소개하는 묘주의 선조와 가계 그리고 후손에 관한 언급이 없는 점이 특이하다. 그리고 묘지에서 일반적으로 많은 부분을 차지하는 묘주의 활동과 공적에 관한 내용도 매우 소략하다. 또한 이 묘지를 누가 짓고 썼는지에 대한 정보도 기록되어 있지 않다. 이 묘지는 김일성을 장사지낸 774년경에 제작되었는데, 현재 시안시 대당서시박물관 지하 2층 특별전시실에 보관되어 있다.

마지막으로 청하현군김씨묘지(淸河縣君金氏墓誌)를 들 수 있다. 2009년 10월에 한국전통문화대학과 부여군문화재보존센터가 공동으로 "동아시아국제학술포럼, 대백제"라는 학술회의를 개최하였다. 이 심포지엄에서 중국 서안비림박물관 자오리광(趙力光) 관장이 〈서안비림박물관소장 비석 연구 총론(西安碑林博物館藏碑石研究綜述)〉을 발표했는데, 이를 통해 청하현군김씨묘지가 처음으로 공개되었다.

이 묘지는 개석과 지석이 모두 온전하게 보존되어 있다. 개석은 사각추의 아랫부분을 수평으로 절단한 녹정형으로, 가로 세로가 각각 40cm 크기의 정방형이다. 개석은 윗부분을 평평하게 다듬고 중앙에 3행 3열에 걸쳐 전서로 제액을 새겼으며, 제액 주변과 아래쪽으로 비스듬히 깎아내린 사방에는 둥글게 말아 올린 화초넝쿨무늬를 선각하였다.

* 지석, 개석:《大唐西市博物館藏墓誌(中)》(北京大學出版社, 2012) 수록

〈그림 1-1〉김일성묘지

한편 지석은 가로 38.5cm 세로 39cm 크기로,[28] 윗면에 20행 20열에 걸쳐 단정한 해서로 청하현군 김씨부인의 생애와 그의 행적을 소개하고 찬미하였다. 그리고 지석의 사방 측면에는 화초넝쿨무늬를 음각하였다. 지석의 보존 상태는 대체로 양호한 편이다. 비록 네 면의 가장자리 부분이 군데군데 훼손되었으나 대부분 추독이 가능하다. 다만 제6행 2열, 제16행 20열, 제19행 4열의 글자는 알 수 없다. 그리고 제12행 1열과 2열 사이 오른쪽 공간에 작을 글씨로 '월(月)'을 추가로 새겨 넣었다. 또한 묘주에 대한 경외를 표하기 위해 현군(縣君)과 선인(先人) 앞에 일률적으로 한 글자를 띄어 썼고, 명문이 시작되는 부분에서는 행을 바꾸었다. 지문의 전체 글자 수는 354자이다.

이 묘지는 대력 7년(772)에 김씨부인이 죽은 후 임시 매장했다가 건중 원년 (780) 5월에 이장할 때 만든 것으로, 지문은 대리정(大理正)을 역임한 김씨부인의 남편 농서(隴西) 이씨가 찬술하였다. 그런데 앞부분에서 이씨가 묘지의 글을 지었다 하고, 또 마지막 줄에 "건중 원년 5월 18일에 글씨를 쓰다[建中元年五月十八日書]"라 한 점으로 보아, 글쓴이도 남편 이씨였을 것으로 추정할 수 있다. 이 묘지는 서안비림박물관이 시중에서 매입한 것으로, 현재 그곳에 소장되어 있다.

② 비·석각(碑·石刻)

묘지뿐만 아니라 각종 기념비와 석각 자료에도 재당 신라인과 관련한 사실이 기록되어 있다. 우선 들 수 있는 것은 만년궁명비(萬年宮銘碑)이다. 이 자료는 영휘 5년(654) 당 고종이 구성궁(九成宮)에 순유했을 때 직접 비문을 짓고, 동행한 신료 중 3품 이상의 관인과 학사들에게 자신의 관직과 이름을 비석 뒷면에 쓰게 하여 새겨 만든 기념비이다. 현재 산시성 린요우현(麟遊縣) 신청구(新城區)의 수·당대 피서 행궁이었던 구성궁 터에 보존되어 있다.

---

28) 趙力光,〈西安碑林所藏與海東關聯墓誌槪述〉,《碑林集刊》17, 2011, 7쪽.

이 비석은 앞면에 26행, 뒷면에 22행의 비문이 새겨졌다. 그런데 비석 뒷면의 이른바 '비음제명(碑陰題名)'에 장손무기(長孫無忌)부터 상관의(上官儀)까지 총 48명의 이름이 새겨져 있다. 그 중에서 제34번째 인물이 신라인 김인문이다. 일찍이 왕창(王和)이 《금석췌편(金石萃編)》(권50)에서 만년궁명비 뒷면의 제34번째 인물을 설인귀(薛仁貴)로 판독한 이래 유인궤(劉仁軌), 유인원(劉仁願), 김인문 등 다양하게 읽어왔다. 그러나 문제의 인물이 설인귀나 유인궤 혹은 유인원일 수 없는 것은, 비문의 '신(臣)'과 '인(仁)' 아래 글자가 각각 '김(金)'과 '문(問)'자로 판독될 수 있음은 물론, 당시 설인귀 등의 지위가 3품에 이르지 못했기 때문이다.

설인귀의 경우 영휘 5년 고종의 구성군 행차 때 따라간 것은 사실이나, 당시 그의 관직은 정5품상 우령군낭장(右領軍郎將)에 불과했으며,[29] 유인궤는 영휘·현경 연간에 정5품상 급사중(給事中)이었고,[30] 유인원은 현경 원년(656)에야 겨우 정5품상 좌효위낭장(左驍衛郎將)이었다.[31] 반면 김인문은 영휘 2년(651)에 이미 고종으로부터 종3품 좌령군위장군(左領軍衛將軍)의 관직을 받았다. 따라서 만년궁명비는 김인문의 재당 행적을 보여주는 자료일 뿐 아니라 현존하는 그의 유일한 친필 서적(書跡)이라 할 수 있다.

다음은 사찰 기념비로서 해주대운사선원비(海州大雲寺禪院碑), 혜의정사사증당비(慧義精舍四證堂碑), 무염선원비(無染禪院碑)를 들 수 있다. 해주대운사선원비는 이옹(李邕)이 해주자사로 있던 개원 11년(723) 경에 세운 비석으로, 송나라 때까지 존재한듯하나 현재는 망실되고 없다. 다행히 이옹의 글을 모은 《이북해집(李北海集)》(권4)과 《전당문》(권264) 등에 비문이 실려 전한다. 이 비문에 의하면, 해주 대운사는 무덕 8년(625)에 소의(蕭顗)가 세운 확사선방(確師禪房)이었던 것을 선천(712~713) 연간에 혜장선사(惠藏禪師)가 중창해 사세를 확장하였

29) 《구당서》 권83, 설인귀전;《당회요》 권27, 行幸.
30) 《구당서》 권84, 유인궤전;《신당서》 권108, 유인궤전.
31) "顯慶元年 遷左驍衛郎將"(〈唐劉仁願紀功碑銘〉).

고, 개원 11년경 당시에 신라 통선사(通禪師)가 이 절을 맡아 관리한다고 했다.

신라 통선사가 어떤 인물인지 구체적으로 알 수 없다. 그러나 혜장선사가 홍인선사(弘忍禪師)의 제자인 점으로 보아 통선사는 홍인의 재전제자(再傳弟子)로서 이른 시기에 북종선을 공부한 신라 승려이고, 북종선을 적극 지지했던 해주자사 이옹과도 긴밀하게 교류하던 고승이었을 것으로 추정할 수 있다.[32] 또한 그가 당시 해주의 중심 사찰이었던 대운사의 주지를 맡았던 점에서, 통선사는 당에 장기체류하던 신라 구법승이었음이 틀림없다.

다음의 혜의정사사증당비는 대중 7년(853)에 동천절도사 유중영(柳仲郢)이 재주(梓州), 곧 지금의 쓰촨성 산타이현(三台縣)에 있는 혜의정사 남선원에 사증당을 건립하고, 무상(無相), 무주(無住), 도일(道一), 지장(知藏)의 진영을 그려 네 벽에 모신 것을 기념해 세운 비석이다. 비문은 당시 동천절도사 막부 서기관이었던 이상은(李商隱)이 지었는데, 거기에는 사증당의 건립과 무상 등 네 승려의 활동을 서술하였다. 혜의정사와 사증당은 물론 사증당비도 일찍이 없어졌다. 그러나 사증당비문은 《전당문》(권780)에 실려 전한다.

혜의정사사증당비에는 신라 승려 무상선사의 행적이 상세히 기록되었다. 무상선사의 활동과 업적에 관해서는 많은 연구가 있으므로 여기서 굳이 언급할 필요가 없다.[33] 다만 당시 사천지역의 중심사찰이었던 혜의정사 남선원에 무상을 비롯한 4명의 선승을 기리는 사증당이 세워졌고, 특히 이들 선승 가운데 신라승 무상이 첫 번째로 거론되었다는 점에서 당대 사천 불교계에서 무상선사의 비중을 잘 보여준다. 어쨌든 이 비문은 무상선사와 중국 선종사 연구에 귀중한 자료가 된다.

---

32) 榮新江, 〈唐與新羅文化交往史證-以海州大雲寺禪院碑爲中心〉, 《韓國研究》 3, 杭州大學韓國文化研究所, 1996, 14~34쪽.

33) 冉雲華, 〈東海大師無相傳研究〉, 《敦煌學》 4, 1979, 47~60쪽; 鄭性本, 〈淨衆無相禪師研究〉, 《新羅禪宗의 研究》, 민족사, 1995, 79~139쪽.

무염선원비는 광화 4년(901)에 당시 산동과 절강지역의 여러 관리들이 후원하고, 송장(宋璋), 김청(金淸), 해통(解通) 등 120여 명이 토지와 재물을 희사하여 지금의 산둥성 원덩시(文登市)와 옌타이시(烟台市) 무핑구(牟平區) 경계에 위치한 곤유산(崑崙山) 남쪽 기슭에 무염선원을 창건하고 세운 기념비이다. 이 비석은《모평현지(牟平縣誌)》가 편찬된 1937년까지 현지에 존재한 것으로 보인다. 그러나 1940년대 중국의 항일전쟁과 1960년대 초 중·소분쟁에 대비하여 무염원 자리에 군영을 건설하는 과정에 절의 건물들이 모두 철거되었는데, 무염선원비 역시 이때 망실되었을 것으로 추정된다.[34]

　　다행히 이 비문은《등주부지》와《모평현지》에 전재되어 있을 뿐 아니라, 최근 중국 국가도서관에 소장된 무염선원비의 탁본이 발견됨으로써 비문 내용을 더욱 분명하게 파악할 수 있게 되었다.[35] 이 비석은 전면과 후면에 글씨를 새긴 양면비인데, 전면은 19행으로 사찰의 창건내력을 서술하였고 후면에는 18행에 걸쳐 시주자 명단을 기록하였다. 그 중에서 주목되는 것은 전면의 "계림김청압아(鷄林金淸押衙)"와 후면의 "신라국압아김청(新羅國押衙金淸)"이다. 비문에 따르면, 계림인 곧 신라 사람 김청 압아가 동쪽 해 뜨는 곳[搏桑]의[36] 집을 이별하고 제나라 땅[靑社]에 와서 은수(鄞水) 지역을 돌아다니며 재산을 모았는데, 불교에 마음이 향하여 돈[靑鳧]을 희사하여 뛰어난 장인[郢匠]을 골라 흰 돌을 쪼아 불탑을 세웠다고 한다. 이는 비록 단편적인 기록에 지나지 않으나 9, 10세기 재당 신라인들의 동향을 알려주는 소중한 자료라 할 수 있다.

34) 권덕영, 〈중국 산동성 無染院(址)에 관한 몇가지 문제〉,《신라문화》28, 2006, 146쪽; 朴現圭, 〈산동 무염원과 신라 자료 검토〉,《신라사학보》11, 2007, 213~219쪽.

35) 朴現圭, 〈원탁본 唐无染禪院碑 고찰〉,《신라사학보》12, 2008, 327~338쪽.

36) 搏桑은 扶桑과 같은 말로, 동쪽 해 뜨는 곳 곧 신라 혹은 일본 등을 의미한다. 여기서는 문맥으로 보아 신라를 뜻한다. 그런데 山崎覺士는 〈唐末五代における杭州と兩淅地方〉(《中國史研究》40, 2006, 147쪽)에서 搏桑을 일본으로 이해하여 "신라 출신의 金淸이라는 남자가 日本에 집을 가지고" 운운하였다. 그러나 전후문맥상 이러한 해석은 잘못이다.

당대 승려들의 탑비 중에도 재당 신라인 관련 기록이 있다. 우선 들 수 있는 것은 혜각선사비(惠覺禪師碑)이다. 이 비석은 근년 중국 허베이성 사허시(沙河市) 류스강향(劉石崗鄉)의 칠천사지(漆泉寺址)에서 비편 형태로 발견되었다. 비면의 훼손이 심해 글자 판독에 많은 어려움이 있으나, 판독 가능한 글자를 중심으로 내용을 살펴보면, 김씨 출신의 신라 승려 혜각(惠覺)이 당에 유학하여 형주(邢州) 개원사와 낙양 하택사(荷澤寺) 등지를 다니며 불법을 구했다고 한다. 이 비석은 현재 칠천사지 부근의 사장촌(寺庄村) 주민 첸성진(陳生金)의 집에 보관되어 있다.[37]

다음의 좌계대사비(左谿(溪)大師碑)는 지금의 저장성 푸장현(浦江縣) 깊은 산 속에 기거하며 천태의 법맥을 이어받은 좌계대사 현랑(玄朗)이 천보 13년(754)에 죽은 후 태화 9년(835)에 그의 행적을 찬양하기 위해 건립한 탑비이다. 현재 이 비석의 존재 여부는 알 수 없으나, 검교이부원외랑 이화(李華)가 지은 비문이 《이하숙문집(李遐叔文集)》(권2), 《전당문》(권320), 《당문수(唐文粹)》(권61)에 수록되어 있다.

이 비문에 의하면, 좌계대사에게는 형주 구암사(九嵓寺) 도빈(道賓)과 월주 법화사(法華寺) 법원(法源) 등의 많은 제자들이 있었다. 그 중에 입실제자로서 신라 승려 법융(法融), 이응(理應), 영순(英純)이 있었는데, 이응은 신라로 돌아가 좌계대사의 묘지(妙旨)를 널리 홍포했다고 한다.[38] 그런데 좌계대사의 제자 법융은 활동시기로 보아, 불국사에서 화엄법회를 주관한 적 있는 신림(神琳)의 제자 법융(法融)과 동일인물일 가능성을 배제할 수 없다. 이런 점에서 좌계대사비는 신라 불교사 연구에 기여할만한 자료라 하겠다.

<hr>

37) 樓正豪, 〈새로 발견된 신라 입당 구법승 惠覺禪師의 碑銘〉, 고려대학교 석사학위논문, 2010; 《史叢》 73, 2011, 1~5쪽.

38) 송나라 晁說之가 지은 〈仁王護國般若經疏序〉에 의하면, 형계대사에서 九傳하여 신라 법융에 이르러 이응에게 전하고 또 이응은 瑛純에게 법을 전했다고 하여 〈좌계대사비문〉과 약간의 차이를 보인다.

보리사치립기비(菩提寺置立記碑)와 아육왕사보탑비(阿育王寺寶塔碑)에도 신라 승려가 등장한다. 보리사치립기비는 촉성(蜀城) 남쪽의 보리사 창건 과정을 기술한 사적비로, 신라의 무상대사가 보리사 창건을 도왔고 후에 그의 제자 혜오선사(惠悟禪師)가 이 절에 주석했다고 한다. 그리고 아육왕사보탑비에는 신라 승려가 아육왕사에 모셔진 사리를 훔쳐가려 했으나 사리가 움직이지 않아 실패한 내용을 담고 있다. 이 자료들은 모두 실물이 남아있지 않고 문헌으로만 전해온다.

이외 승려 탑비로는 신방법사탑비(神昉法師塔碑)와 동해대사탑비(東海大師塔碑)가 있다. 송나라 진사(陳思)가 편찬한 《보각총편(寶刻叢編)》(권7)에, 증성 원년(695) 5월에 당의 무삼사(武三思)가 찬술한 당자은사신방법사탑명(唐慈恩寺神昉法師塔銘)이 《금석록》에 전한다고 하였다.[39] 여기서의 자은사신방(慈恩寺神昉)은 일찍이 당에 들어가 현장(玄奘) 문하에서 각종 역경사업에 참여한 신라승 신방(神昉)임이 분명하다. 따라서 무삼사가 지었다는 이 탑비는 신방의 행적과 업적을 수록한 것일 터인데, 탑비는 물론 비문도 전하지 않는다. 그리고 《송고승전》(권19) 무상전에 의하면, 동해대사탑비는 무상대사의 사리탑인 동해대사탑(東海大師塔)을 건립한 후에 세운 탑비로, 비문은 건원 3년(760)에 자주자사(資州刺史) 한굉(韓汯)이 찬술했다고 한다.[40] 그러나 탑비와 비문은 전하지 않는다.

신라 구법승과 관련하여 이훈부인왕씨묘지(李訓夫人王氏墓誌)도 주목할 필요가 있다. 이 묘지는 2000년 산시성 메이현(眉縣) 창싱진(常興鎭)의 당나라 고분에서 출토되었다. 묘지석은 가로 세로가 각각 42㎝ 크기의 정방형으로, 26행 25열에 걸쳐 이훈(李訓)의 처 왕씨부인의 행적을 기록하였다.[41] 그런데 묘지문

---

39) "唐慈恩寺神昉法師塔銘 唐武三思撰 正書無姓名 證聖元年五月 金石錄"《寶刻叢編》권7, 陝西永興軍路 (1) 京兆府(上) 長安縣).

40) 《송고승전》권19, 唐成都靜衆寺無相傳. 한편 《송고승전》에 의하면 무상은 756년 5월 19일에 입적했다고 한다. 그러나 《歷代法寶記》에는 무상의 입적연대를 762년이라 하여 차이를 보인다.

41) 趙力光, 《西安碑林博物館新藏墓誌彙編》(中), 線裝書局, 2007, 491쪽; 劉蓮芳, 〈唐李訓夫人王氏墓誌考

에 의하면 왕씨부인은 대운사에 주석하던 신라 화상의 상족(上足)이 되어 그를 극진히 모셨다고 한다. 이 묘지는 현재 서안비림박물관에 소장되어 있다.

다음의 재당 신라인 관련 석각자료로는 용문석굴의 신라상감명(新羅像龕銘)과 종남산의 김가기전마애석각(金可記傳磨崖石刻)이 있다. 중국 허난성 뤄양시 서남쪽 용문산 기슭에 2,345개의 석감이 조성되어 있다. 그 가운데 제484호 석굴 상단에 "신라상감(新羅像龕)"이라는 명문이 새겨져 있다. 석굴의 크기와 내부 구조로 보아, 석굴은 7세기 후반에서 8세기 초에 조성되었고 또 세 벽면에 각각 한 구씩의 불상 혹은 보살상을 안치한 것으로 추정된다.[42] 신라상감을 조성하고 불상을 안치한 사람이 구체적으로 누군지 알 수 없으나, 감실 명문으로 보아 신라인이었음이 분명하다. 그렇다면 이 자료는 당에 체류하던 신라인의 신앙생활의 일면을 보여준다고 하겠다.

김가기전마애석각은 원래 산시성 시안시 남쪽의 종남산 자오곡(子午谷) 화강암 석벽에 새겨져 있었으나, 현재는 시안시 장안박물관으로 옮겨 보관하고 있다. 이 석각의 제작시기에 관하여 당말 오대, 북송 초, 남송 이전 등의 여러 견해가 있다.[43] 여기서는 우리 학계의 견해를 받아들여 당말 오대에 새긴 것으로 간주한다.

이 석각은 전체 11행으로 각 행은 19자 혹은 20자로 구성되었다. 각각의 글자는 가로 세로가 약 8cm 크기이고 해서체로 씌어졌다. 각석 후 오랫동안 풍우에 노출된 탓에 각석의 위쪽 부분이 마멸되어 상당수의 글씨를 판독할 수

釋〉,《碑林集刊》10, 2004, 124~125쪽; 拜根興, 〈唐李訓夫人王氏墓誌的新考察〉,《한국고대사연구의 현단계》, 주류성, 2009, 691~699쪽.

42) 裵珍達, 〈龍門石窟 新羅像龕 試論〉,《碩晤尹容鎭教授停年退任紀念論叢》, 1999, 847~851쪽.

43) 김가기전 석각의 작성 시기를 卞麟錫과 閔庚三은 당말 오대, 周偉洲는 북송 초, 金憲鏞과 李健超은 남송 이전이라 하였다. 卞麟錫,《唐 長安의 新羅史蹟》, 아세아문화사, 2000, 301~310쪽; 閔庚三, 〈중국 西安 발견 新羅人 金可記史蹟碑 연구〉,《中國語文論叢》21, 2001, 366쪽; 周偉洲, 〈長安子午谷金可記磨崖碑研究〉,《中華文史論叢》81, 2006, 291~297쪽; 金憲鏞·李健超, 〈陝西新發現的高句麗人, 新羅人遺迹〉,《考古與文物》1996-6, 67~69쪽.

없다. 그러나 남아있는 부분을 살펴보면, 이 각석은 도교에 심취해 종남산에 은거생활을 한 김가기의 생애가 간결하게 묘사된 것임을 알 수 있다. 비록 각석의 내용이 《속선전(續仙傳)》과 《태평광기(太平廣記)》 등에 수록된 김가기전과 대부분 겹치나, 김가기전석각은 당말 오대 중국인들의 김가기에 대한 인식과 한중 도교사상을 이해하는데 좋은 자료가 된다.

이외에 근년 중국 산시성 리취안현(禮泉縣)에서 신라 진덕왕에 관한 명문이 발견되었다. 당 태종이 안장된 소릉(昭陵) 북쪽 사마문(司馬門) 안에 세운 이른바 14국번군장(十四國蕃君長) 석상 가운데 하나인 진덕왕 석상 대좌 명문이 그 것이다. 이것은 섬서성고고연구원이 시행한 2002년과 2003년 두 차례의 소릉 북쪽 사마문 유적 발굴과정에서 출토되었는데, 거기에는 "新羅△△郡△△△德"이 새겨져 있다. 전후 문맥과 번국 석상의 형태로 보아 이는 "신라낙랑군왕 김진덕(新羅樂浪郡王金眞德)"일 것으로 추정된다.[44] 현재 이 석상의 대좌는 섬서 성고고연구원에 소장되어 있고, 머리가 떨어져나간 석상은 소릉박물관 야외에 전시되어 있다.

최근 섬서성고고연구원은 산시성 웨이난시(渭南市) 푸핑현(富平縣)의 당 중종 능인 정릉(定陵) 남문 터 부근 서쪽 건물지에서 2편의 석상 조각을 수습하였다. 그중 몸통 부분에 해당하는 석상 뒷면에 "...衛將...金義讓"이란 글자가 새겨져 있다. 석상 윗부분이 깨어져나가 단정할 수 없으나, 김의양은 사절 혹은 숙위로서 당나라에 들어간 신라인이었을 것으로 보인다.[45] 김의양은 지금까지 전혀 알려지지 않은 인물인데, 이 자료는 현재 섬서성고고연구원에 보관되어 있다.

끝으로 당 현종 때 산시성(山西省) 푸산현(浮山縣) 용각산(龍角山)에 노자 사

---

44) 張建林·史考,〈唐昭陵十四國蕃君長石像及題名石像座疏證〉,《碑林集刊》10, 2004, 82~87쪽; 拜根興, 〈新羅 眞德女王石像 몸통 잔여와 대석 銘文의 발견에 대한 일고찰〉,《신라사학보》7, 2006, 17~38쪽.

45) 田有前,〈唐定陵發現新羅人石像研究〉,《北方文物》2019-1, 69~73쪽; 김영관,〈唐 中宗 定陵의 신라인 석상 소개〉,《신라사학보》46, 2019, 293~303쪽.

당을 고쳐짓고 경당관(慶唐觀)이라 이름한 것을 기념한 경당관기성명비(慶唐觀紀聖銘碑)가 있다. 경당관기성명비는 용각산 경당관 터에 남아 있거니와, 비문은 현종이 직접 지은 것으로 음기에 신라왕 김흥광(金興光) 곧 성덕왕의 이름이 새겨져 있다. 이상에서 언급한 자료를 표로 일괄 정리하면 다음과 같다.

〈표 1-9〉 재당 신라인 관련 당 금석문

자료명	제작시기	자료내용	소재지	기타
郭公姬薛氏墓誌	장수 2년(693)	곽공의 처 신라 설씨부인 생애	미상	陳子昻 撰
金日晟墓誌	대력 9년(774)	신라 왕족 김일성 생애	대당서시박물관	
淸河縣君金氏墓誌	건중 원년(789)	大理正 농서이씨의 처 김씨부인 생애	서안비림박물관	
李璆夫人京兆金氏墓誌	함통 5년(864)	李璆의 처 김씨부인 생애	서안비림박물관	崔希古 撰, 董咸 書
慶唐觀紀聖銘碑	개원 17년(729)	노자 사당 改修 기념비	산시성 푸산현 경당관 터	현종 御製
李訓夫人王氏墓誌	천보 9년(750)	대운사에 신라승 주석	서안비림박물관	
萬年宮銘碑	영휘 5년(654)	당 고종의 만년궁 순유시 김인문 동행	산시성 린요우현 구성궁 터	김인문 친필
海州大雲寺禪院碑	개원 11년(723)	신라 通禪師 해주 대운사 주지	미상	李邕 撰
慧義精舍四證堂碑	대중 7년(853)	四證堂 건립과 無相大師 진영 안치	미상	李商隱 撰
無染禪院碑	광화 4년(901)	신라인 金淸의 무염선원 造塔 시주	미상	중국 국가도서관 탁본 소장
左谿(溪)大師碑	태화 9년(835)	좌계대사 제자 신라승 法融, 理應, 英純	미상	李華 撰
惠覺禪師碑	대력 9년(774)경	신라 구법승 혜각선사 생애와 활동	허베이성 사허시 칠천사지	元誼 撰
菩提寺置立記碑	장경 2년(822)	無相大師와 그의 제자 惠悟禪師 활동	미상	
阿育王寺寶塔碑	미상	신라승의 불사리 절도 행위	미상	
神昉法師塔碑	증성 1년(695)	신라승 神昉의 탑비명	미상	武三思 撰
東海大師塔碑	건원 3년(760)	신라승 無相의 사리탑비명	미상	韓汯 撰
新羅像龕銘	7세기 후반~8세기 초	신라인의 석굴 조성	뤄양 용문석굴	
金可記傳磨崖石刻	당말 오대	김가기의 종남산 은거 생활	장안박물관	
眞德王石像臺座銘	650년대 초	진덕왕 석상 대좌명문	섬서성고고연구원	
金義讓石像銘	7세기 말~8세기 초	김의양 석상 뒷면 명문	섬서성고고연구원	

2 신라 내왕 자료

① 묘지(墓誌)

신라인의 당나라 왕래 못지않게 수많은 당나라 사람들 역시 군사적 혹은 외교적 목적을 띠고 신라를 내왕하였다. 국가 간 왕래가 용이하지 않았던 당시에 신라를 내왕했다는 사실은 잊을 수 없는 경험이었음이 틀림없다. 그래서 그들이 죽은 후 그의 주변 사람들이 묘지나 기념비에 그의 신라 내왕사실을 기록하였음직하다. 실제 중국 각지에서 발견된 당대 묘지에 종종 그러한 사실들이 확인된다.

군사적 목적으로 신라를 내왕한 사실을 언급한 묘지는 양복연묘지(楊福延墓誌)를 비롯한 4점이 확인된다. 양복연묘지는 왕복연이 죽은 다음해인 함형 4년(673)년에 만든 것으로, 묘지석은 현재 허난성 신안현(新安縣) 테먼진(鐵門鎭)의 천당지재에 소장되어 있다. 묘지에 따르면, 그는 672년에 계림도행군장사(鷄林道行軍長史)에 임명되어 신라로 향했으나 도중에 병이 들어 당으로 되돌아왔다고 한다. 비록 양복연이 신라 땅을 밟지 못했으나 문무왕 12년(672)에 군사를 이끌고 평양에 진영을 설치한 고간(高侃)과 이근행(李謹行) 군대의[46] 일원으로 신라 침공전에 참여했으므로 신라 내왕 자료로 간주하였다.

다음의 가은묘지(賈隱墓誌)는 장수 2년(693)에 가은의 부인이 죽은 후 합장했을 때 만든 것으로, 1930년 허난성 멍진현 마촌(馬村)에서 출토되어 현재 낙양박물관에 소장되어 있다. 이 묘지에 의하면, 진한(辰韓)이 당의 명을 거스르고 반기를 들자 가은이 계림도병조(鷄林道兵曹)와 검교자영총관(檢校子營總管)의 직책을 가지고 정벌에 참여했다고 한다. 당나라 금석문에서는 가끔 고구

---

46) 《삼국사기》 권7, 문무왕 12년 7월.

려를 진한이라고도 하였다.[47] 그러나 이 묘지에서는 가은이 계림도병조로서 참전했다고 하였으므로 여기서의 진한은 신라를 가리킨다고 할 수 있다. 다만 그가 구체적으로 언제 신라에 내왕했는지 알 수 없다.

이사정묘지(李思貞墓誌)는 사주자사 이사정이 장안 4년(704)에 63세의 나이로 죽은 이듬해에 만든 묘지이다. 묘지석은 1953년 시안 동쪽의 고루촌(高樓村)에서 개석과 함께 출토되어, 현재 서안비림박물관에 소장되어 있다.[48] 묘지에 따르면, 계림이 소란을 일으키자 당이 군사를 보내 공격했는데 이때 이사정이 참전하여 큰 공을 세워 우응양위연광부우과의(右鷹揚衛延光府右果毅)의 관직을 받았다고 한다. 여기서는 이사정이 구체적으로 언제 신라 공격에 참전했는지 밝히지 않았으나, 나당관계의 전개과정으로 보아 양국간 군사충돌이 빈번했던 670년대 초에 참전했을 가능성이 높다.

곽행절묘지(郭行節墓誌)는 곽행절의 아들 곽사원(郭思元)이 장수 3년(694)에 어머니 유씨를 장사지낼 때 곽행절의 혼백을 불러 함께 무덤을 만들면서 작성한 것으로, 묘지는 현재 낙양박물관에 소장되어 있다. 묘지에 의하면, 곽행절은 계림도판관 겸 지자영총관(知子營總管) 압운사(押運使)가 되어 바다를 건너 신라로 향하던 중 풍랑을 만나 배가 침몰함으로써 익사했다고 한다. 그때가 함형 2년(671)으로, 곽행절의 나이 41세였다.

한편《삼국사기》문무왕 11년(671)조에 "10월 6일 당나라 조운선 70여 척을 공격해 낭장 겸이대후(鉗耳大侯)와 병사 100여 명을 사로잡았는데, 물에 빠져 죽은 사람은 이루 헤아릴 수 없었다"라는 기록이 있다.[49] 그렇다면 곽행절은 671년 당의 신라 침공시 조운선 70여 척을 통솔한 압운사였음을 유추할 수 있다. 그리고 곽행절은 신라의 공격을 받고 '물에 빠져 죽은 사람[其淪沒死者]'

---

47) 권덕영, 〈唐 墓誌의 고대 한반도 삼국 명칭에 대한 검토〉,《한국고대사연구》75, 2014, 119~126쪽.
48) 陳忠凱 等,《西安碑林博物館藏碑刻總目提要》, 線裝書局, 2006, 93쪽.
49)《삼국사기》권7, 문무왕 11년.

가운데 한 사람이었음이 틀림없다.

고구려 멸망 후 백제와 고구려의 옛 땅 영유권을 둘러싸고 무력대결까지 벌였던 신라와 당은 7세기 말에 갈등이 해소되고 8세기의 개시와 더불어 친선관계를 되찾았다. 이후 양국은 나당전쟁 이전처럼 사절을 빈번히 교환하며 그러한 관계를 지속시켜 나갔다. 그 과정에서 많은 당 사절들이 신라를 내왕하였다. 그러한 사실은 당나라 묘지에서도 확인된다.

우선 이정묘지(李禎墓誌)를 들 수 있다. 이 묘지는 2013년 산시성 시안시 남쪽 교외의 양토우진(羊頭鎭) 주택구역에서 당나라 이정과 이녕(李寧) 형제의 무덤을 발굴하는 과정에서 출토되었다. 묘지에 의하면 이정은 무덕 5년(622)에 통직산기시랑의 직함을 가지고 푸른 바다를 건너 신라에 가서 정삭을 반포하고 돌아와 당나라 조정에 봉사하다가 629년에 죽었다고 한다.[50]

다음의 황보봉원묘지(皇甫奉源墓誌)는 산시성 시안의 대당서시박물관이 2009년 시중에서 매입한 것으로,[51] 개석과 지석이 모두 남아있다. 지석은 가로 세로가 각각 43.5㎝ 크기의 정방형으로, 24행 26열에 걸쳐 황보봉원의 생애를 기록하였다. 거기에서 황보봉원이 천보(742~755) 초에 삼통법주(三洞法主) 비희일(秘希一)을 따라 신라에 가서 도교 경전을 전했다고 한다.

마우묘지(馬于墓誌)는 원화 14년(819) 경에 이고(李翱)가 찬술한 것으로,《문원영화》와 《전당문》에 전문이 수록되어 있다. 이 묘지에서는 마우의 이름을 밝히지 않고 단지 '마공(馬公)'이라 하여, 구체적으로 묘주가 누구인지 적시하지 않았다. 그런데 묘지에서 언급한 마공의 이력과 저술을 《신당서》(권58), 《옥해(玉海)》(권58), 《책부원귀》(권556) 등과 대조해보면, 마공은 곧 마우(馬于)라는 사실을 알 수 있다. 이 묘지에서 마우는 해동 곧 신라에 사신으로 내왕했

---

50) 拜根興,《石刻墓誌與唐代東亞交流研究》, 科學出版社, 2015, 197~199쪽; 拜根興·林澤杰, 〈新出隋唐之際 李禎墓誌關聯問題探微〉,《社會科學戰線》2021-12, 86~96쪽.

51) 胡戟·榮新江,《大唐西市博物館藏墓誌》(中), 北京大學出版社, 2012, 636쪽.

다 하였고, 또 그러한 경험을 바탕으로 《신라기행(新羅紀行)》을 지었다고 한다. 그런데 송대 왕백대(王伯大)가 중편한 《별본한문고이외집(別本韓文考異外集)》에 실린 한유의 《순종실록(順宗實錄)》(2)에, 마우는 대사 원계방(元季方)의 부사로서 신라에 파견되었다고 한다.[52]

최정묘지(崔廷墓誌)는 원화(806~820) 초에 최정이 신라왕의 죽음과 신왕의 즉위에 대한 조제책립사(弔祭冊立使)로 신라에 다녀간 사실을 기록한 묘지이다. 장경 4년(824)에 그의 종손(從孫) 최함(崔咸)이 찬술한 이 묘지는 허난성 뤄양시 채촌(寨村)에서 출토되어 현재 천당지재에 소장되어 있다. 묘지명에서 말한 '원화 초'는 《구당서》(권199) 신라전을 비롯한 문헌 자료를 통해 원화 7년(812) 곧 헌덕왕 4년임을 확인할 수 있거니와, 묘지에 의하면 그는 1년 만에 당으로 돌아왔고 또 신라에 다녀온 공으로 태부소경(太府少卿)에 임명되었다고 한다.

최정의 신라 내왕 사실은 그의 부인 묘지인 형양현군정부인묘지(榮陽縣君鄭夫人墓誌)에서도 확인된다. 최정의 외조카 노호(盧壺)가 찬술한 이 묘지에 의하면, 정씨부인이 낙랑국(樂浪國)에 사절로 파견된 부군 최정의 무사귀환을 간절히 기원했다고 한다. 여기서의 낙랑국은 신라를 지칭하고, 최정이 신라에 간 시기는 다른 자료에 보이는 원화 7년일 것이다. 다만 최정 묘지에서는 그가 1년만에 신라를 다녀왔다고 하였으나, 정씨부인 묘지에서는 3년이 걸렸다고 하여 차이가 있다.

동문악묘지(董文萼墓誌)는 1954년 시안시 동쪽의 곽가탄(郭家灘)에서 지석과 개석이 함께 출토되었다. 이 묘지는 국자감 광문관진사(廣文館進士) 습혼(習緷)이 찬술했는데, 현재 서안비림박물관에 소장되어 있다. 묘지에 의하면, 동문악의 장자 동승열(董承悅)이 원화 11년(816) 이전의 어느 시기에 신라와 발해에

---

52) 《別本韓文考異外集》권7, 順宗實錄2 貞元 21년 2월.

각각 사신으로 다녀왔다고 한다. 시기적으로 보아 동승열은 최정과 함께 신라에 내왕했을 가능성이 없지 않다.[53]

주공부인조씨묘지(朱公夫人趙氏墓誌)는 주씨 가문에 시집간 조씨부인의 묘지로, 태자우찬선대부 겸 통사사인 시어사 최악(崔鍔)이 찬술하였다. 이 자료에서 조씨부인의 아들 주조정(朱朝政)과 묘지를 지은 최악이 태화 8년(834) 이전의 멀지 않은 시기에 사절단의 일원으로 신라에 갔다가 3년 만에 돌아온 사실을 언급하였다. 그렇다면 주조정과 최악은 827년에 책봉사로서 신라에 파견된 원적(源寂), 김윤부(金允夫)와 동행했을 가능성이 많다. 이러한 사실은 종전에 전혀 알려지지 않은 새로운 정보이다.

무자화묘지(武自和墓誌)는 장사랑 시통사사인(試通事舍人) 장모(張摸)가 글을 짓고 쓴 것으로, 산시성 시안에서 출토되어 현재 서안박물원에 소장되어 있다. 묘지에 의하면, 무자화는 어린 나이에 내시로 황궁에 들어가 각종 관직을 역임한 후 보력 3년(827) 이전의 멀지 않은 시기에 선위고애등사(宣慰告哀等使)로서 신라를 내왕했다고 한다. 무자화의 신라 내왕 사실은 《책부원귀》(권669) 견책(譴責)과 탐화(貪貨)에 보이거니와, 그 시기는 825년이었을 것으로 추정된다.[54]

왕문간묘지(王文幹墓誌)는 조조(趙造)가 글을 짓고 소목(蕭睦)이 글씨를 써서 만든 것이다. 이 묘지에 의하면, 대대로 내시 집안 출신인 왕문간은 개성 5년(840)에 신라사로 임명되어 신라에 갔다가 임무를 마치고 돌아오는 길에 악천후를 만나 온갖 어려움을 겪은 후 겨우 당에 돌아왔으나 그것으로 병을 얻어 회창 4년(844)에 죽었다고 한다.

묘홍본묘지(苗弘本墓誌)는 묘각(苗恪)이 글을 짓고 묘박(苗博)이 글씨를 쓴 묘

53) 권덕영, 《신라의 바다 황해》, 일조각, 2012, 128쪽.
54) 권덕영, 〈8, 9세기 '君子國'에 온 당나라 사절〉, 《신라문화》 25, 2005, 106쪽.

홍본의 묘지이다. 이 묘지는 1928년 허난성 뤄양시 소량촌(小梁村)에서 지석과 개석이 함께 출토되어, 현재 천당지재에 보관되어 있다. 묘지에 의하면, 묘홍본은 신라왕 책봉사절단의 부사로 임명되어 신라에 갔으나 책봉의식을 치르기 전에 대사가 병에 걸려 죽었으므로 그가 대사를 대신해 임무를 완수한 후 돌아왔다고 한다.

양공부인조씨묘지(楊公夫人曹氏墓誌)는 모벽(毛璧)이 글을 짓고 모지의(毛知儀)가 글씨를 쓴 내시 양공(楊公)의 처 조씨부인의 묘지이다. 이 묘지에서 조씨부인의 둘째 아들 양준회(楊遵誨)가 건부 원년(874)에 '국명(國命)'을 반포하기 위하여 해동에 다녀왔다고 한다. 이때 당에서 사신이 와 신라에 유지(諭旨)를 반포한 사실은 《삼국사기》에 기록되어 있다.[55] 그러나 당시 누가 신라에 왔는지 알 수 없었는데, 이 묘지명을 통해 양준회가 당 사절의 일원으로 신라에 온 사실을 확인할 수 있다.

한편 한유(韓愈)가 찬술한 위단묘지(韋丹墓誌)는 위단이 신라왕 책봉사가 되어 신라로 향하던 중 새로 즉위한 신라왕이 죽었다는 소식을 듣고 운주(鄆州)에서 되돌아왔다는 내용이 소개되어 있다. 비록 위단이 신라 땅을 밟지 못하고 중도에 되돌아갔으나, 신라에 가기로 되어있었으므로 위단을 신라를 내왕한 당인으로 간주하고자 한다. 그리고 허난성 뤄양에서 출토된 왕적묘지(王逖墓誌)에서, 그의 증조 왕유충(王惟忠)이 신라발해제번등사(新羅渤海諸蕃等使)였다고 하여 신라를 다녀간 사실을 언급하였다. 그리고 비록 신라 왕래 기록은 아니나, 백거이가 찬술한 원진묘지(元積墓誌)에는 동이 곧 신라에서 원진의 글을 신속하게 베껴갔다고 하였다.

---

55) 《삼국사기》 권11, 경문왕 14년 4월.

자료명	작성 시기	자료 내용	소재지	기타
楊福延墓誌	함형 4년(673)	672년 鷄林道行軍長史로서 출정, 도중 귀환	천당지재	
賈隱墓誌	장수 2년(693)	674년경 鷄林道兵曹, 檢校子營總管으로 신라 침공	낙양박물관	원래 낙양고대 예술관 소장
李思貞墓誌	신룡 1년(705)	계림 침공에 참전하여 공을 세움.	서안비림박물관	
郭行節墓誌	장수 3년(694)	671년경 鷄林道判官 겸 知子營總管, 押運使로 신라 침공, 익사	낙양박물관	원래 낙양고대 예술관 소장
李禎墓誌	정관 14년(640)	622년 신라에 와서 정삭 선포	서안시문물보호 고고연구원	
皇甫奉源墓誌	대력 12년(777)	천보 초 秘希一을 따라 신라 내왕, 도교 경전 전달	대당서시박물관	
韋丹墓誌	원화 6년(811)	신라 책봉사 파견, 도중 귀환	미상	韓愈 撰
董文萼墓誌	원화 11년(816)	신라와 발해에 사행	서안비림박물관	習絅 撰
馬于墓誌	원화 14년(819)	신라에 사절로 파견, 《新羅紀行》 찬술	미상	李翔 撰
崔廷墓誌	장경 4년(824)	元和 연간 신라 弔祭冊立使, 귀국후 태부소경에 임명	천당지재	崔咸 撰
滎陽縣君鄭氏 夫人墓誌	대중 6년(852)	당 헌종 연간에 崔廷이 신라에 사절로 파견	미상	盧壺 撰
王逑墓誌	태화 4년(830)	王惟忠 新羅渤海諸蕃等使 역임	미상	宋肅 撰
元稹墓誌	태화 6년(832)	시문을 東夷(신라)에서 傳寫	미상	白居易 撰
朱公夫人趙氏墓誌	태화 8년(834)	朱朝政과 崔鍔 신라에 파견, 3년 만에 귀국	미상	崔鍔 撰
武自和墓誌	회창 1년(841)	宣慰告哀等使로 신라에 파견	서안박물원	張摸 撰書
王文幹墓誌	회창 4년(844)	개성 5년 신라사에 임명, 귀국 도중 병을 얻어 사망	미상	趙造 撰, 蕭睦 書
苗弘本墓誌	대중 9년(855)	신라왕 책립부사 파견, 대사의 병사로 대신 임무 수행	천당지재	苗恪 撰, 苗博 書
楊公夫人譙郡曹氏 墓誌	건부 3년(876)	조씨 부인의 차자 楊遵誨가 사절로 신라 내왕	미상	毛璧 撰, 毛知儀 書

② 碑刻

묘지뿐만 아니라 당의 비각 자료에도 신라 관련 사실이 기록되어 있다. 그것은 소재지에 따라 중국과 한국 자료로 크게 나눌 수 있다. 중국에 소재한 금석문으로 우선 들 수 있는 것은 왕방익신도비(王方翼神道碑)이다. 이 비문은 개원 16년(728)에 장열(張說)이 찬술한 것으로,[56] 왕방익이 지절계림도총관(持節鷄林道總管)이 되어 신라를 공격하려다가 그만두었다고 한다. 이러한 사실은 《구당서》(권185, 上)와 《신당서》(권111) 왕방익전을 비롯한 어떠한 문헌에서도 언급되지 않았다. 이런 점에서 이 신도비는 7세기 중엽 나당관계사를 이해하는데 흥미로운 자료라 할 수 있다.

육효빈신도비(陸孝斌神道碑) 역시 장열이 지은 것으로, 육효빈이 함형(670~673) 연간에 신라 침공에 참전한 사실을 기록하였다. 현재 비석의 존재 여부는 알 수 없으나, 장열의 문집인 《장연공집(張燕公集)》과 《문원영화》에 비문이 수록되어 전한다. 그런데 이 비문에서는 육효빈이 '요(遼)' 정벌에 참여했다고 한다. 당대의 '요(遼)'는 고구려를 포함한 한반도 전체를 포괄하는 의미로도 사용되었고,[57] 또 침공시기가 나당전쟁이 치열하던 670년대 초인 점에서 그는 신라군과 전투를 벌였음을 추지할 수 있다.

다음의 위단유애비(韋丹遺愛碑)는 대중 3년(849) 당 선종이 원화 연간에 선정을 베푼 위단의 행적을 기리기 위해 두목(杜牧)에게 명하여 비문을 짓게 하여 세운 것이다. 이 비문은 두목의 글을 모아 편찬한 《번천문집(樊川文集)》과 《전당문》 등에 수록되어 있거니와, 비문 중에 위단이 책봉사로 임명되어 신라로 가던 중 신라왕이 죽었다는 소식을 듣고 되돌아왔다는 내용이 기록되어 있다. 이러한 사실은 앞에서 소개한 위단묘지와 여러 문헌에서도 확인된다.

한편 한국에 남아있는 당나라 비각 자료로는 당평백제국비, 시장군정사초당비(柴將軍精舍草堂碑), 유인원기공비가 있다. 잘 알려져 있듯이 당평백제국비는 충남 부여군 부여읍에 소재한 정림사지 5층 석탑 제1층 비신에 사방으로 돌아가며 총 117행에 걸쳐 소정방의 백제 토벌 과정과 전쟁에 참여한 신라인

---

56) 《金石錄》(권6)에 張說이 개원 16년에 찬술한 '唐王方翼碑'가 있다고 하는데, 唐故夏州都督太原王公神道碑가 바로 그것일 것으로 보인다.
57) 권덕영, 앞의 글, 2014, 119~121쪽.

김인문과 김양도를 비롯한 주요 군장들의 활동을 새긴 것이다. 현경 5년(660) 8월 15일에 새긴 이 비문은 하수량(賀遂亮)이 짓고 권회소(權懷素)가 글씨를 썼다. 그런데 이와 동일한 내용의 명문이 옛 부여군 관아 부지 안에서 발견되어 현재 국립부여박물관에 보관 중인 석조(石槽)에도 새겨져 있다. 그러나 글자가 대부분 마멸되어 읽을 수 있는 글자가 많지 않다.

시장군정사초당비는 당의 가림도행군총관(加林道行軍總管) 시장군이 지금의 경북 김천시 남면 월명리의 미륵암 자리에 정사초당(精舍草堂)을 세우고 복을 빈 사실을 기록한 것으로, 비석은 현재 직지사 성보박물관에 소장되어 있다. 비문 내용으로 보아 이 비석은 용삭(661~663) 연간에 만든 것으로 추정된다.[58] 비문에는 신라 사신이 모종의 명령을 시장군에게 전달했고 또 예맥 곧 고구려가 신라를 잠식하므로 당나라 황제가 시장군 등으로 하여금 고구려를 공격하도록 했다는 사실이 수록되어 있다.

마지막으로 유인원기공비는 유인원이 백제 멸망 후 사비성에 머물며 백제 잔존세력을 토벌한 사적을 중심으로, 그의 생애와 행적을 기록한 공적비이다. 용삭 3년(663) 경에 세워졌을 것으로 추정되는 이 비석은 왼쪽 부분이 크게 파손되었고 또 남아있는 부분도 마멸이 심하여, 총 34행 가운데 22행 이하는 판독이 거의 불가능하다. 판독할 수 있는 앞 부분의 내용에 의하면, 유인원은 일찍이 당 태종의 고구려 침공에 참전하였고, 660년에 소정방과 함께 백제를 평정한 후 당으로 돌아가지 않고 사비성에 남아 도침(道琛)과 귀실복신(鬼室福信) 등의 백제 부흥군을 진무(鎭撫)하였는데, 이때 무열왕이 막내아들 김태(金泰)를 보내 유인원과 함께 사비성을 지켰다고 한다. 이 비석은 원래 부여 부소산성 안에 있었으나 지금은 국립부여박물관으로 옮겨 보존하고 있다.

---

58) 拜根興,〈唐 含資道摠管柴將軍精舍草堂之銘考釋〉,《慶北史學》 23, 2000, 488~489쪽; 閔德植,〈唐 柴將軍 精舍草堂碑에 대한 檢討〉,《百濟文化》 31, 2002, 172~183쪽; 김수진,〈含資道摠管柴將軍精舍草堂之銘에 대한 새로운 이해〉,《대구사학》 140, 2020, 1~32쪽.

이외에 백거이묘비(白居易墓碑)에서는 그의 명성이 계림과 日南 등지까지 전해졌다 하였고, 동광대사의 제자로서 불법에 뛰어난 진견(眞堅)을 기념해서 만든 홍성사진견대덕당명(弘聖寺眞堅大德幢銘)에서는 진견이 저술한 《도의초(道義抄)》가 멀리 신라까지 전해졌음을 언급하였다. 이 당명(幢銘)은 현재 뤄양시 용문석굴연구소에 보관되어 있다. 이처럼 당인들의 묘지와 비각은 신라에 관한 다양하고 새로운 정보를 제공해준다.

〈표1-11〉 당인의 신라 내왕 관련 비각

자료명	작성 시기	자료 내용	소재지	기타
王方翼神道碑	개원 16년(728)	王方翼 신라 정벌에 참여, 도중 취소	미상	張說 撰
陸孝斌神道碑	개원 연간	陸孝斌 함형 연간에 신라 침공	미상	張說 撰
韋丹遺愛碑	대중 3년(849)	韋丹 신라왕 책봉사로 파견, 도중 환국	미상	杜牧 撰
柴將軍精舍草堂碑	661년경	柴장군의 신라 주둔 및 구원, 고구려 공격	직지사 성보박물관	
唐平百濟國碑	현경 5년(660)	소정방 백제 토벌, 김인문과 김양도 참전	부여 정림사지	賀遂亮 撰, 權懷素 書
劉仁願紀功碑	663년경	劉仁願 백제 부흥군 토벌, 무열왕의 아들 金泰 동참	국립부여박물관	
白居易墓碑	대중 3년(849)	백거이 명성 계림까지 전파	미상	李商隱 撰
弘聖寺眞堅大德幢銘	흥원 원년(784)	진견 《道義鈔》 신라에 전파	용문석굴연구소	

앞에서 살펴보았듯이 지금까지 확인된 신라 관련 당 금석문은 모두 46건이다. 그것을 형태에 따라 구분하면 묘지, 기념비, 석각 자료 등으로 나눌 수 있다. 그 중에서 재당 신라인 관련 자료로는 묘지 5건, 비각 자료 15건이 확인된다. 그리고 신라를 내왕한 당 금석문으로는 묘지 18건, 비각 자료 6건, 기타 2건이 있다. 그런데 6건의 비각자료 가운데 3건이 한국에 소재한다는 점이 특이하다. 어쨌든 이들 자료는 재당 신라인의 생활상과 7세기 중엽 나당전쟁의 실상 그리고 당 사절의 신라 내왕 모습을 진솔하게 보여준다.

제4절 뤄전위(羅振玉)의 금석학과 《당대해동번벌지존》

청말 민국 초의 학자 뤄전위는 오늘날 중국인들에게 그다지 환영 받는 인물이 아니다. 뤄전위와 동시대를 살며 유사한 학술분야에 종사했던 왕궈웨이(王國維)와 궈모뤄(郭沫若) 등을 재조명한 평전과 관련 저서들이 중국에서 여럿 출간되었으나, 뤄전위는 상대적으로 그렇지 못하다. 그의 학문업적이 왕궈웨이와 궈모뤄 등에 결코 뒤떨어지지 않는데도 불구하고 중국인들에게 주목받지 못하는 것은 그가 만년에 만주국 정부에 적극 참여한 학문 외적 이력 때문이었다.

반면 한국학계에서의 뤄전위는 전혀 거부감이 없는 친숙한 이름이다. 그의 만주국 정치이력이 우리와 상관도 없거니와, 한국인의 눈에 비친 뤄전위는 수많은 자료를 수집, 정리, 교감, 연구한 금석학자이고 교감학자이며 갑골학자이고 돈황학자일 뿐이었다. 그 중에서도 한국학계가 특별히 주목한 것은 금석학자로서의 뤄전위이다.

뤄전위는 각종 금석문 자료를 광범위하게 수집하였다. 그가 수집, 정리한 금석문은 주대(周代)의 청동기 명문부터 명·청대의 각종 석각자료에 이르기까지 다종다양하였다. 특히 뤄전위는 한국 금석문에도 관심이 많아, 당시 조선의 지인과 일본학자들을 통해 약 100점에 가까운 한국 금석문을 수집하였다.[1] 그는 이러한 자료를 토대로 《해동금석원보유》와 《해동금석원부록》을 편찬했거니와, 만년에 재당 고구려와 백제 유민 묘지를 집성, 고증하여 《당대해

---

1) 廣開土王陵碑, 眞興王巡狩碑, 唐平百濟國碑, 鍪藏寺碑, 朗慧和尙塔碑, 弘覺禪師塔碑 등의 고대 비각과 許珙墓誌, 尹彦頤墓誌, 朴景仁墓誌, 朴仁碩墓誌 등의 고려시대 묘지, 成先生墓碣銘, 崇仁殿碑, 興天寺新鑄鐘銘 등의 조선시대 여러 금석문이 그것이다. 王煥鎮, 〈羅振玉碑刻研究述評〉, 河北大學 碩士學位論文, 2015〈附錄〉참조.

동번벌지존(唐代海東藩閥誌存)》을 저술하였다.

일찍부터 한국고대사학계의 주목을 끌었던 《당대해동번벌지존》은 중국 금석문으로 한국고대사 읽기를 처음으로 시도한 저술이다. 그럼에도 종래 이 책의 편찬 과정과 내용 그리고 학술사적 가치 등을 세밀하게 따져보지 않았다. 이 절에서는 뤄전위의 생애 속에서 큰 비중을 차지하는 금석학 연구를 개관하고, 그의 금석학 테두리 내에서 《당대해동번벌지존》의 편찬과 자료적 가치, 그리고 이 저술의 기초자료가 되었던 이른바 '해동번벌지'의 행방을 추적하고자 한다.

1. 뤄전위의 금석학 연구

1) 뤄전위의 생애

뤄전위는 청나라 동치 5년(1866)에 지금의 장쑤성 화이안시(淮安市)에서 태어났다. 자는 숙언(叔言)이고 호는 설당(雪堂) 혹은 정송노인(貞松老人)으로, 젊어서 몇 차례 향시에 응시했으나 번번이 낙방하였다. 이에 뤄전위는 과거에 대한 미련을 버리고, 금석학을 비롯한 역사와 고전 등의 국학에 관심을 갖고 연구하기 시작하였다.

뤄전위가 화이안(淮安)에 머물던 1894년에 청일전쟁이 일어났다. 이 전쟁에서 청나라가 참패하자 뤄전위는 내심 큰 충격을 받았다. 그는 패전의 근본 원인이 실용을 도외시한 경사(經史) 중심의 이학(理學)에 치중한 중국의 학풍 때문이라 판단하고, 서양의 실용학문 특히 농학과 수리학(水理學) 등을 진작시켜 국력을 증강해야만 나라를 보전할 수 있다고 생각하였다. 이에 1896년 장백부(蔣伯斧)와 함께 상하이에 농학사(農學社)와 농학관(農學館)을 설립하고 《농학보(農學報)》를 창간하여 일본과 서양의 농업서적을 구입해 번역, 소개하였다. 그러나 당시 중국에는 서양서적은 고사하고 일본서적을 번역할 정도로 일본어에 능통한 인물이 많지 않았다. 뤄전위는 일본어 교육의 필요성을 절감하고 1898년에 동문학사(東文學社)를 세워 농업서적을 비롯한 일본의 과학기술 서적을 번역할 수 있는 전문 인력을 양성하였는데, 널리 알려진 판샤오촨(樊少泉)과 왕궈웨이 등이 동문학사 출신이다.《농학보》발간과 동문학사 운영이 계기가 되어 그는 1900년에 호광총독(湖廣總督) 장즈퉁(張之洞)의 초빙으로 호북농무국총리(湖北農務局總理) 겸 농무학당(農務學堂) 교장을 맡았고, 이듬해 일본을 방문하여 그곳의 교육현황을 살펴보았다.

뤄전위는 일본 시찰 과정에서 일본의 선진 학술사조와 교육행정을 실견하였고, 재일 중국 유학생들이 동맹회(同盟會)를 비롯한 각종 단체를 조직하여 혁명을 주창하는 모습들을 목도하였다. 게다가 중국의 개혁을 부르짖는 유학생들은 중국의 고유한 전통과 사상을 버리고 오로지 서양의 과학문명에 기대어 중국을 개혁하려는 생각을 가지고 있다는 사실도 알게 되었다. 귀국 후 그는 중국의 고유문화를 발양할 수 있는 교육을 건의했으나, 청나라 정부는 이미 무기력해 그러한 건의를 수용하고 실행할 능력이 없었다. 이에 뤄전위는 자신이 직접 국학 보전과 발양을 위해 전적과 유물을 적극적으로 수집, 정리, 연구하기로 마음먹었다.

일본에서 돌아온 후 종전의 직책을 사임하고 광둥(廣東)으로 내려가 남양공학(南洋公學) 교장을 맡았고, 1903년 양광총독(兩廣總督) 천춘쉬안(岑春煊)의 교육고문으로 초빙되었으며, 1904년 쑤저우(蘇州)에 소주사범학당(蘇州師範學堂)을 세우고 초대 교장을 역임하였다. 그리고 1906년에 장즈퉁의 추천으로 북경 청나라 정부에 들어가 학부(學部) 참사관과 이어서 경사대학당(京師大學堂) 농과(農科) 학장을 맡았다.

뤄전위는 청나라 정부에 봉직하는 동안 신교육제도 도입 와중에 제기된 국자감 폐지론을 적극 반대해 무산시켰고, 폐기처분하려는 내각문고(內閣大庫)에 소장된 명·청시대의 귀중한 문서와 전적들을 학부로 옮겨 보전하였다.[2] 뿐만 아니라 해외로 유출될 위기에 처한 돈황문서 약 8,000축(軸)을 북경으로 옮겨오는데 앞장섰고, 당시 학계에서 거의 관심을 갖지 않았던 은나라 갑골 2만여 점을 수집, 정리하여 갑골학의 기반을 마련하였다.[3]

1911년에 신해혁명이 일어났다. 신해혁명 발발 당시 뤄전위는 베이징에서 청나라 경사대학당 농과 학장을 맡고 있었다. 청나라 조정은 북양군벌의 실질적인 지도자였던 위안스카이(袁世凱)를 기용하여 혁명군을 진압하려 했으나, 위안스카이는 혁명군과 전투를 적극적으로 벌이지 않고 영국의 중재로 화평을 추진하며 지지부진하였다. 뤄전위는 혁명군의 위험이 점점 닥쳐오는 것을 직감하고 있을 때, 일본 본원사(本願寺) 법주 오타니 고즈이(大谷光瑞)와 교토제국대학 교수 나이토 토라지로(內藤虎次郎) 등이 일본에 와서 머물 것을 적극적으로 권유하였다. 망설이던 뤄전위는 그해 10월 왕궈웨이와 함께 가족을 데리고 일본으로 건너가 교토에 거처를 마련하였다. 교토에 가족을 옮긴 후 순국으로 나라에 보답하겠다는 생각으로 다시 베이징에 돌아갔으나, 당시로서는 마땅히 할 수 있는 일이 없었다. 하는 수 없이 그는 다시 일본으로 건너가, 이후 약 8년간 일본에 머물렀다.

뤄전위는 1915년에 일시 귀국하여 허난성 안양(安養)과 뤄양(洛陽) 일대의 유적을 둘러보았고[4] 1918년에는 화북지방의 수재민을 진휼하는 등 몇 차례

---

2) 학부로 옮긴 內閣大庫의 문서와 전적들은 신해혁명 후 청나라 왕조가 무너지고 관리가 소홀해져 민간으로 대량 유출되고 흩어졌다. 이에 뤄전위는 사재를 털어 유출된 자료 대부분을 사들여 자신이 소장하다가 天津과 旅順에 우거할 때 그것들을 정리, 고증, 출간하였고, 만주국 건국 후에 그 자료의 대부분을 국립도서관에 기증하였다.

3) 중국 근대의 저명한 문자학자 唐蘭은 《天壤閣甲骨文存》自序에서 "卜辭硏究 自雪堂導夫先路"라 하여 雪堂 뤄전위가 갑골학을 개척했다 하였고, 陳邦直은 《羅振玉傳》에서 뤄전위가 일본에 망명생활을 할 때 왕궈웨이와 함께 甲骨學 연구에 매진하여 갑골학의 기초를 마련했다고 하였다.

4) 뤄전위의 〈五十日夢痕錄〉(《羅振玉自述》, 安徽文藝出版社, 2013, 93~122쪽)은 이때의 여행과정을 일기

중국을 왕래했으나, 망명기간 대부분을 교토에서 보냈다. 일본에 머무는 동안 그는 교토 정토사정(淨土寺町)에 새로운 집을 마련하고 곁에 대운서고(大雲書庫)를 지어 교토제국대학에 임시로 맡겨두었던 자신의 장서를 이곳으로 옮겨왔다. 그후 세상과 담을 쌓다시피 하고 연구와 저술에 몰두하였다. 청나라 선통(1909~1911) 초년부터 발간하기 시작하여 신해혁명으로 중단된 국학진흥 잡지 《국학총간》을 속간하고, 《은허서계(殷墟書契)》, 《은허서계고석(殷墟書契考釋)》, 《유사추간고석(流沙墜簡考釋)》, 《명기도록(明器圖錄)》, 《망락총묘유문(芒洛冢墓遺文)》, 《양양총묘유문(襄陽冢墓遺文)》, 《해외정민록(海外貞珉錄)》, 《일본고사본실담자기(日本古寫本悉曇子記)》, 《북송본천축자원(北宋本天竺字源)》, 《육조묘지정영(六朝墓誌精英)》을 비롯한 수많은 책을 저술하였다.[5]

1916년 6월 신해혁명 후 정국을 이끌던 위안스카이가 병으로 죽자 군벌들이 할거하였다. 이에 청나라 조정의 유신(遺臣) 커펑쑨(柯鳳蓀)이 뤄전위에게 서신을 보내 귀국할 것을 종용하였고, 이어서 일본 각지에 전염병이 창궐하자 마침내 귀국을 결심하고 1919년 3월 일본을 떠나 중국으로 돌아갔다. 신해혁명이 일어났을 때 청나라 조정의 많은 유신들은 신정부에 참여하지 않고 일본으로 망명하거나 혹은 톈진(天津)과 상하이 등지의 외국 조계지로 옮겨가 청나라 재건, 곧 복벽운동(復辟運動)을 도모하였다. 그들은 후에 만주국 건국과 운영에 대거 참여했거니와, 뤄전위도 그러한 부류 가운데 한 사람이었다.

상하이를 거쳐 톈진에 안착한 뤄전위는 곧장 청의 옹정제를 비롯한 네 임금의 능침인 서릉(西陵)을 참배하고 청나라 조정에 대한 자신의 의지를 가다

형식으로 정리한 것이다.
5) 1919년 뤄전위가 일본을 떠날 때, 후에 내각 총리대신을 역임한 일본의 정치가 이누카이 쓰요시(犬養毅)가 "그대가 우리나라에 머물던 약 10년 동안 평소에 학술만 강구하고 정치에는 관여하지 않았다[君居我國將近十年 平日但講學術 不及政治]"라 했다든지, 일본 망명기간 동안 그의 연보 대부분이 저술 목록으로 채워졌다는 것은 그가 일본에서 학문에 전념했음을 알 수 있다.

듬었다.[6] 그리고 백성들의 피폐한 생활을 목도하고 자신이 소장하고 있던 유물 수백 점을 팔고 또 별도로 기금을 모아 경기생계유지회(京旗生計維持會)를 결성하여 박애공창(博愛工廠)을 비롯한 여러 공장을 짓고 동화은행(東華銀行)을 설립해 10여년간 빈민 구휼과 실업자 구제활동을 전개하였다. 그런 와중에서도 그는 전적 수집과 정리, 고증, 연구, 편찬을 꾸준히 진행하여 《해외길금록(海外吉金錄)》, 《송원석장고본(宋元釋藏考本)》, 《도덕경고이(道德經考異)》, 《호리유문목록(蒿里遺文目錄)》 등을 찬술하였다.

뤄전위는 일본에서 돌아온 이후 매년 정월에 선통제 푸이(溥儀)를 찾아가 생일을 경하하고 청나라 유신으로서의 예를 다하였다. 그러던 중 1924년에 서북군벌 펑위샹(馮玉祥)이 북경경비사령관 쑨웨(孫岳)와 결탁하여 북경으로 진입해 이른바 북경정변(北京政變)을 일으켜 총통 차오쿤(曹錕)을 물러나게 하고 청나라 폐제 푸이를 출궁시켰다. 뤄전위는 청황실선후위원회(淸皇室善後委員會) 위원 자격으로 푸이의 출궁을 막고 안전을 보장받기 위해 백방으로 노력하였으나 무위로 끝나자, 하는 수 없이 다음해 2월 일본공사관의 도움을 받아 첸바오첸(陳寶琛)과 함께 몰래 푸이를 데리고 톈진으로 거처를 옮겼다. 이후 뤄전위는 약 4년 동안 성윈(升允), 톄량(鐵良), 위안다화(袁大化) 등과 함께 폐제의 고문으로서 곁을 지켰다.

톈진에 머물며 폐제를 도와 청나라 개건을 자신의 직무로 여기던 나진옥은 1928년 고문 직책을 사임하고 뤼순(旅順)으로 이사하였다. 뤼순은 러일전쟁 이후 일본의 지배하에 있었다. 뤄전위는 일본 관동군의 도움으로 지금의 다롄시 뤼순구(旅順區)의 장군산 기슭 부상정(扶桑町)에 사택과 대운서고를 짓고 그동안 다소 소홀했던 연구에 전념하는 한편, 청나라 재건에도 마음을

6) 陳邦直의 《羅振玉傳》(滿日文化協會, 1943, 112쪽) 부록에 실린 뤄전위 年譜에 의하면, 西陵을 참배한 그해 명나라 말기 왕조에 대한 충절을 품고 군사를 일으켜 죽음 앞에서도 뜻을 굽히지 않은 萬年少를 기리기 위해 《萬年少年譜》 1권을 찬술해 자신의 뜻을 담았다고 한다.

기울여 만주의 유지들뿐만 아니라 일본 관동군 지휘부와도 교류하였다. 그러던 중 1931년 9월 18일 유조호사건(柳條湖事件)이 일어났다. 이 사건을 계기로 만주사변이 발발하고 곧이어 만주국이 건국되었거니와, 뤄전위는 고령에도 불구하고 펑톈(奉天), 지린(吉林), 톈진을 여러 차례 왕래하며 건국사업에 진력하였다. 1932년 3월 1일 신징(新京) 곧 지금의 지린성 창춘(長春)에서 푸이를 집정(執政)으로 한 만주국이

〈그림1-2〉 뤄전위 초상

정식으로 출범하자, 뤄전위는 집정 취임 전례(典禮)에 참석하여 푸이를 대신해 외빈들에게 답사를 하였고 참의부 참의에 임명되었다. 그러나 곧이어 뤄전위는 참의를 사임하고 자문직에 머물다 얼마 후 임시진무독판(臨時賑務督辦)에 임명되었고, 이듬해 6월 감찰원 원장에 취임하였다.

그즈음 뤄전위는 일본의 나이토 토라지로, 미즈노 바이교우(水野梅曉) 등과 함께 만일문화협회(滿日文化協會)를 조직하여 상임이사와 회장을 연이어 맡아, 청나라 역조황제실록과 역대각사자수미술품(歷代刻絲刺繡美術品)을 영인해 간행하였다. 그리고 1934년 만주국이 집정제에서 제제(帝制)로 바뀌어 푸이가 황제로 등극할 때 뤄전위는 대전주비위원회(大典籌備委員會) 위원으로 추대되었고, 그 공로로 훈1위와 경운장(景雲章)을 받았다. 만주국 감찰원장과 만일문화협회 이사 및 회장으로 바쁜 나날을 보내던 뤄전위는 1937년 건강이 악화되어 공직을 사임하고 뤼순으로 퇴거하였다. 뤼순에 우거하며 자신이 소장하고 있던 전적과 기물을 정리하고 연구하던 뤄전위는 1940년 5월 75세의 나이로 죽었다.

이처럼 뤄전위는 서구열강의 중국 진출과 청일전쟁, 신해혁명과 청나라 멸망, 그리고 일본의 중국 침략과 만주국 수립 등 중국을 포함한 동북아시아의 격변기를 살았다. 그 속에서 뤄전위는 농학자와 교육가로서 중국의 장래를 고민하였고 갑골학과 돈황학을 개척하였으며, 금석학과 고문자학을 비롯한 국학 발전에 기여하였고, 서예가와 유물 수장가 그리고 정치가로서 활동하였다.

2) 금석자료 수집, 연구

뤄전위는 갑골문, 돈황문서, 금석문, 한간(漢簡), 명·청시대 당안(檔案) 등의 다양한 신자료를 발굴하여 정리, 고증함으로써 근대 중국의 학문발달에 크게 기여한 인물로 평가되고 있다. 뤄전위의 연구는 시간적으로 하·은·주 삼대부터 청대까지 수천년에 걸쳤고, 공간적으로는 중국뿐만 아니라 한국과 일본을 포함한 동아시아 전역을 포괄하였다. 연구 분야도 문헌고증과 고고 자료의 발굴, 고적(古籍) 교감과 정리, 갑골문과 명기(明器)를 통한 고문자 연구, 돈황문서의 해독과 체계화, 석각자료를 활용한 역사와 문화 연구, 그리고 서화와 서예의 감정 등 다양한 분야에 걸쳐 있었다. 특히 그의 갑골문과 돈황문서 연구는 세계적으로 주목을 받았고, 이후 갑골학과 돈황학의 기초를 마련하였다.

이처럼 그의 연구는 방대하고 다양하였으나, 그 저변에는 금석학이 자리잡고 있었다. 뤄전위는 일찍부터 금석학에 각별한 관심을 가졌다. 그는 젊은 시절부터 중국 전역에서 합법 혹은 불법으로 출토, 유통되던 각종 고고 유물을 수집하였다. 고대 유물에 대한 그의 관심은 일반 골동품 수집가와 달리 학술적 가치에 우선을 두었다. 금석자료의 경우도 마찬가지였다. 즉 그는 유물의 미려함이나 완정성(完整性)이 아니라 역사와 문화 연구에 필요한 것인가 아닌가, 그리고 문자가 새겨져 있는가 없는가를 수집의 기준으로 삼았다.

그가 수집한 금석문은 정(鼎), 격(鬲), 돈(敦), 작(爵) 등의 선진시대 이기(彝器), 문자가 새겨진 진·한대의 병기, 관인(官印), 농기, 화폐 등의 각종 금속 기물, 진·한 이후 명·청대까지의 비석과 묘지 등의 석각과 서화 등 다종다양하였다. 그리고 중국뿐만 아니라 한국과 일본 금석문까지 두루 수집하였다.7 그 중에서 한나라 이후 비석과 묘지를 포함한 석각 자료가 압도적으로 많았는데, 특히 당나라 비각 자료가 가장 많은 양을 차지하였다.

뤄전위는 《호리유문목록》 서문에서 "나이 16세에 금석문을 처음으로 공부하기 시작했다[年十有六 始治金石文字之學]"라 했듯이 일찍부터 금석문에 관심을 가졌다.8 그래서 10대 후반에 이미 송 고종이 쓴 석경과 주나라 석고문(石鼓文)의 탁본을 소장하게 되었고, 청대의 금석학자 왕창(王昶)이 편찬한 《금석췌편(金石萃編)》을 교감하였으며, 산둥성과 허난성 그리고 관중지역의 비각 자료를 읽고 고증하여 《독비소전(讀碑小箋)》을 저술하였다. 《독비소전》은 그의 생애 첫 번째 저술이거니와, 이후 금석문에 대한 관심은 더욱 높아져 각종 금석명각(銘刻)을 수집하여 말년까지 꾸준히 금석문을 연구, 편찬하였다. 이런 점에서 그의 학술은 금석학에서 시작하여 금석학으로 마무리되었다고 해도 과언이 아니다.

뤄전위가 시종 금석문 자료의 수집과 정리, 그리고 연구에 주력한 것은

---

7) 《萬里遺文》(2-4)에 수록된 〈海東冢墓文存目錄〉에, 船王后墓誌와 小野毛人墓誌 등 일본 금석문 8점과 福寧宮主墓誌와 鄭文安公墓誌 등 고려 금석문 70점의 목록이 실려 있다. 뿐만 아니라 그의 《金石文字目》에 弘覺禪師碑, 朗空大師碑, 眞空大師碑, 石南山國師碑後記, 大覺國師碑, 智光國師碑, 覺眞國師碑의 목록이 수록되어 있다.

8) 뤄전위는 자신의 저술 곳곳에서 이와 유사한 표현을 하였다. 〈唐風樓金石文字跋尾序〉에서 "玉年十有六 初治金石學"이라 하였고, 〈雪堂金石文字跋尾序〉에서 "予年十有六 卽喜治金石之學"이라 하였으며, 〈石交錄序〉에서 "予夙好聚集寰宇古金石刻文字"라 하였고, 〈古鏡圖錄序〉에서 "予年逾冠 卽嗜吉金文字"라 하였다.

그의 저술을 통해서도 알 수 있다. 근년 장번이(張本義)와 샤오먼리(蕭文立)가 뤄전위의 저술을 빠짐없이 수집, 교정하여 《나설당합집(羅雪堂合集)》(서령인사, 2004)을 출간하였다. 뤄전위 총서라 할 수 있는 이 전집은 문집, 일기·자전·가보·서신, 필기, 갑골학·돈황학·간독학, 고문자학, 환우비각총묘유문(寰宇碑刻冢墓遺文), 희평석각(熹平石刻), 고기물학, 역사학, 목록판본학, 교감·집일·편선, 기타, 부록으로 나뉘어 총 38함(函) 178책으로 구성되었다. 이 가운데 환우비각총묘유문, 희평석각, 고기물학 편은 금석문의 정리와 고증을 다룬 부분이고, 역사학은 주로 금석문을 활용하여 문헌 기록을 교정·보완·해석한 내용인데, 이들의 편수를 합하면 부록을 제외한 전체 36함 167책의 약 40%에 해당하는 15함 66책에 달한다. 여기에 금석문 자료를 활용한 고문자학 연구까지 합하면, 그의 금석학 연구 비중은 더욱 높아질 것이다.

그의 금석학 연구는 제발(題跋)을 통한 자료 개관, 목록 작성, 판독과 집성, 기존 금석서의 교감, 금석 이체자 정리 등의 다양한 방식으로 이루어졌다.[9] 제발은 서적, 서화, 비첩, 묵본 등의 앞부분 혹은 뒷부분에 해당 자료를 품평, 감상, 고증한 것으로, 뤄전위는 금석문에 대한 제발을 대부분 뒷부분에 붙이는 발문(跋文) 형식으로 작성하였다. 그의 금석문 발문은 금문(金文)에 대한 발문과 석문(石文)에 대한 발문으로 나눌 수 있다. 금문 발문으로는 〈곤이왕종발(昆夷王鍾跋)〉, 〈모공정발(毛公鼎跋)〉, 〈사진격발(史秦鬲跋)〉, 〈백이발(白彝跋)〉, 〈신망작부발(新莽爵符跋)〉을 비롯한 123건이 있고, 석문 발문으로는 〈공주비발(孔宙碑跋)〉, 〈당우위대장군변국공천남생묘지발(唐右衛 大將軍卞國公泉男生墓誌跋)〉, 〈위장보선군묘전발(魏張普先君墓磚跋)〉, 〈도안법사탑기발(道安法師塔記跋)〉

---

9) 王煥鑣은 〈羅振玉碑刻研究述評〉(河北大學 碩士學位論文, 2015, 4~7쪽)에서, 나진옥의 비각 연구를 題跋, 目錄, 錄文, 字表, 校讀記 등으로 나누어 살펴보았다.

등 561건이 있다. 이러한 발문들은 주로 《설당금석문자발미(雪堂金石文字跋尾)》, 《요거고(遼居稿)》, 《정송노인외집(貞松老人外集)》, 《병인고(丙寅稿)》, 《송옹근고(松翁近稿)》 등의 여러 저술에 흩어져 수록되었다.

뤄전위는 서적과 문서를 포함한 수십만 점의 각종 유물을 소장하였다. 그래서인지 다양한 방식으로 자신의 소장유물 목록을 작성하였는데,[10] 금석문 자료의 목록 작업도 그것의 일환이었다. 다만 금석문의 경우, 그가 소장한 자료에 국한하지 않고 기존에 다른 사람이 작성한 몇몇 목록 내용을 수정, 보완하기도 했다. 왕의영(王懿榮)의 《한석존목(漢石存目)》과 윤팽수(尹彭壽)의 《위진석존목(魏晉石存目)》을 교감하고 보완하여 《중정한석존목(重訂漢石存目)》과 《중정위진석존목(重訂魏晉石存目)》을 저술한 것이 대표적 사례이다.

어쨌든 뤄전위는 금석문의 분류와 정리라는 측면에서 금석문 목록집을 여러 차례 만들었다. 우선 1915년 여름에 그가 뤄양의 존고각(存古閣)을 방문해 조사한 69종의 장석(藏石)을 소개하고 글자체와 제작연대 등을 고증하여 《낙양존고각장석목(洛陽存古閣藏石目)》을 편찬했고,[11] 자신이 소장하고 있던 석각 묵본을 묘비징존(墓碑徵存), 묘지징존(墓誌徵存), 원위종실비주지존(元魏宗室妃主誌存), 해동총묘문존(海東冢墓文存), 전지징존(甎誌徵存), 탑지징존(塔誌徵存), 지권징존(地券徵存), 호리여재(蒿里餘載)의 8편목으로 분류, 정리하여 《호리유문목록》을 찬술하였다. 그리고 주나라부터 수나라 때까지의 금문과 석문 332점을 정리한 《설당소장금석문자부록(雪堂所藏金石文字簿錄)》과 한나라 때부터 원나라 때까지의 묘지를 정리한 《묘지징존목록(墓誌徵存目錄)》을 저술하였다. 비

10) 뤄전위가 작성한 목록은 크게 古器物目錄, 金石目錄, 書畫目錄, 藏書目錄으로 나눌 수 있다. 고기물 목록으로는 《雪堂所藏古器物目錄》, 《雪堂所編圖錄自藏器目錄》, 《貞松堂唐宋以來官印集存目錄》이 있고, 서화 목록으로는 《宸翰樓所藏書畫目錄》, 《貞松堂藏書畫目》, 《二十家仕女畫存目》이 있으며, 장서 목록으로는 《大雲書庫藏叢書目》, 《大雲書庫藏書題識》, 《雪堂秘藏古抄善本書目》(羅福葆 編) 등이 있다.

11) 1915년 뤄전위의 낙양 방문과 유물수집 등에 관해서는 趙振華·威娜, 〈羅振玉和洛陽文物研究〉, 《洛陽考古四十年-1992年洛陽考古學術研討會論文集》, 科學出版社, 1996, 379~380쪽 참조.

록 일률적이지는 않으나, 이들 금석문 목록은 자료를 제작 연대순으로 배열한 다음, 글자체와 제작연대를 고증하고 출토지와 소장처 정보를 실었다는 점에서 중요한 가치를 가진다.

금석문 연구에서 해당 자료를 판독하고 정서하여 편목에 따라 집성하는 것은 필수적인 작업이다. 뤄전위는 20여 종의 저술을 통해 1,500여 점의 금석문을 판독, 정리하였다. 그의 금석문 자료집을 일일이 소개할 여유가 없으나, 《소릉비록(昭陵碑錄)》, 《당삼가비록(唐三家碑錄)》, 《망락총묘유문》, 《양절총묘유문(兩浙冢墓遺文)》, 《한희평석경잔자집록(漢熹平石經殘字集錄)》, 《당대해동번벌지존》 등은 비교적 널리 알려져 있다. 그의 금석자료집을 일별하면 알수 있듯이, 뤄전위는 탁본 혹은 석각의 원형과 엄밀히 대조해 판독, 고증함으로써 기존에 읽어내지 못했거나 잘못 읽은 글자를 다수 수정 보완하였다. 《망락총묘유문》(권2)에서 장재묘지(張才墓誌)의 기존 판독문 '충순(忠順)'을 글자 형태와 《구당서》(권129) 장연상전(張延賞傳) 및 한승묘지(韓承墓誌)를 비롯한 여러 자료와 비교하여 '사순(思順)'으로 교정하였고, 같은 책(권3)에서 이영묘지(李英墓誌)의 기존 판독문 '사△참군(司△參軍)'을 탁본과 정밀히 대조하고한·위 이래의 관직 명칭을 참고하여 '사호참군(司戶參軍)'으로 판독한 것이 하나의 예이다.

중국의 금석학은 송나라 구양수(歐陽修), 조명성(趙明誠) 등에 의하여 본격적으로 시작되어 청나라 심도(沈濤), 왕창(王昶), 왕념손(王念孫), 완원(阮元) 등에 이르러 크게 발전하였다. 뤄전위는 이들의 연구를 받아들여 중국의 금석학을 체계화하고 보다 풍성하게 만들었는데, 그 과정에서 선학들의 연구 성과를 철저히 검토하였다. 이러한 작업은 뤄전위 금석학의 한 특징이라 할 수있는데, 왕창의 《금석췌편》을 교정하여 《금석췌편교자기(金石萃編校字記)》를 지었고, 손성연(孫星衍)과 형주(邢澍)의 《환우방비록(寰宇訪碑錄)》을 검토하여 《환우방비록간류(寰宇訪碑錄刊謬)》를 저술했으며, 조지겸(趙之謙)의 《보환우방비록

(補寰宇訪碑錄)》을 고증하고 보완하여《보환우방비록간오(補寰宇訪碑錄刊誤)》를 저술하였다. 아울러 뤄전위는 역대 금석문에 사용된 속자 1,745글자 별자(別字) 964글자를 검출하여 음운에 따라 분류해《증정비별자(增訂碑別字)》와《비별자습유(碑別字拾遺)》를 편찬하였다.

뤄전위의 금석문 수집, 정리, 연구는 동아시아 금석학 발전은 물론 문자학 혹은 언어학, 역사학, 민속학, 고고학 등등의 분야에도 공헌하였다. 그 중에서도 역사학 연구에 크게 기여하였다. 역사학과 금석학은 불가분의 관계가 있다. 금석문을 통해 문헌 속의 역사를 고증하고 보완할 수 있으며, 문헌 속의 역사를 통해 금석문의 오류를 바로잡고 내용을 보충할 수 있기 때문이다. 뤄전위는 이미 자신의 금석문 연구를 통해 수많은 역사적 사실을 고증, 수정, 보완하였다.《위서종실전주(魏書宗室傳注)》,《오사짐의(五史斟議)》,《보송서종실세계표(補宋書宗室世系表)》,《당서재상세계표보정(唐書宰相世系表補正)》,《신편당절충부고보(新編唐折衝府考補)》,《중교정기원편(重校訂紀元編)》을 비롯한 그의 역사 관련 저술의 대부분은 금석학을 기반으로 한 연구였다. 결국 뤄전위의 금석학은 광범위한 자료수집, 체계적 정리와 집성, 철저한 연구, 저술 편찬과 보급으로 이어져, 오늘날 동아시아 금석문 연구의 전범(典範)이 되었다고 해도 과언이 아닐 듯싶다.

2.《당대해동번벌지존》의 편찬

1) 구성과 내용

7세기 중엽 당은 신라와 연합하여 백제와 고구려를 차례로 멸망시키고 당 중심의 동아시아 국제질서를 확립하였다. 그 과정에 수많은 백제와 고구려인들이 자의 혹은 타의에 의하여 당으로 이주하였다. 특히 양국의 왕족과 유력 가문 구성원들이 대거 당으로 이주하여 불귀의 혼이 되었는데,《당대 해동번벌지존》은 바로 중국에서 발견된 이들의 묘지를 소개, 판독, 고증한 저술이다.

《당대해동번벌지존》에는 총 7편의 묘지가 수록되었다. 백제 왕자 부여융, 고구려 왕족 출신 고자(高慈)와 고진(高震), 고구려 후기 국정을 장악한 연씨(淵氏) 가문의 천남생, 천남산, 천헌성, 천비의 묘지가 그것이다. 앞 절에서 언급했듯이 뤄전위는 선진시대부터 명·청대까지의 한국과 일본을 포함한 동아시아 전역의 각종 금문과 석문을 수집, 정리, 연구하였다. 부여융과 천남생을 비롯한 이른바 해동번벌(海東藩閥)의 묘지도 그의 금석문 수집 과정에서 확보한 자료이거니와, 이들 묘지는 모두 허난성 망산 일대에서 출토되었다.

망산은 진령산맥에서 뻗어 내린 효산(崤山)의 줄기로, 서쪽은 지금의 허난성 몐츠현(澠池縣)에서 시작하여 동쪽으로 정저우(鄭州) 북쪽의 광무산(廣武山)에 이르기까지 약 190km에 걸쳐 뻗어 있는 야트막한 구릉형 산지이다. 특히 뤄양 북쪽 약 50km의 망산을 북망산이라 한다. 뤄양은 전후 13개 왕조가 도읍으로 정할 정도로 역사적으로 번창한 곳이고, 그 북쪽의 망산은 무덤 조성에 적합한 토질과 지형 조건을 갖추고 있어 동주(東周)시대부터 당·송대에 이르기까지 수많은 왕공귀인들이 이곳에 묻혔다. 서진의 문인 장재(張載)가 〈칠애시(七哀詩)〉에서 "북망산의 무덤은 어찌 이리도 겹겹이 이어져 있는가? 높다란 황제의 무덤도 네다섯 개나 있구나[北芒何壘壘 高陵有四五]"라 했듯이, 서진시대에 이미 망산에 수많은 무덤이 조성되었다. 근년 중국의 망산고분군 조사 결과를 통해 알 수 있듯이, 망산에는 여섯 왕조의 여러 왕릉 24기와 배장묘를 비롯한 대략 10여만 기의 고분이 산재해 있다.[12] 뤄전위는 이들 무덤에서 출토된 묘지들을 광범위하게 수집하여《망락총묘유문》을 비롯한 몇 종의 저술을 편찬하였는데,《당대해동번벌지존》도 그 중의 하나이다.

뤄전위가 허난성 망산에서 출토된 고구려와 백제 유민 묘지를 언제 어떤 과정을 거쳐 취득했는지 구체적으로 알 수 없다. 그런데《당대해동번벌지존》서문에 '신유년(辛酉年) 이후 톈진에 거주할 때 중주(中州) 곧 허난성 일대에서 출토된 석각자료를 대량으로 습득했는데, 그때 부여융묘지를 비롯한 해동번벌 묘지 묵본(默本) 7점을 얻었다. 천남생, 천남산, 부여융 묘지 탁본은 당시 세상에 널리 유전되었고, 고자 묘지석은 자신이 소장하고 있으며, 나머지 천헌성, 고진, 천비 묘지는 탁본 1부를 겨우 얻어 보았을 뿐 묘지석의 존재 여부는 알 수 없다'라 하였다. 이 서문의 서술이 정확하다면, 뤄전위는 톈진에 안착한 신유년 곧 1921년에서 그곳을 떠난 1928년 사이에 이른바 '해동번벌지(海東藩閥誌)' 탁본 7점과 묘지석 1점을 구득했다고 할 수 있다.

1928년 10월에 뤼순으로 거처를 옮긴 뤄전위는 일시 만주국 정부에 참여했다가 1937년 공직에서 물러나 뤼순에 우거하며 연구와 저술에 몰두하였다. 이때 자신이 소장한 해동번벌 묘지가《구당서》와《신당서》를 비롯한 문헌자료를 수정, 보완하는데 유익하고, 또 당시 학자들이 '해동번벌지'의 존재와 내용을 잘 모른다고 생각하여 그해 겨울에 천남생묘지 등 7점의 묘지를 판독하고 해설을 붙여《당대해동번벌지존》이라 이름하였다.[13]

---

12) 洛陽市第二文物工作隊,〈洛陽邙山陵墓群的文物普查〉,《文物》2007-10, 43~59쪽.

13) 김영관·조범환은〈고구려 泉男生 墓誌銘에 대한 소개와 연구 현황〉(《韓國古代史探究》22, 2016, 12쪽)에서 '《당대해동번벌지존》이 처음 간행된 1937년에는 천남생묘지가 수록되지 않았는데, 羅振玉 死後 이 책을 다시 간행했을 때 천남생을 비롯한 부여융과 고자 묘지가 추가로 수록되었다'라 하였다. 그러나 이 책 서문에, 천남생, 부여융, 고자 등의 묘지 7편의 탁본을 얻어 고증하고 편집하여 제목을 '당대해동번벌지존'이라 했다고 한 다음, 말미에 "정축년(1937) 11월에 羅振玉이 쓰다[丁丑年仲冬羅振玉書]"라

《당대해동번벌지존》은 서문과 목록에 이어 묘지의 제작시기 선후에 따라 천남생묘지, 부여융묘지, 고자묘지, 천헌성묘지, 천남산묘지, 천비묘지, 고진묘지의 순서로 배열하였다. 그리고 각 묘지는 앞부분에 가로 세로의 크기, 행렬 수, 글자 모양, 개석 표제를 간단히 소개한 후 묘지의 전문을 판독해 수록하고, 마지막으로 발문 형식의 해설을 붙여 묘지의 출토와 보존현황 및 내용을 고증하였다.

이 저술의 중심이 되는 묘지 전문은 판독이 정확할뿐더러 행렬과 공격(空格) 표시를 통해 묘지 전체의 형태를 추정할 수 있도록 구성하였다. 판독의 정확성은 현재 남아 전하는 천남생, 부여융, 고자, 천남산, 천비묘지와 비교해보면 쉽게 알 수 있는데, 필자의 조사에 의거하는 한 판독 글자의 착오를 거의 찾아볼 수 없다. 게다가 이 책의 판독문은 오늘날의 탁본 혹은 지석에서 읽어낼 수 없는 글자까지 판독하였다. 고자묘지 제23행 22열의 글자는 현존 탁본에서 명확하지 않으나 그것을 '진(盡)'으로 판독하였고, 부여융묘지 제8행 14열은 현재 탁본으로 읽을 수 없으나 그것을 '지(之)'로 판독한 것이 대표적이다.

판독문의 또 다른 특징은 글자 모양 하나하나의 원형을 유지했다는 점이다. 당대 묘지에는 현재 사용되지 않는 별자와 속자 같은 이체자가 자주 사용되었다. 오늘날 대부분의 금석문 자료집에서는 이체자를 현대의 통용 한자로 바꾸어 표기함으로써 글자의 원형을 알아볼 수 없다. 그러나 《당대해동번벌지존》에서는 묘지에 새긴 원래 글자의 형태를 최대한 살려 그와 가깝게 모사(模寫)하였다. 이 점 역시 현재 남아 전하는 묘지 혹은 탁본과 비교해보면 쉽게 알 수 있다. 그러한 사례를 몇가지 소개하면 다음과 같다.

하였으므로 앞의 주장을 받아들일 수 없다.

<표 1-12> 이체자 모사(模寫) 사례

자료명	행-열	당대해동 번벌지존	탁본	석독	용례	출처
천남생묘지	①-33	督	督	督	督	元懷墓誌(북위)
부여융묘지	⑮-12	留	留	留	留	鄭文公碑(북위)
고자묘지	④-9	定	定	定	定	李思訓碑(당)
천남산묘지	㉒-14	賓	賓	賓	賓	元純陁墓誌(북위)
천비묘지	⑧-22	著	著	著	著	樂毅論(동진)

《당대해동번벌지존》은 각 묘지의 판독문에 이어 발문 형식으로 묘지의 내용을 소개, 검토, 고증하였다. 이 책에 실린 각 묘지의 해설과 고증은 대부분 뤄전위가 톈진에 거주할 때 이미 작성한 발문을 수정, 보완한 것이다.

<표 1-13> 발문 작성시기와 수록처

자료명	발문 제목	수록처	간행	비고
천남생묘지	唐右衛 大將軍卞國公泉男生墓誌跋	《松翁近稿》	1925	발문 말미에 "乙丑六月" 명기
천헌성묘지	泉獻誠墓誌跋	《丙寅稿》	1926	발문 말미에 "丙寅十月" 명기
천비묘지	泉毖墓誌跋	《丙寅稿》	1926	
고진묘지	安東都護鄚國公高震墓誌跋	《丁戊稿》	1928	丁卯(1927)와 戊辰(1928) 연간 작성 원고 수록[14]
부여융묘지	唐帶方郡王扶餘隆墓誌跋	《後丁戊稿》	1938	기존의 누락 원고 편집
고자묘지	僞周左豹韜衛郎將高慈墓誌跋	《後丁戊稿》	1938	기존의 누락 원고 편집

---

14) 〈後丁戊稿序〉에 "予居遼之歲 編在津沽時丁卯戊辰兩年之文爲丁戊稿"라 하여, 뤄전위가 津沽 곧 天津에 있을 때인 정묘년과 무진년 2년 동안의 문장을 묶어 《丁戊稿》라 했다고 한다. 따라서 《丁戊稿》의 丁은 1927년 丁卯年, 戊는 1928년 戊辰年임을 알 수 있다.

앞의 〈표 1-13〉에서 알 수 있듯이 천남생묘지 발문은 1925년, 천헌성묘지와 천비묘지 발문은 1926년, 고진묘지 발문은 1927년에서 1928년 사이에 작성되었다. 한편 부여융묘지와 고자묘지 발문은 뤄전위가 정축년(1937)과 무인년(1938)에 자신의 연구를 마무리하면서 기존에 작성한 글 가운데 간행에서 누락된 원고 92수를 한데 모아 편집한《후정무고(後丁戊稿)》에 실려 있어, 발문 작성 시기를 확정할 수 없다. 그러나 1917년에 간행한《망락총묘유문》(제4편)에 이미 천남생묘지와 함께 이들 묘지를 수록한 점으로 보아 부여융묘지와 고자묘지 발문 역시 1920년대 후반에 작성되지 않았을까 한다. 그렇다면 뤄전위는 1937년《당대해동번벌지존》을 편찬할 때 천남산묘지의 발문만 새로 쓰고 나머지는 이전에 썼던 발문을 대폭 보완하여 전재했다고 할 수 있다.[15]

비록 일률적이지는 않으나,《당대해동번벌지존》발문에는 묘지 출토시기와 소장 현황, 내용 요약, 역사문헌과의 비교·검토를 통한 교정과 보완, 지문의 찬술자와 글쓴이에 대한 설명, 묘지의 역사·문화적 가치 등을 서술하였다. 천남생묘지를 예로 들면, 이 묘지는 1917년경 뤄양에서 출토되어 개봉도서관(開封圖書館)에 소장되어 있다고 하였으며,[16] 묘지의 내용을 각종 문헌사료와 비교 검토하여 여덟 조목에 걸쳐 고구려사의 수정과 보완을 제안한 후, 당시 수십년 동안 뤄양에서 출토된 석각자료 1천여 점 가운데 최고의 품격을 보여주는 작품이라 평가하였다. 물론 그의 설명에 오류 혹은 억측이 없는 것은 아니다. 그럼에도 대부분의 설명은 오늘날 고구려와 백제 유민 묘지를 이해

---

15) 수년 전에 썼던 발문을《당대해동번벌지존》에 전재하는 과정에 뜻하지 않은 실수가 발생하기도 했다. 《당대해동번벌지존》천헌성묘지 해설 부분에 "이 묘지는 금년에 이어서 출토되었다[此誌今年繼出]"라 하여, 이 책이 편찬된 1937년에 출토된 것처럼 서술하였다. 그러나 사실은 1926년에 썼던〈泉獻誠墓誌跋〉의 "此誌今年繼出"을 수정하지 않고 그대로 옮겨 적었기 때문에 생긴 오류이다.

16) 천남생묘지 출토시기에 대한 뤄전위의 서술에는 다소 착오가 있어 보인다. 그리고 당시에 開封圖書館에 소장되었으나 현재는 河南博物院에 소장되어 있다. 이러한 점에 관해서는 김영관·조범환, 앞의 글, 2016, 10~13쪽 참조.

하는데 많은 도움을 준다.

2) '해동번벌지'의 행방

전술했듯이 뤄전위는 《당대해동번벌지존》 속에 망산 출토 고구려 유민 묘지 6점과 백제 유민 묘지 1점을 수록하였다. 이 가운데 현재 지석 혹은 탁본의 존재여부가 확인되는 것도 있고 그렇지 않은 경우도 있다. 우선 천남생묘지는 지석과 개석이 허난성 정저우의 하남박물원(河南博物院)에 함께 소장되어 있다. 반면 부여융묘지는 지석과 개석이 각각 다른 곳에 소장되었는데, 지석은 하남박물원에 있고 개석은 낙양박물관에 소장되어 있다.

다음의 고자묘지는 지석과 개석의 존재여부가 확인되지 않으나, 탁본은 세간에 유전된다. 고자의 묘지석은 원래 뤄전위가 소장하고 있었다. 《당대해동번벌지존》에서 "고자묘지는 나의 집에 있다[高慈誌在予家]" 혹은 "이 묘지는 20년 전에 뤄양에서 출토되었는데, 지금 나의 집에 소장되어 있다[此誌 二十年前出洛陽 今藏予家]"라 하였고, 1924년에 편찬한 《설당소장고기물목록(雪堂所藏古器物目錄)》에 '좌옥검위장군고자묘지(左玉鈐衛將軍高慈墓誌)'가 실려 있는 점에서 그러한 사실을 알 수 있다. 그런데 현재 묘지석의 존재는 알 수 없고, 탁본은 중국의 금석학자 저우샤오량(周紹良)과 중국 국가도서관에 소장되어 있다.[17]

한편 천헌성묘지는 지석과 개석은 물론 그것의 탁본조차 현재 존부(存否)가 확인되지 않는다. 뤄전위가 《당대해동번벌지존》에서 "탁본 한 본을 겨우 보았을 뿐, 그것의 존재 여부는 알지 못한다[僅見一本 不知存否]"라 하였듯이, 그

---

17) 《唐代墓誌彙編》(上)과 《全唐文新編》(권995)에 수록된 고자묘지는 저우샤오량의 소장 탁본[周紹良藏拓本]에 의거했다고 한다. 저우샤오량의 고자묘지 탁본이 뤄전위 소장 탁본과 동일한 것인지, 그리고 저우샤오량 외에도 고자묘지 탁본을 소장하고 있는 사람이 있는지 등은 알 수 없다. 한편 지금의 중국 국가도서관인 북경도서관에 소장된 탁본을 모아 영인, 출간한 《北京圖書館藏中國歷代石刻拓本彙編》(제18책)에도 고자묘지가 수록되어 있다.

자신도 천헌성 묘지석에 대한 정보를 전혀 가지고 있지 못하였다. 그리고 천
남산묘지는 지석과 개석이 현재 모두 북경대학 새클러고고예술박물관(賽克勒
考古與藝術博物館)에 소장되어 있고, 천비묘지는 지석만 남아 낙양박물관에 소
장되어 있다.

　마지막의 고진묘지는 앞서 소개한 고자묘지처럼 지석과 개석의 존재 여부
가 확인되지 않는다. 그런데《당대묘지휘편》(상)에 수록된 '고진묘지'는 이 책
편집을 주관한 저우샤오량 소장 탁본에 의거했다고 한다. 저우샤오량은 생전
에 당나라 묘지 탁본 4,000여 점을 소장하고 있었다. 그는 2002년 5월에 당
나라 비문과 묘지 탁본 2,600여 점을 중국 국가도서관과 천진도서관(天津圖書
館)에 기탁하였다. 그때 고진묘지는 중국 국가도서관에 기증되었다.[18] 다만 그
것이 뤄전위 소장본과 동일한 것인지는 알 수 없다.[19]

〈표 1-14〉 해동번벌지의 존부 현황

자료명	지석(소장처)	개석(소장처)	탁본
천남생묘지	○ (하남박물원)	○ (하남박물원)	○
부여융묘지	○ (하남박물원)	○ (낙양박물관)	○
고자묘지	×	×	○
천헌성묘지	×	×	×
천남산묘지	○ (북경대학새클러고고예술박물관)	○ (북경대학새클러고고예술박물관)	○
천비묘지	○ (낙양박물관)	×	○
고진묘지	×	×	○

---

18) 李慶國,《周紹良年譜》, 北京圖書館出版社, 2008, 310쪽.
19) 李慶國, 앞의 책, 2008, 附錄(4)으로 실린 〈2002年 國家圖書館收購周紹良藏拓片目錄〉에서 고진묘지를
　　'□震墓誌'로 표기하였다.

앞의 〈표 1-14〉를 보면 알 수 있듯이 천남생, 부여융, 천남산묘지는 지석과 개석 그리고 탁본이 모두 존재한다. 그리고 고자묘지와 고진묘지는 지석과 개석 모두 확인되지 않고, 다만 탁본만 남아있다. 그리고 천비묘지의 경우 개석은 확인되지 않고 지석과 탁본만 남아 있으며, 천헌성묘지는 개석과 지석 그리고 탁본 모두 존재 여부가 확인되지 않는다.

사실 묘지석이 현존할 경우 여러 본의 탁본이 제작될 수 있다. 실제 지석이 남아 전하는 천남생 등의 묘지는 제작 시기와 방법을 달리한 여러 탁본이 통용되고 있다. 그러나 이것들 가운데 뤄전위 소장 탁본이라 밝힌 것은 하나도 없다. 그리고 저우샤오량과 중국 국가도서관이 소장하고 있는 고자묘지 탁본과 저우샤오량을 거쳐 현재 중국 국가도서관이 소장하고 있는 고진묘지 탁본 역시 뤄전위 소장본이라는 언급이 전혀 없다.[20] 결국 현재 알려진 '해동번벌지' 탁본 6점은 모두 《당대해동번벌지존》 편찬시 뤄전위가 활용했던 것이 아니라고 할 수 있다. 다시 말하면 뤄전위가 수집, 소장했던 고구려 유민 묘지 6점과 백제 유민 묘지 1점의 탁본은 아직까지 존재가 확인되지 않는다.

뤄전위의 소장 탁본이 전하지 않는다고 하더라도 묘지석 혹은 다른 탁본이 남아 있으면 고구려와 백제 유민 연구에 큰 문제가 되지 않는다. 오늘날 유전되는 지석 혹은 탁본을 직접 조사해 연구에 활용할 수 있기 때문이다. 그러나 현재 탁본과 묘지석 모두 확인되지 않는 천헌성묘지의 경우는 사정이 다르다. 물론 뤄전위가 《당대해동번벌지존》에서 묘지의 행렬과 공격(空格) 그리고 글자 모양을 원형에 가까울 정도로 정확하게 판독하여 전문을 작성하고

---

20) 《北京圖書館藏中國歷代石刻拓本彙編》(제18책)의 고자묘지 탁본 설명에 "河南洛陽出土 羅振玉舊藏 拓片長貫均74厘米 正書"라 하여, 마치 이 탁본이 나진옥 소장본인 것처럼 서술하였다. 그러나 이 책에 실린 흑치상지묘지를 비롯한 여타 탁본 설명 방식과 비교해보면 쉽게 알 수 있듯이, 여기서의 "羅振玉舊藏"은 '옛날 나진옥이 소장하였던 묘지'라는 의미이다.

정밀하게 고증하였으므로 천헌성묘지를 원래 모습과 가깝게 재구성하는데 큰 어려움이 없다.[21] 그렇더라도 실물과 대조해 확인할 수 없다는 점에서 나름의 한계가 있는 것도 사실이다.

그러면 뤄전위가 소장하고 있던 천헌성묘지를 비롯한 '해동번벌지'의 탁본과 그가 소장하던 고자묘지의 묘지석은 현재 남아 있을까? 그리고 남아 있다면 과연 어디에 있을까? 이 점과 관련하여 뤄전위의 만년(晩年) 행적을 다시 주목할 필요가 있다.

신해혁명으로 일본에 망명했던 뤄전위는 1919년에 중국으로 되돌아가 텐진에 거처를 마련하고, 베이징을 오가며 폐제 선통제를 보위하고 빈민구휼활동을 전개하였다. 그후 1928년에 다시 뤼순으로 이사하여 사저 뒤에 대운서고를 짓고 자신이 수집한 전적 30여만 책과 은허 갑골, 돈황문서, 청동기물, 법첩·서화, 금석탁본 등의 희귀 유물 수만 점을 그곳으로 옮겨와 연구와 저술에 몰두하였다.[22] 《당대해동번벌지존》도 그때 편찬한 저술 가운데 하나이다. 그렇다면 《당대해동번벌지존》 편찬의 기본 자료가 되었던 천남생묘지를 비롯한 7점의 고구려, 백제 유민 묘지 탁본은 이 책이 편찬된 1937년까지 뤼순의 대운서고에 보존되어 있었음이 분명하다.

그로부터 3년 후인 1940년 5월에 뤄전위가 죽었다. 이에 그의 손자 뤄지주(羅繼祖)와 뤄청주(羅承祖)가 집안 사람들과 함께 뤼순 사저에 거주하며 서고의 자료들을 공동으로 관리하였다. 그후 1945년 8월에 일본이 제2차 세계대전에서 패하여 물러가고 소련군이 일본군을 대신해 뤼순과 다롄(大連) 지역을 접수하였다. 소련군은 당시 뤼순시 태양구(太陽溝) 일대의 옛 일본군 고관과

---

21) 권덕영, 《재당 한인 묘지명 연구》(자료편), 한국학중앙연구원, 2021, 238쪽에서 《당대해동번벌지존》에 의거하여 천헌성묘지를 원래 모습과 가깝게 재구성하였다.

22) 〈雪堂金石文字跋尾序〉에 의하면, 뤄전위가 소장하고 있던 금석 탁본자료는 7, 8천 점이나 되었다고 한다. 여기에 갑골과 돈황문서를 비롯한 청동기물과 법첩, 서화 등을 모두 합하면 수만 점에 이르렀을 것으로 추정할 수 있다.

거류민들의 고급 주택들을 징발하여 소련군 장교 주택과 공공 숙박시설로 사용하려 했다. 태양구 부상정(扶桑町)에 있던 뤄전위의 사저와 대운서고 역시 그 구역에 포함되었다. 소련군의 징발령이 내려지자 뤄전위의 후손들은 대운서고의 서적과 유물을 옮길 여력이 없어 그대로 두고 가재도구만 챙겨 나왔는데, 곧이어 대운서고는 소련군 초대소로 개조되었다. 그 과정에 대운서고에 소장되어 있던 수많은 전적과 유물들이 파손되고 버려지고 또 불법으로 반출되었다. 비록 얼마 후 중국공산당 정부의 노력으로 버려지고 반출된 유물의 일부가 회수되고 남은 자료가 비교적 온전히 보전되었으나, 그것은 원래 소장 유물의 절반에도 미치지 못하였다.[23]

1949년에 뤄전위의 유족은 중국 인민정부의 요청을 받아들여 선본(善本) 도서 16,010책과 뤄전위 간행본 4만여 책을 동북도서관(東北圖書館) 곧 지금의 요령성도서관에 기증하였고, 나머지 도서 9만여 책과 뤄전위 간행본 4만여 책 그리고 다수의 금석탁본 등을 여대시문물보호위원회(旅大市文物保護委員會)에 기탁하였다. 그후 여대시문물보호위원회는 이 자료를 여대시도서관 곧 지금의 대련도서관으로 이관하여 현재 그곳에 보관하고 있다. 그리고 2006년에 뤄지주가 개인적으로 소장하고 있던 전적 2,300종 5,477책을 역시 대련도서관에 기증하여 나계조문고(羅繼祖文庫)를 만들어 별도로 관리하고 있다.[24]

한편 여순박물관은 일찍이 대운서고에서 유출된 고적의 일부를 구매했으나 상당수가 불에 타거나 훼손된 것이었고, 1950년대 중반에 뤄전위가 소장하였던 갑골, 청나라 황실 문서, 동기(銅器), 비첩 등의 유물 1,007점을 민간에서 수집하였다. 그후 꾸준한 노력으로 현재는 약 7,000여 점의 뤄전위 옛 소

---

23) 《遼寧日報》 2016년 1월 8일자에 소개된 羅繼祖의 기억에 의하면, 서적의 경우 중국 인민정부의 온갖 노력으로 회수해 정리한 자료는 대운서고에 원래 소장되었던 장서의 30~40% 정도에 불과했다고 한다.

24) 余音,《春秋 大連人物》, 大連出版社, 2012, 93~94쪽.

장 유물을 보관하고 있다.[25] 그리고 요령성박물관에도 뤄전위가 소장하던 유물의 일부가 보관되어 있다. 일찍이 뤄전위는 봉천국립박물관(奉天國立博物館) 곧 지금의 요령성박물관 건립에 관여했는데, 1936년에 박물관이 설립되자 자신이 소장하고 있던 역대 명기(明器)를 비롯한 다수의 유물을 박물관에 기증하였다. 그후 대운서고의 자료 일부가 요령성박물관으로 유입되어, 현재 각종 전적과 문서 및 수·당대 묘지 탁본 상당수가 여기에 수장되어 있다.[26]

뿐만 아니라 2003년에 대련대학 중국동북사연구센터에서 대학도서관에 소장된 고적과 각종 역사문헌을 정리하는 과정에서 대운서고에서 유출된 이른바 나씨장서(羅氏藏書) 400여 종 600여 책이 소장되어 있음을 확인하였다. 이 서적은 일본인이 세운 사나에고등심상소학교(早苗高等尋常小學校)를 1946년에 개명한 여대건국학원(旅大建國學院) 때부터 있던 것으로, 아마 소련군 진주 이후 대운서고 장서가 흩어지는 와중에 일부가 건국학원으로 흘러들어간 것이 아닐까 한다. 이 외에도 뤄전위의 소장품은 전국으로 흩어져 개인과 기관이 수장하고 있는듯하나 정확한 현황은 알 수 없다.[27]

이처럼 《당대해동번벌지존》의 기초 자료가 되었던 '해동번벌지'를 포함한 대운서고의 전적과 유물들은 1945년 이후 크게 훼손되고 망실되었다. 현재 묘지석과 탁본의 존재가 확인되지 않는 천헌성묘지, 탁본은 남아 있으나 묘지석의 존부를 알 수 없는 고진묘지, 뤄전위가 소장하던 고자묘지의 지석과 탁본을 비롯한 '해동번벌지' 7점이 1940년대 중반에 훼손되고 망실된 대운서

25) 王雲峰,〈三十萬冊藏書都哪里去了〉,《遼寧日報》2006년 1월 8일; 凌鳳,〈羅振玉與旅順博物館〉,《大連日報》2007년 9월 8일 인터넷판.

26) 劉鞀,〈遼寧省博物館藏隋代宮人墓誌拓片〉,《遼海文物學刊》1995-1, 246쪽.

27) 《大連日報》2016년 10월 28일자 인터넷판에 소개된 史吉祥의〈吉林大學考古與藝術博物館收存的羅家舊藏文物簡介〉에 의하면, 吉林大學도 뤄전위가 소장했던 청동기를 비롯한 갑골, 서화, 비첩, 불조상 등의 여러 유물을 소장하고 있다고 한다. 그리고 저우샤오량의 소장 탁본 중에도 러전위의 수장품이 일부 들어있다고 하므로, 그의 탁본 자료를 기증받은 중국 국가도서관과 천진도서관에도 뤄전위의 舊藏品이 존재할 것으로 생각된다.

고의 자료 속에 들어 있었는지 알 수 없다. '해동번벌지' 7점의 탁본과 묘지석 1점이 그 속에 들어 있었다면, 해동번벌지의 탐색 작업은 무의미한 일이 될 것이다. 그러나 만약 그렇지 않다면, 이들 탁본과 지석은 대운서고의 잔존 자료가 소장된 위의 다섯 기관 중 어느 한 곳에 존재할 가능성이 높다.

최근 필자는 랴오닝성 선양(瀋陽)에 소재한 요령성박물관과 요령성도서관, 다롄의 대련도서관과 여순박물관을 방문해 뤄전위가 소장했던 '해동번벌지'의 존재여부를 탐문한 적이 있다. 이들 기관의 소장 자료 목록에서 뤄전위의 '해동번벌지'를 찾을 수 없었거니와, 대부분의 기관에서 인력과 예산 부족으로 금석 탁본을 포함한 뤄전위의 옛 소장 자료를 정리 중이거나 계획 중이라는 대답을 들을 수 있었다. 이들 자료가 완전히 정리되면, '해동번벌지'의 존재여부도 밝혀질 것으로 생각된다.

제2장 금석문으로 역사 읽기

제1절 고구려 유민 고자(高慈) 묘지 검토

근래 중국은 국토개발을 병행한 산업화 과정에서 전국 각지의 유적을 광범위하게 발굴, 조사하였다. 그 결과 한국고대사 관련 금석문이 속속 발견되어, 사료 부족에 허덕이는 한국고대사 연구에 유익하게 활용되고 있다. 그 중에서도 당대(唐代) 한반도 삼국과 발해에서 중국으로 이주한 이른바 재당 한인(韓人) 묘지는 특별한 가치를 가진다. 재당 한인 묘지는 7세기 중엽 긴박하게 돌아가던 동아시아 국제정세와 고구려·백제 지배층의 동향, 한인으로서의 정체성 문제, 그들의 이국(異國) 생활과 당의 이민족 지배정책, 당에서의 정치·군사·문화 활동과 역할 등에 관한 역사 정보를 생생하게 전해주기 때문이다.

지난 100여년 동안 중국에서는 재당 한인 묘지가 여럿 발견되었다. 고구려 유민 묘지 17점,[1] 백제 유민 묘지 10점, 재당 신라인 묘지 4점, 발해인 묘지 1점 등 총 32점이 그것이다. 이들은 대부분 묘지석이 어디에, 어떻게 보관되어 있는지 확인할 수 있다. 그러나 곽공희설씨묘지(郭公姬薛氏墓誌), 천헌성묘지(泉獻誠墓誌), 고진묘지(高震墓誌), 고자묘지(高慈墓誌)는 현재 실물이 전혀 확인되지 않는다. 곽공희설씨묘지는 애초부터 묘지석의 존재가 알려지지 않았으나, 그 외의 것은 당초 묘지석이 존재하였다. 그런데 세월이 흐르는 사이에 분실되어 지금은 어디에 소장되어 있는지, 아니면 망실되어 영영 없어졌는지 알 수 없는 실정이다.

---

[1] 王景曜墓誌와 高欽德墓誌를 비롯한 몇몇 묘지를 고구려 유민 묘지로 간주하는 경우도 있다. 그러나 이들 묘지에는 선조 때 중국에서 요동으로 이주했다가 당대 중국으로 되돌아갔다고만 했을 뿐, 고구려인으로서의 정체성과 고구려에서의 활동을 전혀 언급하지 않았다. 따라서 이 책에서는 그것을 고구려 유민 묘지의 범주에 넣지 않는다.

필자는 수년 전 청말 민국초의 학자 뤄전위(羅振玉)의 《당대해동번벌지존(唐代海東藩閥誌存)》의 자료적 가치를 탐구하는 과정에서 그 책에 수록된 고자묘지의 행방에 관심을 가진 적이 있다.[2] 그리고 십 수년 전에 공개된 고질묘지(高質墓誌)를 검토하던 중 고자묘지의 글쓴이를 유추할 수 있는 실마리를 찾을 수 있었다. 그런 생각을 바탕으로 이 절에서는 고자묘지의 행방을 추적하고, 나아가 고질묘지와 비교·검토하여 이 묘지의 글쓴이가 누구인지 추정하고자 한다. 아울러 고자묘지의 제작시기에 대한 기존의 오류를 바로잡고자 한다.

1. 묘지석의 행방

고자묘지는 1917년경 중국 허난성 뤄양(洛陽) 북쪽 망산(邙山)에서 출토되었다. 뤄전위가 1917년에 저술한 《망락총묘유문(芒洛冢墓遺文)》 제4편에 고자묘지를 소개했을 뿐더러, 1937년에 간행한 《당대해동번벌지존》에서 "이 묘지는 20년 전 낙양에서 출토되었다[此誌 二十年前出洛陽]"라 하였기 때문이다. 그럼에도 이 묘지가 구체적으로 어디서, 어떤 과정을 거쳐 출토되었는지는 언급하지 않았다.

그로부터 반세기가 지난 1990년대에 당나라 묘지 전문박물관이라 할 수 있는 천당지재(千唐誌齋)가 뤄양 북쪽의 멍진현(孟津縣) 칠리촌(七里村)에서 고질묘지를 수습하였다. 고자는 고질(高質)의 아들로, 이들 묘지에 의하면 두 사람은 만세통천 2년(697) 마미성(磨米城) 전투에서 함께 전사하여 모두 같은 해 같은 날 낙주(洛州) 합궁현(合宮縣) 평락향(平樂鄕)에 묻혔다고 한다. 당대 낙주 합궁현 평락향은 지금의 허난성 멍진현 핑러진(平樂鎭) 서쪽 일부와 차오양진(朝

2) 권덕영, 〈羅振玉의 금석학과 당대해동번벌지존〉, 《한국고대사연구》 91, 2018, 291~297쪽.

陽嶺) 일대에 해당한다.[3] 그런데 차요양진 북쪽 바이허진(白鶴鎭)과의 경계 지점에 칠리촌이 있다. 그렇다면 고자 역시 고질묘지가 수습된 멍진현 칠리촌 인근에 묻혔을 것이고, 그의 묘지석 또한 칠리촌 혹은 그 인근에서 출토되었을 것이다.

그후 이 묘지는 뤄전위의 《당대해동번벌지존》을 통해 세상에 널리 알려졌다. 그런데 《당대해동번벌지존》에서 "고자묘지는 나의 집에 있다[高慈誌在予家]" 혹은 "(이 묘지는) 지금 나의 집에 소장되어 있다[今藏予家]"라 하였고, 1924년에 편찬한 《설당소장고기물목록(雪堂所藏古器物目錄)》에 '좌옥검위장군고자묘지(左玉鈐衛將軍高慈墓誌)'가 수록되어 있다. 이런 점으로 보아 고자묘지는 늦어도 1924년 이전에 뤄전위가 구득해 수장하였음이 분명하다. 다만 《당대해동번벌지존》에서 개석에 관해서는 전혀 언급하지 않은 점으로 보아, 뤄전위는 이 묘지의 지석만 소장했을 것으로 추지할 수 있다. 그러나 현재 묘지석의 소재는 알 수 없고, 다만 중국의 금석학자 저우샤오량(周紹良)과 중국 국가도서관이 고자묘지 탁본을 소장하고 있음을 확인할 수 있을 뿐이다.[4]

고자묘지 탁본에 의거하면, 지석의 크기는 대략 가로 세로 각각 74cm의 정방형으로, 윗면에 37행 36열에 걸쳐 가는 선으로 공간을 구획한 다음 정갈한 해서로 묘주인 고자의 생애와 공적을 새겼다. 즉 "대주고△△장군행좌표도위낭장 증좌옥검위장군고공묘지명병서(大周故△△將軍行左豹韜衛郎將 贈左玉鈐衛將軍高公墓誌銘幷序)"라는 제명을 필두로, 선조와 가계, 활동과 업적, 죽음과 장례, 명문 순으로 기록했는데, 지석에 새긴 글자는 총 1,241자에 이른다. 탁본

---

3) 陳呈, 〈唐兩京鄉村地名考論-以出土唐代墓誌爲主的考察〉, 西南大學 碩士學位論文, 2016, 19~22쪽.
4) 《唐代墓誌彙編》(上)에 수록된 '高慈墓誌'는 周紹良藏拓本 곧 저우샤오량 소장 탁본에 의거했다 하였고, 《北京圖書館藏中國歷代石刻拓本彙編》(제18책)에 고자묘지 탁본이 실린 점에서 북경도서관 곧 지금의 중국 국가도서관에도 고자묘지 탁본이 소장되어 있다는 사실을 알 수 있다.

상태로 보아, 당시 보존 상태는 매우 양호했던 것으로 판단된다. 다만 제1행 4열과 5열, 제2행 3열, 그리고 제23행 21열과 22열 부분이 훼손되었으나, 제1행 4열과 5열의 글자를 제외한 나머지는 잔획(殘劃)과 문맥을 통해 글자를 판독하는데 어려움이 없다.

그러면 일찍이 뤄전위가 소장하고 있던 고자묘지는 현재 어디에 있을까? 이 점과 관련하여 앞 장에서 살펴본 뤄전위의 만년 행적을 다시 주목할 필요가 있다. 1911년에 일어난 신해혁명으로 일본에 망명해 교토(京都)에 머물던 뤄전위는 1919년 중국으로 돌아가 상하이와 톈진(天津)을 거쳐 1928년 뤼순(旅順)에 안착하였다. 그리고 사저 뒤에 대운서고(大雲書庫)를 짓고 자신이 수집한 전적 30여 만 책과 희귀 유물 수만 점을 그곳으로 옮겨 연구와 저술에 몰두하였다.5 《당대해동번벌지존》도 그 기간에 편찬한 저술 가운데 하나이다. 그렇다면 고자묘지는 《당대해동번벌지존》이 편찬된 1937년까지 뤼순의 대운서고에 보관되어 있었음이 분명하다.

그로부터 3년 후인 1940년 5월에 뤄전위가 75세의 나이로 죽었다. 그리고 1945년 8월에 일본이 제2차 세계대전에서 패하여 물러가고 소련군이 일본군을 대신해 뤼순과 다롄(大連) 지역을 접수하였다. 소련군은 당시 뤼순시 태양구(太陽溝) 일대의 옛 일본군 고관과 거류민들의 고급 주택들을 징발하여 소련군 장교 주택과 공공 숙박시설로 사용하려 하였다. 태양구 부상정(扶桑町)에 있던 뤄전위의 사저와 대운서고 역시 징발 대상에 포함되었다. 곧이어 대운서고는 소련군 초대소로 개조되었다. 그 과정에 대운서고에 소장되어 있던 수많은 전적과 유물들이 파손되거나 버려졌고 또 불법으로 반출되었다. 비록 얼마 후 중국공산당 정부의 노력으로 버려지고 반출된 유물의 일부가 회수되

---

5) 뤄전위는 뤼순에 머물며 연구뿐만 아니라 만주국 건국에 적극적으로 참여하여, 참의부 參議, 臨時賑務督辦, 감찰원장을 역임하는 등 당시 정치에도 깊숙이 관여하였다.

고 남은 자료가 비교적 온전하게 보전되었으나, 그것은 원래 소장 유물의 절반에도 미치지 못하였다.[6]

1949년 중화인민공화국 수립 직후 뤄전위의 유족들은 중국 인민정부의 요청을 받아들여 선본(善本) 도서 16,010책과 뤄전위 간행본 4만여 책을 현재의 요령성도서관인 동북도서관(東北圖書館)에 기증하였고, 나머지 도서 9만여 책과 뤄전위 간행본 4만여 책 그리고 다수의 금석탁본 등을 여대시문물보호위원회(旅大市文物保護委員會)에 기탁하였다. 그후 여대시문물보호위원회는 이 자료를 여대시도서관(旅大市圖書館), 곧 지금의 대련도서관으로 이관하였다.

한편 여순박물관은 일찍부터 대운서고에서 유출되어 각지에 흩어진 고적을 찾아 일부를 구매하였고, 1950년대 중반에 뤄전위가 소장하던 갑골, 청나라 황실 문서, 동기(銅器), 비첩 등의 유물 1,007점을 민간에서 수집하였다. 그후 꾸준한 노력으로 현재는 약 7,000여 점의 뤄전위 구장(舊藏) 유물을 소장하게 되었다.[7] 그리고 요령성박물관에도 뤄전위가 소장하던 유물의 일부가 보관되어 있다. 일찍이 뤄전위는 요령성박물관의 전신인 봉천국립박물관(奉天國立博物館) 건립에 관여했는데, 1936년 박물관이 설립되자 자신이 소장하고 있던 역대 명기(明器)를 비롯한 다수의 유물을 박물관에 기증하였다. 그후 대운서고의 자료 일부가 요령성박물관으로 유입되어, 현재 각종 전적과 문서 및 수·당대 묘지 탁본 상당수가 여기에 수장되어 있다.[8] 이 외에도 뤄전위의 소장품은 전국으로 흩어져 개인과 기관이 수장하고 있는 듯하나 정확한 현

---

6) 《遼寧日報》2016년 1월 8일자에 소개된 뤄전위의 손자 羅繼祖의 기억에 따르면, 서적의 경우 회수해 정리한 자료는 원래 소장하고 있던 장서의 30~40% 정도에 불과했다고 한다. 고자묘지를 비롯한 기타 유물도 마찬가지였을 것이다.

7) 王雲峰, 〈三十萬冊藏書都哪里去了〉, 《遼寧日報》2016년 1월 8일; 凌鳳, 〈羅振玉與旅順博物館〉, 《大連日報》2017년 9월 8일 인터넷판.

8) 劉韞, 〈遼寧省博物館藏隋代宮人墓誌拓片〉, 《遼海文物學刊》1995-1, 246쪽.

황은 알 수 없다.[9]

이처럼 뤄전위가 소장하고 있던 전적과 유물들은 1945년 이후 크게 훼손
되고 망실되었다. 고자묘지가 '망실된' 자료 속에 포함되었다면, 고자묘지의
행방을 탐색하는 작업은 무의미한 일이 될 것이다. 그러나 만약 그렇지 않다
면, 대운서고의 잔존 자료를 소장한 위의 네 기관들을 우선적으로 주목할 필
요가 있다. 현재 이들 기관에서는 뤄전위의 소장 자료를 정리하고 있다고 한
다. 이들 자료가 완전히 정리되면, 고자묘지의 존재여부도 밝혀질 가능성이
있다. 다만 이들 기관은 뤄전위가 남긴 '전적(典籍)'을 주로 보관하고 있다는 점
에서, 석제 유물인 고자 묘지석은 또 다른 어딘가에 소장되어 있을 가능성도
배제할 수 없다.

2. 글쓴이 추정

당나라 묘지는 해당 지문의 지은이와 글쓴이를 밝힌 경우보다 그렇지 않
은 경우가 훨씬 많다. 재당 한인 묘지를 대상으로 살펴보면, 전체 32점 가운
데 약 34.4%에 해당하는 11점만이 지은이를 밝혔고, 글쓴이를 밝힌 것은 더
욱 적어 3점에 불과하다. 물론 찬자의 경우는 묘지의 내용이나 개인 문집을
통해 유추할 수 있는 것도 간혹 있으나, 글쓴이의 경우는 그런 사례를 찾아
볼 수 없다. 그런데 고자묘지는 지은이와 글쓴이를 밝히지 않았을 뿐더러, 묘
지 내용을 통해서도 그들이 누구인지 알 수 없다.

---

9) 《大連日報》 2016년 10월 28일자 인터넷판에 소개된 史吉祥의 〈吉林大學考古與藝術博物館收存的羅家
舊藏文物簡介〉에 의하면, 吉林大學도 뤄전위가 소장했던 청동기를 비롯한 갑골, 서화, 비첩, 불상 등의
여러 유물을 소장하고 있다고 한다.

〈표 2-1〉 재당 한인묘지 찬자 · 서자

자료명	제작시기	소장처	지은이	글쓴이
高質墓誌	성력 3년(699) 臘月	천당지재	韋承慶	劉從一
高震墓誌	대력 13년(778)	미상	楊憼	
泉男生墓誌	조로 원년(679)	하남박물원	王德眞	歐陽通
泉獻誠墓誌	대족 원년(701)	미상	梁惟忠	
泉毖墓誌	개원 21년(733)	낙양박물관	泉隱	
劉元貞墓誌	천보 3년(744)	천당지재	崔朏	
南單德墓誌	대력 11년(776)	서안비림박물관	薛夔	
禰仁秀墓誌	개원 15년(727)	서안시문물보호고고연구원	禰適	
虢王妃扶餘氏墓誌	개원 26년(738)	섬서성고고연구원	梁涉	
郭公姬薛氏墓誌	장수 2년(693)	미상	陳子昂	
李璆夫人京兆金氏墓誌	함통 5년(864)	서안비림박물관	崔希古	董咸

앞에서 언급했듯이 1990년대에 중국 허난성 멍진현 칠리촌에서 고질묘지(高質墓誌)가 수습되었다. 이 묘지는 현재 허난성 신안현(新安縣) 톄먼진(鐵門鎭)의 천당지재에 수장되어 있거니와, 천당지재에서 이 묘지를 수집할 당시 개석은 이미 없어지고 지석만 남아 있었다고 한다. 지석은 가로 세로가 각각 88㎝ 크기의 정방형으로, 윗면에 44행 44열에 걸쳐 가는 선으로 공간을 구획한 다음 단정한 해서로 고구려 유민 고질의 생애와 업적을 기록하였다. 총 1,775글자에 달하는 이 묘지에서 특히 눈길을 끄는 것은 지문 말미에 지은이와 글쓴이 그리고 글자를 새긴 사람의 이름을 차례대로 적었다는 점이다. 당대 묘지에서 찬술자와 글쓴이뿐만 아니라 새긴 사람의 이름을 밝힌 것은 흔치 않은 예이다. 그런데 고질묘지에서는 위승경(韋承慶)이 글을 짓고 유종일(劉從一)이 글씨를 썼으며, 요처환(姚處環)·상지종(常智琮)·유랑인(劉郞仁)이 글자를 새겼다고 한다.

고질은 고자의 아버지로, 697년 5월 23일 마미성 전투에서 부자가 함께 전사하여 성력 3년 납월(臘月) 17일 두 사람 모두 같은 날 낙주 합궁현 평락향에 장사지냈다. 고자묘지와 고질묘지는 이즈음에 만들어졌을 터인데, 고자묘지에는 지은이와 글쓴이를 밝히지 않은 반면 고질묘지에는 지은이와 글쓴이뿐만 아니라 글자를 새긴 사람까지 자세히 명시하였다. 같은 날 죽어, 같은 날 같은 곳에 장사지낸 두 사람의 묘지에 왜 이런 차이가 나는 지는 명확히 알 수 없다. 그럼에도 두 묘지를 비교·검토해보면, 고자묘지의 지은이와 글쓴이 역시 고질묘지의 지은이 및 글쓴이와 동일인이 아닐까 하는 의구심을 갖게 된다.

일찍이 민경삼은 고자묘지와 고질묘지의 서술방식과 내용, 문체와 어휘가 서로 유사한 점을 들어 모두 동일인이 찬술하였고, 몇몇 서체 비교를 통하여 모두 한 사람이 쓴 것으로 추정하였다.[10] 사실 서술방식과 문체의 유사성만으로 두 묘지를 동일인의 찬술이라 단정하기 어려우나, 어휘의 유사성 측면에서는 그럴 가능성이 충분하다. 특히 고자와 고질의 생애에서 겹치는 부분인 출신과 가문의 계보, 마미성 전투와 사망에 대한 서술 속에 동일한 어휘가 자주 사용되었다. 예를 들면, 왕으로 봉하다[封爲王], 연나라 군사를 깨뜨리다[破燕軍], 본국을 보존하다[存本國], 세 번 사양하고 받지 않다[三讓不受], 그로 인해 고씨 성을 내려주다[因賜姓高], 인하여 금문철권을 내려주다[仍賜金文鐵券], 까마귀 머리가 희게 되고 압록강 물이 마르다[烏頭白鴨淥竭], 대대로 이어 끊이지 않다[承襲不絶], 홀로 국정을 맡다[獨知國政], 성스러운 왕조에 귀순하다[歸款聖祖], 역사에 편입하도록 하다[令編入史] 등등이 그것이다. 그럼에도 이러한 사례만으로 고자묘지와 고질묘지의 찬술자가 같다고 단정하기에는 주저되는 바가 없지 않다.

한편 글쓴이의 경우는 지은이에 비해 보다 명확하게 판단할 수 있다. 서체는 사람에 따라 다양하게 나타난다. 물론 왕희지나 구양순 글씨 같은 몇몇 서체를 표본으로 삼아 글자를 익히는 습자 초기에는 각자의 글씨체가 크게 다르지 않을 수 있겠으나, 어느 정도 단계를 지나면 각자의 특징적인 서체가

---

10) 민경삼, 〈중국 洛陽 新出土 고대 한인 묘지명 연구: 고질묘지명을 중심으로〉, 《신라사학보》 15, 2009, 220~226쪽.

형성된다. 민경삼도 이런 점에 주목하여 고자와 고질묘지의 몇몇 글자를 대조하여 동일인이 두 묘지를 모두 썼을 것으로 추정하였다. 그럼에도 대조한 글자 수가 많지 않을뿐더러 글씨체의 유사성에 대한 구체적 설명이 없어, 독자들에게 확신을 심어주지 못하였다. 그래서 여기서는 두 묘지에 등장하는 이체자(異體字) 사용경향과 글씨체 비교를 통하여 글쓴이를 추정하고자 한다.

한자는 표의문자의 속성상 글자체가 시간적 추이에 따라 다양하게 변형될 수밖에 없다. 다시 말하면, 하나하나의 글자가 오랜 세월을 거치는 동안 여러 가지 형태로 변형되어 사용되었다. 그 중에서 대표적인 하나의 글자, 곧 정자(正字)를 제외한 나머지 변형 글자를 일괄 이체자 혹은 속자(俗字), 별자(別字)라 한다. 그런데 이체자는 하나의 정자에 대해 적게는 한 글자부터 많게는 수십 글자가 공존한다. 따라서 어떠한 이체자를 어떤 형태로 썼는지 등의 글자 사용경향은 글쓴이의 특성을 보여주는 지표가 될 수 있다. 즉 이체자는 정자에 비해 글쓴이의 글자 선택 경향과 필법의 특징을 보여주는 스펙트럼이 훨씬 넓기 때문에, 이체자 분석은 특정 자료의 글쓴이를 추정하는데 유용한 방법이 될 수 있다. 이러한 이체자는 중국의 거의 모든 기록물에 사용되었는데, 그 중에서도 금석문에 특히 많이 나타난다.

고자묘지에도 다양한 형태의 이체자가 사용되었다. 고자묘지에는 측천문자(則天文字)를 포함하여 총 199종 373글자의 이체자가 씌어졌다. 이는 고자묘지 전체 글자수 1,241자의 30.1%에 해당한다.

〈표 2-2〉 고자묘지의 이체자

牂 瞻 高 總 跲 號 㺞 臣 刻 巳 還 罕 彙 觀 退 才 於 輕 定 吉 分 竉 震 變 矣 慈 人 隨 蒙
麗 國 爲 侯 宰 奧 慕 幾 密 邑 文 鐵 叅 宜 孫 烏 湲 蝎 龔 絶 初 來 年 餘 德 勇 因 土 隔
況 地 蘊 教 授 轉 功 賴 遙 流 郭 筓 傳 諸 帶 曾 蕃 支 知 極 樞 機 權 邦 寗 督 兄 𤣥 橫
屬 亡 鹽 款 聖 且 旦 明 㳌 僑 號 祿 殊 宜 族 虞 域 鷍 革 解 㥁 虎 校 屯 劒 弧 宛 柳 恩
游 鏨 舊 遠 歲 天 勅 充 瀘 從 緣 壯 旣 筞 恭 冠 孤 援 禪 彌 庭 夏 傷 懷 男 身 赴 烈 没
深 鯉 例 葬 㝢 標 太 獲 脅 勝 奪 載 翊 毁 貌 亭 飄 兆 恐 堅 潛 陵 貿 遷 佽 魂 蓬 遼 芭
淳 粹 昭 致 胤 哉 橫 能 誓 爾 兒 歷 服 揚 洹 撝 孟 善 美 惡 籠 戌 溫 懿 琬

앞의 〈표 2-2〉는 고자묘지에서 이체자로 쓴 199종을 정리한 것이다. 이 가운데 고질묘지에 사용된 모든 글자와 대조하면 125종이 겹친다. 밑줄 친 글자가 바로 그것이다. 그런데 고자묘지의 125종 이체자 가운데 98.4%에 해당하는 123종의 글자가 고질묘지에서도 이체자로 썼다. 더욱이 일치하지 않은 두 글자인 '제(諸)'와 '지(知)'의 경우, 고질묘지에서는 모두 정자를 사용했으나 고자묘지에서는 각각 한 차례만 이체자로 쓰고 다른 곳에서는 모두 고질묘지처럼 정자를 사용하였다. 이런 점에서 제(諸)와 지(知)를 고자묘지와 고질묘지의 상호 비교 대상에서 제외해도 무방할 듯하다. 그렇다면 고자묘지에서 이체자로 쓴 123종의 글자는 고질묘지에서도 예외 없이 이체자로 쓴 셈이다. 다시 말하면 고자묘지와 고질묘지의 이체자 사용 경향이 100% 일치한다고 할 수 있다.

반면 고질묘지에 버금가는 글자수를 담고 있는 흑치상지묘지와 천남생묘지에서는 그러한 특징이 보이지 않는다. 고자묘지에서 이체자로 쓴 199종의 글자 중에 흑치상지묘지에서 98종, 천남생묘지에서 101종이 확인된다. 그 가운데 흑치상지묘지는 83종, 천남생묘지는 85종만이 이체자로 씌어졌고 나머지는 모두 정자로 씌었다. 그렇다면 이 두 묘지는 고자묘지의 이체자 사용과 각각 84.7%와 84.2% 일치한다고 할 수 있다. 이러한 수치는 앞서 살펴본 고질묘지와 큰 차이를 보인다.

뿐만 아니라 흑치상지와 천남생 묘지 이체자의 상당부분이 고자묘지의 글씨체와 일치하지 않는다. 반면 고질묘지는 고자묘지의 이체자 글씨모양과 매우 흡사하다. 다음의 〈표 2-3〉은 고자묘지의 이체자를 중심으로 고질묘지, 흑치상지묘지, 천남생묘지의 글자를 서로 비교한 것이다.

〈표 2-3〉 이체자 비교

正字	고자묘지	고질묘지	흑치상지묘지	천남생묘지
邑	18-⑲	15-⑤	20-⑱	23-㉙
文	25-㉒	13-㉟	4-㊱	6-㊼
絶	36-⑭	6-㉙	16-㉓	38-⑦
督	25-⑲	1-㉑	10-㉗	1-㉞
稟	12-㊱	26-㉗	11-㊴	7-⑧
葬	27-㉟	29-㊶	28-㉚	36-⑰
能	34-⑯	3-㉝	32-㉔	26-㉞
揚	35-⑭	14-㊱	21-㉓	44-㊺
亡	27-㉑	38-⑮	41-⑧	32-㉚
族	16-㉔	25-㊸	6-㉒	6-㊳
庭	24-④	37-⑧	23-㉕	5-⑱

앞의 표를 일별하면 알 수 있듯이 고자묘지와 고질묘지의 이체자 글씨 모양은 완전히 일치하는 반면, 흑치상지와 천남생 묘지의 글자와는 차이가 난다. 특히 획수가 적어 차이점이 명확히 드러나는 읍(邑), 문(文), 망(亡)을 보면 더욱 분명해진다. 사실 여기에 제시한 글자는 전체 이체자의 극히 일부에 지나지 않거니와, 고자묘지와 고질묘지에 동시에 사용된 123종의 이체자 자형(字形)은 대부분 글씨체가 일치한다. 이러한 사실은 고자묘지와 고질묘지가 한 사람에 의해 씌어졌다는 사실을 웅변해준다.

'고(孤)'와 '호(弧)'의 이체자 사용례를 통해서도 그러한 사실을 짐작할 수 있다. 고(孤)와 호(弧)는 글자체가 유사하기는 하나, 정자는 물론 〈표 2-5〉와 〈표 2-6〉에서 볼 수 있듯이 이체자도 분명히 구별된다. 그런데 고자묘지와 고질묘지에는 일반적으로 '고(孤)'의 이체자로 사용되는 글자가 각각 2회와 3회 등장한다(〈표 2-4〉 참조). 그 가운데 고자묘지 제17행 29열과 고질묘지 제8행 39열의 '고(孤)'는 문맥상 '호(弧)'의 이체자로 사용된 것이 분명하다.[11] 그럼에도 두 묘지에서는 공통적으로 '고(孤)'와 '호(弧)'의 이체자를 서로 혼용하였다.

〈표 2-4〉 고자 · 고질묘지 고(孤)의 용례

高慈墓誌		高質墓誌		
17-㉙	23-⑱	8-㊴	22-㉖	31-㉘

---

11) 고자묘지 제17행의 "琱孤宛轉"과 고질묘지 제8행의 "彎孤七札"은 문맥과 글자의 유사성으로 보아 '孤'는 '弧'의 오기이거나 혹은 상통하는 이체자로 판단된다. 그렇다면 琱弧宛轉는 아름답게 조각한 활을 현란하게 움직여 사용한다는 의미이고, 彎弧七札은 활을 당겨 일곱 겹의 갑옷을 꿰뚫는다는 뜻이 되어 문맥이 자연스럽게 이어진다.

〈표 2-5〉 당대 고(孤)의 이체자

田氏墓誌	獨孤守義墓誌	楊乾光墓誌	高提昔墓誌	劉元貞墓誌	虢王妃扶餘氏墓誌	黑齒常之墓誌	黑齒俊墓誌	陳法子墓誌
孤	孤	孤	孤	孤	孤	孤	孤	孤

〈표 2-6〉 당대 호(弧)의 이체자

泉男生墓誌	元天穆墓誌	侯海墓誌	某妻殘墓誌	張盈墓誌	元仲英墓誌	張萬善墓誌	師弘禮墓誌	張愻墓誌
弧	弧	弧	弧	弧	弧	弧	弧	弧

〈표 2-7〉 원(元)과 원(原)의 표기

高慈墓誌	高質墓誌	高提昔墓誌	高玄墓誌	高足酉墓誌	高牟墓誌	泉男產墓誌	南單德墓誌	劉元貞墓誌
元	元	元	元	元	元	元	元	元
		襧仁秀墓誌	扶餘太妃墓誌	扶餘隆墓誌	黑齒常之墓誌	陳法子墓誌	難元慶墓誌	
		元	元	元	元	元	元	

高慈墓誌	高質墓誌	高鐃苗墓誌	高提昔墓誌	高玄墓誌	高足酉墓誌	高氏夫人墓誌	泉愻墓誌	李他仁墓誌
原	原	原	原	原	原	原	原	原
		襧軍墓誌	襧素士墓誌	襧仁秀墓誌	陳法子墓誌	難元慶墓誌		
		原	原	原	原	原		

뿐만 아니라 당대의 여타 묘지에서 대부분 이체자로 표기한 몇몇 글자를 유독 고자묘지와 고질묘지에서는 모두 정자로 표기하였다. 〈표 2-7〉은 재당 한인묘지 32점을 대상으로 '원(元)'과 '원(原)'의 글자를 찾아 정리한 것이다.

이 표를 살펴보면, 고제석묘지(高提昔墓誌)를 비롯한 모든 한인묘지에서 원(元)과 원(原)을 모두 이체자로 표기했으나, 고자와 고실 묘지에서만 정자로 적었음을 알 수 있다. 원(元)과 원(原) 외에 개(開), 양(壤), 양(讓)의 경우도 마찬가지이다.

사실 고자묘지와 고질묘지는 정자(正字)에서도 전반적으로 글씨체가 유사하다.[12] 게다가 앞에서 살펴보았듯이 다양한 글씨체가 존재하는 이체자의 사용경향이 서로 완전히 일치하며, 이체자 하나하나의 모양 역시 두 묘지에서 흡사하다. 뿐만 아니라 고자와 고질 묘지에서는 당대의 여타 금석문과 달리 '고(孤)'와 '호(孤)'의 이체자를 혼용하였고, 대부분 이체자로 표기한 원(元), 원(原), 개(開), 양(壤), 양(讓) 등을 모두 정자로 표기하였다. 이러한 사실들을 종합해보면, 고자묘지와 고질묘지는 동일인이 쓴 것으로 볼 수밖에 없다. 그런데 고질묘지 말미에 조의대부 행봉각사인 위승경(韋承慶)이 지문을 짓고, 전우감문위장상 유종일(劉從一)이 글씨를 썼다고 한다.[13] 그렇다면 고자묘지의 글도 유종일이 썼다는 결론에 도달할 수 있다.

유종일이 글씨를 썼음에도 왜 고자묘지에 그러한 사실을 명시하지 않았을까? 여러 가지 이유가 있었겠으나, 무엇보다도 고자묘지에 지은이와 글쓴이를 새길만한 공간이 없었기 때문이 아닐까 한다. 고질묘지에 준하여 지은이와 글쓴이를 밝히려면 최소 1행 이상의 공간이 있어야 한다. 그러나 고자묘지에는 조금의 여유 공간도 없이 지문을 빽빽하게 새겨 넣었다. 그에 따라 고자묘지에서는 지은이와 글쓴이를 생략하지 않을 수 없었을 것이다.

---

12) 閔庚三, 앞의 글, 2009, 224~226쪽.
13) "朝議大夫行鳳閣舍人 韋承慶撰 前右監門衛長上 弘農劉從一書"(高質墓誌)

3. 제작시기 검토

고구려 유민 고자는 만세통천 2년(697) 5월 23일 마미성(磨米城) 전투에서 아버지 고질과 함께 전사하여, 성력(聖曆) 3년 납월(臘月) 17일 고질과 함께 나란히 낙주 합궁현 평락향에 묻혔다. 그때 나이 33세였다. 고자묘지는 이즈음에 만들어진 것이 틀림없는데, 성력 3년 납월 17일은 과연 서력 연대로 몇 년 몇 월일까?

고자묘지는 1937년 뤄전위의 《당대해동번벌지존》을 통해 처음 세상에 알려진 이후 한국, 중국, 일본의 여러 금석문 자료집과 목록집, 그리고 학술지에 꾸준히 소개되었다. 필자가 확인한 바로는 지금까지 17종의 자료집과 목록집, 10여 종의 논문에서 고자묘지를 판독, 고증, 번역, 주석, 연구, 정리하였다. 이 가운데 고자묘지의 제작시기를 서력 연대로 명시한 자료집과 논문에서는 모두 "성력 3년 납월 17일"을 서기 700년 12월 17일이라 하였다.[14]

성력은 서기 697년 11월 1일부터 700년 5월 4일까지 약 2년 6개월 동안 사용된 측천무후 치세의 연호이다. 《자치통감》(권206)에 의하면, 신공 원년(697) 윤10월 다음 달 정월 갑자 초하루 동지(冬至)에 측천무후가 통천궁(通天宮)에 제향하고 전국에 사면령을 내린 다음 연호를 성력으로 바꾸었고, 성력 3년 (700) 5월 계축 곧 5일에 홍주(洪州) 승려 호초(胡超)가 조제한 장생약을 먹고 병에 다소 차도가 있었으므로 연호를 장생불로를 의미하는 구시(久視)로 바꾸

---

14) 北京圖書館金石組, 《北京圖書館藏中國歷代石刻拓本彙編》18, 中州古籍出版社, 1989; 陳長安, 《隋唐五代墓誌彙編》洛陽7, 天津古籍出版社, 1991; 于平, 《中國歷代墓誌選編》4, 天津古籍出版社, 2000; 李宇泰, 《韓國金石文集成》2, 韓國國學振興院, 2014; 李蘭暎, 《韓國金石文追補》, 아세아문화사, 1968; 許興植, 《韓國金石全文》(古代), 아세아문화사, 1984; 國史編纂委員會, 《韓國古代金石文資料集》(1), 國史編纂委員會, 1995; 洛陽市文物工作隊, 《洛陽出土墓誌目錄》, 朝華出版社, 2001; 氣賀澤保規, 《新編 唐代墓誌所在總合目錄》, 汲古書院, 2017; 朴漢濟, 〈高慈 墓誌銘〉, 《譯註 韓國古代金石文》1, 가락국사적개발연구원, 1992; 권덕영, 〈고자묘지〉, 《중국 소재 한국 고대 금석문》, 한국학중앙연구원, 2015.

었다고 한다.

측천무후는 일찍이 태종의 재인(才人)으로 입궁하여 태종 사후 일시 승려가 되었다가 고종 즉위 후 다시 황궁에 들어가 655년에 왕황후(王皇后)와 소숙비(蕭淑妃)를 내쫓고 고종의 황후가 되었다. 그후 고종을 대신하여 정무를 맡아 보며 장손무기(長孫無忌) 등의 훈구대신들을 몰아내고 신진세력을 대거 등용하여 조정의 권력을 장악해나갔다. 683년에 고종이 죽자 그녀는 셋째아들 영왕(英王) 철(哲)을 황제[中宗]로 세웠으나 이듬해 폐위하고 다시 넷째아들 예왕(豫王) 단(旦)을 황제[睿宗]로 세우는 등 황위를 비롯한 모든 정무를 전횡하였다. 그러자 이경업(李敬業)과 여러 황족들이 무후의 죄를 묻기 위하여 각지에서 반란을 일으켰으나 모두 곧바로 진압되었다. 이에 측천무후는 조정에서 밀고와 감시를 조장하고 공포정치를 펼쳐 반대세력을 억누르고 자신의 권력을 한층 강화하였다. 더불어 그녀는 숭선묘(崇先廟)를 세워 무씨 선조를 분향하고 스스로 성모신황(聖母神皇)이라 하였으며, 이른바 측천문자를 만들어 사용하고 기존의 역법을 주력(周曆)으로 바꾸었다. 이러한 시책은 그가 황제가 되기 위한 준비공작의 일환이거니와, 690년에 마침내 예종을 폐하고 자신이 황제가 되어 나라 이름을 대주(大周)라 하였다.

여기서 주목하고자 하는 것은 역법 변경이다. 《구당서》(권6) 측천황후기 재초 원년 정월조에 "신황(神皇) 곧 측천황후가 친히 명당에 제사지내고 천하에 사면령을 내렸다. 주나라 제도에 의거하여 건자월(建子月) 곧 음력 11월을 정월로 삼아, 영창 원년 11월을 재초 원년 정월로 삼았다. 그리고 12월을 납월로 삼고 옛 정월을 바꾸어 1월로 삼았다"라 하였고, 같은 책(권6) 구시 원년 10월조에 "갑인일 곧 10일에 옛날의 정삭을 복구하여 1월을 정월로 삼아 해의 첫 달로 하였고, 정월을 옛날대로 11월로 삼았다"라 하였다.[15] 이러한 사실은

---

15) "(載初元年正月) 神皇親享明堂 大赦天下 依周制建子月爲正月 改永昌元年十一月爲載初元年正月 十二

《신당서》(권4) 측천황후기와 《자치통감》(권204)에도 똑같이 언급되어 있다. 즉 측천무후는 재초 원년 정월에 해당하는 689년 11월부터 구시 원년 10월에 해당하는 700년 10월까지 상고시대 주나라 역법에 의거하여 종래 11월을 정월, 12월을 납월, 기존의 정월을 1월이라 하였다.[16]

이 기간 동안 측천무후는 천수, 여의, 장수, 연재, 증성, 천책만세, 만세등 봉, 만세통천, 신공, 성력, 구시 등의 11개 연호를 사용하였다. 성력은 바로 주나라 역법을 종래의 하(夏)나라 역법으로 되돌린 구시(久視) 직전 연호이다. 하여튼 성력 원년은 697년 11월 1일부터 698년 10월말, 성력 2년은 698년 11월 1일부터 699년 10월말, 성력 3년은 699년 11월 1일부터 700년 10월말까지에 해당한다. 그런데 측천무후의 주(周) 왕조는 700년 5월 계축일 곧 5일에 연호를 구시로 바꾸었으므로 실제 성력 3년은 699년 11월 1일부터 700년 5월 4일까지만 사용되었다.

한편 납월의 '납(臘)'은 원래 한 해의 마지막 달에 선조와 온갖 신에게 올리는 제사이다. 그것을 납제(臘祭)라 한다. 《예기》 월령에 "천자가 일월성신[天宗]에게 제사를 지내 내년의 풍작을 빌고 또 공사(公社)와 문려(門閭)에 제사하며, 사냥해서 잡은 것으로 선조들에게 다섯 제사[五祀]를 지낸다"라[17] 하였고, 응소(應劭)의 《풍속통의(風俗通義)》에 "납은 사냥하는 것인데, 사냥해서 얻은 짐승들을 바치고 선조들에게 제사지내는 것을 말한다"라 하였다.[18] 그리고 《사기》(권48) 진섭세가(陳涉世家)에 "납월에 진왕이 여음(汝陰)에 갔다가 하성보(下城父)로 돌아왔다[臘月陳王之汝陰 還至下城父]"라 한 것에 대하여 배인(裵駰)의 《사

月爲臘月 改舊正月爲一月…중략…(久視元年十月) 復舊正朔 改一月爲正月 仍以爲歲首 正月依舊一月"(《舊唐書》권6, 측천황후기).

16) 측천무후의 역법 변경은 당시 신라에도 영향을 미쳤다. 《三國史記》(권8) 효소왕 4년(695)조에 "子月을 정월로 삼았다"라 하고, 같은 왕 9년(700)조에 "다시 寅月을 정월로 삼았다"라 한 것이 그것이다.

17) "天子 乃祈來年于天宗 大割祠于公社及門閭 臘先祖五祀"(《禮記》 월령).

18) "臘者 獵也 言田獵取禽獸 以祭祀其先祖也"(《風俗通義》 祀典).

기집해》에서 《형초세시기(荊楚歲時記)》를 인용하여 "납제는 12월에 있기 때문에 그것을 일컬어 납월이라 한다[臘節在十二月 故因是謂之臘月也]"라 하였다. 따라서 납월은 음력 12월 곧 섣달을 말한다.

이상의 논의를 종합하면, 성력 3년 납월은 서기 699년 12월에 해당한다. 그러한 사실은 국자음묘지(麴慈音墓誌)에서 "성력삼년세차경자납월신사삭십오일을미(聖曆三年歲次庚子臘月辛巳朔十五日乙未)"라 하였고, 고질묘지에서 "성력삼년세위경자납월신사삭십칠일정유(聖曆三年歲位庚子臘月辛巳朔十七日丁酉)"라 한 것에서도 확인할 수 있다. 즉 이들 묘지에서는 성력 3년을 모두 庚子(700)라 하면서도 臘月, 곧 12월의 초하루를 辛巳라 하였다. 그런데 첸위앤(陳垣)의 《이십사삭윤표(二十史朔閏表)》(중화서국, 1962)와 일본내무성지리국이 편찬한 《삼정종람(三正綜覽)》(제도출판사, 1932) 등에 의하면, 700년 경자년 12월 초하루는 신사(辛巳)가 아니라 을사(乙巳)이다. 반면 699년 기해년 12월 초하루는 신사이고, 15일과 17일은 을미와 정유로서 간지가 정확히 일치한다. 이처럼 성력 3년 납월은 해[年]의 간지와 달[月]의 간지가 서로 어긋난다. 이것은 측천무후가 주력(周曆)을 채용하여 종전의 11월을 정월로 삼은 역법 변경에 따른 당연한 결과이다.

이러한 현상은 주력을 사용하던 시기에 만들어진 당 금석문에서도 예외없이 나타난다. 예를 들면, 사기종유기비(謝幾綜游記碑)에 "만세통천이년세차정유납월기사삭이십이일경인(萬歲通天二年歲次丁酉臘月己巳朔二十二日庚寅)"이라 하였다. 그런데 서기 697년에 해당하는 만세통천 2년의 간지는 정유(丁酉)가 분명하나 그해 12월 초하루는 기사(己巳)가 아니라 계사(癸巳)이고, 기사는 그 전년인 696년 12월의 간지이다. 그리고 이지본묘지(李志本墓誌)에 "증성원년세차을미납월경술삭십일일경신(證聖元年歲次乙未臘月庚戌朔十一日庚申)"이라 하였는데, 여기서도 695년 증성 원년의 간지는 을미가 맞으나 달[月]과 날[日]은 을미년의 것이 아닌 그 전년인 갑오년의 간지와 일치한다.

고자묘지에 의하면, 그는 성력 3년 납월 17일 낙주 합궁현 평락향에 묻혔다고 한다. 그래서 종전의 모든 연구자들은 '성력 3년'에만 주목하여 700년 12월 17일에 고자를 장사지냈고, 묘지 또한 그 즈음에 만들어졌다고 하였다. 그러나 서기 700년 12월은 이미 성력 연호가 구시(久視)로 바뀐 시기였다. 따라서 당시 역법 변경 사실을 감안하면, 이 묘지는 699년 12월경에 만들어졌다고 할 수 있다.

고자묘지가 세상에 드러난 지 이미 100년이 지났다. 그동안 많은 사람들이 이 묘지에 관심을 가지고 연구하였으나, 정작 묘지의 행방과 제작시기 같은 기본적인 문제에는 다소 소홀하였다. 본서에서는 그러한 문제의식을 가지고 종래 간과했거나 미처 다루지 못한 몇 가지 문제를 옴니버스(omnibus) 형식으로 한데 묶어 고찰하였다.

첫 번째는 고자묘지의 행방 문제이다. 이 묘지는 1917년 뤄양 망산에서 출토된 지 얼마 후 뤄전위의 수중에 들어가, 그가 죽은 1940년까지 랴오닝성 뤼순의 대운서고에 보관되어 있었다. 그러나 1945년 8월에 일본이 패망하여 뤼순에서 물러가고 소련군이 진주하여 대운서고를 장교 초대소로 개조하였다. 그 와중에 그곳의 유물과 전적들이 뿔뿔이 흩어지고 망실되었다. 그후 중국 인민정부는 일부 온전하게 남은 자료와 앞서 버려지고 반출된 유물을 회수하여, 뤄전위의 후손들과 의논해 그것을 요령성도서관, 요령성박물관, 대련도서관, 여순박물관 등에 넘겼다. 아직 이 자료들이 완전히 정리되지 않아 단정할 수 없으나, 고자묘지는 그중 한 곳에 들어 있을 가능성을 배제할 수 없다.

두 번째는 고자묘지의 글쓴이[書者]에 대한 문제이다. 고자묘지에는 지문의 지은이와 글쓴이가 누구인지 밝히지 않았다. 고자는 만세통천 2년(697) 마미성에서 그의 아버지 고질과 함께 전사하여 성력 3년 같은 달 같은 날 두 사람은 낙주 합궁현 평락향에 묻혔다. 그런데 고자묘지는 고질묘지와 글씨가 매우 흡사하다. 특히 글쓴이의 글자 사용성향을 잘 보여주는 이체자를 비교해 보면 두 묘지는 최소 98.2%, 최대 100%가 겹칠뿐더러 글씨체도 완전히 일치한다. 게다가 두 묘지는 공통적으로 당대의 여타 금석문과 달리 '고(孤)'와 '호(弧)'의 이체자를 혼용하였고, 대부분 이체자로 표기한 '원(元)'과 '원(原)'을 모두 정자로 적었으며, 나머지 글자들도 서로 매우 흡사하다. 따라서 두 묘지는 동일인이 쓴 것으로 판단할 수밖에 없다. 한편 고질묘지는 전우감문위장상 유종일(劉從一)이 지문의 글씨를 썼다고 한다. 그렇다면 고자묘지의 지문 역시 유종일이 썼다고 할 수 있다.

세 번째는 고자묘지 제작시기의 문제이다. 고자는 성력 3년 납월 17일 낙주 합궁현 평락향에 묻혔다. 따라서 고자묘지는 이즈음 제작되었을 터인데, 종전의 모든 연구자들은 "성력 3년 납월 17일"을 서기 700년 12월 17일로 이해하였다. 성력은 697년 11월 1일부터 700년 5월 4일까지 사용된 측천무후 치세의 연호이다. 측천무후는 재초 원년(690)부터 역법을 상고시대 주나라 역법으로 바꾸어, 11월을 정월로 하고 12월을 납월, 종전의 정월을 1월이라 하였다. 성력은 바로 주력을 사용하던 시기로, 성력 3년 납월은 서기 700년 12월이 아니라 699년 12월에 해당한다. 따라서 고자묘지는 서기 699년 12월경에 만들어졌다고 하겠다.

제2절 백제 유민 예씨(禰氏) 일족 묘지 단상

백제사 관련 자료는 신라와 고구려에 비해 상대적으로 매우 소략하다. 이에 따라 백제사를 포함한 한국고대사 연구자들은 늘 새로운 자료의 출현을 학수고대해왔다. 그러한 기대에 부응이라도 하듯 근년 국내와 중국에서 백제사 관련 새로운 금석문 자료 몇 점이 발견되었다. 국내에서는 미륵사지 서탑에서 금제사리봉안기가 출토되었고, 중국에서는 백제 유민 예식진묘지(禰寔進墓誌)와 괵왕비부여씨묘지(虢王妃扶餘氏墓誌) 등이 발견되었다.

그 중에서도 필자의 관심을 끈 것은 예식진묘지이다.[1] 이 묘지는 2006년 중국 허난성 뤄양(洛陽)의 한 골동품 가게에서 수습되었다. 동옌수(董延壽)와 자오전화(趙振華)가 처음 학계에 소개한 예식진묘지는 사료부족에 허덕이던 백제사 연구에 신선한 충격을 주었거니와,[2] 백제에 이른바 대성팔족(大姓八族) 외에도 대대로 좌평을 역임한 예씨의 존재를 확인시켜 주었다. 뿐만 아니라 이 자료를 통해, 660년 7월 의자왕을 이끌고 당에 항복한 예식(禰植)이 바로 묘지의 주인공 예식진과 동일 인물이라는 사실을 알 수 있었다.

이처럼 예식진묘지가 몇 가지 새로운 사실을 전해주기는 하나, 묘지 전체 글자가 288자에 불과하여 백제 멸망을 전후한 시기 예식진을 비롯한 예씨 일족의 존재양태에 대한 또 다른 궁금증을 불러일으켰다. 그러던 중 지난 2010년 봄에 중국 서안시문물보호고고소 곧 지금의 서안시문물보호고고연구원이 산시성 시안시 창안구(長安區) 궈두진(郭杜鎭)에서 당나라 무덤 3기를 발굴

---

1) 중국어에서는 백제 禰氏의 '禰'를 아버지의 사당을 의미할 때는 니(ni)로 읽고 성씨를 뜻할 때는 미(mi)로 발음한다. 그러나 한국어에서는 그것을 구분하지 않고 '녜', '니', 혹은 '미' 등으로 읽어왔다. 한편《일본서기》(권27) 天智 4년 9월조에서는 禰軍의 禰를 '녜(ね)'로 읽었다. 본서에서는 중국 발음과 관계없이 '禰'를 편의상 일괄 '녜'로 읽고자 한다.

2) 董延壽·趙振華, 〈洛陽, 魯山, 西安出土的唐代百濟人墓誌探索〉,《東北史地》2007-2, 8~11쪽.

하였다. 그중 두 곳에서 예식진의 아들 예소사(禰素士)와 손자 예인수(禰仁秀)의 묘지가 출토되었다.

한편 2011년 7월 중국 길림대학 왕롄룽(王連龍)이 백제 유민 예군(禰軍) 묘지를 고찰한 글을 발표하였다. 그는 이 논문에서, 예군묘지는 근래 산시성 시안에서 출토되었는데 2009년에 탁본을 입수했으며, 예군은 《삼국사기》와 《일본서기》에 등장하는 웅진도독부사마 예군(禰軍)과 동일인이라 하였다.[3] 예군묘지를 살펴보면 그의 지적이 타탕하다는 사실을 알 수 있거니와, 그 외에도 이 묘지는 여러 가지 새로운 사실을 전해준다.

2010년을 전후하여 백제 유민 묘지 4점, 그것도 예씨 일족 3대의 유물이 한꺼번에 발견된 것은 유례가 없던 일이다. 이 절에서는 근년 새로 발견된 예군, 예소사, 예인수 묘지의 내용을 소개하고, 이들 묘지를 통해 백제 예씨의 존재양태와 그들의 활동 등을 정리하고자 한다.

1. 예씨 묘지의 신자료

1) 예군묘지

중국 산시성 시안시 인민정부는 20세기 말부터 다음 세기 초에 걸쳐 창안구 귀두진 일대에 대학가를 건설하였다. 그 과정에 많은 고분이 파괴되고 도굴되었는데, 예군 무덤 역시 그즈음에 도굴되어 묘지석을 비롯한 각종 유물들이 반출되었다. 그후 2013년 3월 시안시 당국이 현지에서 도굴단을 적발하여 예군묘지를 비롯한 여러 출토 유물을 회수하였다.

---

3) 王連龍,〈百濟人禰軍墓誌考論〉,《社會科學戰線》2011-7, 123~129쪽.

예군묘지는 개석과 지석이 모두 온전하게 남아 있다. 개석은 여타 당나라 묘지와 마찬가지로 사각추의 아랫부분을 수평으로 절단한 녹정형(盝頂形)으로, 크기는 가로 63㎝ 세로 65㎝ 두께 12㎝이다. 평평하게 다듬은 윗면에는 4행 4열에 걸쳐 전서로 "대당고우위위장군상주국예공묘지명(大唐故右威衛將軍上柱國禰公墓誌銘)"이란 전액을 새겼고, 그 주변에 돌아가며 기하문양을 새겼으며 네 모서리에 꽃잎무늬를 그려 넣었다. 그리고 아래쪽 사방으로 비스듬히 깎아 내린 네 면에는 화초넝쿨무늬를 음각해 장식하였다.

지석은 가로 세로 각각 59㎝ 두께 10㎝ 크기의 정방형으로, 측면에 사방으로 돌아가며 역시 화초넝쿨무늬를 음각하였다. 지석의 윗면에는 31행 30열에 걸쳐 가는 선으로 공간을 구획한 다음 정갈한 해서로 백제 유민 예군의 생애와 공적을 새겼다. 묘지에 새긴 글자는 총 884자이다. 묘지 상태는 비교적 양호하여 제10행 17열의 한 글자를 제외하고 모두 판독할 수 있다.[4] 이 묘지는 현재 시안시 우의서로(友誼西路)에 소재한 서안박물원에 소장되어 있다.

〈표 2-8〉 예군묘지 판독문

31	30	29	28	27	26	25	24	23	22	21	20	19	18	17	16	15	14	13	12	11	10	9	8	7	6	5	4	3	2	1	행\열
哥	歔	無	冑	樹	山	於	尚	淹	事	春	三	獻	詔	桂	司	特	詧	眘	東	固	武	識	之	德	品	三	沃	巍	公	大	1
	於	令	替	胤	芳	兮	雍	其	通	所	秋	年	永	投	符	馬	蒙	暢	淩	特	衛	變	逸	有	官	韓	照	巍	諱	唐	2
朝	範	眞	青	名	州	英	溫	須	六	歲	綏	右	衣	材				山	簡	驥	瀣	杕	氣	成	號	華	日	鯨	軍	故	3
露	嬪	惟	丘	於	色	乾	華	儀	並	十	在	多	威	錦	光			之	簡	亘	川	劍	芒	則	佐	構	月	山	宇	右	4
靈	存	公	芳	壽	寒	封	奄	詔	令	有	戊	祐	衛	書	千	恩	天	赤	帝	野	府	知	照	士	平	增	而	跨	溫	威	5
幨	冥	苗	基	像	風	縣	墜	峻	官	六	寅	豈	將	行	里	詔	威	雀	往	與	折	歸	星	者	並	輝	挺	青	熊	衛	6
	兮	臚	裔	華	其	度	之	扶	明	給	二	圖	軍	富	之	授	喩	決	尸	蓋	而	似	中	文	緝	英	哲	丘	津	將	7
		遽	箭	桂	麗	詞	原	高	搖	珠	仍	月	曦	局	貴	足	以	河	招	馬	都	由	博	武	地	材	秀	以	岠	軍	8
轉	驚	馥	脈	日	陽	之	不	使	皇	朔	馳	影	無	仁	戎	禰	脣	昝	懿	以	尉	余	羊	不	義	繼	之	東	夷	上	9
		嘶	秋	蘭	遠	松	里	翼	顙	弘	情	戊	易	革	副	衛	福	而	公	驚	于	之	角	墜	以	響	於	峙	人	柱	10
		擊	隙	芬	邈	聲	禮	遽	白	文	念	子	往	崔	百	郎	千	天	徇	塵	時	出	之	公	光	綿	蔽	森	也	國	11

4) 제7행 1열과 제20행 20열의 글자는 일부가 파손되어 완전하지 않으나, 殘劃과 문맥으로 보아 각각 '德'과 '於'로 쉽게 판독할 수 있다. 반면 제10행 17열의 글자는 완전히 파손되어 글자의 형태를 전혀 알아볼 수 없다. 그러나 전체 문맥으로 보아 '扶'로 추정할 수 있을 듯하다. 王連龍, 앞의 글, 2011, 123쪽 참조.

兮	駒	緒	邀		響	也	輟	珪	館	功	十	霜	彤	蒲	城	將	秋	吳	臣	千	日	戎	英	狼	身	圖	藝	淼	其	襧	12
蹋	逈	榮	會		陟	驪	連	無	學	惟	九	凋	闕	夜	之	少	僣	靜	節	臆	本	如	風	輝	佩	不	靈	熊	先	公	13
顯	暮	七	逢		文	馬	春	玷	士	舊	日	馬	飾	寢	心	選	帝	鑿	而	橫	餘	金	影	襲	天	絶	文	水	與	墓	14
嗟	名	貴	時		楸	悲	之	十	兼	傷	景	陵	躬	字	舉	遷	一	風	投	波	嘔	碑	征	祉	爵	弃	逸	臨	華	誌	15
陵	將	乃	濟		兮	嗚	景	步	檢	悼	午	之	紫	育	燭	右	旦	隧	命	援	據	之	雲	蔫	而	代	文	丹	同	銘	16
谷	日	子	茂		可	九	粵	以	校	者	遘	樹	陛	有	靈	領	稱	而	歌	原		入	外	領	懃	有	高	渚	祖	并	17
之	遠	傳	族		通	原	以	芳	年	久	疾	川	丞	方	臺	軍	臣	雲		蛇	桑	漢	生	國	聲	前	以	永	序		18
貿	德	孫	淳		隨	其	蘭	衛	之	薨	閻	蒙	去	器	衛	仍	路		而	以		顯	姿	忠	曾	芳	南	嘉		19
遷	隨	流	秀		武	往	年	室	良	贈	於	難	榮	咸	標	中	領	通	皇	縱	通		慶	涯	侔	祖	於	流	末		20
覬	年	芳	弈		山	月	十	欽	史	絹	難	留	晉	亨	於	郎	大	驚	華	沴	誅	聖	五	潘	鐵	福	七	浸	避		21
音	故	後	業		兮	輪	月	其	王	布	州	風	驟	三	芘	將	首	鳧	以	以	風	上	年	澄	石	祖	子	煙	亂		22
徽	慘	代	相		安	夕	甲	臭	行	三	長	驚	歷	年	械	兼	望	失	載	公	谷	嘉	官	陵	操	豐	汗	雲	適		23
之	松	播	繼		仰	駕	申	味	本	有	安	龍	便	十	懸	檢	數	侶	馳	格	遺	歎	軍	裕	坷	父	馬	以	東		24
靡	吟	美	獻		愴	星	朔	四	監	段	縣	驤	繁	一	月	校	十	濟	飛	謨	眄	擢	平	光	松	善	雄	摛	因		25
蠹	於	來	款		清	精	二	鄰	護	粟	之	之	方	月	神	能	人	不	汎	海	負	平	愛	筠	皆	武	英	邃			26
其	夜	昆	凮		風	夜	之	惟	三	延	水	謂	廿	府	津	將	終	海	左	盤	榮	藩	日	範	是	擅	降	家			27
	風	英	彰		之	上	乙	彩	公	百	壽	以	克	一	芳	都	入	夕	之	龜	桃	班	日	干	物	本	後	之	焉		28
	悲	聲	隆		歇	白	酉	桂	聿	斜	料	里	儀	壯	日	掩	督	朝	逸	蒼	鏡	而	授	見	牛	者	藩	異	於	若	29
	薤	雖	恩		滅	落	葬	嶺	識	葬	第	鳳	清		於	府	謁	能	鷹	瀛	阻	右	機	斗	道	一	於	蕩	夫		30

위의 판독문에 의하면 지문은 크게 5부분으로 구성되었다. 첫째는 제1행의 "대당고우위위장군상주국녜공묘지명병서(大唐故右威衛將軍上柱國禰公墓誌銘幷序)"라는 묘지의 제명이고, 둘째는 제2행부터 제7행 중간까지로, 예씨의 출자와 조상의 행적이다. 먼저 예군은 웅진(熊津) 우이인(嵎夷人)인데, 선조가 영가(永嘉) 말에 난리를 피해 중국에서 동쪽으로 건너가 웅진에 자리를 잡은 데서 유래하였다. 백제 땅에 정착한 그의 선조는 문무에 뛰어난 업적을 이루어 삼한에 명성을 날렸고, 증조 복(福)과 조부 예(譽) 그리고 아버지 선(善)은 모두 백제에서 좌평을 역임하며 정성을 바쳐 왕조에 봉사했다고 한다.

세 번째는 제7행 중간부터 제19행 후미까지로, 예군의 풍모와 국내외 활동을 연대순으로 정리하였다. 그는 기상과 풍모가 뛰어났는데, 현경 5년(660)에 당이 백제를 공격할 때 기미와 변화의 정세를 알아차리고 군사를 일으켜 당에 귀순하여 우무위산천부절충도위(右武衛滻川府折衝都尉)의 관직을 받았다. 그후 예군은 일본에 건너가 그들을 달래서 위로하고 돌아오자 당 고종이 좌융위낭장(左戎衛郞將)의 관직을 주었다. 곧이어 우령군위중랑장 겸 웅진도독부사마에 임명되어 옛 백제 땅의 백성을 다스렸고, 함형 3년(672)에 우위위장군(右威衛將軍)의 관직을 받았다고 한다.

네 번째는 제19행 말미부터 제27행까지로, 그의 죽음과 장례에 관하여 서술하였다. 당 황실의 총애를 받던 예군은 의봉 3년(678) 2월에 병이 들어 옹주(雍州) 장안현(長安縣) 연수리(延壽里) 집에서 66세의 나이로 죽었다. 이에 황제는 오래도록 슬퍼하고 비단과 곡식을 부물로 내려주었으며 장례 비용을 모두 관청에서 지급하도록 했다. 그리고 그해 11월 옹주 건봉현(乾封縣) 고양리(高陽里)에 장사지냈다고 한다. 그리고 마지막 다섯 번째는 제28행부터 제31행까지로, 여타 묘지명과 마찬가지로 묘주를 칭송하는 명문이다. '사왈(詞曰)'로 시작하는 예군묘지의 명문은 예군의 행적을 세 가지로 나누어 칭송하였다.

2) 예소사묘지

2010년 초에 지금의 서안시문물보호고고연구원에서 산시성 시안시 창안구 귀두진 곽두남촌(郭杜南村) 남쪽에서 당나라 무덤 3기를 발굴하였다. 이들은 남쪽의 2기와 북쪽의 1기가 대략 꺽쇠(亅) 혹은 품(品)자 모양으로 배치되었는데, 그 중에서 오른편의 위쪽 곧 북쪽에 위치한 무덤(M13)에서 예소사의 묘지가 출토되었다.

예소사 무덤은 예식진 무덤으로 추정되는 M15호분에서 북쪽으로 약 20m 떨어져 있고, 예소사의 아들 예인수(禰仁秀) 무덤인 M23호분에서 동북쪽으로 대각선 지점에 위치한다. 이 무덤은 길고 경사진 묘도에 이어 하나의 묘실을 가진 토동묘(土洞墓)로, 북쪽에서 남쪽을 향해 있으며 남북 총 길이는 20.66m 이다. 예소사묘지는 지석과 개석 모두 묘실 바깥의 천정 아래에 세워진 상태로 발견되었다. 개석은 모서리 부분이 약간 깨져 나간 것을 제외하고는 비교적 온전한 상태로, 여타 당나라 묘지석과 같은 녹정형이다. 크기는 가로 세로가 각각 60cm이고 두께는 13.3cm이다. 개석 윗부분에는 가로 세로 각각 38.5cm 크기의 사각 평면 공간에 3행 3열에 걸쳐 전서로 제액을 새기고 주위에 화초넝쿨무늬를 음각하였다. 사방으로 비스듬히 깎아 내린 네 면에도 역시 화초넝쿨무늬를 새겨 장식하였다.

　지석도 개석과 마찬가지로 가로 세로가 각각 60cm 크기의 정방형이고, 두께는 15cm이다. 윗면에는 30행 31열에 걸쳐 구획선을 그어 공간을 나눈 다음 해서로 묘주의 생애와 행적을 새겼고, 측면에는 사방을 돌아가며 화초넝쿨무늬를 음각하였다. 지문은 제1행의 제명을 필두로 선조와 가계, 활동과 업적, 죽음과 장례, 명문 순으로 기록했는데, 지석에 새긴 글자는 총 923자에 이른다. 전반적으로 지석의 상태가 매우 양호하여, 대부분의 글자를 읽는데 어려움이 없다. 다만 제6행 1열과 제29행 10열의 글자가 일부 훼손되었으나, 남은 획과 전후 문맥을 통해 쉽게 짐작할 수 있다.

〈표 2-9〉 예소사묘지 판독문

30	29	28	27	26	25	24	23	22	21	20	19	18	17	16	15	14	13	12	11	10	9	8	7	6	5	4	3	2	1	행\열
泉	纏	鬱	違	魏	錫	文	痛	早	謂	丹	忘	原	月	出	月	幼	輔	郎	左	成	戰	大	帶	海	隕	國	於	莫	大	1
戶	宰	傾	秦	氏	遂	淚	成	斯	墀	於	禮	卄	錢	奉	□	年	國	長	果	行	之	將	方	內	彗	有	萬	敦	唐	2
東	輔	朝	背	雄	英	鏤	栢	公	人	陛	忠	方	□	□	使	俊	加	安	毅	陣	功	軍	州	崩	龍	其	葉	以	故	3
望	痛	望	亂	飛	賢	蔡	摧	侯	邦	戟	誠	將	日	黃	□	徐	來	三	臨	年	登	時	刺	離	馬	材	靈	獨	雲	4
玄	澈	學	猷	宋	接	邑	心	之	之	奸	言	軍	卒	便	□	兇	獎	遠	漳	十	增	稱	史	賢	浮	家	基	啓	麾	5
霸	劍	爲	公	武	之	恐	賁	良	臣	談	舊	於	□	□	宜	等	擢	郡	府	五	應	忠	祖	達	江	稱	積	山	將	6
西	宸	從	觀	居	遂	石	陵	必	也	畏	不	疊	徐	入	卅	羽	公	制	折	授	三	讜	善	違	拓	代	派	林	軍	7
連	闈	軍	風	攝	啓	銘	谷	復	子	威	逾	忽	州	奏	九	林	餘	充	衝	遊	軍	家	隨	邦	拔	祿	海	掩	左	8
下	地	昇	識	郊	宗	日	潛	彩	仁	而	於	變	之	對	州	清	悉	清	加	擊	之	擅	任	而	以	存	島	經	武	9
柱	迴	壇	眞	原	祊	移	衣	秀	寢	禮	新	官	漢	存	□	禁	如	夷	三	將	選	動	萊	遠	勁	諸	之	江	衛	10
楸	墳	拜	千	版	始	蔓	推	仁	謨	義	塋	制	□	□	撫	上	故	軍	品	軍	公	門	州	逝	騎	史	達	漢	將	11
隴	出	將	年	藩	傳	山	孝	徽	紫	童	天	呼	而	絲	□	懸	神	副	左	長	以	剖	刺	七	南	册	荊	子	軍	12
雲	田	入	聖	賢	王	之	未	仁	寒	年	子	鳴	□	推	綸	郎	龍	使	豹	上	父	竹	史	代	侵	可	巫	文	上	13
愁	荒	侍	主	人	父	赫	爲	極	傑	揚	結	臨	哀	多	滿	將	元	氅	韜	又	賁	爲	父	祖	宋	略	玉	以	柱	14
松	路	主	利	其	赫	漢	萊	仁	麿	綬	朝	哉	豈	路	□	之	年	迂	衛	宿	入	符	寔	嵩	公	詳	潤	三	國	15

庭 微 皇 葉 涉 蘭 我 水 氏 彥 點 不 猶 卽 謂 邦 星 授 鳴 左 衛 侍 昔 進 自 以 言 珠 登 來｜16
月 榮 極 名 其 閣 祖 陰 仁 虜 以 思 以 夢 守 高 左 玉 郎 近 貴 時 入 淮 强 公 明 令 遠｜17
苦 華 出 臣 東 披 奄 陽 歡 俊 聞 地 大 其 寐 負 閣 武 衛 蔣 又 改 族 專 朝 泗 兵 諱 卜 尹 郡 開｜18
空 共 半 浮 圖 營 遷 石 等 名 而 嬌 公 十 弩 以 雲 將 濟 投 授 賢 聽 歸 於 北 素 嚴 遂 開｜19
昔 盡 夷 晈 鯨 儒 南 貿 塋 鉷 而 遁 人 自 一 召 先 側 軍 而 右 龍 談 軒 德 遼 乾 字 接 諸 公｜20
輔 今 障 晈 海 林 土 海 開 鑑 遁 克 去 壯 幼 月 秦 馹 佇 曹 從 鷹 泉 笑 問 將 陽 坤 素 隨 侯 襴｜21
漢 古 㫤 童 北 振 令 島 銘 克 去 忽 業 爪 室 及 二 醫 軒 虎 文 軍 揚 府 而 瘼 軍 逢 塗 楚 人 府｜22
永 同 使 年 有 葉 尹 忽 變 見 幹 桑 蠹 是 封 揚 遷 不 蓋 貞 重 始 衛 右 坐 是 東 為 贇 國 忠 物 君｜23
埋 歸 車 沉 雄 永 稱 變 見 幹 桑 蠹 是 封 揚 遷 不 盈 之 威 賀 右 果 得 賴 明 熊 君 瑯 為 墓｜24
征 蜃 東 沉 津 嘉 功 開 田 公 承 託 不 名 空 救 衝 直 首 執 郎 毅 軍 仁 州 川 子 瑯 國 於 誌｜25
虜 寂 邁 美 休 中 開 田 公 承 託 不 名 空 救 衝 直 首 執 郎 毅 軍 仁 州 川 子 瑯 國 於 誌｜26
其 寂 凶 量 屠 圯 封 庶 之 家 蕃 以 愛 於 景 王 景 應 金 將 又 謨 明 刺 人 滅 人 寶 一 銘｜27
山 旒 是 侍 名 建 憑 兆 扞 勍 容 寢 州 二 傾 二 招 伏 監 龍 麾 門 左 曾 於 自 實 錫 序｜28
門 西 標 漢 流 宇 崔 茹 劍 敛 容 寢 州 二 傾 二 招 伏 監 龍 麾 門 左 曾 於 自 實 錫 序｜29
幽 飛 代 角 喪 子 瑗 茶 之 歸 憩 息 高 陽 年 城 年 苟 完 門 原 而 申 威 祖 屯 鯨 天 胤｜30
幽 悲 胄 里 業 孫 之 均 衛 所 物 無 陽 八 而 六 羡 而 中 府 暗 百 衛 眞 蒙 魚 資 昌｜31

　　예소사묘지는 먼저 제1행에 "대당고운휘장군좌무위장군상주국래원군개국공녜부군묘지명병서(大唐故雲麾將軍左武衛將軍上柱國來遠郡開國公襴府君墓誌銘幷序)"란 제명을 적고, 제2행부터 제4행 중간까지 춘추시대 초나라 막오(莫敖)와 자문(子文)을 비롯한 몇몇 사실을 거론하며 묘지명의 서두를 시작하였다. 다음의 제4행 중간부터 제9행 중간까지는 예씨의 출자와 선조의 행적을 소개하였다. 예소사의 선조는 원래 초나라 낭야인(琅邪人)이었는데, 탁발씨(拓拔氏)와 송공(宋公)의 전란으로 세상이 어지러워지자 7대 할아버지 숭(嵩)이 회사(淮泗)에서 배를 타고 요양(遼陽)으로 가서 마침내 웅천(熊川) 사람이 되었다. 그후 증조 할아버지 진(眞)은 대방주자사(帶方州刺史), 할아버지 선(善)은 내주자사(萊州刺史)를 지냈고, 아버지 식진(寔進)은 당에 입조하여 귀덕장군, 동명주자사, 좌위위대장군이 되어 가문의 명성을 떨쳤다고 한다.

　　이어서 제9행 중간부터 제18행 첫머리까지 예소사의 활동과 업적을 연대순으로 정리하였다. 예소사는 아버지의 공으로 입시(入侍)하여 15세에 유격장군 장상(長上)이 되어 숙위한 이후 용천부우과의(龍泉府右果毅), 용원부좌과의(龍原

府左果毅), 임장부절충(臨漳府折衝), 좌표도위낭장(左豹韜衛郎將), 우응양위우낭장(右鷹揚衛右郎將), 좌감문위중랑(左監門中郎)을 거쳐 장안 3년(703)에 청이군부사(淸夷軍副使)로서 종군하여 공을 세워 내원군공(來遠郡公)이 되고 이어서 좌무위장군이 되었다. 그리고 경룡 2년(708)에 서주(徐州)와 연주(兗州) 등 49주 존무사가 되어 지방을 순시하던 도중에 병이 들어 그해 8월 서주 관사에서 죽었다. 이에 그의 영구를 옮겨 같은 해 11월 옹주 고양원(高陽原)에 장사지냈다고 한다.

제18행부터 제24행 전반부까지는 그의 죽음에 대한 추모와 생전 그의 사람됨 그리고 후손들을 서술하였다. 여기서는 특히 예소사의 임금에 대한 충성과 부모에 대한 효성 그리고 주변 사람들에 대한 겸양을 강조하였다. 그의 자식으로는 인수(仁秀), 인휘(仁徽), 인걸(仁傑), 인언(仁彦), 인준(仁俊) 등이 있는데, 이들 역시 예소사를 이어 공후의 자질을 지녔다고 하였다. 그리고 마지막 문단은 제24행부터 제30행까지로 '명왈(銘曰)'로 시작하는 명문이다. 여기서는 예소사의 가문과 그의 삶을 여섯 조목으로 나누어 칭송하였다.

3) 예인수묘지

예인수묘지 역시 2010년 초 서안시문물보호고고연구원이 시안시 창안구 귀두진 곽두남촌(郭杜南村) 남쪽에서 발굴한 당나라 무덤 3기 중의 하나, 곧 남쪽 무덤 2기 중의 서쪽에 자리한 무덤(M23)에서 출토되었다. 이 고분은 길고 경사진 묘도를 가진 토동묘(土洞墓)로, 좌향은 북쪽에서 남쪽으로 175° 방향이고 남북 총 길이는 19.8m이다. 전체적으로 묘도, 과동(過洞), 천정, 용도(甬道), 묘실 등 다섯 부분으로 구성되었는데, 발굴 당시 묘지석은 묘실 앞쪽

의 용도 입구에 개석과 짝을 이루어 놓여 있었다고 한다.[5]

묘지석은 모두 청석으로 만들어졌고, 개석 모서리 부분이 약간씩 깨졌으나 전반적으로 양호한 편이다. 녹정형의 개석은 가로 세로가 각각 52㎝ 크기의 정방형이고 두께는 6.5㎝이다. 윗부분에는 가로 세로 각각 32㎝ 크기의 사각 평면 공간에 3행 3열에 걸쳐 해서로 제액을 적고 주위에 기하문양을 새겼으며, 사방으로 비스듬히 깎아 내린 네 면에는 화초넝쿨무늬를 음각하였다.

지석은 가로 세로가 각각 51㎝ 크기의 정방형으로 두께는 9.5㎝이다. 윗면에는 23행 23열에 걸쳐 가는 선으로 공간을 구획한 다음, 해서로 예인수의 생애와 행적을 새겼다. 그런데 마지막 두 행에 글자를 새기지 않았으므로 실제로는 21행 23열로 구성되었다고 할 수 있다. 지석의 네 측면에는 화초넝쿨무늬를 돌아가며 음각하였다. 지문은 제1행의 제명을 필두로, 총 434자에 걸쳐 선조와 가계, 활동과 업적, 죽음과 장례, 명문 순으로 기록하였다. 전반적으로 지석의 상태는 매우 양호하여, 대부분의 글자를 읽는데 어려움이 없다.

〈표 2-10〉 예인수묘지 판독문

㉑	⑳	⑲	⑱	⑰	⑯	⑮	⑭	⑬	⑫	⑪	⑩	⑨	⑧	⑦	⑥	⑤	④	③	②	①	행/열
子	存	壤	安	周	一	婚	公	僕	臨	梁	右	卽	是	賢	開	歸	聽	天	隨		1
克	離	銘	縣	越	月	冠	效	護	洮	川	驍	武	之	者	國	義	之	獻	末		2
報	居	日	之	以	六	初	之	喪	府	衛	衛	謂	避	公	于	泊	隨	有	大		3
于	沒	高	天	日	夫	後	歸	軍	郎	府	乎	地	父	子	德	乘	州	號	唐		4
嗟	異	陽	寶	卒	人	于	官	毅	將	君	定	書	子	定	乘	刺	虢				5
孝	土	原	載	于	送	持	舊	舍	虢	尋	之	進	云	之	進	桿	剌	州			6
思	我	禮	庚	壻	元	露	里	爲	州	以	長	生	必	事	高	世	寶	史	金		7
生	也	寅	氏	女	立	夫	壽	金	元	子	素	有	殊	宗	官	海	禰	門			8

---

5) 張全民, 〈唐禰氏家族墓的考古發現與初步研究〉《西安地區中韓歷史文化交流學術研討會資料集》, 2011년 8월 26일, 53쪽)와 張全民, 이순애 역, 〈당나라 백제유민 고분과 출토 묘지〉《중국 출토 百濟人 墓誌集成》 원문·역주편, 충청남도역사문화연구원, 2016, 44~46쪽)에 의하면, 묘실은 남북 3.4m 동서 3.1m 크기로 천정은 이미 무너졌고 도굴 흔적이 심했으나, 2010년 발굴조사 때 탑모양 항아리, 天王俑, 鎭墓獸, 12支生肖俑, 도자기로 만든 말과 낙타, 구리 거울, 開元通寶 등을 수습했다고 한다.

鮮	其	夏	之	于	保	人	五	門	帥	也	士	忍	所	皇	象	遂	善	府	9
歡	子	五	別	廟	成	河	十	府	連	少	襲	其	會	帝	賢	至	者	折	10
王	日	月	業	州	幼	南	三	折	坐	以	父	乃	時	由	也	百	蓋	衝	11
事	適	戊	宜	志	若	矣	衝	左	將	封	仕	是	有	濟	東	國	禰		12
靡	追	子	祿	賈	干	鳴	票	爲	種	銀	濟	去	拜	唐	漢	君	墓		13
鹽	報	朔	六	久	用	氏	呼	命	秦	印	至	傳	就	左	王	平	誌		14
二	所	廿	十	而	婦	綏	遣	不	州	左	日	之	威	中	原	處	銘		15
紀	天	二	一	不	功	州	孤	退	三	武	不	理	衛	東	其	士	幷		16
于	慰	日	離	返	一	刺	未	開	度	轂	衛	在	合	大	討	之	序		17
兹	兹	己	殯	逢	男	史	杖	元	府	衛	累	將	其	所	將	不	後		18
成	明	酉	客	以	二	祁	越	十	果	授	軍	身	由	軍	庭	爲	也		19
葬	靈	克	土	廿	女	陁	在	五	毅	明	君	其	道	封	卽	承	知		20
便	志	葬	星	七	克	之	異	年	歷	威	諱	在	也	來	引	相			21
時	彼	于	歲	年	致	女	鄉	終	將	仁	後	語	遠	其	以	王	國		22
有	幽	長	亙	十		也	家	于	州	軍	秀	嗣	云	郡					23

　　예인수묘지의 지문은 그의 아들 예적(禰適)이 지은 것으로, 내용은 앞에서 소개한 예군과 예소사 묘지에 비해 다소 간략하다. 우선 제1행에 "대당괵주 금문부절충녜군묘지명병서(大唐虢州金門府折衝禰君墓誌銘幷序)"라는 제명을 적고 제2행부터 제8행 후반부까지 선조들의 행적을 서술하였다. 그의 선조 선(善)은 후한 평원처사(平原處士)의 후손으로 수나라 말기에 백제로 건너가 승상이 되었고, 예선의 아들 식진(寔進)은 당이 백제를 토벌하였을 때 백제왕을 이끌고 당에 투항하여 좌위위대장군과 내원군개국공(來遠郡開國公)에 봉해졌으며, 식진의 아들 소사는 아버지의 봉작을 이어받고 벼슬길에 나아가 좌위위장군에 이르렀다고 한다.

　　선조들의 행적에 이어 제8행 말미부터 제12행 중간까지에 걸쳐 예인수의 생애를 서술하였다. 그는 예소사의 맏아들로 일찍이 명위장군 우효위낭장(右驍衛郎將)에 임명되었다. 그러나 얼마 안 있어 원수(元帥)의 죄에 연루되어 진주삼도부과의(秦州三度府果毅)로 좌천되었고, 다시 여주양천부과의(汝州梁川府果毅)와 괵주금문부절충(虢州金門府折衝)을 역임한 후 개원 15년(727)에 53세의 나이로 임조군(臨洮軍) 관사에서 죽었다고 한다.

예인수의 생애에 이어 제12행 중간부터 제19행까지에 걸쳐 그의 부인과 자손들의 행적을 소개하였다. 그의 부인 야간씨(若干氏)는 수주자사(綏州刺史) 기타(祁陀)의 딸로, 예인수와의 사이에 1남 2녀를 두었다. 아들은 적(適)이고 맏딸은 빈주(邠州) 의록현(宜祿縣)으로 시집갔는데, 그의 부인은 빈주 맏사위 집에 가서 오래 머물다 개원 27년(739) 그곳에서 61세의 나이로 죽었다. 그후 천보 9년(750)에 장안현 고양원으로 묘를 옮겨 예인수와 합장했다고 한다. 그리고 제20행과 제21행에는 부모에 대한 효심을 드러낸 짤막한 명문을 게재하였다.

2. 묘지의 몇가지 문제

1) 예씨 출자 문제

최근 연이어 발견된 예씨 일족 묘지는 몇 가지 흥미로운 정보를 담고 있다. 그 중의 하나가 예씨 가문의 출자 문제이다. 잘 알고 있듯이 백제에는 사씨(沙氏), 연씨(燕氏), 협씨(劦氏), 해씨(解氏), 진씨(眞氏), 국씨(國氏), 목씨(木氏), 백씨(苩氏) 등 8개의 저명한 성씨가 있었다. 《수서》를 비롯한 중국의 여러 사서에서는 그것을 대성팔족이라 했거니와, 백제에는 이들 대성팔족 외에도 많은 성씨들이 있었다.[6] 그 중의 하나가 바로 예씨이다.

백제에 예씨가 존재했다는 사실은 2006년에 발견된 예식진묘지를 통하여 비로소 확인되었다. 물론 이전에도 《삼국사기》, 《구당서》, 《일본서기》 등에 나오는 예군(禰軍)과 예식(禰植)으로부터 예씨의 존재 가능성을 상정할 수 있었으나, 워낙 단편적인 내용일뿐더러 희귀한 성씨라 선뜻 그것을 백제의 성씨로 단

---

6) 노중국, 〈백제의 성씨와 귀족가문의 출자〉, 《대구사학》 89, 2007, 63~102쪽.

언할 수 없었다. 그런데 근년 예식진묘지에 이은 예군, 예소사, 예인수 묘지가 연이어 발견됨으로써 백제 예씨의 존재는 움직일 수 없는 사실이 되었다.

한편 이들 묘지에 의하면, 백제 예씨 가문의 시조는 원래 중국인으로 선조 때 한반도로 건너와 웅천 혹은 웅진에 자리를 잡음으로써 비로소 백제 사람이 되었다고 한다. 그러면서도 선조들의 행적을 묘지마다 약간씩 다르게 서술하였다. 우선 그들의 시조에 대하여 예식진의 친형 예군 묘지에서는 다소 막연하게 '중국인과 같은 조상[與華同祖]'이라 하였고, 예소사묘지는 초나라 낭야 사람이라 하였으며, 예인수묘지는 보다 구체적으로 후한 때의 평원처사 예형(禰衡)이라 하였다.

예씨의 선조가 백제 웅진에 정착한 시기에 대해서도 묘지마다 다르게 기술하였다. 예군묘지에서는 그의 선조가 영가(永嘉) 말에 난리를 피해 동쪽으로 가서 마침내 집안을 이루었다 하였고, 예소사묘지는 탁발씨가 남쪽을 침략하고 송공이 북쪽을 토벌하는 등의 전란으로 세상이 어지러워지자 7대조 숭(嵩)이 회사(淮泗) 곧 회수 하류에서 배를 타고 요양으로 가서 마침내 웅천 사람이 되었다고 한다. 그리고 예인수묘지는 내주자사 선(善)이 수나라 말기에 배를 타고 백제로 도망해왔다고 하였다.

예군묘지에서 말한 '영가 말의 난리'는 서진 회제(懷帝)의 영가(307~312) 연간에 좌국성(左國城), 곧 지금의 산시성 뤼양(呂梁) 일대에 거주하던 남흉노의 족장 한왕(漢王) 유총(劉聰)이 군사를 일으켜 낙양을 함락한 후 회제를 사로잡고 왕공귀족 3만여 명을 살해한 이른바 '영가의 난'을 말한다. 이를 계기로 북방 이민족이 화북지방을 차지하게 되고, 이어서 서진이 망하고 317년에 사마예(司馬睿)가 오나라의 옛 도읍지인 건업(建業), 곧 지금의 장쑤성 난징(南京)에 동진(東晉)을 건국하였다. 영가의 난으로 화북 주민들이 사방으로 흩어져 이주하였는데, 특히 동진이 건국되자 종래 서진 치하에 있던 화북지방의 명문귀족들이 대거 남쪽으로 내려와 동진 조정에 참여하였다.

한편 예소사묘지에서 말한 '탁발씨와 송공의 전란'은 북위와 남송이 439년을 전후하여 약 20년에 걸쳐 벌인 전쟁이다. 즉 북위의 태무제 탁발도(拓拔燾)는 화북지방을 통일하는 과정에서 송과 수차례 전쟁을 벌였고, 439년에 북위가 화북을 통일한 후에도 북위의 남침과 송의 북벌이 이어져 452년에 태무제가 피살될 때까지 공방전이 계속되었다.[7] 특히 북위는 422년 송 무제 유여(劉裕)가 죽은 직후 대규모 군사를 보내 황하 남쪽의 낙양과 허창(許昌) 등지를 차례로 함락하였다. 이에 송 문제는 잃은 영토를 회복할 뜻을 품고 430년과 445년 두 차례에 걸쳐 대규모 북벌을 단행했으나 모두 성공하지 못하였다. 송은 두 차례의 북벌을 통해 북위의 남진을 억지했으나, 전쟁 과정에서 전란의 중심부에 해당하던 강회(江淮) 지방은 엄청난 피해를 입었다. 그리고 예인수묘지에서 말하는 '수나라 말기[隋末]'는[8] 말할 것도 없이 수·당 교체기인 7세기 초이다.

예씨 시조와 그들의 선조가 백제에 도래한 시기뿐만 아니라 예식진 이전의 선조 이름과 활동도 묘지마다 차이를 보인다. 예식진묘지에 의하면 그의 조부는 좌평 예다(譽多)이고 아버지는 좌평 사선(思善)이라 하였다. 이에 비하여 예식진의 친형인 예군 묘지에서는 증조 할아버지는 복(福), 할아버지는 예(譽), 아버지는 선(善)으로 모두 좌평의 벼슬을 했다고 하였다. 그리고 예소사묘지에서 증조 할아버지는 대방주자사 진(眞)이고 할아버지는 내주자사 선(善)이며 아버지는 귀덕장군 등을 역임한 식진이라 하였으며, 예인수묘지에서는 증조 할아버지는 내주자사 선(善)이고 할아버지는 식진이며 아버지는 소사라 하였다. 이처럼 예씨 일족 묘지에서는 그들의 출자가 전반적으로 매우 혼란스럽다.

---

7) 博樂成, 신승하 역, 《중국통사》(상), 우종사, 1979, 331~339쪽.
8) '隨'는 양견이 세운 수나라의 본래 이름이었으나 후에 '隋'로 바꾸었다. 권덕영, 《재당 한인 묘지명 연구》 (역주편), 한국학중앙연구원, 2021, 486쪽 참조.

<표 2-11> 예씨 선조와 도래시기

자료명	제작 시기	시조	도래 시기	선조	관작
예식진묘지	672년			조부: 譽多	좌평
				부: 思善	좌평
예군묘지	678년	중국과 同祖	永嘉 말기 (4세기초)	증조: 福	좌평
				조부: 譽	좌평
				부: 善	좌평
예소사묘지	708년	초나라 琅邪人	탁발씨와 송공의 전란시기 (5세기 중엽)	증조: 眞	대방주자사
				조부: 善	내주자사
				부: 寔進	귀덕장군, 동명주자사, 좌위위대장군
예인수묘지	750년	후한 平原處士 (禰衡)	수나라 말기 (7세기 초)	증조: 善	내주자사
				조부: 寔進	좌위위대장군, 내원군개국공
				부: 素士	좌위위장군

위의 〈표 2-11〉은 예씨 일족 묘지에 기록된 그들의 시조와 백제로 건너온 시기 그리고 선조들의 이름과 관작을 종합적으로 정리한 것이다. 여기서 흥미로운 것은 세대가 내려올수록 그들의 시조가 보다 구체화되고, 그들의 선조가 백제로 건너온 시기가 점차 늦어진다는 점이다. 예씨 시조의 경우, 678년에 제작된 예군묘지에서는 단순히 중국과 같은 조상이라 하였으나, 708년에 만들어진 예소사묘지는 초나라 낭야 사람이라 하였고, 750년의 예인수묘지는 후한의 평원처사 예형(禰衡)이라 하여 구체적인 인물을 명시하였다. 그리고 예씨 일족의 백제 도래시기에 대하여 678년의 예군묘지에는 4세기 초, 708년의 예소사묘지에는 5세기 중엽, 750년의 예인수묘지에는 7세기 초라 하여 후대로 갈수록 상대적으로 늦은 시기로 인식하였다.

예씨 일족 묘지에 나타나는 또 다른 특징은 세대가 올라갈수록 선조의 이름에 혼동이 심해진다는 점이다. 예인수를 기준으로 할 경우 고조는 예다(譽多), 예(譽), 진(眞) 등의 세 가지 이름으로 묘지명마다 다르게 표기하였고, 증조는 가장 일찍 만들어진 예식진묘지에서 사선(思善)이라 하고 나머지 묘지명에서는 선(善)으로 표기하였다.

선조들의 이름뿐만 아니라 그들이 역임한 관작도 다르게 표기하였다. 유민 1세대라 할 수 있는 예식진과 예군 묘지에서는 그들의 조부 예다(譽多)와 사선(思善) 혹은 예(譽)와 선(善)이 모두 본국에서 좌평을 역임했다 하였으나, 2세대와 3세대에 해당하는 예소사와 예인수 묘지에서는 그러한 언급이 전혀 없고 대신 진(眞)과 선(善)으로 표기되는 예다와 사선이 각각 대방주자사와 내주자사 같은 중국 관직을 역임했다고 한다. 사실 시기적으로나 묘지의 내용으로 보아 예다와 사선이 대방주자사와 내주자사를 맡는 것은 불가능하다. 그럼에도 예소사와 예인수 묘지명에서 백제의 좌평 대신 중국 관직을 명기한 것은, 한반도 삼국에서 당으로 이주한 여타 유민들이 그랬듯이[9] 예씨 일족 역시 자기 가문의 '흔적 지우기'를 통한 중국화 의지를 드러낸 것이라 할 수 있다.[10]

예씨의 시조와 백제 도래시기 그리고 선조의 이름과 관작이 묘지마다 다르다는 것은 예씨 가문이 후대의 족보와 같은 성문화된 가계보를 갖고 있지 못하고, 단지 구전(口傳)을 통해 계보를 기억해 왔기 때문에 생긴 결과일 것이다. 이런 점에서 예씨 일족 묘지에 기록된 그들의 출자, 특히 먼 조상들의 이야기는 정확한 역사적 사실에 근거한 것이 아니라 부정확한 구전과 당대(當代)에 형성된 역사의식에 의하여 만들어진 측면이 많다고 하겠다. 따라서 백

---

9) 泉男生-泉獻誠-泉隱-泉毖로 이어지는 고구려 泉(淵)氏의 경우를 예로 들면, 천남생과 천헌성 때까지는 자신을 고구려인이라 하고 선조들이 역임했던 고구려 관직을 명시하였다. 그러나 733년에 泉隱이 찬술한 천비묘지에서는 자신들을 京兆府 萬年鄕 사람이라 하며 고구려 출신이라는 사실을 전혀 언급하지 않았다. 뿐만 아니라 701년에 작성된 천헌성묘지에서 천남생이 고구려의 태대막리지를 역임한 사실을 자랑스럽게 밝혔으나, 천비묘지명에서는 천남생의 고구려 관직은 전혀 언급하지 않고 당에서 받은 特進卞國襄公만을 소개하였다.

10) 張全民, 앞의 글(2011, 59쪽)에서 '이들 3代의 묘지 기록을 보면 후대로 갈수록 백제의 색채가 옅어지고 중국 색채가 진해지는데, 이는 백제 유민이 당나라에 점차 동화되어가는 과정을 보여 준다'라 하였다.

제 예씨의 시조가 평원처사 예형이고, 그의 후손이 중국에서 웅진 혹은 웅천으로 건너와 백제 예씨가 되었다는 묘지 내용은 선뜻 사실로 받아들이기 어렵다.[11]

2) 백제 멸망과 예씨 일족

예씨가 중국에서 건너왔다는 묘지의 내용이 허구라 하더라도 그들이 웅진에 터를 잡고 가문을 형성한 것은 분명한 사실이다. 중국도 마찬가지지만, 우리나라의 성씨는 대부분 특정 지역을 세력 근거지로 삼아 대대로 거주하며 가문을 형성, 유지하였다. 백제도 예외가 아니어서 사씨(沙氏)는 사비지역,[12] 백씨(苩氏)는 웅진지역, 연씨(燕氏)는 지금의 충남 온양지방인 탕정성(湯井城)을 세력 근거지로 삼았다.[13] 그런데 예씨 일족 묘지 가운데 예인수묘지를 제외한 나머지에서 모두 자신을 웅천 혹은 웅진 사람이라 하여, 일관되게 지금의 충남 공주지방을 예씨의 근거지랄까 관향으로 인식하였다.[14]

475년에 고구려 장수왕이 백제를 공격하여 한성을 함락하고 개로왕을 죽이자 문주왕이 그 해 남쪽으로 내려와 웅진에 도읍하였다. 이후 성왕 16년(538)에 사비로 천도할 때까지 웅진은 60여 년 동안 백제의 수도로서 정치, 군

---

11) 王連龍(앞의 글, 2011, 124~125쪽), 張全民(앞의 글, 2011, 55~59쪽; 2012, 52~65쪽)과 김영관(〈중국 발견 백제 유민 祢氏 가족 묘지명 검토〉, 《신라사학보》 24, 2012, 141~143쪽)을 비롯한 몇몇 연구자들은 예씨 일족 묘지명 내용에 의거하여 백제 예씨의 중국 출자설을 신빙하였다. 그에 대한 반론은 본문의 설명으로 대신한다.

12) 노중국, 〈백제의 남천과 지배세력의 변천〉, 《한국사론》 4, 1978; 《백제정치사》, 일조각, 2018, 411~412쪽.

13) 이기백, 〈웅진시대 백제의 귀족세력〉, 《백제연구》 9, 1978; 《한국고대정치사회사연구》, 일조각, 1996, 178~183쪽.

14) 예식진묘지에서는 그를 백제 熊川人이라 하였고, 예군묘지에서는 熊津 嵎夷人이라 했으며, 예소사묘지에서는 7대 할아버지 때부터 熊川人이 되었다고 하였다. 한편 예인수묘지에서는 웅진 혹은 웅천이라 구체적으로 표현하지 않고, 단지 자신의 선조가 중국에서 건너와 백제인 되었다고 하였다.

사, 경제, 문화의 중심지로 기능하였다. 그리고 사비 도읍시기에 웅진성은 5 방 가운데 북방(北方)의 치소였고, 백제 멸망 후에는 웅진도독부가 설치되어 당이 옛 백제지역을 통괄하는 거점으로 활용되었다. 백제의 방(方)은 일종의 군구(軍區)로서 군사적 성격을 강하게 띤 지방조직이고[15] 웅진도독부에는 줄 곧 당나라 군대가 주둔하였다. 이런 점에서 비록 성왕 때 수도를 사비로 옮겨 갔으나 웅진은 여전히 군사적 성격이 강한 도시로 남아 있었다고 하겠다. 660 년 7월에 사비성이 함락되기 직전 의자왕 일행이 웅진으로 피신한 것도 '군사 도시' 웅진과 무관하지 않을 것이다.

그러한 웅진은 앞서 말했듯이, 대성팔족의 하나인 백씨의 근거지였다. 동성 왕 때 백가(苩加)가 위사좌평이 됨으로써 백씨의 위세가 최고조에 달했거니 와, 그는 정치를 농단하고 급기야 동성왕을 시해한 후 가림성(加林城)에 웅거 하여 반란을 일으켰다가 죽임을 당하였다. 백가의 반란을 평정한 무령왕은 여러 귀족들을 골고루 등용하여 세력 균형을 유지했는데, 이러한 정국 속에 서 예씨가 몰락한 백씨를 대신해 새로운 웅진 세력으로 등장하지 않았을까 한다. 예씨 일족은 사비 천도 후에도 그 세력을 유지한 것으로 보인다. 예식 진과 예군 묘지에 의하면 그들의 증조 복(福), 조부 예다(譽多), 아버지 사선(思 善) 등이 모두 좌평을 역임했는데, 예식진 혹은 예군의 생몰연대로 예씨 선조 의 활동시기를 추산하면 모두 사비시대에 해당하기 때문이다.[16]

흥미로운 것은 웅진에 기반을 둔 예씨 가문이 백제 멸망에 결정적 역할을 했다는 사실이다. 《삼국사기》를 비롯한 여러 문헌에 의하면, 660년 7월 12일 나당연합군이 사비성을 에워싸고 공격하자 다음날 의자왕은 밤을 틈타 왕자

---

15) 山尾幸久, 〈朝鮮三國의 軍區組織〉, 《古代日本と朝鮮》, 學生社, 1974, 167~168쪽 ; 노중국, 앞의 책, 2018, 378~379쪽.

16) 예군을 기준으로 세대 간의 간격을 30년으로 잡으면 아버지 禰善은 648년, 할아버지 禰譽는 618년, 증 조 할아버지 禰福은 588년 경에 사망한 셈이다. 따라서 그들의 활동 시기는 대개 사비시대와 겹친다고 할 수 있다.

효(孝)와 좌우 측근들을 데리고 웅진성으로 달아나 피신하였다. 이에 사비성에 남아 있던 왕자 융(隆)과 태(泰) 등이 차례로 나당연합군에 항복함으로써 사비도성이 함락되었다.

한편 웅진성에 피신해 있던 의자왕 일행은 7월 18일 사비성으로 되돌아와 나당연합군에게 항복하였다. 《삼국사기》는 이때의 상황을 "의자왕이 태자와 웅진방령 군(軍) 등을 거느리고 웅진성으로부터 와서 항복했다[義慈率太子及熊津方領軍等 自熊津城來降]"라 하였고, 《구당서》는 "그 대장 예식이 또 의자왕을 데리고 와서 항복했다[其大將禰植又將義慈來降]"라 하였다.[17] 그래서 기존의 연구자들은 《구당서》에서 말하는 '대장예식'과 예식진묘지의 주인공 예식진은 동일인이고, 나아가 예식은 의자왕과 함께 사비성으로 와서 항복했다는 '웅진방령(熊津方領)'과도 동일인이었을 것으로 추정하였다.[18] 예식이 당시 웅진방령이었는 지는 따져볼 문제지만, 예식과 예식진이 동일인이라는 것은 분명하다.

예씨 일족 묘지가 그러한 사실을 분명하게 말해준다. 우선 예식진묘지에서 예식진이 당에 항복하는 상황을 "이역의 바람을 점 쳐 해를 향해 장안으로 나아갔다[占風異域 就日長安]"라 표현했는데, '점풍이역(占風異域)'은 이역의 정세 곧 백제의 전쟁 상황을 관찰하여 정세를 미리 예측한다는 뜻이고, '취일장안(就日長安)'은 천자를 사모하는 마음으로 그를 좇아 장안으로 갔다는 뜻이다. 따라서 이 문장은 예식진이 나당연합군의 군세와 사비성 함락 같은 전황을

---

17) 《구당서》 권83, 소정방전. 한편 《신당서》(권111) 소정방전에는 "그 장군 예식이 의자왕과 더불어 항복했다[其將禰植與義慈降]"라 하여 다소 간략하게 서술하였다.
18) 김영관, 〈백제 유민 예식진묘지 소개〉, 《신라사학보》 10, 2007, 374~379쪽 ; 拜根興, 〈百濟遺民禰寔進墓誌銘關關問題考釋〉, 《東北史地》 2008-2, 29~30쪽.
한편 王連龍은 앞의 글(2011, 126쪽)에서 《구당서》의 "大將禰植"의 禰植은 禰軍이 개명한 다른 이름이라 하여 예식과 예군을 동일인으로 보았다. 그러나 예식과 예식진은 흡이 비슷할 뿐더러, 예소사와 예인수 묘지을 보면 王連龍의 주장이 잘못되었음을 알 수 있다.

파악하고 백제가 전쟁에서 이길 수 없을 것으로 판단하여 당나라 황제를 좇아 투항했다는 의미로 해석할 수 있다. 그리고 예인수묘지에서 "당이 하늘의 명을 받아 동쪽을 토벌하였으나 조정에 조회하지 않자 (예식진이) 곧 그 왕을 이끌고 고종황제에게 귀의하였다[有唐受命 東討不庭 卽引其王 歸義于高宗皇帝]"라 하여, 보다 구체적으로 서술하였다.

그럼에도 예인수묘지와《구당서》(권83) 소정방전에서는 단지 예식진 혹은 예식이 의자왕을 '거느리고[將]' 혹은 '이끌고[引]' 당에 투항했다고 할뿐, 어떠한 수단 혹은 방식으로 의자왕을 이끌고 투항했는지에 대해서는 언급하지 않았다. 그런데 예군묘지가 바로 그러한 의문에 대한 답을 말해준다.

예군묘지에 의하면, 예군이 당에 투항하는 상황을 "지난 현경 5년(660)에 천자의 군대가 본국을 토벌한 날에, 기미를 보고 장차 닥칠 변화를 알아차리고 군사를 일으켜[杖劍] 귀순할 바를 알았다[去顯慶五年 官軍平本藩日 見機識變 杖劍知歸]"라 하였다. 여기서 주목할 것은 마지막 구절인 '장검지귀(杖劍知歸)'이다. '장검(杖劍)'은 군사를 동원하여 무력으로 일을 도모한다는 의미이다.《한서》(권34) 경포전(黥布傳)에 "신은 대왕과 더불어 병기를 잡고 한나라 왕에게 귀의하기를 청합니다[臣請與大王杖劍而歸漢王]"라 하였고,《후한서》(권67) 당고전(黨錮傳) 서문에서 "한 고조가 병기를 잡고 일어나자 무부들이 발흥했다[及漢祖杖劍 武夫勃興]"라 하였다. 그렇다면 예군은 현경 5년(660)에 나당연합군이 백제를 쳐들어왔을 때 백제가 그것을 감당하지 못하고 망하리라는 기미와 정세의 변화를 알아차리고 '군사를 일으켜' 의자왕을 붙잡아 당에 귀순했다고 하겠다.

여기서 지금까지 몰랐던 두 가지 사실을 알 수 있다. 하나는 예군이 의자왕을 붙잡아 당에 항복한 사건에 직접 참여했다는 점이고, 다른 하나는 그 방식이 바로 군사반란이었다는 점이다. 물론 예식진묘지와 기존의 문헌자료만으로도 예식진 무리가 반란을 일으켜 의자왕을 붙잡아 당에 넘겼으리라는 추정이 가능했다. 그러나 그것은 어디까지나 추측에 불과했는데, 근년 새로 발견된 예군묘지를 통해 그것이 사실임을 확인할 수 있게 되었다. 특히 660년 7월 18일경 웅진성에서 반란을 일으켜 의자왕을 붙잡아 당에 바친 '거사'의 주동자가 예식진의 친형 예군이었다는 사실은 매우 흥미롭다고 하겠다.

예군이 군사반란의 주역이었다면 그는 웅진 방성(方城)의 군사를 이용해 반란을 일으켰을 것이다. 전술했듯이 예군을 포함한 예씨 일족은 대대로 웅진을 세력 근거지로 삼았다. 특히 웅진에 기반을 두고 동성왕 때 정권을 장악한 백씨(苩氏) 가문이 몰락한 이후 북방 웅진성의 군사는 예씨 일족의 세력권 아래 놓이게 되었을 것으로 생각된다. 이에 따라 웅진성의 방령(方領) 역시 예씨가 맡았을 가능성이 많다. 실제 백제 멸망기의 웅진성 방령은 예군이었다.

지금까지 여러 연구자들은 《구당서》와 《삼국사기》의 의자왕 투항 기사를 서로 연관시켜 《구당서》의 '대장 예식(禰植)'을 《삼국사기》에서 말하는 '웅진방령'으로 추정하였다.[19] 그것은 《삼국사기》의 관련 기사 "의자왕이 태자와 웅진방령 군(軍) 등을 거느리고 웅진성으로부터 와서 항복했다"의 '웅진방령군(熊津方領軍)'을 '웅진방령의 군사' 혹은 '웅진방의 영군(領軍)'으로[20] 해석한 것에 기인한다. 이 문장은 의자왕과 태자 등의 특정 인물이 나당연합군에 항복한 사실을 서술한 문장이다. 따라서 '웅진방령군(熊津方領軍)'의 '군(軍)'을 포괄적인 의미를 가진 무명의 '군사'로 해석하는 것은 문맥상 부자연스럽다. 게다가 의자왕이 연합군에 항복하러 갈 때 군이 웅진성의 군사를 거느리고 갈 필요도 없

---

19) 노중국, 《백제 부흥운동사》, 일조각, 2003, 57쪽; 김영관, 앞의 글, 2007, 375쪽; 拜根興, 앞의 글, 2008, 29쪽; 노태돈, 《삼국통일전쟁사》, 서울대학교출판부, 2009, 152쪽; 최상기, 〈예군묘지의 연구동향과 전망-한·중·일 학계의 논의사항을 중심으로〉, 《목간과 문자》 12, 2014, 72~74쪽.

20) 이병도, 《국역 삼국사기》, 을유문화사, 1977, 86쪽; 정구복 등, 《(개정증보)역주 삼국사기》 2(번역편), 한국학중앙연구원, 2012, 178쪽; 조선민주주의인민공화국 과학원고전연구실, 《삼국사기》(상), 1958, 136쪽.

다. 실제로 북방 웅진성의 군사를 이끌고 갔다면 '웅진방령군(熊津方領軍)'이 아니라 '웅진방군(熊津方軍)' 혹은 '웅진성군(熊津城軍)'으로 표기하는 것이 올바르다. 그렇다면 여기서의 '웅진방령군'은 북방 웅진성의 군사를 이용해 반란을 일으킨 '웅진방령 예군(禰軍)'을 지칭한 것이라 할 수 있다.[21]

이처럼 660년 7월 웅진방령 예군은 자신이 거느리고 있던 방성(方城)의 군사를 이용해 반란을 일으켜 의자왕을 붙잡아 나당연합군에 바치고 항복하였다. 《삼국사기》는 그러한 사실을 적확하게 지적하였다. 그러나 《구당서》는 예군의 아우 예식진을 거사의 주동인물로 묘사했는데, 이는 두 사서에서 이용한 사료가 서로 달랐기 때문인 것으로 보인다.[22] 어쨌든 660년 백제 멸망의 결정적인 계기가 되었던 웅진성의 반란과 의자왕의 항복은 '군사도시' 웅진을 근거지로 삼아 번성하던 예씨 일족, 그 중에서도 예군과 예식진 형제가 주도한 사건이었다고 하겠다.

3) 예씨 일족과 웅진도독부

신라와 힘을 합쳐 백제를 평정한 소정방은 의자왕과 왕자를 비롯한 수많은 사람을 포로로 붙잡아 당으로 돌아갔다. 이때 당의 백제 토벌에 결정적으

---

21) 김영심과 최상기 등은 예식진이 당시 웅진방령이었다는 것을 전제로, 《삼국사기》의 "웅진方領軍"을 예식진 휘하의 군사로 해석하였다. 김영심, 〈묘지명과 문헌자료를 통해 본 백제 멸망 전후 禰氏의 활동〉, 《역사학연구》 52, 2013, 217~218쪽; 최상기, 〈禰軍墓誌의 연구 동향과 전망-한·중·일 학계의 논의사항을 중심으로〉, 《목간과 문자》 12, 2014, 73~74쪽.

22) 백제 멸망 직후 예군과 예식진은 의자왕을 이끌고 당에 투항한 공로로 각각 右武衛滻川府折衝都尉(정5품)와 歸德將軍(종3품)의 관직을 받았다. 품계를 기준으로 보면 예식진이 예군보다 높은 관품을 받았으므로 의자왕의 투항에 보다 많은 공을 세웠을 것으로 추정할 수 있다. 그러나 예식진이 받은 귀덕장군은 투항한 藩國 수령에게 주는 직무가 없는 무산관인데(《구당서》 권42, 직관1) 비하여, 예군이 받은 우무위산천부절충도위는 장안 萬年縣 滻川鄕에 주둔하던 절충부의 최고 책임자였다. 이런 점에서 투항 직후 당으로부터 받은 품계의 高下만으로 누가 '거사'의 주역이었는지 판단하기 어렵다.

로 기여했던 예군과 예식진 형제 역시 그들과 함께 당에 들어갔다. 그들은 당으로부터 백제 토벌의 공로를 인정받아, 예군은 우무위산천부절충도위(右武衛滻川府折衝都尉)에 임명되고 예식진은 귀덕장군(歸德將軍)의 무산관을 받았다. 그러나 이들은 당에 오래 머물지 않고 당의 백제 고토 지배정책에 따라 다시 백제로 돌아와 웅진도독부의 관리가 되어 백제 유민을 안무하고 신라의 팽창을 견제하였다.

나당연합군이 백제를 멸망시킨 후 당은 사비성을 중심으로 사방에 웅진, 마한, 동명(東明), 금련(金漣), 덕안(德安)도독부 등의 5도독부를 설치하여 당의 직접지배를 기도하였다. 그러나 백제 유민의 부흥운동과 신라의 반발로 백제 전역을 지배하려는 5도독부 체제를 실현하지 못하자 곧이어 웅진도독부를 중심으로 한 1도독부 체제로 전환하였다. 사비성 중심의 5도독부 체제에서 웅진 중심의 1도독부 체제로 바뀐 시기는 대략 662년 전반기로 추정된다.[23] 이때 당이 백제 수도였던 사비성을 포기하고 웅진도독부에 백제 옛 땅을 총괄하는 지배기구를 설치한 데는 그럴만한 이유가 있었을 것이다.

이 점과 관련하여 종전의 연구자들은 웅진성이 사비성에 비해 방어하기에 용이한 군사요새라는 점을 유력한 이유로 들었다. 즉 백제 멸망 후 각지에서 일어난 부흥운동으로 사비성이 함락될 위기에 처하자 백제에 주둔하던 당나라 군대는 방어에 유리한 자연조건과 도성으로서의 인프라를 갖춘 웅진으로 거점을 옮겼으리라는 주장이다. 이와 더불어 또 하나 고려할 것은, 웅진은 의자왕을 붙잡아 당에 넘긴 부당(附唐) 군사반란의 본거지였다는 점이다. 그렇

---

23) 당군이 본영을 사비에서 웅진으로 옮겨간 시기에 대하여 660년 8월 이후 멀지 않은 시기(이도학), 662년 7월 직전(방향숙), 661년에서 662년 7월 이전(노중국), 662년 2월에서 7월 사이(김수미) 등의 견해가 있다. 이도학, 〈웅진도독부의 지배조직과 대일본정책〉, 《백산학보》 34, 1987, 83~84쪽; 방향숙, 〈百濟 故土에 대한 당의 지배체제〉, 《이기백선생고희기념 한국사학논총》(상), 일조각, 1994, 316~319쪽; 노중국, 앞의 책, 2003, 293~294쪽; 김수미, 〈백제부성의 실체와 웅진도독부 체제로의 전환〉, 《역사학연구》 28, 2006, 35~36쪽.

다면 반란을 주도한 예군과 예식진 형제는 웅진도독부 설치와 운영에 깊숙이 관여했을 것으로 생각된다.

예군의 경우, 기존의 문헌자료를 통해서도 그러한 사실을 짐작할 수 있다. 《일본서기》와 《선린국보기(善隣國寶記)》에 인용된 《해외국기(海外國記)》에 따르면, 예군은 664년 4월경 백제 진장(鎭將) 웅진도독 유인원이 보낸 곽무종(郭務悰)과 함께 일본에 다녀왔고, 다음해 7월에는 유덕고(劉德高)와 함께 또다시 일본을 다녀왔다고 한다.[24]

예군묘지에서도 그의 일본 사행을 언급하였다. 즉 왜가 백제를 구원하기 위해 한반도에 출병했다 퇴각한 즈음, 백제에서 백성들을 안무하던 예군이 왜에 사신으로 가 명망있는 우두머리 수십명을 이끌고 조정에 배알했다고 하였다. 이때의 일본 사행은 곽무종을 따라 일본에 다녀온 사실을 지칭하거니와,[25] 예군은 왜가 한반도에 출병한 663년을 전후한 시기에 이미 당에서 백제로 돌아와 웅진도독부에서 활동했음을 알 수 있다. 따라서 예군은 당의 주력부대가 사비성에서 웅진성으로 옮겨가 웅진도독부 체제를 수립하는데 관여했을 가능성이 크다고 하겠다.

예군의 웅진도독부 활동은 그 후에도 계속되었다. 두 차례 일본을 다녀온 예군은 그 공로로 좌융위낭장이 되었고, 이어서 우령군위중랑장(右領軍衛中郎將) 겸 웅진도독부 사마에 임명되었다. 예군묘지의 문맥으로 보아 그가 웅진도독부 사마로 임명된 것은 665년의 제2차 일본 사행 직후로 보이거니와, 그는 665년 부여융이 웅진도독으로 임명된 때와 비슷한 시기에 웅진도독부 사

---

24) 《일본서기》 권27, 天智 3년 5월 ; 같은 책, 권27, 天智 4년 9월 ; 《善鄰國寶記》(上).

25) 《선린국보기》(상)와 《일본서기》(권27)에 따르면, 664년의 1차 사행시 예군의 관직은 佐平이었으나 665년의 2차 사행시에는 右戎衛郎將이었다. 그런데 예군묘지에서 예군은 664년에 1차 일본 사행을 마치고 돌아와 左戎衛郎將에 임명되었다고만 하고 우융위낭장에 관한 사실은 보이지 않는다. 그렇다면 《일본서기》에서 말하는 우융위낭장은 좌융위낭장의 誤記일 가능성도 없지 않다.

마로서 도독부의 핵심적인 업무를 담당하였다.[26] 그후 예군은 670년 6월 혹은 7월에 고구려 부흥운동을 함께 토벌하자는 신라의 제안을 받고 그 일을 협의하기 위해 신라에 갔다가 그곳에 억류되었다. 약 2년 동안 신라에 붙잡혀 있던 예군은 672년 9월 병선낭장(兵船郎將) 겸이대후, 내주사마(萊州司馬) 왕예, 본열주장사(本烈州長史) 왕익 등의 당나라 관리들과 함께 당으로 송환되었다. 당에 돌아간 예군은 672년 11월 우위위장군(右威衛將軍)에 임명되어 당의 관리로 살다가 678년 2월 옹주 장안현 연수리에서 죽었다.

이처럼 예군은 백제 멸망 후 자신의 남은 생애 대부분을 웅진도독부 건설과 운영에 바쳤다. 예군 뿐만 아니라 그의 아우 예식진 역시 당의 백제 고토 지배에 참여하였다. 예식진의 아들 예소사 묘지에 의하면, 예식진은 당에 입조하여 귀덕장군, 동명주자사, 좌위위대장군이 되었다 하였고, 손자인 예인수 묘지에서는 좌위위대장군에 임명되고 내원군개국공에 봉해졌다고 한다. 여기서 주목되는 것은 예식진이 동명주자사를 역임했다는 사실이다.

동명주는 당이 백제를 멸한 후 백제 땅에 설치하려던 5도독부 가운데 하나인 동명도독부 소속의 주(州)였으나, 5도독부 설치가 어렵게 되자 웅진도독부 산하의 7주 가운데 하나로 편입되었다. 웅진도독부 체제에서 동명주는 웅진현, 노신현(鹵辛縣), 구지현(久遲縣), 부림현(富林縣)을 거느렸다. 동명주의 치소로 보이는 웅진현은 지금의 충남 공주시 일대이고, 구지현은 연기군 전의면이며, 부림현은 공주시 신풍면 지역으로 비정된다.[27] 비록 노신현의 현재 위치는 알 수 없으나, 전의면은 공주의 북쪽이고 신풍현은 공주의 서쪽이라는 점에서 당시 동명주는 웅진도독부를 둘러싸고 있던 중요한 지역이었다고

26) 도독부사마는 都督, 長史에 이은 도독부의 핵심 구성원이다. 특히 예군은 668년에 당의 鎭將 유인원이 본국으로 돌아간 후 웅진도독부의 실질적인 통수권자로서의 역할을 담당했다고 한다. 이도학, 앞의 글, 1987, 93~94쪽 참조.
27) 정구복 등, 《(개정증보)역주 삼국사기》4(주석편, 하), 한국학중앙연구원, 2012, 443쪽.

하겠다. 예식진은 그러한 지역의 자사가 되어 당의 백제 고토 통치에 참여하였다.

사실 예식진이 언제부터 얼마동안 동명주자사를 역임했는지 알 수 없다. 그런데 예군이 웅진도독부 설치 초기부터 말기까지 줄곧 백제에서 활동하였으므로 비슷한 경력을 가지고 있던 그의 아우 예식진도 그러지 않았을까 한다. 이와 관련하여 예식진의 관직 이력을 살펴볼 필요가 있다. 예소사묘지에 의하면 예식진은 귀덕장군(종3품), 동명주자사(정4품~종3품), 좌위위대장군(정3품), 내원군개국공(정2품)을 역임했고, 예식진묘지에서는 좌위위대장군(정3품) 내원현개국자(정5품) 주국(柱國, 종2품)이라 하였다. 비록 두 묘지 사이에 약간의 차이가 있으나, 예소사묘지는 서술방식으로 보아 예식진의 관력을 연대순으로 정리한 것으로 판단된다. 그런데 예식진은 당에 투항한 직후 귀덕장군을 받은 이후에 다른 관직을 거치지 않고 곧장 동명주자사에 임명되었다. 그렇다면 예식진은 의자왕 일행과 함께 당에 건너간 이후 멀지 않은 시기에 동명주자사가 되어 백제 고지로 되돌아왔음을 추지할 수 있다.

그후 예식진은 좌위위대장군으로 승진하였다. 그것은 동명주자사로 재직할 때의 공로 때문인 듯한데, 이를 계기로 그는 당으로 돌아간 것으로 보인다. 그렇다고 하여 예식진과 웅진도독부의 관계가 끊어진 것은 아니었다. 예식진묘지의 "함형 3년 5월 25일 행려(行旅)로 인해 내주 황현에서 죽었다[咸亨三年五月卄五日 因行薨於萊州黃縣]"란 구절이 그러한 사실을 암시한다. 내주 황현은 지금의 중국 산둥성 롱커우(龍口) 지역으로, 롱커우 서쪽 내주만(萊州灣)에 있던 황현 포구는 고대 중국과 한반도 혹은 요동지방을 왕래하는 선박들의 주요한 발착지였다.[28] 그런데 672년 5월에 예식진이 한반도 왕래의 요지인 황

---

28) 《太平寰宇記》(권20) 등주 황현조에 "大海在縣北三里 又縣西至海四里 當中國往新羅渤海大路由此"라 하였고, 《元和郡縣圖誌》(권11) 등주 황현조에 縣治 북쪽 20리 지점에 司馬宣王이 요동을 정벌할 때 쌓은 大人故城이 있는데, 신라와 백제를 왕래할 때 항상 이곳을 통과했다고 한다.

현에 머물다 죽었다. 그는 왜 황현에 머물고 있었을까?

당시 신라는 백제고토를 둘러싸고 당과 치열한 전투를 벌였다. 특히 671년 6월 신라는 죽지(竹旨) 등을 보내 가림성(加林城)의 벼를 짓밟았으며 석성(石城)을 공격하여 적군 5,300명을 죽이고 백제 장군 2명과 당의 과의(果毅) 6명을 사로잡았다. 이어서 그해 7월 혹은 다음해에 백제지역을 거의 병합하고 사비에 소부리주(所夫里州)를 설치해 도독 혹은 총관을 두어 다스리게 하였다.[29] 이처럼 신라가 백제 고지를 대부분 점령하고 군사적 위협을 가하자 웅진도독부는 궤멸 직전에 이르렀다. 이에 당은 신라의 팽창을 막고 웅진도독부를 구하기 위해 신라에 군사를 파견하였다.

이와 관련하여 양복연묘지(楊福延墓誌)를 주목할 필요가 있다. 현재 중국 허난성 신안현(新安縣) 톄먼진(鐵門鎭)의 천당지재(千唐誌齋)에 소장된 이 묘지에 따르면, 양복연이 함형 3년(672)에 계림도행군 장사(長史)에 임명되어 신라로 향하던 도중 병이 들어 당으로 되돌아가 11월에 화음현(華陰縣)에서 죽었다고 한다. 양복연이 소속된 계림도행군은 신라로 향해 가던 군대로, 백제 땅에서 고전하던 웅진도독부를 돕기 위해 출병한 부대였음이 틀림없다. 그리고 계림도행군의 출발지는 고대 한·중간 교통의 요지였던 내주 황현이었을 것이다.

한편 예식진은 양복연이 계림도행군 장사에 임명된 함형 3년, 곧 672년 5월에 행군 여정에서 어떠한 연유로 내주 황현에서 죽었다. 그렇다면 예식진은 함형 3년 웅진도독부를 구원하기 위해 편성된 계림도행군의 일원으로 참여하여 출항지인 황현까지 갔으나, 출발에 앞서 그곳에서 죽었을 것으로 추정할 수 있다.[30]

---

29) 《삼국사기》(권7) 신라본기에서는 문무왕 11년(671) 7월에 所夫里州를 설치하고 아찬 眞王을 도독으로 삼았다 하였고, 같은 책(권36) 지리지(3)에서는 문무왕 12년에 총관을 두었다고 하여 차이가 있다.
30) 拜根興, 앞의 글, 2008, 30~31쪽.

이상과 같이 예군과 예식진 형제는 백제 멸망 후 당에 들어가 포상을 받고 곧바로 다시 백제로 돌아와 웅진도독부와 그것의 외곽을 둘러싼 동명주에서 각각 사마(司馬)와 자사(刺史)로서 당의 백제지배에 종사하였다. 그 과정에 예군은 두 차례 일본을 다녀왔고 또한 2년 동안 신라에 억류당하는 고통을 겪었다. 그리고 예식진은 좌위위대장군으로 승진한 것을 계기로 일시 당으로 돌아가 머물다 웅진도독부가 위기에 처하자 구원군의 일원으로 참여했으나 출항하기 직전 황현에서 객사하고 말았다.

2010년을 전후해 중국 산시성 시안시 귀두진의 당나라 고분에서 출토된 예군과 예식진-예소사-예인수 3대에 걸친 예씨 일족 묘지는 7세기 중엽 한반도 정세와 동아시아 국제관계에 대한 귀중한 정보를 담고 있다. 우선 이들 묘지는 예씨 일족이 웅진에 근거지를 두고 성장한 유력 씨족이었다는 사실을 말해준다. 그리고 웅진에 기반을 둔 예씨 일족, 그 중에서도 예군과 예식진 형제가 군사반란을 일으켜 웅진성에 피신해 있던 의자왕을 붙잡아 당에 넘긴 주동자였음을 증언하고 있다. 뿐만 아니라 그들은 당이 백제 옛 땅에 설치한 웅진도독부 운영에 적극적으로 참여했는데, 특히 예군은 백강 전투가 벌어진 663년 전에 이미 백제에 와서 유민을 안집(安集)하였고, 비슷한 시기 예식진은 동명주자사를 역임했다는 사실은 예씨 일족 묘지가 전하는 또 다른 정보라 하겠다.

한편 董延壽과 趙振華는 앞의 글(2008, 11쪽)에서 예식진이 고구려 유민을 안무하기 위해 황현에 갔다 하였고, 王連龍은 앞의 글(2011, 129쪽)에서 자신의 친형인 예군을 맞이하기 위함이었다고 한다. 그러나 고구려 유민이 萊州에 대거 이주한 것은 669년이었을 뿐더러 굳이 백제 출신 예식진이 그 일을 맡았을 가능성이 별로 없다. 그리고 예군은 672년 9월에 신라에서 풀려났으므로 4개월 전에 미리 그 사실을 알고 黃縣에 영접하러 나갔다는 것도 무리한 추론이다.

* 지석, 개석 : 趙振華 교수 제공

〈그림 2-1〉 예식진묘지

〈그림 2-2〉 예군묘지

* 지석, 개석 : 拜根興 교수 제공

〈그림 2-3〉 예소사묘지

大唐熊州金城府折衝禰君墓誌銘幷序

君諱□□善者蓋東萊平原士之後也知
□□有葉□刻之稱□□□□□□□□
天歆之洎于□子□□□□□□百濟
縣之洎于□□定進□宣□□□□□
□義于父□子□之□□□唐□討
闕國公□□□避地必有□□□左威
賢者□□□高宗皇帝□□□命東討其
是之謂□即孫□必素上人□□拜左武
即就衛府君□長□主□□人□□威將
右就武府果毅軍□□□□□左爲□□
臨池重□之官合爲五十三年□□□
梁川邑宰爲公陽府評□□□□□終十
公瑗之後□稱特立泉人□□□□遠□
侯謨□以天寶□□□□□□□□
一月六日卒于賀氏之外第□□□□男二
周遂縣之高陽原禮也其子□□□□女
安縣居溟異土我生鮮歡王事□□□□
瑗銘曰□□□□□□□□□□□□
子克報于噫孝思□□□□□□□□

제3절 재당 신라인 경조김씨(京兆金氏) 묘지

　　1980년대 이후 중국에서는 금석문을 대대적으로 조사하여 각종 자료집을
간행, 보급하였다. 그에 따라 한국고대사 관련 중국 금석문들이 속속 드러나
게 되었다. 그럼에도 우리 학계에서는 관련 자료의 전체적인 규모와 내용 등
을 일목요연하게 파악하지 못하였다. 근년 필자는 그러한 문제점을 인식하고
중국의 한국고대사 관련 자료를 광범위하게 조사한 결과, 중국에 한국고대사
관련 당나라 금석문이 3백여 점 존재한다는 사실을 확인하였다.[1] 그 중에서
신라와 관련한 자료가 40여 점인데, 여기서 살펴보고자 하는 이구부인경조김
씨묘지(李璆夫人京兆金氏墓誌)는 그 가운데 하나이다.

　　이구부인경조김씨묘지는 1954년 중국 산시성 시안시 동쪽 교외의 곽가탄
(郭家灘)에서 출토되었다. 이 묘지는 출토 후 오랫동안 알려지지 않다가 1991
년 《수당오대묘지휘편》(섬서2, 천진고적출판사)에 탁본이 수록됨으로써 처음 세
상에 알려졌다. 그럼에도 중국에서는 크기나 서체 혹은 등장인물 등에 특별
한 점이 없는 이 묘지에 별다른 관심을 갖지 않았다. 그러던 중 2000년대 초
필자가 중국에 산재한 한국고대사 관련 금석문을 종합적으로 조사하던 과정
에서 이 자료의 존재 사실을 알고 한국학계에 소개함으로써 비로소 세간의
주목을 받게 되었다.[2] 이 절에서는 이구부인경조김씨묘지의 원문을 판독하고
해석한 다음, 묘지의 내용과 관련한 몇가지 단상을 피력하고자 한다.

---

1) 권덕영, 〈한국고대사 관련 중국 금석문 조사 연구-唐代 자료를 중심으로〉, 《사학연구》 97, 2010, 1~47쪽.
2) 권덕영, 〈大唐故 金氏夫人墓銘과 관련한 몇가지 문제〉, 《한국고대사연구》 54, 2009, 395~422쪽.

1. 자료 판독과 해석

1) 묘지의 판독

이 묘지는 신라에서 당으로 이주한 재당 신라인 김공량(金公亮)의 딸 김씨부인의 생애를 소개하고 찬미한 묘지명이다. 출토 당시 개석과 지석이 온전하게 함께 발견되었는데, 개석은 사각추의 아랫부분을 수평으로 절단한 녹정형(盝頂形)으로, 가로 세로가 각각 44.5㎝ 크기의 정방형이다. 윗면에는 평평하게 다듬은 사각 공간에 3행 3열에 걸쳐 전서로 "대당고김씨부인묘명(大唐故金氏夫人墓銘)"이란 제액을 새겼고, 그 주위에 구름무늬를 새겨 장식하였다. 그리고 아래쪽 사방으로 비스듬히 깎아 내린 네 면에는 사신(四神)이 구름 속에 노니는 모습을 얕게 음각하였다.

지석 역시 가로 세로가 각각 44.5㎝ 크기의 정방형으로,[3] 윗면에는 지문을 새겼고 옆면에는 사방으로 돌아가며 12지신상을 새겨 장식하였다. 지문은 23행 27열로 구성되었는데, 우아한 예서로 김씨부인의 행적을 기록하였다. 즉 첫머리에 제명을 적은 다음, 향공진사 최희고(崔希古)가 글을 짓고 한림대조 승봉랑 수건주장사 동함(董咸)이 지문과 전액의 글씨를 썼다고 한다. 이어서 김씨성의 유래, 선조와 가계, 품행과 생활상, 죽음과 후사, 명문을 순서대로 서술하였다.

당을 포함한 전근대 중국의 묘지에서는 황제와 황실 혹은 묘주을 비롯한 각종 존경과 경외를 나타내는 용어 앞에 몇 글자의 공란을 두는 것이 일반적이었다. 이 묘지는 그러한 용어 앞에 일률적으로 한 글자를 떼어 썼다. 그리

---

3) 개석과 지석의 크기는 실측자에 따라 약간의 차이가 있다. 본서에서는 《西安碑林博物館藏碑刻總目提要》(線裝書局, 2006, 121쪽)에서 제시한 수치에 따랐다.

고 묘지 말미의 4구체로 된 명문에서도 각 구절마다 역시 한 글자를 띄었다. 이 묘지는 김씨부인을 장사지낸 함통 5년(864) 12월경에 제작되었는데, 현재 산시성 시안시 서안비림박물관에 소장되어 있다.

이 묘지는 대부분의 글자를 육안으로 쉽게 판독할 수 있을 정도로 양호하게 보존되었다. 그럼에도 중국학자들 사이에는 몇몇 글자의 판독에 차이를 보인다. 예를 들면, 제4행의 경우《전당문보유》(3)에서는 5·15·24·25열의 글자를 각각 미(微)·중(衆)·귀(歸)·명(命)으로 판독하였고,《당대묘지휘편속집》과《전당문신편》(권802)은 휘(徽)·가(家)·△·△으로 읽었다. 그리고 제5행 26열, 제6행 18열, 제7행 13열의 글자도 다르게 판독하여,《전당문보유》에서는 각각 돈(敦)·후(後)·원(遠)이라 하였으나,《당대묘지휘편속집》과《전당문신편》은 △·준(俊)·환(還)이라 하였다. 이 외에도 여러 군데 글자를 다르게 판독하였는데, 그것을 모두 합하면 무려 26글자에 달한다.

묘지석이 온전한데도 글자 판독에 차이가 나는 것은 그들이 이용한 탁본이 서로 달랐기 때문이다. 이구부인경조김씨묘지 탁본은 현재 여러 종류가 알려져 있다. 그 중에서《서안비림전집》(제91집)과《신중국출토묘지》(섬서2, 상)에 수록된 탁본이 가장 양호하다. 따라서 여기서는 이들 두 자료, 특히《신중국출토묘지》에 실린 탁본을 기본 자료로 삼아 원문을 판독하였다.

〈표 2-12〉 판독문

㉔	㉓	㉒	㉑	⑳	⑲	⑱	⑰	⑯	⑮	⑭	⑬	⑫	⑪	⑩	⑨	⑧	⑦	⑥	⑤	④	③	②	①	행\절
賢	執	夫	王	遷	靈	心	表	有	婦	柔	有	武	監	諱	忠	德	絲	仕	分	太			前	1
聖		是	人	傅	神	槻	臨	享	箅	夫	順	祿	餘	內	原	信	亂	是	武	有	上	鄉	知	2
			執	兄		于	追			年	人	利	有	刃	中	行	離	望	帝	昌	天	貢	桂	3
	遷	非	世	親	萬	號	樞	卅	短	無	貞	位	究	尙	皇	篤	摸	係	愼	有	子	進	陽	4
		此	舊	兄	年	岡	逢	三	定	嗣	稟	善	平	使	贈	敬	矢	京	名	徽	有	士	監	5
	短	無	追	守	縣	極	歸	端	分	撫	受	始	子		工	難	握	兆	節	蔓	國	崔	將	6
	辰	疏	惻	右	滏	敬	世	公	綿	訓	自	令	觀	父	部	之	粟	郡	陜	衍	泰	希	仕	7
			無	有	清	川	玄	城	追	邊	前	然	終	讃	尙	蠻	去	史	拜	四	宗	古	郎	8

游	親	作	道	鄉	等	嗣	昔	疾	夫	女	先	規	公	書	貌	國	籍	侍	天	陽	撰	侍	9
俗		因	牽	上	支	子	平	瘵	人	工	夫	摸	亮	祖	其	避	叙	中	下	號		御	10
絶	不	以	府	傳	殘	敬	生	巫	男	婦	人	運	皇	諱	道	時	載	常	尒	少	翰	史	11
秦	饗	諸	兵	村	扶	玄	尙	扁	三	道	隴	公	翰	忠	亦	屆	莫	侍	已	昊	林	内	12
	積	銘	曹	歸	喘	次	存	不	人	服	西	輪	林	義	行	遠	之	封	多	氏	待	供	13
大	行		參	世	謹	子	同	攷	過	勤	李	如	待	皇	今	故	與	秏	已	金	詔	奉	14
道		銘	軍	塋	備	敬	體	咸	人	永	氏	神	詔	翰	後	吾	京	衆	天	承		李	15
已	不	日	聯	城	禮	謨	經	己	舊	搢	機	將	林	昌	宗	必	侯	遠	卽	奉		珣	16
矣	永	仕	夫	文	次	山	五	子	及	紳	技	作	待	織	逢	世	自	祖	吾	郎		夫	17
	大	天	人	以	子	河	年	將	歸	厚	乃	監	詔	吾	異	後	秏	諱	宗	守		人	18
萬	命	地	金	咸	敬	視	五	李	積	族	貢	承	檢	宗	於	仁	亭	日	受	建		京	19
化		不	門	親	通	元	若	月	氏	夫	藝	充	校	於	遼	徵	已	碑	氏	州		兆	20
同	豈	仁	丞	叔	並	平	貳	善	中	人	内	左	遼	東	文	驗	降	自	世	長		金	21
塵	伊	家	翰	年	哀	川	拾	豐	外	卽	作	散	東	斯	七	龍	祖	氏	墓			氏	22
	令	先	嗣	林	十	哀	不	玖	賊		門	判	騎		宣	在	葉	庭	厥	董		誌	23
	淑	死	業	待	二	形	避	日	豈	春	判	共	官	常	夫	王	及	軒	歸	後	咸	銘	24
	陶		詔	古	月	容	艱	終	謂	咸	官	事	祖	侍	人	立	漢	絨	命	派	書		25
	亦	鈞	古	前	七	遠	儉	于	天	號	次	父	少	曾	言	不	燉	西	疏	篆	并		26
	瞿		與	昭	日	侍	堅	嶺	命	賢	女	朝	文	府	祖	言	見	煌	漢	枝		序	27

2) 번역과 주석

전 지계양감(知桂陽監) 장사랑(將仕郎) 시어사내공봉(侍御史內供奉)[4] 이구(李璆)
부인 경조김씨 묘지명과 서문

---

4) 일찍이 한나라는 桂陽城 서쪽 大湊山과 주변지역에 다섯 가지 광물, 곧 '五色之金'이 풍부하였으므로 지금의 후난성 郴州市에 해당하는 桂陽郡에 황실 직속 행정기구인 金官을 설치해 금, 은, 동, 아연, 철 등의 광물 채굴과 야금 및 제철을 주관하게 했다. 당은 그것을 이어받아 원화 3년(808) 그곳에 桂陽監을 설치하여 광물 채굴과 야금 그리고 鑄錢을 맡아 관리하도록 하였다. 계양감에는 監 1인, 丞 1인, 監作 4인을 비롯한 여러 관리를 두었다. 이 묘지에서 말한 知桂陽監은 계양감을 총괄하는 관직이다. 그리고 將仕郎은 從9品下의 당나라 문산관이다.
侍御史는 어사대 소속의 관원으로, 문무 관리를 감찰, 탄핵하고 獄案과 訟事를 추국하는 일을 관장하였다. 시어사의 정원은 4명이고 관품은 正6品下였다. 그리고 內供奉은 궁궐 내에서 황제를 보좌하고 시종하던 직관이다. 당대 중서성과 문하성의 모든 官과 감찰어사를 제외한 어사대의 모든 官에 供奉官이 있었다. 供奉은 대개 다른 관함을 가지고 임무를 수행하지만 그 관함이 정식 관직이 아닐뿐더러 그 관함의 직무만을 수행하는 것도 아니었다. 이런 점에서 시어사내공봉은 員外 시어사인 셈이다. 그럼에도 정원은 시어사 본래의 정원인 4명을 넘을 수 없었다.

향공진사(鄕貢進士)⁵ 최희고(崔希古)가 찬술하고, 한림대조 승봉랑(承奉郞) 수건
주장사(守建州長史)⁶ 동함(董咸)이 지문과 전액의 글씨를 쓰다.

아득한 오랜 옛날에[太上]⁷ 하늘의 아들이 나라를 태평하게 하고 집안을 열
어 드러냈으니, 이름하여 소호씨금천(少昊氏金天)이라⁸ 한다. 이는 곧 우리 집

5) 지방의 州와 縣에서 실시하는 과거의 진사과에 합격한 사람으로, 아직 省試를 통과하지 못한 선비이다.
   당대의 과거에는 매년 과목을 나누어 시행하는 常科와 황제의 칙명에 의하여 임시로 시행하는 制科가
   있다. 그러한 과거에 응시할 수 있는 사람은 生徒와 鄕貢이 있는데, 향공은 州와 縣에서 주관한 시험을
   거쳐 추천해 올린 貢士이다. 《당육전》(권2) 상서이부에 의하면, 향공의 科는 秀才科, 明經科, 進士科, 明
   法科, 明書科, 明算科 등의 6종류가 있었다. 향공진사는 바로 진사과에 합격한 사람이다. 향공진사 崔希
   古에 대해서는 알려진 것이 없다. 다만 이 묘지 후반부에서, 그는 묘주 김씨부인의 형과 친분이 있어 이
   묘지명을 지었다고 한다.
6) 翰林待詔는 文學, 經術, 僧道, 書畵, 琴棋, 陰陽, 卜祝, 醫術 등 각 분야의 전문가들이 황제의 詔命에 응해
   조칙을 비롯한 각종 황실 문서 작성과 여러 현안에 자문하고 전문 기술로 奉事하는 직관이다. 처음에는
   그들에 대한 특별한 칭호가 없었으나, 건봉(666~667) 연간 이후에 그들을 北門學士라 하다가 현종 개원
   (713~741) 초에 한림원을 설치하고 그들을 翰林待詔라 하였다. 그후 문학에 조예가 있는 사람을 별도로
   뽑아 翰林供奉의 칭호를 주어 집현전 학사와 더불어 황제의 조칙에 관한 직무를 맡게 하였고, 다시 개원
   26년(738)에 한림공봉을 學士라 개칭하고 한림원과 별도로 學士院을 설치하여 왕명에 관한 업무를 관장
   하였다(《신당서》권46, 백관1;《당회요》권57, 한림원). 반면 종래의 한림원은 각종 예능과 기예에 뛰어
   난 사람들이 황제의 부름에 응하기 위하여 입직해 대기하던 기구로 남아 소속 관인을 종전과 같이 한림
   대조라 하였다. 그들은 전문 문야에 따라 醫待詔, 畵待詔, 棊待詔 등이라 불렸다. 그리고 承奉郞은 종8품
   상의 당나라 문산관이다.
   建州長史는 지금의 푸젠성 북부 建甌市 지역에 두었던 건주의 속관이다. 당대 각 주에는 刺史를 우두머
   리로 하여 別駕, 長史, 司馬, 錄事參軍 등의 여러 관리를 두었다. 주는 규모와 세력에 따라 上州, 中州, 下
   州 3등급으로 구분되었는데, 관리들도 해당 주의 등급에 따라 품계를 달리하였다. 주 자사를 보좌하는
   長史의 경우, 상주는 종5품상, 중주는 정6품상이 임명되고, 하주에는 장사를 두지 않았다. 그런데 건주
   는 中州였으므로 정6품상이 장사에 임명되었을 것이다.
   한편 《당육전》(권2) 상서이부에 "무릇 관직을 수여함에 있어 官階가 낮은데 수여하고자 한 관직의 품계
   가 높을 경우 '守'라 하고, 관계가 높은데 수여하고자 한 관직의 품계가 낮을 경우 '行'이라 한다[凡注官階
   卑而擬高則曰守 階高而擬卑則曰行]"라 하였다. 이를 行守制라 하거니와, 董咸은 종8품상의 승봉랑으로
   서 정6품상의 건주장사를 맡았으므로 관직 앞에 '守'를 붙였다.
7) 최고 혹은 최상, 황제 또는 천자, 上帝 혹은 天帝, 태상황 등의 여러 가지 뜻이 있다. 여기서는 태고, 상고
   혹은 삼황오제의 시대, 곧 아주 오래 전 시기를 말한다. 應貞의 〈晉武帝華林園集詩〉에 "아득한 오랜 옛
   날 사람이 모여살기 시작한 그 초기에 큰 도리가 세워지고 常道가 사람들에게 널리 퍼졌다[悠悠太上 民
   之厥初 皇極肇建 彝倫攸敍]"라 한 것에 대하여, 李善이 주석하기를 "태상은 아주 오랜 옛날이다[太上 太
   古也]"라 하였다.
8) 少昊를 少皞, 少皓, 少顥라고도 한다. 중국 상고시대 전설 속의 황제로, 太昊의 법을 이어받아 닦았기 때
   문에 少昊라 하고 金德으로 나라를 다스렸다고 하여 金天氏라 하였다. 소호씨에 대해서는 여러 문헌에

안이 성씨를 갖게 된 시초의 할아버지이다[世祖].⁹ 그 후에 유파가 갈리고 가지가 나뉘어 번창하고 밝게 빛나 온 천하에 두루 퍼지니, 이미 그 수효가 많고도 많도다. 먼 조상의 이름은 일제(日磾)이다.¹⁰ 그는 흉노 조정에서[龍庭]¹¹

유사하거나 혹은 다른 각종 이야기가 수록되어 있다. 여러 내용들을 대략적으로 정리하면, 소호금천씨는 黃帝의 아들로 성은 己이고 이름은 摯 혹은 質인데, 太昊라 칭해지던 庖犧氏의 법을 이어받아 닦았다고 하여 소호씨라 이름하였고, 즉위할 때 봉황이 출현했다고 하여 새[鳥]로 관직 이름을 삼았으며, 曲阜에 도읍하여 84년 동안 재위한 후 죽어서 西方을 맡은 신이 되었다고 한다. 지금의 산둥성 曲阜市 북동쪽에 그의 능이라 전하는 유적이 남아 있다.

한편 《삼국사기》(권28) 백제본기 말미 사론에서, 薛因宣이 지은 金庾信碑와 朴居勿이 짓고 姚克一이 쓴 三郎寺碑의 글을 인용하여 "신라인은 스스로 소호금천씨의 후예라 하여 성을 김씨라 했다[新羅人自以小昊氏金天之後 故姓金氏]"고 한다. 그리고 같은 책(권41) 김유신전에 "신라 사람들은 스스로 '소호금천씨의 후예이므로 성을 金이라 한다'고 했으며, 金庾信碑에 '軒轅의 후예이고 少昊의 자손이다'라 했다[羅人自謂少昊金天氏之後 故姓金 庾信碑亦云 軒轅之裔 少昊之胤]"라 하였다. 뿐만 아니라 金仁問墓碑 잔편에 "少皡의 후손에서 나와 푸른 바다를 건너 金天의 명을 △△했다"라 하였다. 이런 점들로 보아 통일기 신라 왕실은 스스로를 소호금천씨의 후예로 인식하고 있었음을 알 수 있다.

9) 世祖는 일반적으로 一世의 祖라는 뜻으로, 왕업을 새롭게 한 공로가 있는 제왕의 묘호로 널리 사용되었다. 아울러 가문을 크게 일으킨 조상 혹은 시조에 상대되는 개념으로서의 先祖라는 의미로도 사용되었다. 王充의 《論衡》 自紀에 "세조 王勇은 자기의 기질을 억제하지 않고 제멋대로 하여 다른 사람들과 잘 어울리지 못하였다[世祖勇任氣 卒咸不揆於人]"라 하여, 자신의 증조부 王勇을 '世祖'라 하였다.

10) 金日磾를 지칭한다. 금일제는 흉노 休屠王의 태자로, 자는 翁叔이다. 한 무제 때 霍去病이 이끄는 군대가 흉노를 압박하자 휴도왕이 昆邪王과 함께 한나라에 투항하기로 했다가 갑자기 결심을 바꾸자, 곤야왕이 그를 살해하고 무리를 이끌고 한나라에 투항하였다. 일제는 휴도왕의 아들이었으므로 관에 籍沒되어 말을 기르는 천한 일을 하였다. 그후 일제는 무제에게 발탁되어 馬監과 侍中, 駙馬都尉 등의 관직을 역임하면서 무제의 측근으로 성심껏 한나라 왕실에 봉사하였다. 무제는 그의 공적을 감안하여 車騎將軍에 임명하고, 일찍이 휴도왕이 金人을 만들어 하늘에 제사지냈으므로 그에게 金氏 성을 하사하였다. 시원 원년(기원전 86) 9월에 49세의 나이로 죽자 昭帝는 그를 한 무제 무덤인 茂陵에 배장하였다. 한편 무제 말기에 금일제가 莽何羅 일당의 모반을 토평한 공이 있어, 무제가 유조로 금일제를 秺侯에 봉하도록 하였으므로 소제가 시원 2년(기원전 85)에 그를 투후로 추봉하였다. 그의 후손은 7대에 걸쳐 한나라 왕실에 봉사하며 충효로써 이름을 날리고 명예를 이어갔다.

11) 한나라 때 흉노의 지명이다. 龍城이라고도 한다. 흉노왕 單于는 매년 5월에 각 부족의 추장들을 거느리고 용정에서 대규모 집회를 열고 조상신과 천지신에 제사지냈다. 그래서 흉노족 혹은 흉노의 조정을 용정이라 일컬었다. 용정은 지금의 몽골공화국 오르콘강(鄂爾渾河) 지역 혹은 내몽골자치구의 시린궈러멍(錫林郭勒盟) 지역으로 추정된다. 《후한서》(권23) 竇憲傳에 "(竇憲이) 冒頓의 부락을 짓밟고 老上單于의 용정을 불태웠다[躪冒頓之區落 焚老上之龍庭]"라 한 것에 대하여, 李賢이 주석하기를 "흉노는 5월에 용정에 크게 모여 그 선조와 하늘과 땅의 신에게 제사지냈는데, 이때 그것을 모두 불태워버렸다[匈奴五月大會龍庭 祭其先天地鬼神 今皆焚蕩之]"라 하였다.

서한(西漢)에[12] 귀순하여 무제를 섬거 벼슬함에, 명예와 절개를 중히 여겼으므로 (무제가) 발탁하여 시중(侍中)과 상시(常侍)에 임명하고 투정후(秺亭侯)에[13] 봉하였다. 투정후에 봉해진 이후 7대의 후손들이 높은 벼슬을 하며[軒紱][14] 눈부시게 빛났다. 이로 말미암아 경조군(京兆郡)에[15] 기대어 명망있는 가문이 되었는데, 그러한 사실은 사적에 잘 갖추어 기록되어 있다. 견주어 그보다 더 클 수 없는 일을 하면[莫之與京][16] 반드시 몇 세대 후에 어진 이가 나타난다는 말

---

12) 기원전 206년에 고조 劉邦이 세운 한나라 왕조로, 秦에 이어 중국의 두 번째 통일 국가이다. 수도 장안이 후에 광무제 劉秀가 세운 후한의 수도 낙양보다 서쪽에 있었으므로 西漢이라 하고, 혹은 후한에 앞서 있던 한이라 하여 前漢이라고도 한다. 서한은 고조 이후 무제 때 흉노를 제압하고 東越과 南越 및 朝鮮을 정복하여 최전성기를 이룩하였다. 그러나 이후 여러 황제를 거치면서 외척과 환관이 발호하여 점차 나라가 기울어져, 기원후 8년에 王莽이 平帝를 죽이고 제위에 올라 新을 건국함으로써 서한은 멸망하였다.

13) 《한서》(권68) 金日磾傳에는 秺侯라 하였다. 금일제는 무제 말기에 莽何羅 일당의 모반을 사전에 알아차리고 그들을 토평한 공이 있어, 무제가 유조로 금일제를 투후에 봉하도록 하였으므로 昭帝가 시원 2년(기원전 85)에 그를 투후로 추봉하였다. 《한서》(권17) 景武昭宣元成功臣表(5)에 의하면, 시원 2년에 금일제를 秺敬侯에 추봉하여 2,218호를 領率하게 했다고 한다. 그의 봉작은 아들을 거쳐 증손까지 세습되었다. 한편 신라 문무왕릉비 잔편에 "투후가 하늘에 제사지내던 후손이 7대를 전하여... 결락...15대조 星漢王은 하늘에서 그 바탕을 내려 받았고 仙岳의 혼령을 받고 태어났다[秺侯祭天之胤 傳七葉...(缺落)...十五代祖星漢王 降質圓穹 誕靈仙岳]"라 하여, 신라 왕실은 스스로를 투후 금일제의 후손으로 인식하였다.

14) '軒'은 앞쪽 난간이 높다랗고 휘장이 달린 수레이다. 고대에는 大夫 이상의 관리들이 그러한 수레를 탔는데, 그것을 軒車 혹은 軒蓋라 한다. 그리고 《한서》(권94, 하) 흉노전(하)에, 왕망이 보낸 오위장 왕준 등이 흉노에 이르러 "單于에게 印綬를 주었다[授單于印綬]"라 한 것에 대하여, 顔師古가 주석하기를 "綬은 관인을 매는 끈이다[綬者 印之組也]"라 하였다. 따라서 軒綬은 官印을 차고서 높고 화려한 수레를 타고 다니는 지위가 높고 존귀한 사람을 의미한다.

15) 한나라 때 京兆尹이 관할하던 구역으로, 삼국시대 초에 경조군을 설치하였다. 그후 여러 차례 명칭이 바뀌고 치폐를 거듭하다가 수나라 때는 지금의 산시성 시안시 일대에 산재하던 37개 현을 다스렸다. 당 무덕 원년(618)에 경조군을 雍州로 바꾸었고, 천수 원년(690)에 옹주를 경조군으로 개칭했다가 곧바로 다시 옹주라 한 것을 개원 원년(713)에 京兆府로 승격 개칭하였다.

16) 《춘추좌씨전》 莊公 22년조에, 陳나라 대부 懿氏가 그의 딸을 敬仲에게 시집보낼 생각으로 점을 쳤는데, 그의 아내가 점을 친 뒤 점괘를 풀이하기를 "吉한 징조입니다. 이는 봉황이 날아올라 암수가 서로 어울려 鏘鏘하게 울 괘입니다. 有氏의 후손이 장차 姜氏에게서 길러질 것입니다. 5대에는 크게 번창해 그 관작이 正卿에 이르고 8대 이후에는 그보다 더 크고 더 강한 자가 없을 것입니다[吉 是謂鳳凰于飛 和鳴鏘鏘 有嬀之後 將育于姜 五世其昌 並于正卿 八世之後 莫之與京]"라 하였다. 이 묘지에서는 바로 이 구절을 인용하였다.

을 여기서 징험할 수 있다. 한나라가 백성들에게 덕을 드러내 보이지[見德][17] 못하여 난리가 일어나고 괴로움을 겪게 되자, 곡식을 내고 점을 쳐서[握粟][18] 나라를 떠나 어려운 시국을 피해 멀리까지 이르렀다. 그런 까닭에 우리 집안은 요동(遼東)에[19] 떨어져 나뉘어[違異][20] 살게 되었다. 문선왕(文宣王)이 말하기를 "말에는 충직하고 신의가 있어야 하며, 행동에는 독실하고 경건함이 있어야한다"고 했다.[21] 비록 오랑캐 모습을 하고 있었으나 그러한 도리를 역시 행

---

17) 백성들에게 왕의 은덕을 드러내 보이고 베푸는 것이다. 《서경》周書 立政에 "그들이 商나라 고을에 있을 때는 그 고을 사람들과 화합하였고, 사방의 여러 나라와 함께 있을 때는 법도에 따라 훌륭한 덕을 드러내 보였다[其在商邑 用協于厥邑 其在四方 用丕式見德]"라 한 것에 대하여, 孔穎達이 注疏하기를 "그 성스러운 덕을 백성들에게 드러내 보인다[見其聖德於民]"라 하였다.

18) 복채로 내놓을 곡식 한줌을 움켜쥐고 나가서 점을 친다는 握粟而卜 혹은 握粟而筮의 줄임말로, 신명이 돌보아 액운을 제거하고 길운만 내리기를 비는 간단한 점복 행위이다. 《시경》小雅 小宛에 "곡식 한줌을 내어 점을 쳐 묻노니, 무엇부터 어떻게 하면 잘 될 수 있겠는가[握粟出卜 自何能穀]"라 하였다.

19) 요하의 동쪽지역을 통괄하는 중국 왕조의 행정 지명인 요동군 혹은 요하의 동쪽지방에 대한 총칭이다. 요하는 중국 동북지방에서 남쪽으로 평원을 가로질러 발해로 흘러드는 강으로, 그 동쪽 땅은 중국과 갈등을 빚다가 4세기 중엽 무렵부터 고구려 영역이 되어 오랫동안 고구려의 지배를 받았다. 그래서 중국에서는 전통적으로 요하를 중국과 고구려의 경계로 인식하였다. 특히 당대 중국인들은 요동을 遼陽, 遼海, 遼左, 遼川이라 하며 고구려와 동일시하는 경향이 있었다. 이 묘지의 '요동'은 지역적으로 중국 왕조의 행정구역인 요동군에 한정되지 않고, 요동과 한반도까지 포괄하는 넓은 지역을 가리킨다고 할 수 있다.

20) 違異는 서로 떨어져 이별한다는 뜻이다. 阮瑀가 曹操를 대신해 지은 〈爲曹公作書與孫權〉에 "왕래가 단절된 이래 오늘까지 삼년동안 하루도 전날의 우호를 잊은 날이 없습니다. 이것은 또한 중첩된 인적의 의리로 말미암아 恩情이 이미 깊어서이고, 서로 떨어져 이별한 한스러움의 간극이 아직 깊지 않아서입니다[離絶以來 於今三年 無一日而忘前好 亦猶姻媾之義 恩情已深 違異之恨 中間尙淺也]"라 하였다.

21) 文宣王은 당 개원 27년(739)에 현종이 추증한 孔子의 시호이다. 공자는 주나라 靈王 21년(기원전 551)에 노나라 曲阜에서 태어난 유학사상의 집성자로, 이름은 丘이고 자는 仲尼이다. 그는 각국을 돌아다니며 도를 행하려다 뜻을 이루지 못하고 노나라로 돌아와 詩·書·禮·樂·易·春秋의 6경을 刪述하고, 주나라 景王 41년(기원전 479)에 73세의 나이로 죽었다. 당에서 공자를 문선왕으로 추증한 이후 송나라 大中祥符 원년(1008)에 元聖文宣王, 대중상부 5년(1012)에 至聖文宣王으로 추증하였으며, 원나라 大德 11년(1307)에는 大成至聖文宣王의 시호를 올렸다.
　이 묘지에서 인용한 '文宣王의 말'은 《논어》衛靈公篇의 "말이 충직하고 신실하며 행동이 돈독하고 경건하면, 비록 미개한 蠻貊의 나라에서도 행세할 수 있다. 말이 충직하고 신실하지 못하고 행동이 독실하고 경건하지 못하면, 비록 우리가 사는 마을에서인들 행세할 수 있겠는가? 서 있으면 그런 마음가짐이 앞에 펼쳐지는지 살피고, 수레를 타면 그런 마음가짐이 가로대에 깃들어 있는지 살펴라. 그런 후에야 행세할 수 있다[言忠信 行篤敬 雖蠻貊之邦行矣 言不忠信 行不篤敬 雖州里行乎哉 立則見其參於前也

하여, 그때 이후로 우리 집안은 요동에서 불이 활활 타오르듯 번성하였다.

　부인의 증조 할아버지 이름은 원득(原得)으로 황제의 조정에서 공부상서에[22] 추증되었고, 할아버지 이름은 충의(忠義)로[23] 황제의 조정에서 한림대조(翰林待詔) 검교좌산기상시(檢校左散騎常侍) 소부감(少府監) 내중상사(內中尙使)의[24] 벼슬을 지냈으며, 아버지 이름은 공량(公亮)으로[25] 황제의 조정에서 한림대조 장작

在興則見其倚於衡也 夫然後行"라는 구절이다.

22) 尙書省에 소속된 工部의 장관이다. 공부상서는 수나라 개황 2년(582)에 처음으로 두었는데, 당도 이를 따랐다. 당대 공부상서는 정원이 1명이고 관품은 정3품이다. 공부상서는 공부에서 관장하는 전국의 百工, 屯田, 山澤 관련 업무를 총괄하였다.

23) 재당 신라인 金忠義이다. 김충의는 기계를 제작하고 운용하는데 특별한 재능을 가지고 있었다. 《옥해》(권79) 車服 歷代指南車와 《庖林》(권5) 記里鼓에 의하면, 김충의는 원화(806~820) 연간에 마차의 운행거리를 자동으로 북을 쳐 알려주는 장치인 記里鼓를 만들었다고 한다. 그리고 《옥해》(권124) 관제 唐少府監에 따르면, 김충의는 807년에 百工과 技巧人들을 관장하는 종3품의 소부감 장관이 되었다고 한다. 그후 자신의 아들을 蔭敍로 齋郞 혹은 兩館生에 보임해줄 것을 요청한 일로 인해 예부원외랑 韋貫之의 탄핵을 받고 파직당하였다. 김충의는 820년 이전으로부터 멀지 않은 시기에 죽은 것으로 추정된다.

24) 檢校左散騎常侍의 '檢校'는 '대리한다'는 의미로, 정식 관직이 아니라 다른 관직에 있는 사람이 임시로 맡은 대리 관직 앞에 붙이는 용어이다. 그리고 左散騎常侍는 당대 문하성에 속한 관리로, 정원은 2명이고 관품은 종3품이었다. 그런데 광덕 2년(764) 5월에 관품을 정3품으로 올렸으므로 《신당서》(권47) 백관(2)에서 산기상시의 관품을 정3품하라 하였다. 진나라에서 비롯된 산기상시는 당 고종 때부터 좌·우로 나누어, 문하성에 속한 것을 좌산기상시라 하고 중서성에 속한 것을 우산기상시라 하였다. 좌산기상시는 황제를 시종하고 사물의 법도와 규정에 따라 간언하는 規諫과 완곡한 말로 상황의 곡직을 아뢰는 諷諫을 올려 과실을 바로잡고 황제의 자문에 응대하는 업무를 맡았다.

少府監은 백공의 기예에 관한 정령을 관장하고 鑄錢과 互市 등을 감독하며, 황제가 입고 쓰는 모든 물품과 백관의 의례 행사에 필요한 물품을 갖추어 공급하는 소임을 맡은 소부감의 장관이다. 소부감의 정원은 1명이고 관품은 종3품이었다. 《옥해》(권124) 관제 唐少府監에 의하면, 김충의는 807년에 소부감 장관이 되었다고 한다.

소부감은 中尙署, 左尙署, 右尙署, 織染署 등을 거느렸는데, 中尙使는 현종 개원(713~741) 연간에 중상서에 설치한 관직이다. 《당회요》(권66) 소부감에 의하면, 소부감과 여러 관서의 5품 이상의 고위 관리가 주로 中尙使에 임명되어 進奉과 여러 잡다한 일을 담당했다고 한다. 중상사는 천우 원년(904)에 폐지되었다. 이 묘지의 '內中尙使'는 중상서에 소속된 중상사의 일종인 것은 분명하나, 구체적인 소임은 알 수 없다.

25) 金公亮을 말한다. 재당 신라인 소부감 김충의의 아들로, 기계제작에 뛰어난 기술을 가지고 있었다. 《구당서》(권16) 목종 즉위년 10월조와 《책부원귀》(권908) 총록부 工巧에 의하면, 그는 원화 15년(820)에 記里鼓를 부착한 指南車를 다시 고쳐 만들었다고 한다. 김공량은 그러한 공로로 827년에 문종으로부터 비색 관복과 牙笏, 그리고 비단 30필을 상으로 받았다.

감승(將作監承) 내작판관(內作判官)을[26] 역임하였다. 할아버지와 아버지는 문무에 뛰어난 능력이 있었고[餘刃],[27] 평자(平子)를[28] 깊이 연구하여 기상을 관측하는 모형을 만들었으며, 공수자(公輸子)의[29] 기술을 운용하여 기계 제작기술이 신의 경지에 이르렀다. 이에 기예로 응시하여 금문(金門)에[30] 들어가 모두 여섯 조정을 섬겨, 봉록과 작위를 가지고 처음부터 끝까지 한결같이 훌륭하고

---

26) 將作監承은 곧 將作監丞이다. 《說文通訓定聲》에 "丞은 承을 빌려 쓰기도 한다[丞 假借爲承]"라 했듯이, 承과 丞은 상통하는 글자이다. 장작감은 궁궐과 관청 수리를 포함한 나라의 토목공사와 거기에 동원되는 장인을 통솔, 관장하는 관청이다. 將作監丞은 나라의 토목공사를 감독하는 일을 맡았는데, 정원은 4명이고 관품은 종6품이었다.
한편 《당육전》(권23) 將作都水監과 《신당서》(권48) 백관 (3) 장작감에 의하면, 장안과 낙양의 황궁과 禁園 안에 있는 건물 혹은 시설물을 內作이라 하고, 황궁과 금원 이외의 관부와 도로 및 교량 등을 外作이라 했다고 한다. 따라서 內作判官은 황궁 안의 여러 전각과 누대 및 각종 관사의 수리와 영선 업무 혹은 황궁에서 필요로 하는 기물을 제작하는 궁중 작업장을 관장하는 직책이었을 것으로 유추할 수 있다.
27) 칼을 사용하여 소의 살을 발라내는데 칼날에 여유가 있다는 것으로, 칼질을 하는 데 남보다 여유롭고 뛰어난 능력을 갖고 있음을 뜻한다. 《장자》 養生主에 "저 뼈마디마다 틈새가 있고 칼날에는 두께가 없다. 두께 없는 것을 틈새 넣으니 널찍하여 칼날을 마음대로 움직여도 여유가 있다[彼節者有間 而刀刃者無厚 以無厚入有間 恢恢乎 其於遊刃 必有餘地矣]"라 하였다.
28) 후한 張衡의 字이다. 장형은 지금의 허난성 南陽市 石橋鎭에 해당하는 南陽郡 西鄂에서 태어났다. 그는 오경과 육예에 통달하고 천문과 역산에 정통하였으며 渾天儀와 候風地動儀를 만든 천문학자이고 아울러 수학자, 지리학자, 문학가였다. 安帝 때 태사령을 역임하고 후에 시중과 상서가 되었다가 영화 4년(139)에 62세의 나이로 죽었다. 그의 저술로는 《靈憲》, 《渾儀圖注》, 《算罔論》, 〈二京賦〉, 〈歸田賦〉 등이 있다.
29) 춘추시대 뛰어난 장인인 公輸班이다. 公輸盤, 公輸般, 公輸子 혹은 노나라 출신이었으므로 魯班이라고도 한다. 그는 장인 집안에서 태어나 어려서부터 집안사람들과 여러 토목공사에 참여하여 기술을 익혀 일찍이 雲梯를 발명하였고, 후에 송나라 공격을 준비하던 초나라로 가서 병장기 제조를 도왔다. 전하는 기록에 따르면 鉆, 刨子, 鏟子, 曲尺, 墨鬪 등 수많은 기계를 발명했다고 한다. 《맹자》 離婁(上)에 "離婁의 밝음과 공수자의 기술이 있더라도 規矩에 의하지 않으면 方圓을 만들 수 없다[離婁之明 公輸子之巧 不以規矩 不能成方圓]"라 하였듯이, 그는 목공기술의 상징적 인물로 인식되었다.
30) 황금으로 장식한 美麗한 문으로, 보통 천자가 드나드는 궁궐 문을 일컫는다. 혹은 한대 未央宮의 문에 구리로 만든 말[馬]이 놓여 있었기 때문에 붙여진 金馬門의 줄임말로도 해석된다. 아니면 《구당서》(권43) 직관(2)에 "한림원은 천자가 대명궁에 있을 때 右銀臺門 안에 있고, 천자가 흥경궁에 있을 때는 金明門 안에 있었다[翰林院 天子在大明宮 其院在右銀臺門內 在興慶宮 院在金明門內]"라 한 점으로 보아 당나라 흥경궁 궁문의 하나인 金明門의 줄임말로도 볼 수 있다. 여기서는 금명문을 포함한 황실의 궁문 혹은 조정을 의미한다.

아름다웠다[善始令終]. 선부인(先夫人) 농서이씨(隴西李氏)는[31] 대대로 벼슬한[搢紳][32] 후덕한 집안 출신이었다. 부인은 곧 판관의 둘째 딸이다. 부드럽고 순하며 조화롭고 바른 마음은[利貞][33] 날 때부터 스스로 그러한 품성이었고, 여성으로서의 일솜씨와 부녀자로서의 정순한 덕행은[婦德][34] 옛날부터 오래도록 스스로 부지런히 힘써 배운 것이었다. 이씨 집안에 시집가게 되자 내외의 친척들이 모두 어진 여인이라 일컬었다. 부인에게는 뒤를 이을 자식이 없어 전부인이 낳은 세 아들을 돌보아 기르고 가르쳤는데, 자기 자식보다도 더했다. 선행을 쌓아 장차 넉넉한 보답을 받으려 기약했으나, 어찌 하늘이 내려준 수명을 일일이 헤아려 그것의 길고 짧음에 정해진 운명이 있다 말하겠는가? 오래도록 연이어 병을 앓아 무팽(巫彭)과 편작(扁鵲)도[35] 병을 다스리지 못하고,

---

31) 先夫人은 작고한 남의 어머니에 대한 경칭이다. 여기서는 김씨부인의 어머니, 곧 김공량의 아내를 지칭한다. 한편 隴西는 隴山 서쪽의 옛 농서군 지역으로, 지금의 간쑤성 동남부의 臨洮縣 일대이다. 농서이씨는 일찍부터 이 지역에 터를 잡고 가문을 이루어 진·한대에 무장을 많이 배출하였고, 위진남북조시대에 크게 번성하여 趙郡李氏, 淸河崔氏, 博陵崔氏, 范陽盧氏, 榮陽鄭氏, 太原王氏와 함께 五姓七望이라 하여 중원의 대표적인 문벌이 되었다. 당나라 때는 10명이 연속하여 재상에 임명될 정도로 명문거족으로 이름을 날렸다.

32) 탁본에서는 楷紳으로도 읽을 수 있으나, 의미상 搢紳으로 판독하였다. 진신은 笏을 허리에 차는 장식띠[大帶]에 꽂는다는 말로, 벼슬하는 사람이나 선비에 대한 별칭이다. 《주례》春官 典瑞에 "왕이 큰 圭을 꽂았다[王晉大圭]"라 한 것에 대하여, 鄭玄이 주석하기를 "晉은 搢紳이라 할 때의 搢의 뜻으로 읽는데, 허리에 차는 띠 사이에 꽂는 것을 말한다[晉 讀爲搢紳之搢 謂揷進紳帶之間]"라 하였다.

33) 《주역》건괘에서 말하는 네 가지 덕인 元, 亨, 利, 貞 중의 利德과 貞德을 말한다. 《주역》건괘의 '元亨利貞'에 대하여 孔穎達이 注疏하기를 "元亨利貞이라는 것은 하늘의 네 가지 덕이다. 《子夏易傳》에 말하기를, 元은 시작이고 亨은 통하는 것이며 利는 화합하는 것이고 貞은 바른 것이다[元亨利貞者 是乾之四德也 子夏傳云 元始也 亨通也 利和也 貞正也]"라 하였다. 그리고 程頤의 《易傳》에 "元亨利貞은 우주의 네 가지 덕을 말한다. 元은 만물의 시초이고, 亨은 만물의 성장이고, 利는 만물의 촉진이고, 貞은 만물의 완성이다[元亨利貞 謂之四德 元者萬物之始 亨者萬物之長 利者萬物之遂 貞者萬物之成]"라 하였다. 따라서 利貞은 만물을 촉진시키고 완성하는 조화롭고 바른 덕을 의미한다고 할 수 있다.

34) 부녀자가 지녀야 할 네 가지 덕[四德] 가운데 하나인 貞順한 덕행을 말한다. 《예기》昏義에 "婦德, 婦言, 婦容, 婦功으로써 가르친다[敎以婦德 婦言 婦容 婦功]"라 한 것에 대하여, 鄭玄이 주석하기를 "부덕은 貞順한 것이다[婦德 貞順也]"라 하였다. 나머지의 婦言은 올바른 말, 婦容은 단정한 몸가짐, 婦功은 길쌈·자수·재봉 등의 재능을 말한다.

35) 巫彭은 상고시대 전설상의 뛰어난 명의로, 사람들은 그를 神醫라 하였다. 《산해경》해내서경에 "開明의 동쪽에 巫彭, 巫抵, 巫陽, 巫履, 巫凡, 巫相이 있는데, 窫窳의 시신을 에워싸고 모두 불사약을 제조하

함통(咸通)³⁶ 5년(864) 5월 29일 영표(嶺表)에서³⁷ 죽으니 나이 33세였다. 단공(端公)은³⁸ 지난날의 평생을 돌이켜 추모하여 시신을 그대로 보전해, 산 넘고 강 건너기를 마치 평평한 땅과 작은 개울 건너듯 하였고, 어렵고 험한 것을 피하지 않고 굳은 마음으로 영구(靈柩)를 마주하며 마침내 대대로 살던 땅으로 돌아왔다. 가문을 이을 아들[嗣子]³⁹ 경현(敬玄), 둘째 아들 경모(敬謨), 그리고 다음 아들 경원(敬元)은 모두 슬픔으로 몸과 얼굴이 바짝 여위었고, 멀리서부터 영친(靈櫬)을[40] 모시고 뒤따르며 슬픔에 젖어 한없이 울부짖었다. 경현 등은 남은 목숨을 거우 부지하고 삼가 예문을 갖추어, 함통 5년 12월 7일 유해를 만년현(萬年縣) 산천향(滻川鄕) 상부촌(上傅村)으로[41] 옮겨 대대로 이어온 선영 묘역에 안장하였다. 부인의 숙부는[親叔][42] 한림대조로서 앞서 소왕부(昭王府)의 부(傅)를[43] 지냈고 친형은 수우청도솔부병조참군(守右淸道率府兵曹參軍)으로,[44] 연이

---

40) 영혼을 편안하게 모시기 위해 죽은 이를 안치한 널[棺], 곧 靈柩를 말한다. 潘岳의 〈哀永逝文〉에 "靈櫬을 어루만지며 그대의 묘실과 영원히 결별하니, 관 놓인 무덤 속은 어둑어둑하고 묘도는 깊고 그윽하다[撫靈櫬兮訣幽房 棺冥冥兮埏窈窕]"라 한 것에 대하여, 李善이 주석하기를 "杜預의 《춘추좌씨전》注에 말하기를, 널[櫬]은 부모의 시신을 담은 관이라 했다[杜預左氏傳注曰 櫬 親身之棺]"고 한다.

41) 萬年縣은 당대 京兆府의 속현으로, 원래 수나라 경조군 관하 37개 현 가운데 하나인 大興縣을 무덕 원년(618)에 개칭한 것이다. 만년현은 장안성 주작대로 동쪽의 54坊과 東市 및 교외 50여 鄕을 관할하였다. 그리고 滻川鄕은 藍田縣 서남쪽 진령산맥에서 발원하여 서북쪽으로 흘러 남전현과 만년현을 거쳐 장안성 동쪽 30리 지점에서 灞水와 합쳐 渭水로 들어가는 滻水에 유래한 명칭으로, 지금의 산시성 시안시 동쪽 교외의 新城區 韓森寨와 灞橋區 郭家灘, 十里鋪, 高樓村, 張家墳 및 田家灣 일대에 해당한다. 한편 上傅村은 지금의 시안시 동쪽 교외인 灞橋區 郭家灘 紡織城과 堡子村 일대로 추정된다. 당나라 묘지 가운데 상부촌에 장사지냈다는 묘지는 현재까지 약 20점 발견되었다. 武伯綸, 〈唐萬年, 長安縣鄕里考〉, 《考古學報》 1963-2; 陳玲, 〈唐代墓誌所見關中鄕里詞語研究〉, 西南大學 碩士學位論文, 2014 참조.

42) 《책부원귀》(권908) 총록부 工巧에 의하면, 원화 10년(815)에 典作官 金公立이 마차의 운행거리를 자동으로 북을 쳐서 알려주는 장치인 指南車 記里鼓를 새로 만들어 헌종으로부터 비색 관복과 銀章 및 말 한 필을 상으로 받았다고 한다. 그리고 《厄林》(권5) 記里鼓에서는 김공립을 金亮立이라고도 하였는데, 그는 김씨부인의 아버지 김공량과 형제관계로 추정된다(권덕영, 《재당 신라인사회연구》, 일조각, 2005, 135쪽). 그렇다면 여기서 말한 한림대조 '親叔'은 金公立을 지칭하는 것으로 보인다.

43) 昭王府에서 昭王을 돕고 이끌며 그 과실을 바로잡는 일을 관장하는 관직이다. 당대 親王府의 傅는 정원이 1명이고 관품은 종3품이었다. 당대 소왕에 책봉된 인물로는 정원 21년(805)에 책봉된 덕종의 아홉째 아들 李誠와 대중 8년(854)에 책봉되었다가 함통 6년(865) 16살의 나이로 죽은 선종의 아홉째 아들 李汭가 알려져 있다. 김씨부인의 숙부가 봉직한 소왕부의 소왕이 누구인지 분명하지 않으나, 연대상으로 보아 李汭였을 가능성이 높다.

44) 동궁 소속의 右淸道率府에 속한 무관직으로, 정원은 1명이고 관품은 종8품하였다. 당의 좌·우청도솔부는 수나라 左·右虞侯(率)府를 이어받은 것으로, 동궁 안팎을 밤낮으로 순찰하며 예기치 못한 일에 대비하며 황태자를 호위하였다. 그 중에서 兵曹參軍은 태자의 호위와 경계에 참여하는 솔부 군사의 명부 및 공사의 말과 가축의 장부를 관리하였다. 한편 《당육전》(권2) 상서이부에, 官階가 낮은데 수여하고자 한 관직의 품계가 높을 경우 '守'라 하고, 관계가 높은데 수여하고자 한 관직의 품계가 낮을 경우 '行'이라 한다고 했다. 김씨부인의 친형을 守右淸道率府兵曹參軍라 한 점으로 보아, 당시 그의 품계는 종8품하 이하였을 것이다.

어 나란히 황궁에 벼슬하여 집안을 잇고[丞家][45] 가업을 계승하였다. 최희고(崔希古)는 부인의 형과 오랜 친구로[世舊], 죽은 이의 지난날 생애를 슬퍼하는 글을 짓고 명문을 청하였으므로 이에 명문을[銘][46] 지어 말한다.

하늘과 땅이 인자하지 못하여 도균(陶鈞)에[47] 앞서 죽으니, 누가 옳고 누가 그르며 소원함도 없고 친밀함도 없도다. 쌓은 선행을 누리지 못하고 수명을[大命] 길이 보전하지 못하였으나, 그 얼마나 아름답고 착했으며 또한 어질고 성스러웠는가? 이렇게 짧은 생애에 진(秦) 땅을 떠나 태산에 노닐게 되었으니[游岱絶秦],[48] 자연의 이치가[大道] 그렇듯이 만물의 변화와 일체가 되었구나.

---

45) '丞家'는 곧 承家이다. 《說文通訓定聲》에 "丞은 承을 빌려 쓰기도 한다[丞 假借爲承]"라 했듯이, 丞과 承은 상통하는 글자이다. 承家는 가문 혹은 가업을 계승한다는 의미이다. 《주역》 師卦에 "대군이 명을 내려, 나라를 열 수 있는 제후와 가문을 이을 수 있는 경대부를 봉할 때 소인은 쓰지 말라[大君有命 開國 承家 小人勿用]" 하였다.

46) 銘은 한문 문체의 하나로, 金石이나 器物에 자신에 대한 경계나 사물의 내력, 혹은 고인의 생애를 祝頌하기 위해 새긴 글의 총칭이다. 銘文, 銘詞, 銘記라고도 한다. 처음에는 주로 청동에 새겼기 때문에 '銘'이라고 하였으나, 후대에는 돌이나 瓷器에 새긴 것까지 포함하여 銘이라 하였다. 고인의 생애를 祝頌하기 위해 새긴 명으로는 墓誌銘과 墓碣銘이 대표적인데, 거기에는 대개 앞부분에 고인의 행적과 활동 등을 서술한 幷序를 붙이고, 말미에 '銘曰'이라 하여 묘주의 훌륭한 덕과 功業을 노래하였다. 병서는 산문인데 비하여 銘文은 운문 형식으로, 대개 隔句로 押韻이 되어 있다. 글자 수는 대부분 4言이지만, 간혹 3言, 5言, 7言 또는 雜體를 넘나들기도 한다.

47) 陶器를 제작할 때 사용하는 돌림판으로, 陶均이라고도 한다. 이는 나라를 다스리는 도리 혹은 王者가 천하를 경영한다는 의미로 사용된다. 또는 그릇을 만드는 돌림판처럼 만물을 육성하는 기반이라는 의미로도 쓰인다. 《晉書》(권22) 樂志(上)에 "지극한 仁으로 백성을 구제하고 만물을 기르는 것은, 비유하자면 陶器의 돌림판과 같다[至仁濟民育物 擬陶鈞]"라 하였다. 여기서는 김씨부인을 낳고 기른 부모를 의미하는 것으로 보인다.

48) 游岱絶秦의 游岱는 사람의 죽음을 완곡하게 일컫는 말로, 岱는 泰山의 다른 표기이다. 태산이 사람의 혼백을 불러들이는 일을 주관한다는 생각에서 "태산에 노닌다[游岱]"는 것은 죽음을 의미하게 되었다. 張華의 《博物志》(권1)에 "태산을 일명 天孫이라고도 한다. 천제의 孫으로서 인간의 혼백을 불러들이는 일을 주관한다[泰山一曰天孫 言爲天帝孫也 主召人魂魄]"라 하였다. 한편 絶秦의 '秦'은 춘추전국시대 진나라가 자리 잡았던 關中 지역으로 장안이 그 중심지였다. 따라서 이 묘지에서 "진 땅을 떠난다[絶秦]"는 것은 묘주의 혼백이 장안 땅을 떠나 태산으로 돌아간다는 의미이다.

2. 김씨부인묘지에 대한 몇 가지 문제

1) 김씨 시조관념의 문제

《삼국사기》와 《삼국유사》 등의 문헌기록과 신라 및 고려시대 금석문에, 신라 왕족이 김씨를 칭하게 된 유래에 관하여 두 가지 전승을 전한다. 하나는 알지(閼智)가 하늘에서 내려온 금궤 속에서 나왔다고 하여 성을 김씨라 했다는 전승이고, 다른 하나는 중국 상고시대 전설상의 인물인 소호금천씨(少昊金天氏)의 후예였기 때문에 '김(金)'을 성으로 삼았다고 한다. 이러한 신라 왕실의 시조관념이랄까 출자의식을 둘러싸고 지금까지 다양한 논의가 이루어졌다.

그런데 근년 종전 연구자들이 크게 주목하지 않았던 신라 왕족 김씨의 연원을 소호금천씨로 인식하는 이른바 '소호금천씨 출자설'을 심도있게 다룬 논문이 발표되었다. 논문에 의하면, 태종 무열왕이 중대 왕실 개창과 더불어 자신의 왕실이 기존 왕실과 구별된다는 사실을 강조하기 위해 종래의 '알지 출자설'을 부정하고 새로운 소호금천씨 출자설을 만들었는데, 그러한 인식은 혜공왕대를 거치면서 퇴조했다가 9세기 후반 경문왕가(景文王家)의 정치적 목적으로 기존의 왕실 내지 여타 김씨와의 차별성을 강조하기 위해 다시 등장했다고 한다.[49]

소호금천씨를 신라 왕실의 시조로 인식한 관념이 7세기 후반과 9세기 후반에 무열왕과 경문왕의 정치적 의도로 인해 계기적으로 부침(浮沈)했다는 이 연구는 상당히 흥미롭다. 그런데 이구부인경조김씨묘지에는 그러한 연구

---

49) 이문기, 〈신라 김씨왕실의 少昊金天氏 출자관념의 표방과 변화〉, 《역사교육론집》 23·24 합집, 1999, 649~682쪽.

와 다소 배치되는 듯한 내용이 기록되어 있다. 즉 묘지 앞부분에 "아득한 오랜 옛날에 하늘의 아들이 나라를 태평하게 하고 집안을 열어 드러냈으니, 이름하여 소호씨금천(少昊氏金天)이라 한다. 이는 곧 우리 집안이 성씨를 갖게 된 시초의 할아버지이다. 그 후에 유파가 갈라지고 가지가 나뉘어 번창하고 밝게 빛나 온 천하에 두루 퍼지니, 이미 그 수효가 많고도 많도다"라 하여, 이 묘지가 작성된 함통 5년(864)에 김씨부인의 시조를 소호금천씨로 인식하였다.

함통 5년은 신라 경문왕 4년에 해당한다. 이런 점에서만 보면 경조김씨묘지의 내용은 경문왕대에 소호금천씨 출자설이 재등장했다는 종전의 연구와 크게 어긋나지 않는다. 그러나 과연 김씨부인 집안의 성씨가 소호금천씨에서 유래했다는 의식이 경문왕대에 해당하는 함통 5년경에 다시 등장했을까가 문제이다.

이 묘지는 최희고(崔希古)가 김씨부인 친형으로부터 부탁을 받고 작성한 것이므로, 그 내용은 대부분 그로부터 서면 혹은 구두로 전달받은 정보를 기초로 했을 것이다. 그런데 수우청도솔부병조참군(守右淸道率府兵曹參軍)의 관직을 가지고 있던 김씨부인의 친형은 재당 신라인 4세대로, 이른바 신라계 당인이었다.[50] 신라를 떠나 당에서 생활한 지 4대째 되는 그가 경문왕대에 신라에서 김씨 출자의식을 변경한 사실을 알고 곧바로 그것을 수용했다고 보기는 무리이다. 그렇다고 하여 김씨부인 가문에서 그러한 시조관념을 독자적으로 만들어낸 것으로 보기도 어렵다. 따라서 김씨부인의 친형은 입당 1세대라 할 수 있는 증조부 김원득 혹은 2세대인 조부 김충의를 거쳐 가문에 전승되던 소호금천씨 출자설을 아버지 김공량으로부터 전해 듣고, 그것을 친구인 최희고에게 알려주며 누이의 묘지 찬술을 부탁했을 가능성이 많다.

---

50) 권덕영, 《재당 신라인사회 연구》, 일조각, 2005, 77~82쪽.

김원득 혹은 김충의가 언제 신라를 떠나 당으로 이주했는지 정확히 알 수 없다. 그러나 그들이 김씨부인의 증조부 혹은 조부라는 점에서 대략 8세기 후반에서 9세기 초에 입당하지 않았을까 한다. 8세기 후반에서 9세기 초는 중대 말 하대 초에 해당한다. 그렇다면 혜공왕, 선덕왕, 원성왕, 애장왕대에 신라에는 소호금천씨 출자 관념이 널리 퍼져 있었다고 할 수 있다.

한편 김씨부인 집안은 중대를 개창한 태종 무열왕과 마찬가지로 소호금천씨를 시조로 인식하였으므로 증조부 김원득을 포함한 그의 선대 역시 범 무열왕계의 일원이었을 것이다. 그럼에도 김씨부인의 선대는 경조김씨묘지에서와 같이 중대 말 하대 초에 여전히 소호금천씨 출자설을 고수하고 있었다. 이런 점에서 신라 왕족 김씨의 소호금천씨 출자설이 혜공왕대를 전후하여 퇴조했다가 9세기 후반에 다시 등장했다는 주장은 한번쯤 되돌아볼 여지가 있지 않을까 한다.

경조김씨묘지에서 또 하나 주목할 것은 금일제(金日磾)에 관한 문제이다. 금일제는 흉노 휴도왕(休屠王)의 태자였으나 한나라의 공격을 받게 되자 한 왕실에 투항하여 시중과 부마도위 등의 관직을 역임하며 무제의 측근으로 활동하였다. 이에 무제는 휴도왕이 흉노에 있을 때 금인(金人)을 만들어 하늘에 제사 지냈으므로 그의 아들 일제에게 금씨(金氏) 성을 내려주었다.[51] 그후 일제의 후손 역시 대대로 한나라 왕실에 충실히 복무하였다. 이러한 사실에 근거하여, 후대인들은 일제를 이민족 출신으로서 중화 왕조에 투항해 성실히 협조한 인물의 전형으로 추앙하였다.

한편 신라 왕실은 금일제의 성이 금(金) 곧 '김'이고 또 중국 왕조에 충실히 복무한 이민족이었다는 등의 이유로 금일제를 자신들의 선조로 인식하려 했다. 그러한 관념은 신문왕 초에 제작된 문무왕릉비에 나타난다. 문무왕릉비

---

51) 《한서》권68, 霍光金日磾傳 참조.

는 일찍이 파손되어 비문의 내용을 자세히 알 수 없으나, 비문 전반부에 "투후 곧 금일제의 후손이 7대를 이어 내려와[秺侯祭天之胤傳七葉]" 운운한 후 문무왕의 15대조 성한왕(星漢王)의 출현을 언급하였다.

문무왕릉비는 신라 왕족 김씨의 연원을 금일제에서 찾으려는 유일한 자료인데, 거기서는 금일제에 관한 사실이 너무 간략하여 실제 성한왕과 어떻게 연결되는지 전혀 알 수 없다. 그런데 경조김씨묘지에서 금일제와 신라 김씨와의 관계를 자세하게 소개하였다. 즉 김씨부인의 먼 조상 일제(日磾)와 그 후손들은 한나라 조정에서 봉사하며 경조군(京兆郡)에 정착했는데, 후에 한나라의 정치가 어지러워지자 멀리 요동으로 피난하여 숨어살게 되면서 요동에서 그 후손들이 크게 번성했다고 한다. 물론 여기서의 요동은 지금의 요동지방과 한반도까지 포괄하는 넓은 지역을 가리킨다.

결국 이 묘지에 따르면, 요동으로 피난해 번성해진 금일제 후손 중의 한 부류가 바로 김씨부인의 선조였다는 것이다. 소호금천씨의 경우도 마찬가지만, 신라 왕실이 금일제를 자신의 선조로 받들었던 것은 다분히 관념적인 시조의식의 소산이다. 사회 일각에서는 신라 왕족 김씨가 혈연적으로 흉노 왕자 금일제와 연결되는 것으로 이해하려는 움직임도 없지 않다. 만약 신라의 김씨가 실제로 금일제의 혈통을 이어받았다면, 당연히 건국 초기부터 신라에서 김씨 성을 사용했어야 한다. 다시 말하면 신라 초기 신라에서 김씨 성이 사용되었다는 전제 하에서 그러한 이해가 타당성을 담보할 수 있다. 그러나 신라에서는 6세기 중엽 진흥왕대에 처음으로 김씨 성이 사용되었고, 그 이전에는 김씨를 비롯한 어떠한 성씨도 사용되지 않았다.[52] 이런 점에서 금일제는 신라 김씨의 혈연적인 혹은 실질적인 시조가 아니라, 중화 왕조에 헌신한 이민족의 표상으로 상징화된 관념상의 시조라 할 수 있다.

---

52) 이순근, 〈신라시대 성씨취득과 그 의미〉, 《한국사론》 6, 1980, 11~26쪽.

따라서 금일제 후손의 요동 이주와 신라 정착 문제 등을 실증적으로 탐구하는 것은 큰 의미가 없다. 그럼에도 이 묘지는 문무왕릉비에서 소호금천씨-금일제-신라 김씨로 이어지는 시조관념의 패턴을 보다 구체적이고 사실적으로 묘사했다는 점에서 주목할 만한 자료라 여겨진다. 아무튼 이구부인경조김씨묘지는 중대 이후에 형성된 신라 왕실의 시조관념을 고스란히 담고 있으며, 당으로 이주한 후에도 오래도록 자신의 시조의식을 그대로 유지하던 재당 신라인의 관념체계를 보여주는 귀중한 자료라 하겠다.

2) 김씨부인 가문의 활동

　이구부인경조김씨묘지와 관련하여 김씨부인의 가계와 선대의 활동상도 주목할 필요가 있다. 묘지에 의하면, 부인의 증조는 공부상서로 추증된 김원득(金原得), 조부는 한림대조 검교좌산기상시 소부감 내중상사를 지낸 김충의(金忠義), 아버지는 한림대조 장작감승 내작판관을 역임한 김공량(金公亮)이라 한다. 그리고 일찍이 소왕부(昭王府) 부(傅)를 역임하고 당시 한림대조였던 숙부와 수우청도솔부병조참군이었던 친형이 있다고 하였다.

　이 가운데 눈길을 끄는 인물은 김충의와 김공량이다. 사실 이들 두 사람은 기존의 문헌자료를 통해 이미 알려진 재당 신라인이다.《구당서》,《신당서》,《역대명화기(歷代名畫記)》,《책부원귀》,《옥해》,《태평어람》,《치림(厄林)》등의 기록에 의하면, 신라인 김충의는 그림을 잘 그렸고 또 기계를 제작하고 운용하는 데 특별한 재능을 가지고 있었다. 그래서 그는 원화(806~820) 연간에 마차의 운행거리를 자동으로 북을 쳐서 알려주는 장치인 기리고(記里鼓)를 제작했고, 807년에 소부감(少府監)의 장관이 되었다. 백공(百工)과 기교인(技巧人)을 관장하는 종3품의 고관인 소부감이 된 그는 자신의 아들을 음서로 재랑(齋郞) 혹은 양관생(兩館生)에 보임해 줄 것을 요청하였으나, 오히려 예부원외랑 위관

지(韋貫之)의 탄핵을 받고 파직당하였다.[53]

김충의의 아들 김공량 역시 기계 제작에 소질이 있어, 원화 15년(820)에 지남거(指南車)에 기리고를 부착한 수레를 다시 고쳐 만들었다. 그 공로로 그는 827년에 문종으로부터 비색 관복과 아홀(牙笏) 그리고 비단 30필을 받았다.[54] 이와 비슷한 시기에 전작관(典作官) 김공립(金公立) 역시 지남거 기리고를 새로 만들어 비색 관복과 은어대(銀魚袋) 및 말 1필을 상으로 받았다고 한다.[55] 그런데 김공립은 김충의가 창안하여 가문에 전해졌을 기리고 제작기술을 가지고 있었고, 그의 활동이 늘 김공량과 함께 언급되는 점으로 보아 김공립과 김공량은 형제간이었을 것으로 보인다.[56]

이상이 지금까지 알려진 김충의를 비롯한 김씨부인 가문 사람들의 이력이다. 그런데 경조김씨묘지는 기존에 알려진 김충의 가문에 대해 훨씬 풍부하고 생생한 정보를 전해준다. 우선 김충의의 아버지는 김원득으로, 그의 시조가 문무왕릉비에서 말하는 소호금천씨와 금일제 등과 연결된다는 점에서 신라 무열왕계의 일원이란 사실을 추지할 수 있다. 그리고 김원득은 당으로부터 공부상서로 추증되었다.

사실 기존 자료에서는 김충의가 소부감을 역임한 사실만 알려졌다. 그러나 이 묘지에 따르면, 소부감뿐만 아니라 문장과 경학에 뛰어난 학자로부터 점복·의술을 비롯한 각종 기예에 이르기까지 각 분야의 전문가들이 황제의 부름에 응하여 전문 기술로 봉사하던 한림대조를 역임하였고, 비록 검교직(檢校職)이지만 황제를 시종하고 사물의 법도와 규정에 따라 간언하는 규간

53) 《책부원귀》(권908) 총록부 工巧에 "元和十五年十月 故金忠義男公亮" 운운한 점으로 보아, 김충의는 원화 15년(820) 이전으로부터 멀지 않은 시기에 죽은 것으로 보인다.
54) 《책부원귀》권908, 총록부 工巧;《태평어람》권815, 布帛部(2) 錦.
55) 《책부원귀》권908, 총록부 工巧. 한편 《屆林》(권5) 記里鼓에서 "唐元和時 典作金公立(金公立一作云亮立) 以記里鼓車上之"라 하여 김공립을 金亮立이라고도 적는다 하였다.
56) 권덕영,《재당 신라인사회 연구》, 일조각, 2005, 135쪽.

(規諫)과 완곡한 말로 상황의 곡직을 아뢰는 풍간(風諫)을 올려 과실을 바로 잡고 황제의 자문에 응하는 좌산기상시(左散騎常侍)를 맡았다. 그리고 궁중에서 영선 업무를 담당했음직한 내중상사(內中尙使)를 역임하였다. 이런 점에서 김충의는 종전에 알려진 것보다 훨씬 화려한 경력의 소유자였음을 알 수 있다.

김공량도 만찬가지이다. 기존의 자료에서는 김공량이 어떠한 관직을 역임했는지 전혀 알려지지 않았다. 그런데 이 묘지를 보면, 김충의가 역임했던 한림대조 뿐만 아니라 궁궐 내외의 공사를 감독하는 장작감승(將作監丞), 대명궁(大明宮)·흥경궁(興慶宮)·상양궁(上陽宮)과 중서성·문하성 그리고 좌·우우림군 등의 금위군 육군(六軍)의 막사 수리와 영선 업무를 담당하는 내작판관(內作判官)을 역임했음을 알 수 있다.[57] 이 외에도 김씨부인의 숙부와 친형 역시 이들과 버금가는 관직에 종사하였다. 이처럼 김씨부인 가문은 신라 출신으로서는 드물게 여러 대에 걸쳐 당 조정의 고급 관리를 배출한 명망가였다고 할 수 있다.

김씨부인의 가문과 관련해 그의 숙부도 흥미로운 인물이다. 이 묘지에는 이름을 밝히지 않은 그의 '친숙(親叔)'이 등장한다. 친숙은 아버지의 친동생이므로 그는 김씨부인의 아버지 김공량의 아우인 셈이다. 그런데 앞에서 잠시 언급했듯이, 김공량에게는 기계 제작 기술이 뛰어난 김공립이란 아우가 있었다. 그렇다면 경조김씨묘지에서 말한 김씨부인의 숙부는 김공립일 가능성이 크다.

한편 경북 경주시 구황동의 황룡사구층목탑 심초석 사리공에서 출토된 사리함기(舍利函記)에, 경문왕 11년(871)에 김위홍(金魏弘)이 총 책임자가 되어 동쪽으로 기울어진 황룡사구층목탑을 새로 고쳐 만들기 시작하여 다음해 7월

---

57) 《신당서》 권48, 백관(3) 將作監.

에 공사를 끝냈다고 한다. 그리고 이때 대사(大舍) 김공립(金公立)이 탑의 중수 공사에 참여했다고 한다. 경문왕대 황룡사구층목탑 중수공사는 1년여에 걸쳐 많은 인원이 동원된 대역사였다. 특히 기울어져가는 거대한 구층탑을 바로 세우는 공사라는 점에서 뛰어난 기술자들이 대거 동원되었음이 틀림없다. 바로 그러한 공사에 대사 김공립이 황룡사 성전(成典) 황위(黃位)로서 참여했던 것이다.

경조김씨묘지에 의하면, 김씨부인이 864년에 33세의 나이로 죽을 당시 김공립으로 추정되는 그의 숙부는 살아 있었다. 그는 장형(張衡)과 공수자(公輸子)에 비견할 정도로 뛰어난 기술을 가졌던 김충의와 김공량에 뒤지지 않는 기술력을 가지고 당에서 이름을 날리던 사람이었다. 그렇다면 신라 왕실에서 '30여 년 동안 벼르고 준비해온[58] 숙원사업에 당시 당나라에서 탁월한 기술력을 인정받고 있던 재당 신라인 김공립이 초빙되어왔을 가능성을 배제할 수 없다.

물론 황룡사구층목탑사리함기에 등장하는 '김공립'과 김씨부인의 숙부로 추정되는 김공립은 동명이인일 수도 있다. 그러한 추론의 근거는 첫째, 황룡사구층목탑 중수공사가 시작된 경문왕 11년은 김공립이 당에서 기리고(記里鼓)를 만들어 상을 받은 시기보다 50여년 후였다. 둘째는 당에서 유명한 기술자였음에도 불구하고 황룡사구층목탑 수리공사 때 그는 겨우 대사(大舍)의 관등을 갖고 있었다는 점이다.

김공립이 당에서 기리고를 만들었을 때의 나이가 얼마였는지 정확히 알 수 없다. 만약 그때 나이가 20세 전후였다면, 70여 세에 신라로 돌아와 황룡사구층목탑 보수공사에 참여한 셈이 된다. 이런 점에서 이들을 동일인으로 간

---

58) "旣于文聖大王之代 △△旣久 向東北傾 國家恐墜 擬將改△ △致衆材 三十餘年 其未改構 今上卽位 十一年 咸通辛未歲 恨其△傾 乃命親弟上宰相伊干魏弘 爲△臣 寺主惠興 爲聞僧及脩監典"(〈皇龍寺九層木塔舍利函記〉).

주하기에 분명 어려움이 있다. 그러나 886년 45세의 나이에 홍각선사탑비문(弘覺禪師塔碑文)을 새긴 분황사 승려 혜강(慧江)이 83세 때인 924년에 수천 글자에 달하는 봉암사지증대사탑비문(鳳巖寺智證大師塔碑文)을 새겼고, 753년 당나라 승려 감진(鑑眞)은 66세의 나이에 온갖 고초를 겪으며 험한 바다를 건너 일본으로 가 불교를 홍포하였다. 더욱이 황룡사목탑 중수공사는 경조김씨묘지에서 그가 살아있다고 한 864년에서 겨우 7년 후에 시작되었다. 이러한 사실을 상기하면, 김공립이 황룡사구층목탑 중수공사에 참여했을 가능성을 완전히 배제할 수 없다.

나이가 많고 기술이 뛰어났을 김공립의 관등이 겨우 대사라는 사실 또한 두 사람을 동일인으로 보는 데 문제가 될 수 있다. 그러나 그는 줄곧 당에서 활동하였으므로 비록 우수한 재능과 연로한 나이임에도 신라에서 낮은 관등을 가질 수밖에 없었을 지도 모르겠다. 어쨌든 이 묘지는 재당 신라인 김충의 가문에 대한 여러 가지 새로운 사실을 말해주고, 또 김공립을 둘러싼 흥미로운 가설의 빌미를 제공해준다.

3) 장안의 신라인 군상

당은 중국의 역대 왕조 가운데 가장 개방적이고 국제적인 나라였다. 당의 군사적, 문화적 자긍심에 기초한 이러한 개방정책으로 많은 이민족들이 당으로 모여들었다. 그리고 당 왕조는 이들 이민족에 대하여 사회·경제적 지위를 율령으로 규정해 우대하였으며, 출신을 따지지 않고 그들을 관직에 등용하는 등의 포용정책을 추진하였다. 그 결과 당나라 곳곳에 이민족들이 집단적으로 모여 사는 번방(蕃坊)이 형성되었고, 많은 이민족 출신의 관리가 당 왕조에서 활약하였다.

신라인 역시 당에 대거 이주하였다. 당에 건너가 장기체류하던 신라인들을 일반적으로 재당 신라인이라 칭하거니와, 재당 신라인들은 당나라 곳곳에 집단적으로 모여 신라방(新羅坊) 혹은 신라촌(新羅村)을 형성해 생활하였다. 특히 지리적으로 신라와 가깝고 교통이 편리한 당나라 황해 연안과 운하 주변에 신라방과 신라촌이 집중적으로 분포하였다.[59]

뿐만 아니라 당의 정치, 경제, 문화의 중심지인 장안에도 많은 신라인들이 거주하였다. 8, 9세기 장안은 인구 100만 명이 거주하는 세계 최대의 도시였다. 특히 장안은 페르시아와 아라비아인을 비롯하여 사마르칸트, 토번, 위구르, 거란, 말갈 등 세계 각국 사람들이 모인 인종 전시장이었고, 각국의 서로 다른 의복과 음식, 음악과 춤, 종교와 습속 등이 뒤섞여 새로운 중국문화가 만들어지던 문화의 용광로였다.

신라인들도 장안에서 나름의 방식으로 삶을 영위하였다. 앞에서 살펴본 이구부인경조김씨묘지는 장안에 살던 신라인의 삶을 잘 보여주거니와, 김씨부인 집안은 3대 혹은 4대에 걸쳐 당에서 관리생활을 하며 장안에 거주하였다. 김씨부인 집안 외에도 9세기경 장안에 거주하며 관리로서 생활한 재당 신라인이 여럿 더 확인된다. 우선 들 수 있는 사람은 이원좌(李元佐)이다.

이원좌는 장안 영창방(永昌坊)에 거주하던 재당 신라인으로, 845년 당시 좌신책군압아(左神策軍押衙) 은청광록대부 검교국자제주 전중감찰시어사 상주국이라는 관직을 가지고 있었다.[60] 신책군은 황궁과 황제를 호위하는 금위군으로, 당 황제의 절대적 신임을 받던 최정예 부대였다. 특히 장안에서 이원좌를 만나 여러 가지 도움을 받았던 일본 승려 엔닌(圓仁)은 그를 좌군중위친사압아(左軍中尉親事押衙)라 하였는데,[61] 당시 좌군중위는 막강한 권력을 쥐고 있던

59) 권덕영, 앞의 책, 2005, 59~68쪽.
60) 圓仁, 《입당구법순례행기》 권4, 회창 5년 5월 14일. 한편 道宣의 〈四分律拾毗尼義抄〉《卍續》 제1집 71 套 제1책)에 실린 〈新羅國寄還書〉에 의하면, 대중 3년(849) 당시 이원좌를 "唐國左神策軍 李侍御"라 하였다.
61) 圓仁, 앞의 책, 권4, 회창 3년 8월 13일.

양흠의(楊欽義)였다. 따라서 양흠의의 측근인 이원좌의 위세 역시 만만치 않았을 것이다.

이원좌에게는 생질 원십삼랑(元十三郞)이 있었다. 엔닌이 원십삼랑을 만났을 당시 그는 아직 당의 관리로 출사한 것 같지는 않다. 그러나 그는 권세가 이원좌의 생질이었으므로 그후 언제인가 관직에 나아갔을 것이다.

그리고 906년에 당의 책명사로서 귀국한 김문울(金文蔚)은 공부원외랑 기왕부자의참군(沂王府諮議參軍)이었고,[62] 박충(朴充)은 어사대 소속의 시어사였다.[63] 또한 847년 윤3월 등주 유산포에서 바다를 건너 신라에 온 당의 고애겸조제책립등부사(告哀兼弔祭册立等副使) 김간중(金簡中)은 동궁 소속의 태자통사사인이었고,[64] 865년 4월에 당의 책봉사 호귀후(胡歸厚)와 함께 신라에 온 책봉부사 배광(裴匡)은 광록주부 겸 감찰어사였다. 이처럼 이들은 모두 당의 중앙 관직을 가지고 있었다. 따라서 이들의 재당 시절 거주지는 장안이었음이 틀림없다.

장안에는 신라 출신의 승려와 유학생들도 다수 거주하였다. 일찍이 원측은 장안 서명사(西明寺)와 광복사(廣福寺) 등지에 머물며 강경과 역경작업에 종사한 일이 있거니와, 이후에도 많은 신라 승려들이 장안에 거주하며 불교를 공부하였다.[65] 9세기경 장안의 신라인들을 스케치하려는 이 글에서 장안을 거쳐 간 많은 신라 승려들을 일일이 소개할 필요는 없을 듯하다. 다만 여기서는 운거화상(雲居和尙)을 비롯한 한두 가지 사례만을 소개하는데 그친다.

운거화상은 855년 당시 장안 숭화방(崇化坊)의 용흥사 북쪽 회랑에 연접한

---

62) 《삼국사기》 권12, 효공왕 10년 3월.
63) 〈送海東朴充〉, 《文苑英華》 권283; 〈送朴充侍御歸海東〉, 《全唐詩》 권638.
64) 圓仁, 앞의 책, 권4, 대중 원년 윤3월 10일.
65) 권덕영, 〈당 장안의 신라승과 일본승, 그 과거와 현재〉, 《사학연구》 110, 2013, 51~63쪽.

고원(庫院) 북측의 정토원(淨土院) 원주였다. 정토원은 조그만 승원으로 뜰에는 감나무가 있었는데,[66] 일본 승려 엔친(圓珍)이 장안에서 약 5개월 체류하는 동안 그곳에 머물며 장안의 뛰어난 승려를 찾아 밀교를 공부하고 각종 새로운 자료를 수집하였다. 엔친의 기록에 따르면, 운거화상은 마음과 행동이 맑고 곧았으며 도심이 견고한 신라 출신의 승려였다고 한다.[67]

비슷한 시기 장안의 다른 절에도 신라 승려들이 다수 머물고 있었다. 당 무종의 불교탄압이 한창 진행되던 회창 3년(843) 1월에 관군용사 겸 좌공덕사 구사량(仇士良)이 불안해하는 외국 승려들을 위로하기 위하여 장안성 좌가(左街)의 청룡사, 홍선사, 자은사, 자성사에 머물고 있는 외국 승려 21명을 자신의 관아로 초청하였다. 이 가운데 남천축국의 보월(寶月) 등 5명, 일본국 엔닌 등 3명, 북천축국·사자국·구자국 승려 각각 1명을 제외한 나머지 10명은 신라 승려였다.[68] 이처럼 843년 당시 장안 좌가에 소재한 4개의 절에 10명의 신라승이 거주했다면, 9세기를 통틀어 장안성과 그 주위에 산재한 사찰에 거주하던 신라 승려들을 모두 합하면 수백 명에 달했을 것이다.

한편 당의 교육제도에 의하면, 장안과 낙양에 각각 국자감을 설치하여 국내외 학생들을 교육하였다. 신라는 선덕여왕 9년에 왕실의 자제를 보내 국자감에 입학시킨 이래 꾸준히 당에 학생들을 파견하였다. 특히 하대에 들어와 신라의 도당 유학 풍조가 최고조에 달하였다. 희강왕 2년(837) 3월 당시 당의 국학에서 공부하던 신라 학생의 수가 216명에 이르렀고,[69] 문성왕 2년(840)에 수학 연한이 끝난 학생 105명을 집단적으로 강제 귀국시킨 사실은[70] 당시의

---

66) "(龍興寺)北廊 寺庫院北 卽有小院 有柿樹 此雲居禪和坊也 珍借住所"(圓珍, 〈大悲胎藏瑜伽記〉; 小野勝年, 《入唐求法行歷の研究(上)》, 法藏館, 1983, 213~214쪽에서 재인용).
67) "其後 載珍到街西龍興寺 相看雲居院主 此新羅和尙 心行淸直 道心堅固"(《行歷抄》).
68) 圓仁, 앞의 책, 권3, 회창 3년 1월 28일.
69) 《당회요》권36, 附學讀書.
70) 《삼국사기》권11, 문성왕 2년;《구당서》권199, 신라 開成 5년 4월.

유학 붐을 잘 말해준다. 9세기를 통틀어 수백 혹은 수천 명에 이르렀을 신라 유학생 가운데 상당수는 장안의 국자감에서 공부했을 것으로 생각된다.

이 외에도 장안에는 다종다양한 신라인들이 일시 혹은 장기간 체류하며 생활하였다. 당 건국 직후부터 꾸준히 파견한 견당사절단은 대부분 일시적이나마 장안에 체류하였고, 빈공과 출신의 김가기(金可記)는 장안 남쪽 종남산에 들어가 도교에 심취해 평생을 보냈다. 그리고 비록 구체적으로 알려진 바는 없으나, 장안 시가에서 평범한 삶을 살아가던 무명의 신라인들도 많았을 것이다. 이처럼 9세기 장안에는 신라 출신의 관리, 구법승, 유학생 그리고 사절단을 비롯한 잡다한 군상들이 혼재하였다. 이구부인경조김씨묘지는 바로 그러한 재당신라인의 한 단면을 보여준다.

* 지석, 개석 :《新中國出土墓誌》(陝西2, 文物出版社, 2003) 수록

〈그림 2-5〉 이구부인경조김씨묘지

제4절 중국 금석문을 활용한 신라사 보완

최근 한국 고대사학계에서는 고구려와 백제 유민, 재당 신라인과 발해인을 포괄하는 이른바 '재당 한인(韓人)' 묘지에 대한 소개와 연구가 활발히 이루어졌다. 이러한 현상은 중국의 급속한 산업화에 따른 대대적인 유적 발굴과 조사 과정에서 재당 한인 관련 금석문이 속속 발견된 것에 주로 기인하거니와, 다른 한편으로는 한국고대사 연구 자료 고갈에 따른 일종의 활로 모색이라는 측면도 없지 않다.

필자는 일찍부터 한국고대사 관련 문헌자료와 국내 금석문에 한계를 느끼고 중국 금석문에 주목해왔다. 그러나 중국 금석문은 국내 금석문에 비해 관련 자료의 양이 적을뿐더러 포괄하는 내용 또한 다양하지 못하다. 다시 말하면, 중국 금석문은 외교와 전쟁, 문화교류와 인적 왕래 같은 한중교류사에 한정되고, 국내의 정치, 경제, 사회, 문화에 관한 내용은 찾아보기 어렵다. 특히 중국 금석문은 고대 한중간의 전쟁에 대한 단편적인 기록이 대종을 이룬다는 점에서 가용성(可用性)이 크게 떨어지는 자료라 할 수 있다. 그럼에도 한국고대사 복원에 유익한 자료인 것만은 부정할 수 없다. 신라사 보완에도 마찬가지이다.

현재 신라 관련 중국 금석문은 대략 40여 점 정도 알려져 있다. 그 가운데 대부분은 중국 현지에서 제작되어 그곳에 남아 전하는 자료이나, 몇몇은 중국인이 한반도에 만들어 놓은 금석문도 있다. 그러한 금석문을 내용별로 분류하면 정치·외교 관련 자료와 사회·문화 관련 자료로 크게 나눌 수 있다. 정치·외교 관련 자료로는 견당사와 숙위(宿衛), 당 사절의 신라 내왕, 신라의 삼국 통일전쟁에 관한 것들이고, 사회·문화 관련 자료로는 성씨와 가계, 구법과 유학, 이주와 문화교류에 관한 내용이다.[1] 비록 자료적 한계가 있으나, 이 절에서는 중국 금석문을 활용하여 7세기 중엽 신라의 대내외 전쟁과 약 3세기에 걸친 나당간의 외교 및 문화교류에 관한 몇가지 사실을 보완하고자 한다.

1. 통일전쟁사 보완

1) 당평백제국비와 나당연합군 운용

동아시아사에서 7세기 중엽은 격변의 시대였다. 중국에서는 당이 중원의 패권을 차지하고 당 중심의 새로운 동아시아 국제질서를 형성해 나갔고, 일본에서는 관위제(官位制)와 헌법을 제정하고 다이카개신(大化改新)을 단행하여 바야흐로 율령제적 국가체제를 이룩하였다. 그리고 한반도에서는 정변이 빈발하고 삼국 간의 싸움이 격화되어, 마침내 당과 연합한 신라가 한반도를 평정하였다. 그 과정에 한반도에서 수많은 전쟁이 일어났는데, 660년 나당연합군의 백제 토벌도 그중의 하나이다.

나당연합군이 백제를 토벌한 사실은 《삼국사기》, 《구당서》, 《신당서》와 같은 한국과 중국의 여러 문헌에 자세히 기록되어 있다. 그럼에도 이들 자료는 모두 후대 역사가의 손을 거쳐 서책 형태로 정리되었다는 점에서 생동감이 다소 떨어진다. 반면 현재 충남 부여군 부여읍 정림사지(定林寺址) 오층석탑 탑신에 새겨진 당평백제국비명은 당시의 상황을 생생하게 전해줄뿐더러, 기존의 문헌자료에서 알 수 없던 몇 가지 새로운 사실을 말해준다.

잘 아는 바와 같이, 660년에 당 고종은 소정방(蘇定方)을 총사령관으로 삼고 13만 명의 군사를 보내 신라와 연합하여 백제를 멸망시켰다. 이와 관련하여 《신당서》(권3)를 비롯한 여러 문헌에는 모두 '소정방을 신구도행군대총관(神

---

1) 권덕영, 〈신라사 補正을 위한 당 금석문 기초 연구〉, 《신라사학보》 38, 2016, 164~174쪽.

丘道行軍大總管)으로 삼고 김춘추를 우이도행군총관(嵎夷道行軍總管)으로 삼아 세 명의 장군과 신라 군사를 거느리고 백제를 토벌했다'라 하였다. 다시 말해 종래의 문헌기록에 의하면, 나당연합군은 소정방이 이끄는 신구도행군과 무열왕이 이끄는 우이도행군의 2개 행군으로 구성되었던 듯이 서술하였고 또 대부분 그렇게 인식해왔다. 그러나 백제 멸망 직후인 660년 8월 15일에 새긴 당평백제국비에는 당시 소정방을 "사지절신구·우이·마한·웅진등십사도대총관(使持節神丘嵎夷馬韓熊津等十四道大總管)"이라 하여, 나당연합군은 신구도와 우이도를 포함한 14도(道) 행군으로 구성되었다고 하였다.[2]

이와 관련하여 당평백제국비는 문헌자료에 기록된 당시 소정방의 직책이 잘못되었음을 알려준다. 《삼국사기》(권5) 신라본기와 같은 책(권28) 백제본기, 《신당서》(권220) 백제전, 《자치통감》(권200) 당 고종 현경 5년조 등에서 소정방을 신구도행군대총관이라 하였고, 《구당서》(권83) 소정방전과 같은 책(권199) 신라전에서는 그를 웅진도대총관이라 하여, 소정방을 특정한 하나의 행군총관으로 기술하였다. 그러나 당평백제국비에 의하면 소정방은 신구·우이·마한·웅진 등 14도 행군대총관이었다.

당대의 총관은 군진 혹은 행군의 군사를 통솔하는 고급 무관의 범칭으로 자총관(子總管), 총관, 대총관이 있었다. 《당육전》(권5) 상서병부에 "무릇 군(軍)과 진(鎭)에는 군사 500명마다 압관(押官) 1명, 1,000명마다 자총관 1명, 5,000명마다 총관 1명을 둔다[凡諸軍鎭 每五百人置押官一人 一千人置子總管一人 五千人置總管一人]"라 하였는데, 대총관은 이들 총관을 다수 거느리는 최고 사령관이다. 따라서 소정방을 신구도행군 혹은 웅진도행군 총관으로 한정할 수 없고, 이

---

2) 당평백제국비에서는 神丘道, 嵎夷道, 馬韓道, 熊津道의 4개 행군만 언급하고 나머지는 생략하였다. 그 결과 나머지 10개 행군의 명칭을 알 수 없었는데, 경북 김천시 남면 미륵암에서 발견된 柴將軍精舍草堂碑에서 柴哲威가 加林道行軍總管으로서 백제 토벌에 참전했다고 한다. 이를 통해 나당연합군 14도 행군 중에 가림도행군이 있었다는 새로운 사실을 확인할 수 있다.

를 포함한 14도 행군을 총괄하는 대총관으로 이해해야만 한다. 그러므로 문헌자료에서 그를 신구도 혹은 웅진도행군대총관이라 한 것은 정확한 표현이라 할 수 없다.

당평백제국비는 신구도행군을 비롯한 14도 행군대총관 소정방 아래 3명의 부대총관이 있었다는 사실도 아울러 말해준다. 즉 이 자료에는 신구·우이 등 14도 행군대총관 아래 부대총관으로서 관군대장군 △△△위장군 유백영(劉伯英), 사지절 농주제군사 농주자사 동보△(董寶△),[3] 좌령군장군 김인문이 있고, 또 그 휘하에 행군장사 중서사인 양행의(梁行儀)가 있다고 하였다.

종래 모든 문헌자료에서는 소정방 아래 신라인 김인문이 부대총관이었다는 사실만 기록했을 뿐, 유백영과 동보△이 부대총관이었다는 사실을 전혀 언급하지 않았다. 그에 따라 660년 나당연합군이 백제를 공격했을 때, 김인문은 소정방 다음의 고위직으로서 그를 보좌해 나당연합군을 이끌었던 것으로 인식해왔다. 그러나 당평백제국비에 의거하는 한 김인문은 3명의 부대총관 가운데 한 사람에 불과하였다. 더욱이 부대총관 3명이 맡은 관직과 비문에서의 열거 순서로 보아, 나당연합군에서 김인문이 차지하는 비중은 종전 문헌자료에 의거하여 인식했던 것보다 낮았음을 알 수 있다.

한편 주대(周代)의 1군(軍)은 12,500명이었고 제나라에서의 1군은 1만 명이었다.[4] 그런데 660년 당이 백제에 파견한 13만 명은 신라 무열왕 김춘추가 맡은 우이도행군을 제외한 13개 행군에 속한 총 군사수이다. 이런 점으로 보아 나당연합군 편제에서 당의 1개 행군은 제나라와 같이 1만 명 정도였을 것으로 추정할 수 있다.[5] 그런데 《삼국사기》와 《구당서》를 비롯한 여러 문헌에, 우

---

3) '董寶△'은 마멸이 심해 마지막 글자를 판독할 수 없다. 그럼에도 기존에는 대부분 그것을 '董寶德'으로 읽었는데, 어떤 근거로 그렇게 판독했는지 알 수 없다. 董寶△이 나당연합군으로 참여했다는 점에서 《삼국사기》(권5)에 등장하는 소정방의 右將 董寶亮일 가능성도 없지 않다.

4) 《周禮》夏官; 《國語》齊語.

5) 閔德植, 〈唐 柴將軍 精舍草堂碑에 대한 檢討〉, 《백제문화》 31, 2002, 167쪽.

이도총관 김춘추가 5만 명의 신라 군사를 거느리고 나당연합군에 참여했다고 한다. 즉 우이도행군은 여타 당나라 1개 행군과 비교해 상대적으로 인원수가 5배가량 많다. 만약 우이도행군도 당의 다른 행군과 마찬가지로 1만 명을 1개 행군 단위로 삼았다면, 5만 명 가운데 1만 명 정도만이 우이도행군에 소속된 전투병이고 나머지 4만 명은 나당연합군 14도 행군에 포함되지 않는, 보급을 포함한 다른 역할을 맡았을 가능성도 없지 않다.[6] 이러한 추론이 성립한다면, 김유신이 거느린 신라의 우이도행군이 황산벌에서 계백이 이끈 5천 명의 결사대를 쉽게 이기지 못하고 고전한 이유도 어느 정도 이해할 수 있을 듯하다.

당평백제국비는 나당연합군의 군사운용에 관해서도 새로운 사실을 보여준다. 《삼국사기》 등에 의하면, 660년에 당 고종이 신라 무열왕을 우이도행군총관으로 임명하여 신라 군사를 거느리고 소정방이 이끄는 당나라 군대를 응원하도록 했다. 이에 무열왕은 김유신, 김진주, 김천존, 김품일 등과 함께 군사를 거느리고 남천정(南川停)을 거쳐 금돌성(今突城)까지 나아가 그곳에 머물며 태자 법민과 김유신 등을 사비성으로 보내 당군과 합세하여 백제를 멸망시켰다고 한다. 이러한 서술로 보아 무열왕 휘하의 우이도행군은 모두 신라인으로 구성되었을 것으로 여겨질 수 있다.

그런데 당평백제국비에는 우이도부총관 우무후중랑장 조계숙(曹繼叔)과 그 휘하로 보이는 행군장사 기주사마 두상(杜爽)이 등장한다. 뿐만 아니라 유인원기공비(劉仁願紀功碑)에서는 660년에 유인원이 우이도행군자총관(嵎夷道行軍子總管)으로서 백제 토벌에 참전했다고 한다. 다시 말하면 무열왕이 이끄는 우이도행군에 신라 장군 김유신, 김진주, 김품일뿐만 아니라 당나라 장군 조

---

6) 이희진, 〈백제의 멸망과정에 나타난 군사상황의 재검토〉, 《사학연구》 64, 2001, 10쪽; 문동석, 〈660년 7월 백제와 신라의 황산벌 전투〉, 《신라사학보》 38, 2016, 42~50쪽.

계숙과 두상, 그리고 유인원이 각각 부총관과 행군장사, 자총관으로 참여하였다.

신라군이 주축이 되었던 우이도행군에 당의 군장이 참여했듯이 당나라 군대에도 신라군이 참여하였다. 김인문이 소정방 아래에서 부대총관을 맡았고, 신라 병선 100척이 당군에 합세한 것이 단적인 예이다.[7] 그리고 신라인 김양도(金良圖)가 당시 우무위중랑장이었으므로 그는 당나라 군대에 속해 있었을 것이다. 이러한 사실은 비록 제한적이기는 하나, 백제 토벌을 위해 결성된 나당연합군은 양국의 군장(軍將)과 군졸이 서로 혼합된 명실상부한 연합군 체제로 운용되었음을 말해준다.[8]

한편 우이도행군총관과 관련하여《자치통감》(권200) 당 고종 현경 5년조 '고이(考異)'에서《당력(唐曆)》을 인용하여 '현경 4년 12월에 유백영을 우이도행군총관으로 삼았다'라 하였다. 그러나 당평백제국비에 의하면 당시 유백영은 백제 정벌군 편제에서 14도 행군대총관 소정방 휘하의 부대총관이었다. 그리고 당시 우이도행군총관은 신라왕 김춘추였다. 따라서《당력》의 해당 기사는 두찬이라 할 수 있다. 이 외에도 당평백제국비는 나당연합군에 참여했으나 종전에 알려지지 않은 몇몇 인물에 관한 정보를 전해준다. 14도 행군대총관 소정방 휘하의 행군장사 양행의(梁行儀), 우일군총관(右一軍總管) 치주자사 우원사(于元嗣), 좌일군총관(左一軍總管) 흔주자사 마연경(馬延卿), 그리고 우무위중랑장 김양도가 그들이다.

당평백제국비는 당 소정방의 공적을 기리기 위해 세운 기념물이다. 따라서 비문의 많은 부분을 소정방의 행적과 공적 찬양에 할애했다. 그럼에도 이 비문에는 나당연합군의 편제와 운용 실태를 유추할 수 있는 내용도 포함되어 있다.

---

7) 권덕영,《신라의 바다 황해》, 일조각, 2012, 171쪽.
8) 노태돈,《삼국통일전쟁사》(서울대학교출판부, 2009, 148쪽)에서도 "양군이 협력하여 작전을 효율적으로 수행할 수 있게 한 것"이라 하여, 필자와 비슷한 생각을 피력한 바 있다.

이런 점에서 당평백제국비는 종전에 주목하지 못한 나당연합군의 편제와 운용을 알려주는 귀중한 자료라 할 수 있다.

2) 곽행절묘지(郭行節墓誌)와 대동강구 해전

신라의 발전과정은 주변국과의 끊임없는 전쟁의 연속이었다. 특히 삼국 통일전쟁과 이어서 벌어진 당과의 전쟁은 신라가 한반도의 패권을 장악하고 한국사의 정통왕조로 자리 잡는 데 결정적 계기가 되었다. 한국사 전개에 중요한 전기가 된 두 전쟁에서 신라와 당은 처음에 동맹국으로 참여했으나 후에는 적대국으로 상호 물리적 충돌을 이어갔다. 그런데 현존하는 중국의 몇몇 금석문에 나당전쟁의 일부분을 보완할 수 있는 기록이 있다. 대표적인 자료가 곽행절묘지이다.

《삼국사기》(권7) 신라본기에 '문무왕 11년(671) 10월 6일 당의 운송선 70여 척을 습격하여 병선낭장 겸이대후(鉗耳大侯)와 사졸 100여 명을 사로잡고 수많은 군사를 익사시켰다'라 하였고,[9] 《삼국유사》(권2) 기이편 문호왕법민조에 '신미년(671)에 당나라 장수 조헌(趙憲)이 군사 5만 명을 이끌고 쳐들어왔으므로 문두루비법을 썼더니 배가 침몰했다'고 한다. 한편 장수 3년(694)에 곽행절의 아들 곽사원(郭思元)이 어머니 유씨를 장사지낼 때 곽행절의 혼백을 불러 함께 무덤을 만들면서 작성한 곽행절묘지에, 곽행절은 함형 2년(671) 계림도판관(鷄林道判官) 겸 지자영총관(知子營總管) 압운사(押運使)가 되어 바다를 건너 신라로 향하던 중 풍랑을 만나 배가 침몰하여 익사했다고 한다.[10]

---

9) 《삼국사기》(권7) 문무왕 12년 9월조에 의하면, 이때 사로잡은 겸이대후 등의 唐軍은 다음해 9월 본국에 송환되었다.
10) 곽행절묘지는 현재 중국 허난성 뤄양시 洛陽博物館에 소장되어 있다. 묘지의 형태와 구체적인 내용은 권덕영, 〈신라 관련 唐 金石文의 기초적 검토〉, 《한국사연구》 142, 2008, 56쪽 참조.

이러한 세 기록을 비교해보면, 모두 《삼국사기》에서 말한 신라의 당나라 수군 습격 사건에 대한 다른 서술임을 쉽게 판단할 수 있다. 우선 모두가 671년에 일어난 사건이라 하였고, 두 번째는 《삼국유사》를 제외한 나머지에서 당의 수군이 바닷길로 군량을 비롯한 보급품을 싣고 항해했다고 하였으며, 세 번째는 자료 모두에서 당의 수군이 신라 연안으로 추정되는 바다에서 침몰했다고 하기 때문이다.

물론 당의 병선이 침몰한 이유를 《삼국사기》는 신라군의 습격, 《삼국유사》는 문두루비법의 효력, 곽행절묘지는 풍랑 때문이라 하여 각기 다르게 서술

〈그림 2-6〉 곽행절묘지

하였다. 그러나 《삼국유사》의 경우는 신라의 공격을 받고 침몰한 것을 설화적이고 신비적으로 서술한 데 불과하고, 곽행절묘지는 죽은 이를 욕되게 하지 않기 위해 단지 풍랑 때문에 배가 침몰한 것으로 서술하지 않았을까 한다. 이처럼 문무왕 11년에 신라가 당나라 운송선을 습격한 사건은 다양한 형태로 전승되었다.

그러면 신라가 당나라 군선을 공격해 침몰시킨 전투는 구체적으로 황해 연안 어느 지점에서 일어났을까? 일찍이 이케우치 히로시(池內宏)는 문무왕 11년 정월 당나라 군사가 웅진도독부를 구원하기 위해 신라로 온다는 말을 듣고 대아찬 진공(眞功) 등이 군사를 이끌고 옹포(甕浦)를 지켰다는 《삼국사기》(권7) 신라본기 기사에 의거하여, 신라의 당 운송선 습격 사건은 금강 하구에서 일어났다고 하였다.[11] 그리고 노태돈은 문무왕 11년에 격파당한 당의 조운선이 금강 하구에서 침몰했다고 단언하지 않았으나, 당의 조운선은 671년에 웅진도독부를 구원하러 온 설인귀의 군대일 것으로 추정하였다.[12] 사실 옹포가 정확히 어디인지 알 수 없거니와, 당시 설인귀 군대는 옹포를 지키던 신라 수군과 접전하지 않았음은 물론 신라의 아무런 저항 없이 금강 하구 기벌포에 다다랐다.

설인귀 군대가 신라 수군의 저항을 받지 않았음은 그가 문무왕에게 보낸 서신에서 '당나라 군사가 쳐들어온다는 소식을 듣고 신라는 낮은 언덕에 군사를 숨기고 강어귀에 무기를 감추어 벌레처럼 숲 사이에 기어다니고 무성한 언덕을 숨차게 기어올랐다'고 한 점에서 알 수 있다. 다시 말하면 신라군은 설인귀가 이끈 당나라 군대의 동태를 예의주시했을 뿐 물리적으로 대응하지 않았다. 따라서 671년에 당 운송선을 습격해 침몰시킨 전투는 옹포 혹은 금강

---

11) 池內宏, 〈高句麗滅亡後の遺民の叛亂及び唐と新羅との關係〉, 《滿鮮地理歷史硏究報告》 12, 1930; 《滿鮮史硏究》(上世2), 吉川弘文館, 1960, 463쪽.
12) 노태돈, 《삼국통일전쟁사》, 서울대학교출판부, 2009, 251쪽.

하구와 무관한 지역에서 일어났다고 할 수 있다.

　한나라와 수나라도 마찬가지였지만, 당은 한반도를 침공할 때 대부분 육군과 수군을 동시에 활용한 수륙병진(水陸竝進) 전법을 구사하였다. 645년에 당이 고구려를 침공할 때 이적(李勣)의 육군과 장량(張亮)의 수군이 동시에 출전하였고, 647년에 이적과 우진달(牛進達)이 각각 육군과 수군을 이끌고 고구려를 침공했으며, 661년에는 계필하력의 육군과 소정방의 수군이 짝을 이루어 평양성으로 향하였다. 이처럼 육군과 수군이 짝을 이루어 공격한 것은 육로와 수로를 통한 협공이라는 전술적 측면도 있지만, 보다 중요한 것은 수군의 선박을 이용해 한꺼번에 많은 물자를 옮길 수 있다는 이점이 있었기 때문이다. 648년에 당 태종이 고구려 공격을 준비할 때, 고구려 원정을 위한 식량은 마땅히 수로를 통해 선박으로 운반해야 한다는 건의를 받아들였다.[13] 이는 당이 한반도를 침략할 때 수군의 역할을 단적으로 말해 준다. 결국 당의 육군은 수군의 보급에 의지해 전투를 치를 수 있었던 셈이다.

　물론 660년에는 당이 수군만으로 백제를 공격하였고, 668년에는 육군만으로 고구려를 공격하였다. 660년의 경우는 당과 백제 사이에 고구려가 엄존한 상태에서 불가피하게 육군을 보낼 수 없었고, 668년에는 동맹국 신라가 당에 보급품을 공급했으므로 수군의 지원 없이도 전투가 가능하였다. 어쨌든 당이 한반도를 침략할 때 보급을 맡은 수군을 동반하는 것이 일반적이었다. 671년에 당이 신라를 침공했을 때도 마찬가지였을 것이다.

　《삼국사기》(권7) 신라본기에 의하면, 당은 671년 9월에 고간(高侃) 등이 번방의 군사 4만 명을 거느리고 평양에 도착해 보루를 높이 쌓고 대방을 침략했다고 한다. 그런데 이때는 종전에 늘 동반하던 수군에 대한 언급이 전혀 없고, 단지 그해 10월 6일 신라가 당의 운송선 70여 척을 격파한 사실만 기록되

---

13) 《삼국사기》 권22, 寶藏王 7년.

어 있다. 이런 점에서 신라가 깨뜨렸다는 당의 운송선은 바로 고간이 이끌던 육군에게 군수품을 보급하기 위한 수군이었을 것으로 추정할 수 있다. 그렇다면 당의 수군은 황해를 건너 고간이 주둔하던 평양 혹은 대방으로 향하던 중 신라의 공격을 받고 침몰했을 터이므로, 그들은 평양과 대방의 출입구인 대동강구에서 격돌했을 가능성이 높다.[14]

물론 이와 다른 견해도 있다. 근년 우에다 기헤이나리치카(植田喜兵成智)는 곽행절묘지를 매개로 나당전쟁의 전개과정과 성격을 고찰한 바 있다. 그는 묘지의 "큰 바다에 돛을 올려 요천(遼川)에 노를 저어가다 바람이 일고 파도가 거세어져 배가 부서져 물에 가라앉았다[揚舲巨海 鼓棹遼川 風起濤驚 船壞而溺]"라는 구절에서 요천(遼川)을 요하(遼河)와 동일시하여, 곽행절 선단이 고간과 이근행 등의 고구려유민 토벌군과 함께 안시성을 격파한 후 신라로 향하던 중 요하 하구에서 신라의 공격을 받고 침몰한 것으로 해석하였다.[15] 그러나 《진서(晉書)》(권124)와 양나라 오균(吳均)의 〈수곽림승시(酬郭臨丞詩)〉의 예처럼[16] 요천은 일반적으로 요동 일대를 두루 일컫는 말로 주로 사용되었다. 특히 당나라 때는 요하 동쪽의 고구려, 심지어 백제까지도 '요(遼)'라 하였으므로[17] 요천을 요하에 한정시킬 수 없다. 더욱이 신라군이 북쪽으로 수천리 떨어진 요동반도를 지나 요하 하구까지 올라가 당의 병선을 침몰시켰다는 것은 선뜻 수긍되지 않는다. 그러므로 곽행절 선단이 침몰한 곳은 전술한 대동강 하구였을 것으로 추정할 수밖에 없다.

그렇다면 671년에 당나라 조헌(趙憲)이 병선낭장 겸이대후와 계림도판관 겸

---

14) 許重權, 〈新羅 統一戰爭史의 軍事史的 研究〉, 한국교원대학교 박사학위논문, 1995, 158쪽.

15) 植田喜兵成智, 〈唐人郭行節墓誌からみえる羅唐戰爭-671年の新羅征討軍派遣問題を中心に〉, 《東洋學報》96-2, 2014, 136~152쪽.

16) "先是 遼川無桑 及庵通于晉 求種江南 平州桑悉由吳來"(《晉書》 권124, 慕容寶); "白日遼川暗 黃塵隴坻驚"(吳均, 〈酬郭臨丞詩〉).

17) 권덕영, 〈당 墓誌의 고대 한반도 삼국 명칭에 대한 검토〉, 《한국고대사연구》75, 2014, 119~126쪽.

지자영총관 압운사 곽행절 등과 함께 평양 일대에서 전투를 하고 있던 고간의 4만 육군에게 군량과 무기를 비롯한 보급품을 70여 척의 배에 싣고 황해를 건너 평양 혹은 대방으로 나아가던 중, 10월 6일 대동강구에서 신라 수군의 공격을 받고 겸이대후를 비롯한 사졸 100여 명이 사로잡히고 곽행절을 비롯한 수많은 군사가 물에 빠져 죽었다고 하겠다. 결국 곽행절묘지는 671년 신라와 당이 대동강구(大同江口)에서 벌인 해전의 실상을 보완할 수 있는 유익한 자료라 할 수 있다.

2. 나당외교사 복원

1) 만년궁명비(萬年宮銘碑)와 김인문 입당 문제

김인문은 7세기 중엽의 급변하던 동아시아 국제정세 속에서 7차례 당에 들어가 숙위, 하정, 사은, 경하, 청병 등의 역할을 하며 신라 대당외교를 주도한 인물이다. 7세기 중엽 신라의 대당외교는 김춘추 가문에 의하여 주도되었다. 선덕왕 11년(642)에 일어난 대야성 전투의 패배를 설욕하고 의자왕 즉위 후 더욱 맹위를 떨치던 백제의 침략을 막기 위해 김춘추는 진덕왕 원년(647)에 아들 문왕(文王)과 함께 당에 들어가 당 태종과 나당 군사동맹을 체결하고 문왕을 숙위로 남겨둔 채 다음해 귀국하였다.

김춘추가 귀국한 2년 후 그의 맏아들 법민(法敏)이 당에 건너가 문왕을 대신해 숙위하고, 진덕왕이 손수 수를 놓아 만든 〈오언태평송(五言太平頌)〉을 당나라에 전하였다. 이러한 외교적 기반 위에서 진덕왕 5년(651) 김인문이 당에 파견되었는데, 이것이 김인문의 첫 번째 입당이다. 김인문이 입당하자 당 고종은 그에게 좌령군위장군(左領軍衛將軍)의 관직을 내려주었다. 그후 김인문은

그곳에 머물러 숙위하다가 653년에 신라로 돌아왔다.[18]

그런데 《삼국사기》(권5)와 《삼국사절요》(권9)에 의하면, 무열왕 3년(656) 5월경에 김인문이 당에서 돌아왔다고 한다.[19] 앞에서 언급했듯이, 김인문이 653년에 1차로 귀국했음에도 불구하고 3년 후에 다시 신라로 돌아왔다는 것은 그 사이에 김인문이 재차 당에 들어갔음을 의미한다. 더욱이 무열왕 2년(655) 3월에 법민을 태자로 봉하고 적자인 문왕, 노차(老且), 인태(仁泰), 지경(智鏡), 개원(愷元)의 관등을 모두 승진시켰을 때 유독 김인문은 빠져 있었다.[20] 김인문이 무열왕의 적자였음에도 관등 승진자 명단에서 빠진 것은 그가 당시 국내에 없었기 때문일 것이다. 따라서 김인문의 두 번째 입당은 653년에서 655년 3월 사이였을 것으로 유추할 수 있다.

김인문의 두 번째 입당과 관련하여 중요한 정보를 전해주는 것이 현재 중국 산시성 린요우현(麟游縣)의 수·당대 황실 피서 행궁인 구성궁(九成宮) 터에 남아 있는 만년궁명비이다. 이 비석은 당 고종이 영휘 5년(654) 5월 15일에 만년궁(萬年宮), 곧 구성궁 행차를 기념하여 구성궁의 정문인 영광문(永光門) 앞에 세운 것으로, 비석 뒷면 제명(題名)에 김인문으로 추정되는 인물이 기재되어 있다. 비석의 뒷면은 중간에 가로로 줄을 그어 전체를 상·하 두 부분으로 나누고 다시 세로로 22행을 그어, 당시 고종을 수행한 3품 이상의 고관과 학사들이 각자 직접 쓴 자신의 관직 및 이름을 촘촘하게 새겨 놓았는데, 하단 제10행에 "좌령군장군신△인△(左領軍將軍臣△仁△)"이 보인다. '인(仁)'의 위 글자와 아래 글자가 일부 훼손되어 종래 이 글자에 대한 판독이 분분하였다. 청나라의 저명한 금석학자 왕창(王昶)은 문제의 인물을 설인귀(薛仁貴)로 추정하였고, 마오펑즈(毛鳳枝)·첸종맨(岑仲勉)·바이건싱(拜根興)은 김인문이라 하였으며,

---

18) 《삼국사기》 권44, 김인문전.
19) 《삼국사기》 권5, 무열왕 3년; 《삼국사절요》 권9, 무열왕 3년.
20) 《삼국사기》 권5, 무열왕 2년 3월.

〈그림 2-7〉
만년궁명비
의 '김인문'

중국사회과학원 고고연구소의 구성궁 발굴보고서와 산시성 린요우현 인민정부에서 간행한 안내 책자를 비롯한 많은 사람들은 유인궤(劉仁軌)로 판독하였다.[21] 심지어 그것을 유인원(劉仁願)으로 추정하기도 한다.[22]

그런데 음기 제명의 탁본을 면밀히 살펴보면, '인(仁)'의 위 글자는 오른쪽과 윗부분 일부가 파손되기는 했으나 '김(金)'으로 읽는 데 큰 무리가 없다. 그리고 '인(仁)'의 아래 글자는 위 글자에 비하여 파손 정도가 더욱 심해 명확히 읽기 어려우나, '문(門)'자의 테두리 잔획이 어렴풋이 보이고 그 안에 '구(口)' 모양이 남아 있으므로 이 글자를 '문(問)'으로 판독해도 무리가 없을 듯하다.[23] 더욱이 김인문은 영휘 2년(651)에 고종으로부터 종3품 좌령군위장군의 관직을 받았고, 하수량이 지은 당평백제국비명에서 660년 당시 그의 관직을 부대총관 좌령군장군(左領軍將軍)이라 하였다. 따라서 만년궁명비 음기 제명의 '△仁△'은 글자 형태와 품계로 보아 '김인문(金仁問)'일 가능성이 충분하다. 그렇다면 654년 5월에 만년궁명비를 건립할 당시 김인문은 당나라 구성궁에 머물고 있었던 셈이다.

결국 김인문의 두 번째 입당은 653년에서 654년 5월 사이로 더욱 좁힐 수 있다. 그사이 신라는 653년 11월에 견당사를 파견한 적이 있다. 따라서 《삼국

21) 王昶, 《金石萃編》 권50; 毛鳳枝, 《關中金石文字存逸考》 권10; 岑仲勉, 〈證史補遺-萬年宮碑碑陰補證〉, 《歷史語言研究所集刊》 12, 1947; 《金石論叢》, 中華書局, 2004, 266~267쪽; 拜根興, 〈萬年宮銘碑陰題名與新羅使者金仁問〉, 《第二屆全國九成宮文化硏討會論文集》, 寶鷄市九成宮文化硏究會, 2012, 152~160쪽; 〈唐朝與新羅往來硏究二題〉, 《當代韓國》 2011-3, 42~45쪽; 中國社會科學院考古硏究所, 《隋仁壽宮·唐九成宮-考古發掘報告》, 科學出版社, 2008, 96쪽; 麟游縣人民政府, 《九成宮槪覽》, 石鼓編輯部, 2010, 16쪽; 魏益壽, 《唐九成宮》, 三秦出版社, 2005, 152쪽.

22) 張維愼, 〈萬年宮銘碑陰三品以上從官題名考〉, 《第二屆全國九成宮文化硏討會論文集》, 寶鷄市九成宮文化硏究會, 2012, 174~176쪽.

23) 권덕영, 〈당 구성궁의 김인문 친필 書跡〉, 《신라사학보》 34, 2015, 315~316쪽.

사기》(권5) 신라본기에서 '진덕왕 7년(653) 11월 당에 사신을 보내 금총포(金總布)를 바쳤다'는 '사신'은 바로 김인문이었을 가능성이 높다. 아마 이때 김인문이 입당하자 고구려 토벌에 고심하던 고종이 신라와의 관계를 더욱 돈독히 하기 위해 구성궁 행차 때 특별히 그를 데리고 가지 않았을까 한다.[24]

일찍이 필자도 만년궁명비 음기 제명에 주목하여 진덕왕 11년에 당나라에 들어가 금총포를 바친 신라 견당사가 김인문이었을 것으로 추정하였다.[25] 그러나 지금은 그렇지 않다. 최근 만년궁명비 건립 과정과 음기 제명을 새롭게 고찰하는 과정에서 미심쩍은 부분을 다수 발견했기 때문이다.

《삼국사기》를 비롯한 여러 문헌에 의하면, 654년 3월에 진덕왕이 죽자 그 소식을 들은 고종이 영광문(永光門)에서 애도를 표하고 태상승 장문수(張文收)를 신라에 보내 조문했다고 한다. 여기서 말한 영광문은 장안의 황궁이 아닌 구성궁의 정문이다. 다시 말하면 고종은 장안을 떠나 구성궁에 머무는 도중 진덕왕의 부음을 듣고 현지에서 애도를 표한 후 신라에 조문 사절을 보낸 것이다.

당도 마찬가지지만 대부분의 주변국 고애사들은 자국 왕의 죽음뿐만 아니라 신왕의 즉위 사실을 동시에 알리고 더불어 책봉을 요청하였다. 효성왕은 즉위 직후에 견당사를 파견해 성덕왕의 죽음과 자신의 즉위 사실을 알렸고,[26] 혜공왕은 767년 7월에 김은거(金隱居)를 당에 보내 경덕왕의 죽음과 자신의 즉위를 알리고 책봉을 요청하였다.[27] 진덕왕이 죽은 후에도 분명 당에 고애사를 보냈을 터인데, 이때 진덕왕의 죽음과 무열왕 김춘추의 즉위 사실을 알린 신라의 고애사 겸 책봉을 요청한 사신은 누구였을까?

진덕왕의 죽음과 김춘추의 즉위는 당시 신라의 중차대한 사건이었다. 특히

---

24) 拜根興, 〈新羅眞德王代的對唐外交〉, 《大陸雜誌》102-2, 2001; 《七世紀中葉唐與新羅關系研究》, 社會科學出版社, 2008, 207~210쪽.

25) 권덕영, 《신라의 바다 황해》, 일조각, 2012, 299~301쪽; 앞의 글, 2015, 314~317쪽.

26) 《당회요》권95, 新羅.

27) 《삼국사기》권9, 혜공왕 3년 7월.

김춘추는 진덕왕과 종통(宗統)이 다른 이른바 '진골'이었고 즉위 과정 또한 순탄하지 못하였다. 이러한 신라의 국내 문제를 외교적으로 해결하기 위해서는 신라와 당 모두에 특별한 사람을 보냈을 터인데, 김인문이 그 일을 맡았을 가능성이 없지 않다. 그는 새로 즉위한 김춘추의 둘째 아들이고 몇 년 전에 입당하여 좌령군위장군의 관직을 받고 당에 머물러 숙위하다 돌아왔기 때문이다.

다시 말하면 김인문은 진덕왕 7년 11월의 건당사가 아니라, 다음해 3월 진덕왕의 죽음과 김춘추의 즉위 사실을 전하기 위한 사절이 아니었을까 한다. 즉 김인문은 654년에 진덕왕의 죽음을 알리기 위해 당 장안에 갔으나, 고종은 그해 3월 12일에 이미 장안을 떠나 구성궁에 가 있었으므로 만날 수가 없었다. 이에 김인문은 다시 구성궁까지 찾아가 그러한 사실을 알리고, 마침 건립 중이던 만년궁명비 말미에 자신의 이름을 올린 것은 아닐까 하는 추정이다. 어쨌든 만년궁명비는 김인문의 입당과 재당 활동을 담고 있는 귀중한 자료라 할 수 있다.

2) 당 사절의 신라 내왕

중국 금석문은 김인문을 비롯한 신라 건당사뿐만 아니라 당 사절의 신라 내왕에 관해서도 유익한 정보를 전해준다. 현전하는 각종 자료를 종합해보면, 당나라는 총 42차례의 사절을 신라에 파견하였다.[28] 그들은 여러 가지 목적으로 신라에 왔는데, 가장 일반적인 것은 신라의 왕위 교체시 선왕(先王)의 죽음을 조문하고 새로 즉위한 왕을 책봉하기 위함이었다. 뿐만 아니라 당나라 임금이 바뀔 때도 종종 사절을 보내와 그 사실을 통보하였고, 연호 개정이나 긴급한 군사문제가 생길 때도 사절을 파견해왔다. 이러한 당 사절의 신

---

28) 권덕영, 앞의 책, 2012, 115~135쪽.

라 내왕 사실은 기존의 문헌자료를 통해 개략적으로 파악할 수 있다. 그럼에도 몇몇 중국 금석문은 그러한 사실을 재확인해주고 내용을 보완해주거나 또는 오류를 수정할 수 있는 근거를 제공한다.

우선 이정묘지(李禎墓誌)를 들 수 있다. 이 묘지에 의하면, 이정은 무덕 5년 (622)에 통직산기시랑(通直散騎侍郞)이란 임시 직함을 가지고 푸른 바다를 건너 신라에 가서 정삭을 반포하고 예의와 풍속을 바꾸고 돌아와 복명하자 황제가 그를 가상히 여겼다고 한다.[29] 한편 기왕에 알려진 문헌자료에서는 '진평왕 43년(621) 7월에 신라가 사신을 보내 조공하자 당 고조가 통직산기시랑 혹은 통직산기상시 유문소(庾文素)를 신라에 파견해 조서와 그림병풍 및 채색비단 300단을 보냈다'고 하였다.[30]

이정과 유문소가 동일 사절단인지 아니면 별개 사절단인지 분명히 알 수 없으나, 당이 건국한 직후의 어수선한 상황에서 1년의 시차를 두고 연이어 신라에 사절단을 파견했을 가능성은 매우 낮다. 따라서 이들 두 자료는 동일 사절단에 대한 다른 기록으로 이해하는 편이 타당할 듯하다. 그렇다면 유문소는 621년 하반기 쯤 고조의 명을 받고 자신과 같은 직급인 통직산기시랑 이정 등과 함께 신라에 와서 정삭을 반포하고 중국의 예의와 문물을 소개한 다음 그림병풍과 비단 등을 진평왕에게 선물하고 622년 당으로 돌아갔다고 할 수 있다.

이정묘지에서 그가 신라에 와서 "정삭을 반포했다[班我正朔]"는 기록도 주목할 만하다. 《삼국사기》(권5) 진덕왕 2년(648) 겨울조에, 당 태종이 신라의 독자적인 연호 사용을 나무라자 견당사 한질허(邯帙許)가 '일찍이 당에서 정삭을 반포하지 않았기 때문에 법흥왕 이래 사사로이 연호를 사용하였다'라 하자 태

29) 拜根興, 《石刻墓誌與唐代東亞交流硏究》, 科學出版社, 2015, 197~199쪽.
30) 《구당서》 권199, 신라; 《신당서》 권220, 신라; 《삼국사기》 권4, 진평왕 43년 7월.

종이 '그렇겠다'라 했다고 한다. 이는 이정묘지에서 진평왕 44년경에 이미 당이 신라에 정삭을 반포했다는 내용과 배치된다. 추후에 면밀하게 검토해볼 문제이다.

마우묘지(馬于墓誌) 역시 당 사절의 신라 내왕에 관한 새로운 사실을 더해준다. 800년 6월에 애장왕이 즉위하여 동왕 5년(804) 신라왕 교체 사실을 당에 알렸다. 이에 당 순종은 병부낭중 겸 어사대부 원계방(元季方)을 신라에 보내 덕종의 죽음을 알리고 애장왕을 신라왕으로 책봉하였으며, 애장왕의 어머니와 아내를 각각 대비와 왕비로 책봉하였다.[31]

이고(李翺)가 지은 마우묘지에 의하면 이때 주객원외랑 겸 전중감 마우가 원계방과 함께 신라에 갔다고 한다. 그는 아마 원계방의 부사 혹은 판관으로서 신라에 도래한 듯한데, 그의 묘지에 "편찬하고 기록하는 것을 스스로 즐거워하여 일로 삼았다[纂錄自樂爲事]"라 했듯이 마우는 저술에 몰두하여 많은 저작을 남겼다. 그의 저술은 총 488권에 달하는데, 《봉지록(鳳池錄)》 50권과 《단공별전(段公別傳)》 2권이 대표적이다.[32] 그런데 마우묘지에서는 이러한 저술 외에 《신라기행(新羅紀行)》을 지었다고 한다. 《신라기행》은 805년에 그가 사신으로 신라에 왔을 때 견문한 것을 정리한 것임은 말할 것도 없다. 이처럼 마우묘지는 문헌자료에 전혀 언급하지 않은 마우의 신라 내왕 사실을 전해주는 것은 물론, 비록 현전하지 않으나 그가 신라 내왕 경험을 바탕으로 신라 여행기를 찬술했다는 사실은 주목할 만하다.

그후 809년에 자신의 조카 애장왕을 시해하고 왕이 된 헌덕왕 김언승은 즉위 4년(812)에 김창남(金昌南)을 당에 보내 즉위 사실을 알리고 책봉을 요청하

---

31) 《구당서》 권199, 신라; 《삼국사기》 권10, 애장왕 6년.
32) 《신당서》 권58, 藝文志; 《옥해》 권58, 藝文; 《책부원귀》 권556, 國史部 採撰; 《당회요》 권36, 修撰. 한편 《봉지록》은 무덕 원년(618)부터 정원 2년(786)까지의 재상 任免과 그들의 간단한 사적을 정리한 것이고(《玉海》 권58, 藝文), 《단공별전》은 현종~덕종대에 활동한 段秀實의 전기이다.

였다.[33] 그러자 당 헌종은 직방원외랑 겸 섭어사중승 최정(崔廷)을 대사로 삼고 경조부공조 이예(李汭)와 김사신(金士信)을 부사로 삼아 신라에 보내 조문하였다.[34] 또한 헌덕왕과 아내를 각각 신라왕과 왕비로 책봉하였으며 대재상 김숭빈(金崇斌)을 비롯한 세 사람에게 문극(門戟)을 내려주었다.

최정이 헌덕왕 책봉사로 신라에 다녀간 사실은 그의 종손(從孫) 최함(崔咸)이 찬술한 최정묘지와 최정의 부인 묘지인 형양현군정부인묘지(滎陽縣君鄭夫人墓誌)에서도 확인된다. 이 묘지에는 최정이 조제책립사로 선발된 과정, 사절의 목적과 역할, 왕복 여정의 어려움, 귀국 후의 대우 등 문헌에서 볼 수 없는 자세한 사정이 기록되어 있다. 그리고 동문악묘지(董文蕚墓誌)에서 동문악의 아들 승열(承悅)이 원화 11년(816) 이전의 멀지 않은 시기에 신라와 발해에 각각 사신으로 다녀왔다고 한 점으로 보아, 동승열 역시 최정과 함께 신라에 내왕했을 가능성이 높다.

826년 10월에 헌덕왕이 죽고 흥덕왕이 즉위하여 그 사실을 당에 알리자, 당 문종은 이듬해 태자좌유덕 겸 어사중승 원적(源寂)을 신라에 보내 조문하고 흥덕왕과 그의 어머니 및 부인을 각각 신라왕과 태비 그리고 왕비로 책봉하였다. 이때 숙위 김윤부(金允夫)가 부사로 동행하였다.[35] 그런데 주공부인조씨묘지(朱公夫人趙氏墓誌)에 의하면, 내시 주조정(朱朝政)과 최악(崔鍔)이 태화 8년(834) 이전의 멀지 않은 시기에 신라에 사신으로 갔다가 3년 만에 돌아왔다고 한다. 그러므로 주조정과 최악 역시 827년에 원적, 김윤부 등과 함께 신라를 내왕했음직하다. 그렇다면 주공부인조씨묘지는 종래 알려지지 않았던 당나라 사절 주조정과 최악의 존재를 확인시켜 준다고 하겠다.

---

33) 권덕영, 《고대한중외교서-건당사연구》, 일조각, 1997, 75~76쪽.
34) 《책부원귀》(권976) 外臣部 褒異(3)조에, 이때 신라의 質子 試衛尉少卿 金沔을 試光祿少卿에 임명하고 조제·책립부사로 삼아 崔稜과 함께 신라에 보냈다고 한다. 김사신과 김면, 최정과 최릉의 관계에 대해서는 알 수 없다. 한편 《唐國史補》(下)에서는 李汭를 사절단의 판관이라 하였다.
35) 권덕영, 앞의 책, 1997, 79~81쪽.

다음의 묘홍본묘지(苗弘本墓誌)에 의하면, 묘홍본이 신라왕 책봉사절단의 부사로 임명되어 신라에 갔으나 책봉의식을 치르기 전에 대사가 병이 들어 죽었으므로 그가 대사를 대신해 임무를 완수한 후 돌아왔다고 한다. 이 묘지에서는 그가 언제 신라에 왔고 또 당시의 대사가 누구였는지 언급하지 않았다. 그러나 묘홍본은 855년에 죽었으므로 최소한 그 이전 신라에 내왕했을 것이다.

한편 신무왕이 죽고 문성왕이 즉위하자 당 무종은 841년에 연주도독부사마 김운경(金雲卿)을 치주장사로 임명하여 신라에 보내, 문성왕을 신라왕으로 책봉하고 부인 박씨를 왕비로 책봉하였다. 그런데 《태평광기》를 비롯한 몇몇 문헌에 따르면, 회창(841~846) 연간에 좌서자 설의료(薛宜僚)가 책증사(冊贈使)로 신라에 갔다가 병으로 죽게 되자 판관 묘갑(苗甲) 혹은 묘용(苗用)이 책봉의 례를 대신 주관했다고 한다.[36] 회창 연간에 신라왕을 책봉하기 위하여 신라에 온 당 사절은 앞에서 소개한 841년 밖에 없다. 따라서 설의료는 841년에 김운경과 묘갑(용)을 대동해 신라에 왔다고 하겠다. 이러한 내용을 묘홍본묘지와 비교해보면, 《태평광기》 등에서 말한 판관 묘갑(용)은 부사 묘홍본이었다는 사실을 알 수 있다.[37]

841년의 문성왕 책봉사절단 중에는 내시 왕문간(王文幹)이 포함되어 있었다. 왕문간묘지(王文幹墓誌)에 의하면, 대대로 내시 집안 출신인 왕문간은 개성 5년(840)에 신라사(新羅使)로 임명되어 신라에 왔다가 임무를 마치고 돌아가는 길에 악천후를 만나 온갖 어려움을 겪은 후 겨우 당에 도달했으나 그것으로 병을 얻어 회창 4년(844)에 죽었다고 한다. 그런데 설의료와 김운경 등이 신라에 와서 신라왕을 책봉한 것이 841년 7월이었으므로, 그가 신라사로 임

---

36) 《태평광기》 권274, 情感 薛宜僚;《說郛》 권23(下), 炙轂子錄 薛宜僚.
37) 권덕영, 앞의 글, 2008, 59~60쪽.

명되었거나 혹은 그들이 당나라를 출발했을 때는 840년쯤이었을 것이다. 이런 점에서 왕문간 역시 문성왕 책봉사의 일원이었음을 추지할 수 있다.

《삼국사기》(권11) 경문왕 14년(874) 4월조에 "당 희종이 사신을 보내 유지(諭旨)를 선포했다"는 기사가 있다. 873년 7월 당에서는 의종이 죽고 희종이 즉위하여 다음해 11월에 연호를 건부(乾符)로 바꾸고 성신총예인철명효황제(聖神聰睿仁哲明孝皇帝)의 존호를 사용하는 등 대대적으로 국정을 쇄신하였다.[38] 그 직후에 희종이 신라에 사신을 보낸 점으로 보아 당 사절은 희종의 즉위와 연호 변경 사실을 알리기 위해 신라에 도래했음 직하다. 그럼에도 종래 구체적으로 누가 신라에 와서 유지를 선포했는지 알 수 없었다. 그런데 양공부인조씨묘지(楊公夫人曹氏墓誌)에서 '조씨의 둘째 아들 양준회(楊遵誨)가 건부 원년(874)에 국명(國命)을 반포하기 위하여 해동에 다녀왔다'라 하였다. 여기서 말한 해동은 신라를 지칭한다. 따라서 이 묘지는 《삼국사기》에서 말한 '당 희종이 유지를 선포하기 위해 신라에 보낸' 사절단 속에 양준회가 포함되어 있었음을 알려준다. 이처럼 비록 단편적인 기록이긴 하나, 여러 당 금석문을 통해 종래 알려지지 않았던 신라를 내왕한 당나라 사절의 이름과 활동을 알 수 있게 되었다.

3. 사회·문화사 보정

1) 곤유산 무염선원비(崑嵛山無染禪院碑)와 김청(金淸)

중국 산둥성 원덩시(文登市)와 옌타이시(烟台市) 무핑구(牟平區) 경계의 곤유산(崑嵛山) 남쪽 중턱에 무염사(無染寺)라는 절이 있다. 원래 당나라 무염선원이

---

38) 《신당서》권9, 乾符 원년 11월 庚寅; 《자치통감》권252, 乾符 원년 11월 庚寅.

었던 이 사찰에는 20세기 초까지 광화 4년(901)에 세운 곤유산무염선원비가 있었다. 《등주부지(登州府誌)》와 《모평현지(牟平縣誌)》에 전재된 비문과 현재 중국 국가도서관에 소장된 탁본을 종합해보면, 이 비석은 앞면과 뒷면에 모두 글자를 새긴 양면비(兩面碑)였을 것으로 추정된다.[39] 앞면에는 무염선원 창건과 불교 전래 과정을 서술하였고, 뒷면에는 공덕자 명단을 적어 놓았다. 우선 앞면 제1행에 "대당등주모평현곤유산무염선원△△△(大唐登州牟平縣崑嵛山無染禪院△△△)"이라 하여 비문의 제명을 적고, 제2행부터 불법이 중국에 전해져

〈그림 2-8〉 당무염선원비(일부)

성행하게 된 과정과 무염선원의 창건 경위를 자세히 서술하였다. 그리고 비석 뒷면에는 무염선원을 건립할 때 참여한 공덕자와 승려들의 명단을 나열하였다.

그런데 비석 앞면과 뒷면 모두에 신라 출신 김청(金淸)이 등장한다. 특히 앞면에 "계림인 김청 압아(押衙)가 동쪽 해 뜨는 곳의[搏桑][40] 집을 이별하고 제나라 땅에 와서 은수(鄞水) 지방을 돌아다니며 재산을 모았는데, 불교에 마음이 향하여 돈을[靑鳧] 희사하여 뛰어난 장인을 골라 흰 돌을

---

39) 박현규는 〈원탁본 唐无染禪院碑 고찰〉(《신라사학보》12, 2008, 333~334쪽)에서, 앞면과 뒷면뿐만 아니라 옆면에도 글자를 새겼을 것으로 추정하였으나 확실하지 않다.

40) 搏桑은 扶桑과 같은 말로, 동쪽 해 뜨는 곳, 곧 신라 또는 일본을 의미한다. 여기서는 문맥으로 보아 신라를 뜻한다. 그런데 山崎覺士는 〈唐末五代における杭州と兩浙地方〉(《中國史硏究》40, 2006, 147쪽)에서 搏桑을 일본으로 이해하여 "신라 출신의 金淸이라는 남자가 日本에 집을 가지고" 운운하였다. 그러나 전후 문맥상 이러한 해석은 잘못이다.

쪼아 불탑을 세웠다"라 하였다.[41] 비록 짧은 문장이지만, 이 글을 통해 김청에 대한 몇 가지 사실을 알 수 있다.

첫째, 김청은 본래 신라 사람이었는데 언제인가 고국을 떠나 제나라 땅, 곧 산동지방으로 건너갔다. 둘째, 그는 은수[42] 곧 절강 지역을 돌아다니며 장사를 하여 많은 재산을 모았다. 셋째, 그 과정은 알 수 없으나 김청은 당의 절도사 혹은 관찰사 휘하의 관직인 압아의 직책을 가지고 있었다. 넷째, 독실한 불교 신자인 김청은 자신이 처음으로 당에 발을 들여놓은 산동지방에 무염선원을 건립하는 일에 동참해 거금을 내어 그곳에 불탑을 조성하였다.

당은 매우 개방적이고 국제적인 나라였으므로 많은 이민족들이 당에 들어가 비교적 자유롭게 정치, 경제, 문화 활동에 종사하였다. 그 중에서도 신라인의 이주와 활동이 단연 돋보였다. 8세기 후반 이후 신라에서는 흉년과 기근이 주기적으로 발생하였고 왕위쟁탈전과 반란이 빈발하여, 본국을 떠나 당에 이주하는 사람들이 속출하였다. 그들은 지리적으로 신라와 가깝고 바다와 운하를 통해 생업 유지가 비교적 용이한 당나라 황해연안에 주로 정착하였다. 김청 역시 9세기 후반 무렵 신라의 그러한 사회분위기 속에서 본국을 떠나 산동지방으로 이주해 생활하다가 무염선원 건립에 관여하였던 것이다.

무염선원 창건에서 김청의 존재를 특별히 주목한 것은 광서 7년(1881)에 편찬된 《등주부지》이다. 이 책의 편찬자는 곤유산무염선원비의 전문을 소개한 다음, 이 비문에 대한 해설을 덧붙여 "무염원비는 광화 4년 2월 18일 경자에 건립되었고, 절은 계림의 김청이 재물을 희사하여 조성한 것이다. 비문 중의 상공왕(相公王)은 당시 평로절도사였던 왕사범(王師範)이다. 김청은 번인(蕃人)으

---

41) "又鷄林金淸押衙 家別搏桑 身來靑社 貨游鄞水 心向金田 捨靑凫 擇鄞匠之工 鑿白石 竪竺乾之塔"

42) 鄞水는 남쪽의 奉化江과 서쪽의 慈谿江, 곧 姚江이 합류하여 지금의 저장성 寧波市를 거쳐 황해로 들어가는 甬江 상류지역을 말한다. 《浙江通志》권13, 山川5 寧波府;《大淸一統志》권224, 寧波府 山川 참조.

로서 중국에 들어와 벼슬하여 압아가 되어 재물을 내놓은 것이다"라 하였다.

사실 곤유산무염선원비에 의하면, 김청 외에도 송장(宋璋)은 10경(頃)의 땅을 절의 부지로 희사하였고 해통(解通) 등 50명은 재물을 내어 불상을 만들어 바쳤다. 뿐만 아니라 후에 오월국의 왕이 된 전류(錢鏐)를 비롯하여 유주자사 전진(錢鏕), 절서진해군절도수사 진언(陳言), 절강동도동서도지휘사 겸 명주자사 황성(黃晟), 절강동도동서도지휘부사 종유(鐘宥)와 무염원 일대를 관할하던 모평현령 유고(劉部), 문등현령 하후융(夏侯融) 등도 시주로 동참하였다. 그 중에서 김청은 무염원 건립에 거액을 희사했을 뿐 아니라 절강지방의 실력자들을 공덕시주로 끌어들이는 데 주도적인 역할을 하였다.[43] 이런 점에서 신라인 김청은 《등주부지》에서 말한 것처럼 무염선원 창건을 주도한 대시주였다고 할 수 있다.

김청이 무염선원 건립을 주도한 데는 나름대로 목적이 있었을 것이다. 먼저 산동지방의 재당 신라인들을 결집하는 정신적 구심체로 활용하기 위함이었다. 잘 알려져 있듯이, 산동지방 곳곳에 모여 살던 신라인들은 장보고가 세운 적산 법화원을 비롯한 이른바 '신라원'을 중심으로 교민들끼리 유대를 강화하고 자신의 정체성을 확인하였으며 생활정보를 교환하였다. 그러나 회창(會昌) 폐불 와중에 이러한 사찰들이 훼철됨으로써 산동지방 신라인 사회의 결속력이 느슨해져 마침내 와해되어 갔다.[44] 이에 산동지방에 생활 근거지를 두고 있던 김청은 종래의 신라원을 대신할 새로운 사찰 건립의 필요성을 절감하고 무염원을 건립하지 않았을까 한다.[45]

둘째는 재당 신라 구법승을 비롯한 여행객들에게 수행과 거처의 편의를 제

---

43) 권덕영, 〈중국 산동성 無染院(址)에 관한 몇가지 문제〉, 《신라문화》 28, 2006, 155~156쪽.

44) 권덕영, 〈재당 신라인사회와 적산 법화원〉, 《사학연구》 62, 2001; 《재당 신라인사회 연구》, 일조각, 2005, 102~111쪽.

45) 劉永智, 〈山東省文登市崑崙山无染寺(院)系新羅人金清資助所建造〉, 《中朝關系史研究》, 中州古籍出版社, 1994, 207쪽; 권덕영, 앞의 글, 2006, 157~161쪽.

공하기 위해서였다. 무염원이 자리 잡은 곤유산은 일찍부터 도교와 불교가 번성한 명산으로 알려졌고, 산동반도 황해연안에서 등주, 장안, 낙양, 오대산을 왕래할 때 일반적으로 거쳐 가는 곳이다. 일본 승려 엔닌(圓仁) 일행이 적산 법화원에서 문등현과 모평현을 거쳐 오대산과 장안으로 갔듯이, 많은 사람들이 문등과 모평을 거쳐 등주와 장안 등지를 오갔다. 무염원은 바로 이들에게 숙박과 수도의 장소로 제공되었음직하다. 결국 김청은 재당 신라인의 결집과 신라 구법승과 여행객들에게 편의를 제공하기 위하여 곤유산 기슭에 무염선원 창건을 주도했다고 하겠다.

재당 신라인들은 당나라 곳곳에 사원을 건립하여 신라 여행객들에게 편의를 제공하고, 승려들의 구법 활동을 도왔으며, 주변 지역에 거주하는 신라 교민들을 교화하고 결집시켰다. 신라인 김청이 건립한 곤유산 무염선원도 그러한 역할을 충실히 수행했음직하다. 특히 무염선원은 적산 법화원을 비롯한 신라원들이 훼철된 이후 점차 이완되어 가던 산동지방 재당 신라인사회의 결속을 다지는 구심체가 되었다. 곤유산무염선원비는 그러한 사실을 웅변하고 있다.

2) 혜각선사비와 상산 혜각(慧覺)

신라 말의 유학자 최치원은 봉암사지증대사탑비에서, 당나라에 유학한 신라 승려를 '동귀(東歸)' 구법승과 '서화(西化)' 구법승, 곧 동쪽 고국으로 돌아온 승려와 신라에 돌아오지 않고 서쪽 중국에서 죽은 승려로 대별하였다. 그리고 동귀 구법승으로는 북산 의(北山 義), 남악 척(南岳 陟), 대안 철(大安 徹), 혜목 육(慧目 育), 쌍계 조(雙溪 照), 성주 염(聖住 染), 지력 문(智力 聞), 신흥 언(新興 彥), 용암 체(涌岩 體), 진구 휴(珍丘 休), 쌍봉 운(雙峰 雲), 고산 일(孤山 日)이 있고, 서화 구법승으로는 선보(禪譜)에서 각각 익주 김(益州 金)과 진주 김(鎭州

金)이라 한 정중사 무상(無相)과 상산(常山) 혜각(慧覺)이 있다고 하였다.

이들 가운데 북산 의는 북쪽 설악산 진전사에 주석한 도의(道義), 남악 척은 남쪽 지리산 실상사의 홍척(洪陟), 대안 철은 곡성 대안사의 혜철(慧徹), 혜목 육은 여주 혜목산 고달사의 현욱(玄昱), 쌍계 조는 지리산 쌍계사의 혜소(慧昭), 성주 염은 보령 성주사의 무염(無染), 정중 무상은 중국 쓰촨성 청두(成都) 정중사의 무상(無相), 신홍 언은 대매산 법상(法常)의 신라인 제자 충언(忠彦), 용암 체는 장경 회휘(懷暉)의 신라인 제자 각체(覺體), 고산 일은 염관 제안(齊安)의 신라인 제자 굴산사의 범일(梵日), 쌍봉 운은 화순 쌍봉사 도윤(道允)으로 추정된다.[46] 그러나 지력 문, 진구 휴, 상산 혜각은 구체적으로 누구인지 전혀 알 수 없다.

근년 중국 허베이성 싱타이시(邢台市) 관하의 사허시(沙河市) 류스강향(劉石崗鄕) 사장촌(寺庄村)에서 혜각선사비(惠覺禪師碑)가 발견, 소개되었다. 비석은 파손되어 온전하지 않을뿐더러 비문의 마멸이 심하여 비석의 주인공 혜각선사의 행적을 자세히 알 수 없다. 그런데 판독이 가능한 부분을 모아 정리하면 대략 다음과 같다. 혜각은 신라 사람으로 성이 김씨이다. 그는 일찍이 신라에서 출가하여 유식학을 공부하다가 당으로 건너가 형주(邢州) 개원사(開元寺)에 머물렀다. 개원사에 머물던 중 그는 낙양 하택사(荷澤寺)로 가서 신회(神會) 아래에서 남종선을 익혀 깨달음을 얻고 만년에 지금의 하북성 사허시 광양산(廣陽山) 기슭의 칠천사(漆泉寺)로 들어가 주지가 되어 신회의 정법으로 중생을 교화하였다. 그후 그는 신라로 돌아가지 않고 그곳에 머물다가 774년 3월에 입적하였다.[47]

---

46) 南東信,〈鳳巖寺智證大師塔碑〉,《譯註 韓國古代金石文》, 가락국사적개발연구원, 1992, 181~182쪽.
47) 樓正豪,〈새로 發見된 新羅 入唐求法僧 惠覺禪師의 碑銘〉, 고려대학교 석사학위논문, 2010;《史叢》73, 2011, 21~33쪽; 樓正豪,〈新見新羅入唐求法僧惠覺禪師碑銘考論〉,《北方文物》2015-2, 88~91쪽; 余國江,〈惠覺禪師碑再考〉,《北方文物》2017-1, 69~71쪽.

일찍이 민영규 선생은 엔닌의 《입당구법순례행기》(권2) 개성 5년(840) 정월 15일조에 등장하는 적산 법화원의 선종 승려 혜각(惠覺)을 최치원이 말한 상산 혜각과 동일인으로 추정하였다.[48] 즉 《경덕전등록(景德傳燈錄)》(권11)에서 양주(楊州) 광효원(光孝院)의 혜각(惠覺)이 진주대도독부 관하의 조주(趙州) 종심(從諗)의 제자라고 한 사실을 들어, 광효원 혜각이 곧 적산 법화원의 혜각(惠覺)이고 나아가 최치원이 말한 상산 혜각(慧覺)이라는 것이다. 그러나 양주 광효원 혜각이 적산 법화원 혜각과 동일인이라는 확증이 없을뿐더러, 적산 법화원 혜각(惠覺)이 상산 혜각(慧覺)이라는 증거도 없다. 따라서 그의 주장은 선뜻 받아들이기 어렵다.

반면 칠전사 혜각선사비의 혜각(惠覺)과 봉암사지증대사탑비의 상산 혜각(慧覺)은 여러 면에서 동일인물일 가능성이 크다.[49] 우선 이름이 같은 신라의 서학 구법승이다. 물론 혜각선사비의 혜각과 봉암사지증대사탑비의 혜각은 첫머리 글자인 혜(惠)와 혜(慧)가 다르다. 한국과 중국에서는 음과 뜻이 동일하면 서로 통용하는 것이 상례였다. 그런데 혜(惠)와 혜(慧) 두 글자는 음과 뜻이 상통한다.[50] 그래서 선종의 제6조 혜능(慧能)을 혜능(惠能)이라 하고 대안사 적인선사 혜철(慧徹)을 혜철(惠徹)이라고도 표기하였다. 따라서 신라 구법승 혜각(惠覺)과 혜각(慧覺)은 같은 이름이라 할 수 있다. 둘째, 칠천사 혜각선사는 신라에 돌아가지 않고 당나라에서 입적하였다. 곧 그는 최치원이 말한 '서화' 구법승이었다. 셋째, 칠천사 혜각선사가 주로 활동하고 또 만년에 주석하다 입적한 지역은 당나라 때의 상산군(常山郡), 곧 진주(鎭州) 남쪽에 인접한 지역이다.

---

48) 閔泳珪, 〈圓仁入唐求法巡禮行記二則〉, 《羅·唐佛敎의 再照明》, 대한전통불교연구원, 1993; 《四川講壇》, 又牛, 1994, 87~89쪽.

49) 樓正豪, 앞의 글, 2011, 31~33쪽.

50) 한국에서는 惠와 慧를 "혜"로 읽고, 중국에서는 "휘(hui)"라 하여 서로 발음이 동일하다. 그리고 《說文解字》 段注에 "慧 古多假惠爲之"라 하였고 《集韻》에 "慧 通作惠"라 하여, 두 글자가 상통한다고 했다.

진주는 북위 때 처음 설치한 항주(恒州)를 당 천보 원년(742)에 상산군으로 고쳤다가 건원 원년(758)에 다시 항주라 한 것을 원화 15년(820)에 목종의 이름 '항(恒)'을 피하기 위하여 진주로 고친 것이다.[51] 그후 동광 원년(923)에 진주를 진정부(眞定府)로 삼았는데, 지금의 허베이성 스쟈쫭시(石家庄市) 일대를 관할하였다. 그런데 혜각선사비에 "그 땅에 거주하며 10년동안 수행하여 이름을 드날렸다[依止其地 經十年梵行名播]"라 하고, 이어서 "조칙으로 형주 개원사에 승적을 올렸다[詔僧籍於邢州開元寺]"라 하였다. 그렇다면 혜각선사는 형주 개원사로 가기 전에 형주 부근에서 수행 정진하여 이름을 날렸는데, 그곳이 바로 형주 북쪽에 인접한 상산군 곧 진주가 아니었을까 한다. 그 결과 후대인들은 그를 '상산 혜각' 혹은 '진주 김'이라 칭했을 것이다. 사실 혜각선사비는 보존 상태가 극히 불량하여 많은 정보를 얻는 데 한계가 있다. 그러나 보다 정밀한 조사와 연구가 뒤따른다면 그에 대한 보다 많은 사실을 알 수 있으리라 생각된다.

칠천사 혜각도 그렇지만, 중국 금석문은 종래 알려지지 않은 신라 구법승의 존재와 그들의 다양한 행적을 전해준다. 이옹(李邕)이 찬술한 해주대운사선원비(海州大雲寺禪院碑)는 신라 출신 통선사(通禪師)가 해주 대운사에 주지하며 오력(五力)을 최상의 교법으로 삼고 남을 이롭게 하는 행동으로 세속을 감쌌다 하였고, 이훈부인왕씨묘지(李訓夫人王氏墓誌)는 기주(岐州) 대운사에 도력이 깊고 명망이 높은 신라 화상이 주석했다고 한다. 그리고 비록 《불조통기》(권7 및 권23)에 수록된 내용이기는 하나, 좌계선사비(左溪大師碑)는 천태종 제8대조 좌계대사 현랑(玄朗)의 손제자로 신라승 법융(法融), 이응(理應), 영순(英純)이 있다 하였고, 혜의정사사증당비(慧義精舍四證堂碑)는 신라승 무상대사의 사자상승(師資相承)과 활동을 말해준다.

51) 《舊唐書》 권39, 지리2 하북도 鎭州; 《新唐書》 권39, 지리3 하북도 鎭州.

중국 금석문은 신라승의 당나라 구법뿐만 아니라 당으로부터의 신라 전법(傳法)을 포함한 문화교류에 관한 정보도 전해준다. 황보봉원묘지(皇甫奉源墓誌)는 천보(742~755) 초에 황보봉원이 삼통법주(三洞法主) 비희일(秘希一)과 함께 신라에 와서 도교 경전을 전해주었고, 홍성사진견대덕당명(弘聖寺眞堅大德幢銘)은 진견이 지은 《도의초(道義抄)》가 멀리 신라에 전해져 유행했다고 하였으며, 원진묘지(元稹墓誌)와 백거이묘비(白居易墓碑)는 원진과 백거이의 문장과 명성이 신라에 유입된 사실을 말해준다. 이런 점에서 중국 금석문은 나당 문화교류사를 보완할 수 있는 귀중한 자료라 할 수 있다.

제3장 중국 금석문 탐사기

제1절 관중지역 탐방

1. 프롤로그

중국을 처음 방문한 것은 1991년 7월이었다. 당시 중국은 미수교국이었을 뿐더러 이른바 적성국가로 분류된 나라였으므로 오늘날처럼 자유로이 드나들 수 있는 곳이 아니었다. 당시 필자는 국사편찬위원회에 근무하며 한국학중앙연구원 박사과정에 학적을 두고 있었다. 한국학중앙연구원은 개원 초기부터 매년 대학원생들을 대상으로 해외연수 프로그램을 운영해 왔다. 마침 그해의 연수 대상국은 중국이었다. 간절히 바랐으나 갈 수 없었던 중국 방문의 기회를 얻게 되자, 직장에 특별휴가를 내고 홍콩을 거쳐 상하이, 베이징, 창춘(長春), 선양(瀋陽), 옌지(延吉), 백두산을 여행한 후 산동반도 끝자락의 웨이하이(威海)에서 배를 타고 황해를 가로질러 돌아왔다.

보름 남짓한 중국여행은 신라 견당사를 주제로 박사학위 논문을 준비하던 필자에게 특별하고 소중한 경험이었다. 그후 지금까지 50여 차례 중국을 방문해 중국의 문화유산과 중국인의 삶을 속속들이 들여다보았다. 견당사와 재당 신라인의 흔적, 그리고 한국고대사 관련 중국 금석문을 찾아 관중(關中)과 중원(中原)지역은 물론 동북쪽의 헤이룽장성(黑龍江省)과 남쪽의 푸젠성(福建省), 동쪽의 산동성(山東省)에서 서쪽의 쓰촨성(四川省)과 간쑤성(甘肅省)에 이르기까지 중국 전역을 돌아다녔다. 그 중에서 중국 금석문 탐사 여행이 가장 많았다.

금석문은 문헌자료가 극히 제한된 한국고대사 연구에 각별한 가치를 가진다. 그러한 금석문 자료는 국내뿐만 아니라 국외에도 상당수 존재한다. 그 가운데 국외 금석문은 국내 금석문에 비해 상대적으로 소홀히 취급되었다. 국외 금석문은 우리 역사와의 관련성이 상대적으로 적을 뿐더러 내용 또한 다양하지 못하기 때문이다. 그럼에도 중국에 주로 소재하는 국외 금석문을 종합적으로 정리, 분석해보면 의외로 새롭고 유익한 정보를 얻을 수 있다.

일찍부터 그런 생각을 해왔던 필자는 지금까지 세 차례에 걸쳐 한국고대사 관련 중국 금석문을 대대적으로 조사, 연구하였다. 첫 번째는 2007년부터 2년 동안 중국 각지에 산재한 한국고대사 관련 금석문의 현황과 보존실태를 조사하였고, 두 번째는 2011년부터 3년간 공동연구팀의 일원으로 한국고대사 관련 중국 금석문을 전수 조사하여 정리, 번역하였다. 그리고 세 번째는 2016년부터 3년 동안 중국 금석문 가운데 한국고대사 연구에 직접적으로 관련이 있는 재당 한인(韓人) 묘지 32점을 종합적으로 정리, 번역, 주석하였다. 최근에 출간한 《재당 한인 묘지명 연구》(한국학중앙연구원, 2021) 자료편과 역주편은 지난 십 수 년에 걸친 중국 금석문 탐사와 연구의 산물이다.

금석문 연구는 단순히 관련 자료를 판독, 번역, 주석하는 것만으로 끝나는 것이 아니다. 조사와 수집, 정리와 분류 혹은 판독과 역주 과정에서 연구자가 겪은 다양한 경험과 정보까지 소개한 후에야 비로소 해당 금석문 연구가 완결된다고 할 수 있다. 필자는 중국의 한국고대사 관련 금석문과 그에 관한 자료가 있는 곳이면 천 리를 멀다 않고 어디든지 찾아갔다. 그 과정에 논문이나 저서에서 미처 말하지 못한, 그리고 차마 말할 수 없었던 다양한 경험을 하였다. 이 글을 통해 그러한 체험을 동학들과 공유하고자 한다.

2. 금석문의 보고 서안비림박물관

1) 역사도시 시안

시안(西安)을 방문한 사람이면 누구나 느끼겠지만, 시안과 그 주변에는 온통 역사유적으로 가득하다. 진나라 아방궁(阿房宮) 터와 한나라 미앙궁(未央宮) 유지 등의 진·한대 유적부터 수·당대의 각종 사찰과 고분은 물론, 오늘날 시가지 중심을 감싸고 있는 명대의 웅장한 성곽이 그것을 말해준다. 최근 중국에서는 급속한 산업화와 맞물려 도시개발이 한창이다. 산시성 성도(省都)인 시안도 예외가 아니어서, 도시 전역에 서구식 콘크리트 고층 건물들이 촘촘히 들어섰다. 그럼에도 하늘로 치솟은 빌딩숲 사이사이에 시안의 옛 흔적들이 숨어 있다. 시안을 시안답게 만드는 것은 바로 곳곳에 숨어있는 이러한 역사 문화유산들이다. 따라서 시안은 도시 전체가 하나의 거대한 박물관이라 해도 과언이 아닐 듯싶다.

박물관은 과거와 현재 그리고 미래가 함께 숨 쉬는 공간이다. 도시 자체가 하나의 박물관인 시안 또한 과거와 현재 그리고 미래가 공존하는 도시이다. 시안에는 유적과 유물이 풍부한 만큼이나 그것을 보존, 전시, 연구하는 박물관과 연구소들이 곳곳에 자리잡고 있다. 과문한 탓인지 모르지만, 시안은 세계 어느 도시보다 박물관이 많은 곳이다. 특히 시안의 박물관은 한국고대사와 시기적으로 겹치는 수·당대의 유물이 중심을 이룬다. 그 중의 하나가 서안비림박물관(西安碑林博物館)이다.

서안비림박물관은 시안시 페이린구(碑林區) 삼학가(三學街) 문창문(文昌門) 앞에 자리잡고 있다. 근년에 들어와 중국에서는 각 지방정부마다 기존의 박물관 건물을 헐고, 방문객을 압도하는 거대한 최신식 건물을 짓는 것이 유행처럼 이어졌다. 이제는 중국 어느 지역을 가도 옛 박물관의 모습은 찾아볼 수 없다.

어느 중국학자의 말처럼, 거대한 박물관을 짓고 화려한 유물을 전시하는 것은 박물관을 중화민족의 자존심을 고양시키는 민족주의 교육의 장으로 활용하려는 의도가 아닌지 모르겠다. 몇 년 전에 방문한 산둥성 지난시(濟南市) 산동박물관의 장대한 규모는 지금도 기억이 생생하다. 그럼에도 서안비림박물관은 그러한 유행에 물들지 않고 고색창연한 모습을 그대로 간직하고 있다.

비림박물관은 글자 그대로 비석을 전문적으로 수집, 전시하는 박물관이다. 이 박물관은 당나라가 멸망한 후 각지에 방치, 훼손되어 가던 당대 금석문을 보호하기 위해 북송 원우 2년(1087)에 개성석경(開成石經)과 석대효경(石台孝經)을 당나라 국학이 있던 현재 자리로 옮겨 보존한 것에서부터 시작되었다. 그후 금·원·명·청대를 거치면서 시안 일대의 비석과 묘지(墓誌)를 비롯한 각종 석각자료를 꾸준히 수집함으로써 유물의 양이 크게 증가하고 건물의 규모가 확대되어, 청나라 초기에 이르러 비로소 이곳을 비림(碑林)이라 부르게 되었다. 공묘(孔廟), 비림, 석각예술실 등의 세 구역으로 이루어진 서안비림박물관은 현재 국보급 문물 19종 134건을 비롯한 1만여 점의 석각 자료를 소장하고 있다. 그 속에 고구려 유민 고요묘(高鐃苗)와 남단덕(南單德) 묘지, 재당 신라인 이구부인경조김씨(李璆夫人京兆金氏)와 청하현군김씨(淸河縣君金氏) 묘지가 포함되어 있다.

필자는 시안을 방문할 때마다 주로 시안시 동대가(東大街)에 있는 여가호텔(如家酒店) 국화원점(菊花園店)에 투숙하였다. 여가호텔은 여가호텔그룹이 전국 300여 도시에 2천여 개 호텔을 체인점 형태로 운영하는 숙박시설이다. 우리나라로 치면 장급(莊級) 수준의 호텔로, 전반적으로 숙박비가 저렴하고 불필요한 가구가 없이 단출하면서도 깨끗하다. 그래서 중국을 여행할 때면 건물 전체를 밝은 노란색으로 칠해 친근감을 주는 각지의 여가호텔을 즐겨 이용하였다. 그런데 최근에 들어와 시안은 물론 중국 전역의 여가호텔에서 외국인은 일절 받지 않는다고 한다.

〈그림 3-1〉 비림박물관

  여가호텔 국화원점은 시안 중심가인 종루(鐘樓)와 멀지 않고, 또한 비림박
물관과도 가깝다. 30여년 전부터 생긴 버릇이지만, 오전 6시만 되면 어김없이
눈을 뜬다. 이때부터 하루 일과가 시작되거니와, 중국에서도 예외가 아니었
다. 시안은 한국보다 경도가 20°정도 서쪽에 치우쳐 있으므로 해 뜨는 시각
이 그만큼 늦다. 한국의 오전 6시는 시안 현지시각이 오전 5시로, 한여름이
면 겨우 날아 밝아오고 겨울이면 캄캄한 밤중이다. 그러나 이때부터 움직이
는 습성 때문에 어스름한 새벽에 비림박물관 앞마당을 거쳐 명나라 때 쌓은
장안 성벽을 따라 남문인 영녕문(永寧門)까지 걸어가서 성문 밖을 나가 바깥
성벽과 해자(垓子) 사잇길을 따라 문창문을 통해 되돌아오는 것이 하루 일과
의 시작이었다. 이처럼 시안에 머무는 날만큼 매일 비림박물관 앞마당을 지
나다녔다.

2) 비림박물관의 돌내음

그렇다고 시안을 방문할 때마다 매번 비림박물관의 유물을 관람한 것은 아니었다. 비싼 입장료도 문제지만, 늘 빡빡한 일정 속에서 굳이 그럴 필요가 없었다. 2008년 8월에는 특별한 목적을 가지고 비림박물관을 찾아갔다. 필자는 당시 한국고대사 관련 중국 금석문을 광범위하게 조사, 정리하고 있었다. 그 과정에서 비림박물관에 소장된 이구부인경조김씨묘지를 직접 확인해보고 싶었다. 잘 알다시피 중국에서는 사람과 사람 사이의 친소관계를 의미하는 꽌시(關系)를 매우 중시한다. 그래서 모르는 사람에게는 좀처럼 마음을 열지 않고 호의를 베풀지 않는다. 그러한 사실을 모르는 바가 아니었으나, 혹시나 하는 마음에서 무작정 서안비림박물관을 찾아가 경조김씨묘지 열람을 요청하였다. 다소 무모한 요구에 박물관 측은 확인해보지도 않고, 경조김씨묘지가 현재 수장고 깊숙이 보관되어 있다는 핑계로 일언지하에 거절하였다. 그후 나름의 꾀를 내어 비림박물관에 근무하는 왕치이(王其禕) 주임을 통해 우회적으로 한 차례 더 시도했으나 결과는 마찬가지였다.

그럼에도 여러 차례 방문한 서안비림박물관은 중국 금석문의 지견을 넓히는데 많은 도움이 되었다. 후한 이후 청대까지의 석비를 시대별로 7개의 방으로 나누어 전시한 비림 전시실에는 글자 그대로 비석이 숲을 이루고 있다. 그 중에서도 당 문종 개성 2년(837)에 《주역》과 《상서》 등 12경을 114개의 돌에 새겨 만든 개성석경, 당 현종 천보 4년(745)에 현종이 직접 쓴 《효경》의 본문과 주석을 사각 기둥형태의 돌에 돌아가며 새긴 석대효경은 물론이고, 배휴(裵休)가 짓고 유공권(柳公權)이 쓴 현비탑비(玄祕塔碑), 잠훈(岑勛)이 짓고 안진경(顏眞卿)이 쓴 다보탑감응비(多寶塔感應碑), 그리고 기독교의 네스토리우스파가 당나라에 전파된 정황을 기록한 대진경교유행중국비(大秦景敎流行中國碑) 등을 직접 보고 만질 수 있었던 것은 감동 그 자체였다.

일찍이 왕희지(王羲之)의 글자를 모아 만든 신라 홍각선사탑비문을 복원하고 탑비의 원형을 탐구한 적이 있다.[1] 그 과정에 중국의 왕희지 집자비인 집왕성교서비(集王聖教序碑)와 홍복사단비(興福寺斷碑)의 탁본 글자를 긴요하게 활용하였다. 그럼에도 그것이 어디에 어떤 형태로 보존되어 있는지 알지 못했다. 그런데 비림박물관의 비석 수풀 속에서 그것을 우연히 발견하였다. 집왕성교서비는 높이가 350㎝ 폭이 100㎝ 되는 거대한 형태였으므로 쉽게 알아볼 수 있었으나, 홍복사단비는 여러 비석 사이에 깨어진 채로 보잘 것 없는 모습을 하고 있어 그냥 지나치기 십상이었다. 경조김씨묘지를 보러 갔다가 퇴짜 맞은 그날, 생각지도 않게 홍복사단비를 만나게 되었다. 행운이었다.

서안비림박물관은 비석뿐만 아니라 묘지(墓誌)도 다량 소장하고 있다. 비림의 7개 전시실을 차례대로 거쳐 가다보면 전시실과 전시실 사이 벽에 묘지석이 촘촘히 박혀있는 모습을 볼 수 있다. 묘지를 벽에 끼워 넣어 진열하는 것은 중국의 전통적인 보존 방식이거니와, 비석 전시실 사이 공간에 진열된 것은 비림박물관이 소장한 전체 묘지의 극히 일부에 지나지 않는다. 비림박물관은 20세기 초부터 지금까지 꾸준히 묘지를 수집해 현재 약 1,300여 점을 소장하고 있다. 비림박물관장을 역임한 자오리광(趙力光)이 1980년대 이후 서안비림박물관에서 수집한 묘지를 일괄 정리하여 《서안비림박물관신장묘지휘편(상·중·하)》(선장서국, 2007)과 《서안비림박물관신장묘지속편(상·하)》(섬서사범대학출판사, 2014)을 출간하기도 했다. 아무튼 서안비림박물관은 중국 금석문에 관심을 가진 사람이라면 반드시 찾아가봐야 할 첫 번째 코스가 아닐까 한다.

사실 비림박물관은 일부 전문가뿐만 아니라 세계 각국 관광객들이 즐겨 찾는 관광지이기도 하다. 한국의 경우, 유명 여행사의 시안 패키지 관광 상품

---

1) 권덕영, 〈신라 弘覺禪師碑文의 복원 시도〉, 《가산이지관스님화갑기념 한국불교문화사상사(상)》, 1992, 612~645쪽; 〈신라 弘覺禪師塔碑 원형 탐구〉, 《신라문화》 32, 2008, 299~325쪽.

에 대부분 비림박물관이 들어있다. 그것은 우리나라 관광객들도 비림박물관을 즐겨 찾는다는 사실을 말해준다. 실제로 비림박물관에 갈 때마다 거의 매번 한국 관광객을 만날 수 있었다. 그래서인지 비림박물관은 한국 관광객을 배려하여 박물관 팸플릿과 안내 팻말, 그리고 중요 유물에 중국어·영어와 함께 한국어 설명문을 나란히 적어 놓았다.

2011년 2월 하순에 한국고대사 관련 중국 금석문 공동연구팀과 함께 비림박물관을 방문했을 때 웃음이 절로 나오는 광경을 목격하였다. 어느 건물인지 기억나지 않지만, 건물 계단 옆에 임시로 세운 삼각대 모양의 안내 표지판에 중국어로 "小心地滑" 곧 "미끄럼 조심"이라 적고 그 아래에 "Caution slide"라 병기하였다. 거기까지는 별 문제가 없었다. 그런데 영어 표기 아래쪽에 한글로 "조심스럽게 슬라이드"라 적어놓은 것을 본 순간 모두 '빵' 터졌다. 그해 여름 다시 비림박물관을 찾아갔을 때 '조심스럽게 슬라이드'라는 팻말은 보이지 않았다.

중국을 여행하다 보면 엉터리 한글 표기를 심심찮게 볼 수 있다. 산동반도 끝자락에 위치한 성산두풍경구(成山頭風景區)의 출구인 동천문(東天門) 부근에 진시황제 사당이 있다. 그리고 사당과 동천문 사이에 통천문(通天門)이 있는데, 통천문 석재 기둥에 "免費無線已覆蓋"라 하고 아래쪽에 한글로 "무료 무선 이미 덮어쓰기"라 적어놓았다. 도대체 '말'이 안 되는 이 말이 무슨 뜻인지 몰라 자세히 살펴보니, 한글 위쪽에 영어로 "Free WiFi Service Area"라 되어 있었다. '와이파이 무료 서비스 구역'이라 해야 할 것을 '무료 무선 이미 덮어쓰기'로 표기한 것이다. 구글이나 파파고 자동번역기를 이용해 기계적으로 번역한 결과이다.

중국과 빈도의 차이는 있을지언정 한국에서도 마찬가지이다. 필자가 매일 출퇴근할 때 환승하는 부산지하철 2호선 어느 역에 얼마 전까지 "시외버스터미널"을 중국어로 "邑土停留場"이라 적어놓았다. 볼 때마다 눈에 거슬려 역무

원에게 오류를 지적하기도 했거니와, 이 안내판을 본 중국인들은 아마 우리가 서안비림박물관에서 그랬던 것처럼 '빵' 터졌을 것이다.

3. 시안의 백제 유민 예씨 묘지

1) 예군묘지와의 조우

유구한 역사를 간직한 시안은 새로 발굴되는 유물로 넘쳐난다. 특히 최근 시안의 도시개발 과정에서 출토된 각종 유물을 비롯한 새로운 자료가 다량 발견되어 기존 박물관으로는 그것을 효율적으로 수용할 수 없게 되었다. 이에 시안시 인민정부는 시안 남문인 영녕문 바깥 남쪽의 우의서로(友誼西路)에 새로운 박물관을 신축하여, 2007년 5월에 서안박물원(西安博物院)이란 이름으로 문을 열었다.

서안박물원은 한국인은 물론 중국인들에게도 그다지 널리 알려지지 않은 박물관이다. 이곳은 소안탑(小雁塔)으로 유명한 대천복사지(大薦福寺址)와 맞닿아 있어, 두 지역을 자유로이 드나들 수 있다. 그럼에도 대부분 사람들은 바로 곁에 서안박물원이 있다는 사실을 모르고, 소안탑과 대천복사지만 둘러보고 되돌아가곤 한다. 필자도 처음에는 마찬가지였다.

소안탑과 대천복사지는 이전에 여러 차례 방문한 곳이다. 이곳에 특별히 관심을 가졌던 것은 소안탑이 워낙 유명하기도 하거니와, 그보다도 당대의 거대 사찰 대천복사가 있던 곳이기 때문이었다. 대천복사는 당 고종이 죽은 직후 그의 명복을 빌기 위하여 태종의 딸 양성공주(襄成公主)의 저택 자리에 건립한 황실의 원찰이다. 처음에는 대헌복사(大獻福寺)라 하였으나 측천무후가 주나라를 건국한 690년에 이름을 대천복사로 바꾸었고, 이어서 706년에 인도에서 구법하고 돌아온 의정(義淨)과 인도승 실차난타(實叉難陀)를 맞아들여 그곳에 번경원(飜經院)을 설치하였다. 더불어 15층 300척에 이르는 거대한 불탑을 건립하여 절의 위용을 드러냈다. 그것이 바로 소안탑이다.

대천복사는 당 무종의 무자비한 불교 탄압 사건인 회창폐불(會昌廢佛) 때도 살아남은 장안의 4개 사찰 가운데 하나이고, 의정과 실차난타뿐만 아니라 화엄종의 거장 법장화상 현수(賢首)와 중국 밀교의 개창조라 할 수 있는 인도승 금강지(金剛智) 등의 당대 고승들이 운집했던 곳이다. 그 속에 신라 승려 승장(勝莊)과 혜초(慧超)가 있었다. 승장은 원측의 제자로서 의정이 주관한 역경사업에 줄곧 참여하였고, 혜초는 인도 구법 여행기인 《왕오천축국전》의 저자로 잘 알려져 있다. 필자는 당대의 고승과 신라 승려들의 여향(餘香)에 이끌려 이곳을 자주 찾았던 것이다.

그럼에도 개관한 지 얼마 되지 않은 서안박물원에 무슨 중요한 유물이 있을까 싶어, 그곳에 별 관심을 두지 않았다. 2012년 2월 중순 장취안민(張全民) 연구원을 만나기 위해 대천복사지 경내에 있는 서안시문물보호고고연구원을 찾아갔다. 마침 약속 시간보다 일찍 도착하여 시간을 보낼 겸 지척 거리에 있는 서안박물원을 둘러보았다. 비록 뛰어난 감식안을 갖고 있지 않았으나, 대충 둘러본 것만으로도 이곳이 만만한 박물관이 아니라는 것을 직감하였다. 귀국 후 김영관 교수의 논문을 통해 재당 발해인 낙사계(諾思計) 묘지석이 이곳에 소장되어 있다는 사실을 알고 더욱 관심을 갖게 되었다.

그러던 중 2017년 8월에 시안박물원에서 전혀 뜻밖에 백제 유민 예군(禰軍) 묘지와 조우하게 되었다. 예군묘지는 2011년에 길림대학(吉林大學) 왕롄룽(王連龍) 교수가 지린성 사회과학원에서 발간하는 《사회과학전선》에 묘지의 탁본을 포함한 연구논문을 발표함으로써 세상에 널리 알려졌다.[2] 그는 이 논문에

---

2) 王連龍, 〈百濟人禰軍墓誌考論〉, 《社會科學戰線》 2011-7, 123~129쪽.

서 예군묘지가 언제 어디서 출토되었고, 또 어디에 소장되어 있는지 등에 관하여 명확하게 언급하지 않았다. 다만 "이 묘지는 근래 산시성 시안에서 출토되었는데, 2009년에 탁본을 입수했다"고만 간단히 기술하였다.

산시성 시안시 인민정부는 20세기 말부터 다음 세기 초에 걸쳐 창안구(長安區) 귀두진(郭杜鎭) 일대에 대학가를 건설하였다. 그 과정에 귀두진에 있던 많은 당나라 고분이 파괴되고 도굴되었다. 백제 유민 예씨 일족 무덤이 있던 당대의 고양리(高陽里), 곧 귀두진 곽두남촌(郭杜南村)의 예군 무덤도 그 즈음에 도굴되어 묘지석을 비롯한 각종 유물이 반출되었다. 그후 2013년에 시안시 공안부와 문물계사대(文物稽査隊)가 시안 일대의 각종 고분에서 도굴되었거나 건설공사 중에 출토되어 불법으로 민간에 흘러들어간 묘지 등을 일괄 조사하여, 북위부터 민국시대까지의 묘지 150여 점을 회수해 서안박물원에 이관하였다. 그 속에 예군묘지가 포함되어 있었던 것이다.

〈그림 3-2〉 서안박물원

서안박물원에서 예군묘지를 직접 확인한 그날, 거길 왜 갔는지 기억이 없다. 필자는 중국을 여행할 때마다 매번 꼼꼼하게 여행일기를 작성하였다. 지난 20여 년 동안 작성한 일기 수첩이 모두 7권에 이르거니와, 그날의 여행일기에도 서안박물원에 왜 갔는지 기록이 없다. 다만 "오후 2시경 서안박물원에 가다. 사람들로 붐빈다. 박물관 개원 10주년기념 특별전이 열리고 있다" 정도만 기록되었다. 그렇다고 개원 10주년기념 특별전을 미리 알고 관람하러 간 것 같지도 않다. 하여튼 이날 서안박물원에 갔더니 개원 10주년기념 특별전이 열렸고, 거기서 우연히 예군묘지와 이건성묘지(李建成墓誌)가 나란히 전시된 뜻밖의 광경을 목격한 것이다. 사실 예군묘지가 서안박물원에 소장되어 있다는 것을 이때 처음 알았다. 현진건의 단편소설 제목처럼 운수 좋은 날이었다.

탁본과 사진으로만 보던 예군묘지를 직접 보는 감격도 잠깐, 나란히 전시된 이건성묘지는 여러 생각을 불러 일으켰다. 잘 알고 있듯이, 백제 유민 예군은 자신의 주군 의자왕을 배신하고 그를 윽박질러 이끌고 당나라에 투항해 부귀영화를 누렸다. 반면 이건성은 태극궁의 북문인 현무문(玄武門)에서 훗날 태종이 된 자신의 아우 이세민(李世民)에게 참살당한 비운의 황태자였다. 그래서인지 예군묘지에서는 884글자를 동원하여 온갖 찬사와 칭송을 쏟아냈지만, 이건성묘지에는 그 흔한 명문(銘文)도 없이 55글자로 죽은 날과 묻힌 곳만 간략하게 적고 마무리하였다. 그날의 여행일기에 "역사는 이긴 자의 기록이다"라 메모되어 있다.

2) 예소사와 예인수 묘지

대천복사지를 가운데 두고 서안박물원 맞은편에 서안시문물보호고고연구원이 있다. 이 연구원은 종전의 서안시문물보호고고소를 2011년에 확대 개편한 것으로, 주로 시안지역의 각종 유지(遺址)와 능묘 등을 조사, 발굴, 보존, 관리하는 시안시 문물국 산하의 고고·발굴 전문 연구기관이다. 2010년 초에 서안시문물보호고고소가 창안구 귀두진 곽두남촌에서 당나라 무덤 3기를 발굴하였다. 이들은 남쪽의 2기와 북쪽의 1기가 대략 꺽쇠(ㄴ) 혹은 품(品)자 모양으로 배치되었다. 그 중에서 오른편 위쪽 곧 북쪽에 위치한 무덤(M13)과 남쪽의 왼편 곧 서쪽에 위치한 무덤(M23)에서 각각 백제 유민 예소사(禰素士)와 예인수(禰仁秀) 묘지가 출토되었다.

2011년 8월 말에 시안의 지인으로부터 메일 한 통을 받았다. 몇 일 전인 8월 26일 시안에서 한중역사문화교류 학술회의가 열렸는데, 거기서 귀두진의 당나라 고분 발굴을 주도한 장취안민 연구원이 발굴 성과를 상세히 소개했다는 내용이었다. 이에 즉시 한중역사문화교류 학술회의를 공동으로 주최한 독립기념관의 박민영 연구위원을 통해 장취안민의 학술회의 발표문을 입수해 검토하였다.

장취안민은 학술회의 발표에서, 예소사와 예인수 무덤이 있는 곽두남촌 일대를 백제 유민 예씨 일족의 가족 묘역으로 보고, 남쪽 무덤 2기 가운데 이미 도굴되어 묘지와 부장 유물들이 없어진 오른편 무덤(M15)을 2006년 허난성 뤄양(洛陽)의 한 골동품 가게에서 묘지석이 발견된 예식진(禰寔進)의 무덤으로 추정하였다. 아울러 그가 소개한 예소사와 예인수 묘지는 백제 멸망 전후의 한반도 정세와 예씨 일족의 존재양태를 알려주는 흥미진진한 내용들로 가득하였다. 이에 나름의 연구를 더하여 종합적으로 정리, 고찰할 필요성을 느꼈다.

논문을 거의 완성해 투고하기에 앞서 새로 출토된 예소사와 예인수 묘지를 직접 확인해보고 싶었다. 겨울방학이 끝나갈 무렵인 2012년 2월 중순에 서안시문물보호고고연구원을 방문하였다. 이미 구면인 장취안민 연구원을 만나 귀두진 당나라 고분 발굴 현황과 성과에 대한 설명을 듣고, 이어서 그의 안내로 예소사와 예인수 묘지를 찬찬히 살펴보았다. 묘지석을 비롯한 당시 출토품은 문물보호고고연구원 본관 바깥의 가건물 형태로 된 창고에 보관되어 있었다. 아직 마무리 정리가 끝나지 않은 듯 실내가 다소 어수선해 보였다. 창고 안에는 예소사와 예인수 묘지뿐만 아니라 발굴 당시의 흙이 채 떨어지지 않은 여러 모양의 도자기, 흙으로 구워 만든 사천왕상과 12지신상, 탑 모양의 관자(罐子)를 비롯한 많은 부장 유물들이 여기저기 놓여있었다.

묘지는 모두 개석과 지석을 온전히 갖추고 있었다. 개석은 여타 당나라 묘지와 마찬가지로 사각추의 아랫부분을 수평으로 절단한 녹정형(盝頂形)으로, 예소사묘지가 예인수묘지보다 약간 커 보였다. 그런데 예인수묘지 개석의 제액은 대부분의 당나라 묘지와 달리 전서(篆書)가 아닌 해서(楷書)로 씌어져 있어, 다소 특이하게 느껴졌다. 아무튼 이번 여행에서 백제 유민 예씨 무덤의 발굴을 주도한 장취안민 연구원으로부터 발굴 과정에 대한 생생한 이야기를 들었을 뿐만 아니라 예소사, 예인수 묘지와 부장품들을 자세히 살펴보았다. 귀국 후 시안에서 보고 들은 새로운 내용을 더해, 앞서 작성한 원고를 수정, 보완하였다. 그것이 〈백제 유민 예씨일족 묘지명에 대한 단상〉(《사학연구》 105, 2012)이다.

4. 대당서시박물관의 한인 묘지

1) 김일성과 진법자 묘지

시안은 북쪽의 황토고원, 남쪽의 진령산맥, 동쪽의 파원산지(灞源山地), 서쪽의 태백산지(太白山地)와 청화(青化) 황토지대로 둘러싸인 관중분지(關中盆地) 가운데 자리잡고 있다. 그에 따라 여름에는 유난히 덥고 겨울에는 지독스레 춥다. 필자는 학교에 매인 몸이라 여름방학과 겨울방학 동안에 주로 시안을 방문할 수밖에 없었다. 그럴 경우 여름에는 더위가 한풀 꺾인 8월 중순이나 하순, 겨울에는 추위가 한발 물러간 2월에 주로 시안을 방문하였다. 특히 겨울에는 수억 명이 한꺼번에 이동하는 춘절(春節)을 피해 2월 중순 혹은 하순을 택하는 경우가 많았다.

2013년 2월 하순에 섬서사범대학 바이건싱(拜根興) 교수를 방문하였다. 사실 이번 여행은 허난성 덩펑시(登封市) 법왕사(法王寺) 탐방이 목적이었다. 다음 절의 중원지역 탐방기에서 상세히 소개하겠지만, 법왕사에는 일본 승려 엔닌(圓仁)이 만들었다는 석가사리장지(釋迦舍利藏誌)가 남아있다. 법왕사에서 이 자료를 살펴본 후 뤄양, 멍진(孟津), 싼먼샤(三門峽)를 거쳐 시안에 들렀던 것이다.

바이건싱 교수를 처음 만난 것은 2001년 늦가을쯤으로 기억된다. 그는 섬서사범대학에 재직하던 중 한국에 유학하여 경북대학교 대학원에서 박사과정을 다녔다. 마침 그해 가을에 그의 박사학위논문 심사가 있었는데, 필자가 심사위원으로 참여하였던 것이다. 그후 바이건싱 교수는 중국으로 돌아가 섬서사범대학에 복직하여 고대 한중관계사를 꾸준히 연구하였다. 필자와 그는 전공과 관심 분야가 비슷하여, 십수년 동안 각자의 연구 성과를 교환하며 서로 비판하고 격려해왔다. 이러한 인연으로 시안에 갈 때마다 거의 매번 만나 양국의 새로운 연구 동향과 성과를 주고받았다. 이번에 바이건싱 교수를 찾아간 것은 필자가 공동연구원으로 참여해 출간한 《개정증보 역주 삼국사기》(한국학중앙연구원, 2011) 5책 한 질과 단독 저서 《신라의 바다 황해》(일조각, 2012)를 전해줄 겸 해서였다.

아무튼 그의 연구실에서 이런 저런 이야기를 하던 중, 지난해 9월 대당서시박물관(大唐西市博物館)에서 박물관이 소장한 묘지 가운데 500점을 뽑아 《대당서시박물관장묘지》(북경대학출판사, 2012) 상·중·하 3책을 출간했다고 한다. 그리고 오는 4월 하순에 대당서시박물관에서 이 책에 수록된 묘지를 중심으로 학술회의가 열리는데, 자신은 박물관 측의 요청으로 재당 신라인 김일성(金日晟) 묘지에 대해 발표할 예정이라 하였다. 바이건싱 교수의 이야기는 그러한 사실을 전혀 모르고 있던 필자에게 커다란 충격과 놀라움으로 와 닿았다. 이에 곧바로 대당서시박물관에 전화를 걸어 이 책의 구입여부를 문의했으나, 아직 시중에 배포되지 않아 당분간은 구매하기 어려울 것이라 하였다.

대당서시박물관은 시안시 롄후구(蓮湖區) 노동남로(勞動南路)에 자리한 민영박물관이다. 2010년 4월에 개관한 이 박물관은 명칭에서 알 수 있듯이, 당나라 서시(西市) 유적과 유물 그리고 실크로드 관련 교역과 문화 유물을 중심으로 한 다양한 자료를 전시하고 있다. 특히 지하 2층에 위치한 특별전시실에는 시안과 뤄양을 비롯한 전국 각지에서 출토된 묘지 수백 점이 전시되었다. 이 가운데 김일성묘지가 들어 있었던 것이다. 다음해《대당서시박물관장묘지》를 구입한 후에 알게 된 사실이지만, 이 박물관에는 김일성묘지 외에 백제 유민 진법자(陳法子) 묘지와 중국인의 신라 내왕 사실을 보여주는 황보봉원묘지(皇甫奉源墓誌)도 소장되어 있었다.

몇 년 후 필자는 고대 한반도 삼국과 발해에서 당나라로 이주한 이른바 재당 한인(韓人)들의 묘지를 종합적으로 조사, 정리하는 연구 과제를 수행하게 되었다. 그 과정에서 대당서시박물관에 소장된 김일성묘지와 진법자묘지를 직접 확인해볼 필요가 있었다. 앞에서도 언급했듯이 중국에서는 개인적 '꽌시'가 없으면 자료 열람을 비롯한 여러 가지 도움을 받기가 쉽지 않다. 대당서시박물관도 마찬가지일 것으로 생각되었다. 그래서 김일성과 진법자 묘지 열람을 도와줄 인물을 찾던 중, 지난해 만났던 대당서시박물관 왕빈(王彬) 부관장이 떠올랐다.

2015년 10월에 대한민국 서안총영사관이 주최한 "한국-산시성 역사교류세미나(韓-陝西省歷史交流研討會)"에서 〈당대 장안의 신라 승려-그 과거와 현재〉란 글을 발표하였다. 학술발표회 개막에 앞서 행사장을 제공한 대당서시박물관 관계자들과 인사를 나누고 차를 마시며 환담할 기회가 있었다. 그때 관장을 대신해 참석한 왕빈 부관장과 대당서시박물관에 소장된 재당 한인묘지에 관해 이런저런 이야기를 하고 서로 명함을 주고받았다.

〈그림 3-3〉 대당서시박물관

2016년 8월 중순 둔황(敦煌)과 란저우(蘭州)를 여행하고 한국으로 돌아가는 길에 시안에 들러 대당서시박물관을 찾아갔다. 전날 란저우에서 시안으로 가는 기차 안에서 왕빈 부관장에게 미리 전화를 해둔 터라, 담당 직원이 깍듯이 맞이해 김일성과 진법자 묘지가 있는 곳으로 안내해주었다. 당시 이 묘지는 지하 2층 특별전시실에 다른 묘지들과 함께 전시되어 있었다. 몇 개의 철문을 열고 들어선 전시실 입구 복도에 진법자묘지가 있고, 그 안쪽에 김일성묘지가 놓여 있었다. 지금은 어떤지 모르겠으나, 필자가 방문한 6년 전까지만 해도 지하의 특별전시실은 일반인들에게 공개되지 않는 곳이었다. 우리는 왕빈 부관장의 허락을 받은 터라, 찬찬히 그리고 느긋하게 재당 한인묘지를 비롯한 여러 유물을 둘러보았다. 박물관 직원의 말에 의하면, 대당서시박물관은 950여 점의 비각(碑刻) 자료를 소장하고 있는데, 그 중에서 묘지 500점은 이미 《대당서시박물관장묘지》를 통해 소개하였고 나머지는 정리 중이라 하였다.

2) 시안의 일본 역사기념물

대당서시박물관을 나서면 정면에 대당서시 광장이 있고, 그 입구에 생뚱맞은 조형물 하나가 서 있다. 일본 견수사선(遣隋使船)이 그것이다. 견수사선은 7세기 초 일본 스이코천황(推古天皇)이 수나라에 파견한 사절단, 곧 견수사가 중국을 왕래할 때 타고 다니던 선박이다. 물론 대당서시 광장에 있는 것은 당시의 선박을 추정해 복원한 것이지만, 대당서시박물관에 갈 때마다 견수사선이 왜 거기에 세워져있는지 늘 궁금하였다. 대당서시박물관에서 김일성과 진법자 묘지를 직접 확인한 날, 홀가분한 마음으로 견수사선 조형물을 자세히 살펴보았다. 견수사선에 붙어있는 설명문에 의하면, 일본 견수사가 대흥성(大興城)에 입성한 1,400주년을 기념하여 만든 것이라 하였다. 대흥성은 당나라 장안 곧 오늘날 시안의 수나라 때 명칭으로, 일본 견수사가 처음 수나라에 간 것은 607년이었다. 그렇다면 대당서시 광장 앞의 견수사선은 2007년에 조성되었을 것으로 추정할 수 있다.

그러면 하필 다른 곳도 아닌 대당서시 광장에 견수사선을 만들어 세웠을까? 21세기에 들어와 새롭게 조성된 대당서시는 당대(唐代)의 번성한 국제교역을 재현한다는 생각에서, 장안성 서시 옛터에 각종 상점과 식당, 호텔과 놀이시설 등을 세워 관광과 쇼핑, 그리고 문화체험을 할 수 있도록 구성된 종합위락시설이다. 이러한 대당서시는 2007년에 1차 공사를 끝내고 문을 열었다. 전하는 말에 의하면, 당시 중국의 대당서시 건설에 일본의 여러 기업이 상당한 금액을 투자했고, 준공식에 무라야마 담화로 우리에게 잘 알려진 무라야마 모미이치(村山富市) 전 총리를 비롯한 일본 정·재계 인사들이 대거 참석했다고 한다. 그렇다면 대당서시 광장의 견수사선은 자신들이 투자해 개발한 대당서시에 천수백년 전 중일우호의 상징이었던 견수사 관련 조형물을 세워 양국 우호관계가 오늘날까지 계속된다는 사실을 보여주기 위함이 아니었을까 상상해 본다. 상상이 아니라 사실일 것이다.

일본은 한국보다 20년 앞선 1972년에 중국과 수교하였다. 그후 일본은 중일 우호의 역사적 유구성을 강조하기 위해 역사 속에서 중국을 내왕한 인물과 사건을 끌어내 중국 전역에 각종 기념물을 조성하였다. 특히 시안에 집중적으로 건립하였다. 시안 곧 장안은 수나라와 당나라의 수도로서, 세계 각국 사람들이 모인 인종 전시장이었고 동서 문화의 용광로였다. 견수사 혹은 견당사라 칭하는 사절단과 그들을 따라온 유학생과 구법승을 비롯한 많은 일본인들도 장안을 왕래하였다. 그래서 일본은 중일수교 이후 수·당대 장안을 왕래한 역사 속의 인물을 현창하는 기념물을 시안 곳곳에 건립하였다.

시안 시내를 걷다보면 그러한 역사기념물을 심심찮게 만날 수 있다. 앞에서 언급했듯이, 필자는 시안을 방문할 때마다 주로 시안시 페이린구(碑林區) 동대가에 있는 여가호텔(如家酒店) 국화원점에 묵었다. 그럴 때면 아침마다 비림박물관 앞마당을 거쳐 명대의 장안 성벽을 따라 영녕문까지 걸어가서 성문 밖으로 나가 바깥 성벽과 해자 사잇길을 따라 문창문을 통과해 되돌아오곤 했다. 그런데 바깥 성벽을 따라 돌아오는 산책길 중간쯤에 일본인 기비 마키비(吉備眞備) 기념공원과 기념비가 있다.

기비 마키비는 717년에 일본견당사를 따라 당나라에 들어가 국자감에서 공부한 후 약 20년간 그곳에 머물다 본국으로 돌아갔다. 그후 752년에 후지와라 기요카와(藤原淸河)가 이끄는 견당사절단의 부사로서 재차 당나라를 왕래하였다. 그런 연유로 옛 국자감 터에 자리잡은 서안비림박물관 근처에 그의 기념공원을 조성한 듯하다. 이 기념공원과 기념비는 1986년 3월에 기비 마키비가 당나라 유학을 마치고 일본으로 돌아간 1,250주년을 기념하여 오카야마현(岡山縣) 지사 나가노 시로(長野士郎)가 주도해 만들었다고 한다. 기념비에는 기비 마키비를 본받아 중일 양국의 우호와 평화가 영원히 이어지기를 염원한다고 새겨놓았다.

뿐만 아니라 시안시 동문 곧 장락문(長樂門) 밖의 함녕서로(咸寧西路)에 있는 흥경궁공원(興慶宮公園)에도 일본 유학생 아베 나카마로(阿倍仲麻呂) 기념비가 있다. 흥경궁공원은 714년에 당 현종이 건설한 흥경궁 옛터에 당대의 건물, 원림, 연못 등을 복원해 조성한 유락공원으로, 1958년에 문을 열었다. 시안의 명문 서안교통대학(西安交通大學) 정문과 마주한 흥경궁공원 남문으로 들어가 오른편으로 난 산책길을 따라 침향정(沉香亭) 쪽으로 가다보면 돌로 만든 높다란 사각 기둥 위에 탑의 옥개석을 올려놓은 듯한 조형물을 발견할 수 있다. 이것이 바로 아베 나카마로 기념비이다.

아베 나카마로는 717년에 앞서 소개한 기비 마키비와 함께 다지히 아가타 모리(多治比縣守)가 이끄는 견당사절단을 따라 당에 들어가 장안에서 유학하였다. 그는 태학에서 공부한 후 과거에 합격하여 이름을 조형(朝衡) 혹은 조형(晁衡)으로 바꾸고 당에 머물러 관리로 복무하였다. 그러나 고국에 대한 그리움을 이길 수 없어 753년에 후지와라 기요카와가 인솔한 견당사절단이 돌아갈 때 함께 귀국길에 올랐으나, 도중에 폭풍을 만나 안남(安南)에 표착했다가 후에 다시 장안으로 되돌아갔다. 그후 귀국을 단념하고 당의 관직에 나아가 진남도호(鎭南都護)와 안남절도사(安南節度使)를 역임하고 770년 1월에 73세의 나이로 타국에서 생을 마감하였다.

아베 나카마로는 현종, 숙종, 대종 3대에 걸쳐 당 왕조에서 벼슬하였다. 그 중 대부분은 현종 때였을 뿐더러 현종이 그를 특별히 총애하였다. 이런 인연으로 현종이 건설한 흥경궁 터에 아베 나카마로 기념비를 건립한 것으로 보인다. 이 기념비는 1979년 2월에 세운 것으로, 기념비 왼쪽 면에 일본 견당사를 따라 본국으로 돌아가던 아베 나카마로가 풍랑을 만나 바다에 빠져 죽은 것으로 알고 그의 죽음을 슬퍼하며 지은 이백(李白)의 〈조형의 죽음에 곡하다〉와 오른쪽 면에 아베 나카마로의 〈고향을 그리며〉란 시를 새겼다. 기념비에 새겨진 이백과 아베 나카마로의 시를 소개하면 다음과 같다.

조형의 죽음에 곡하다[哭晁衡]

일본의 조형(晁衡)은 황제 계신 장안을 이별하고[日本晁衡辭帝都]

돛단배 타고 동쪽 신선이 사는 봉래산을 휘감고 지나갔네[征帆一片繞蓬壺]

밝은 달이 푸른 바다에 빠져 돌아오지 못하니[明月不歸沉碧海]

하늘의 흰 구름도 슬픈 색을 띠고 창오산(蒼梧山)에 가득하구나[白雲愁色満蒼梧]

고향을 그리며[望鄕]

고개 돌려 동쪽 하늘을 우러러 바라보니[翹首望東天]

마음은 내달려 나라(奈良)의 주변이구나[神馳奈良邊]

미카사산(三笠山) 꼭대기 위에[三笠山頂上]

둥근 달이 밝게 비치는 모습을 상상해보네[想又皎月圓]

아베 나카마로 기념비에서도 그를 매개로 중일관계의 역사적 유구성을 강조하고 양국 간의 평화와 우호를 다짐했음은 말할 것도 없다. 역사기념물은 과거에 대한 집단적 기억을 여러 형태로 형상화한 조형물이다. 이러한 역사기념물은 조성 당시의 역사의식을 고스란히 담고 있다. 따라서 역사기념물을 만드는 행위와 기념물의 내용은 역사서술과 보존의 한 방식이고 당시의 역사의식을 보여주는 사료라 할 수 있다.

일본인들은 일찍부터 이 점에 주목하여, 앞서 소개한 견수사선을 비롯한 기비 마키비와 아베 나카마로 기념비뿐만 아니라 시안 곳곳에 일본 구법승을 추념하는 각종 기념물을 조성하였다. 청룡사의 공해기념탑(空海紀念塔)과 혜과공해기념당(惠果空海紀念堂), 대흥선사의 공해상(空海像)과 자각대사원인기념당(慈覺大師圓仁紀念堂), 대자은사유지공원과 대당불야성의 구카이(空海) 조각상이 대표적이다. 그러한 노력 결과, 구카이를 비롯한 일본 구법승들은 21세기에 들어와 화려하게 부활하였고 중일관계는 더욱 단단해졌다.

5. 장안박물관 김가기전석각 유감

1) 종남산 자오곡의 김가기

관중분지 중앙에 자리잡은 시안은 남쪽이 진령산맥으로 막혀 있다. 장안의 최남단에 있다고 하여 종남산(終南山) 혹은 남산이라 불렸던 진령산맥은 동서로 약 400~500㎞에 걸쳐 뻗어나가, 산시성 남쪽의 한중분지(漢中盆地)와 경계를 이룬다. 한중분지는 예로부터 시안과 쓰촨지방을 연결하는 남북간 교통과 전략적 요충지로, 삼국시대 조조와 유비가 이 지역을 둘러싸고 치열하게 다툰 곳으로 유명하다.

해발 2,000~3,000m 높이의 고산준령이 동서로 길게 이어진 진령산맥은 사람은 물론 구름과 바람의 왕래까지 막아, 진령산맥 서남쪽의 한중분지와 동북쪽의 관중평원은 서로 전혀 다른 풍광을 연출한다. 2015년 8월 중순 산시성 안캉현(安康縣)에서 신라사(新羅寺) 터를 답사하고 기차로 진령산맥을 관통하여 시안으로 들어간 적이 있다. 기차가 안캉현에서 약 4시간에 걸쳐 진령산맥 허리를 꿰뚫고 관중평원에 들어서는 순간, 식생과 날씨가 한중분지와는 완전히 다른 새로운 세상이 눈앞에 펼쳐졌다. 아무튼 지금은 철도 혹은 고속도로를 이용해 두 지역을 쉽게 왕래할 수 있으나, 고대 장안과 한중은 진령산맥의 자오곡(子午谷)을 따라 수백 ㎞에 걸쳐 형성된 이른바 자오고도(子午古道)를 통과해야만 하는 수십 일의 노정이었다.

산세가 빼어나고 사람들의 왕래가 빈번하던 자오곡 주변에는 곳곳에 역사유적들이 산재해 있다. 특히 자오곡은 당나라 때부터 도교를 수련하는 장소로 유명하였다. 자오곡 입구에 있던 금선관(金仙觀)이 대표적이거니와, 지금도 그 자리에 근래 새로 건축한 금선관이 자리잡고 있다. 2012년 2월 중순에 금선관을 방문했을 때, 중심건물인 태청선경(太淸仙境)에 노자상(老子像)을 중심으로 좌우에 최치원과 김가기의 존상이 모셔져 있었다.

　김가기는 당나라 과거에 급제한 신라 유학생 출신으로, 도교에 심취하여 평생 종남산 자오곡에서 수도하다 등선(登仙)했다고 한다. 그런데 금선관에서 멀지 않은 자오곡 골짜기에 그의 전기를 새긴 커다란 화강암 바위가 있다. 김가기전석각이다. 1987년 6월 중국 서북대학(西北大學) 리즈친(李之勤) 교수가 자오곡 북쪽 입구에서 남쪽으로 약 3㎞ 정도 들어간 지점의 괴아애(拐兒崖) 아래쪽 계곡에서 김가기전석각을 발견하였다. 이 바위는 위쪽 절벽에서 떨어져 나온 것으로, 거기에는 두보(杜甫)의 시 〈현도단가기원일인(玄都壇歌寄元逸人)〉과 김가기의 전기가 함께 음각되어 있었다. 이에 리즈친 교수는 다음해 서북대학에서 발간하는 《서북역사연구》에 그러한 사실을 소개하였다. 그후 10년이 지난 1997년에 변인석 교수를 통해 한국에도 알려졌다.[3]

　사실 김가기전석각은 《속선전(續仙傳)》의 내용을 거의 그대로 옮겨 새긴 것이므로 사료적 가치가 높다고 할 수 없다. 그래서 필자는 이 금석문에 별 관심을 두지 않았다. 그런데 2005년 4월에 발간된 《신라사학보》 제3집에 실린 민경삼 교수의 〈안타깝다! 중국 종남산 자오곡 발견 김가기 마애석각〉이란 글을 보고 갑자기 궁금증이 발동하였다. 자오곡에서 김가기전석각을 떼어내 장안박물관으로 옮겼다는데, 과연 화강암의 석각을 어떻게 떼어냈으며 박물관에서 어떤 형태로 보관 혹은 전시할까 등등의 의문이 생긴 것이다.

　마침 2005년 7월 중순에 고구려연구재단의 연구 과제를 수행하기 위해 시안과 뤄양을 방문하게 되었다. 5박 6일의 빠듯한 일정 속에서 시간을 쪼개 장안박물관을 찾아갔다. 시안시 창안구(長安區) 웨이구진(韋曲鎭)에 있는 장안박물관은 창안구 일대의 역사문물을 관리, 전시하는 박물관이다. 시안의 다른 박물관에 비하여 규모가 작고 소장 유물도 6,000여 점에 불과한 조그만

3) 변인석, 〈당 장안의 終南山 연구 - 한국 관련 사적을 중심으로(4)〉, 《백산학보》 49, 1997, 119~168쪽.

박물관이었다. 필자가 장안박물관을 관람하는 동안 다른 관람자가 아무도 없었던 점으로 보아, 평소 찾는 사람이 많지 않은 듯 보였다.

박물관은 전체 3층으로 구성되었다. 1층은 행정실이고 2층과 3층은 전시실이었다. 전시실은 공간이 협소할뿐더러 특별히 주목할 만한 유물도 보이지 않았다. 그래서 곧바로 전시실을 나와 건물 뒤쪽을 둘러보던 중 잔디밭 가운데 높이 3.0m 폭 1.5m 정도 되는 흉물스런 바위 하나가 놓여 있었다. 가까이 다가가 살펴보니 그것이 바로 종남산 자오곡에서 가져왔다는 김가기전석각이었다. 그리고 주변에 당 현종 때 준선사(遵善寺) 승려였던 자화선사(慈和禪師)의 석관과 각종 묘지석들이 어지럽게 널려 있었다.

김가기전석각의 모습은 참담함 그 자체였다. 7, 8톤 정도 될 듯한 바윗돌은 여기저기 깨지고 갈라져 철사로 칭칭 동여매었고, 이곳으로 옮겨온 이래 줄곧 노천에 방치된 때문인지 철사가 부식되어 시뻘건 녹물이 바위를 타고 흘러내린 자국이 선명하였다. 민경삼 교수는 당시 장안박물관 무샤오쥔(穆曉軍)

〈그림 3-4〉 옛 장안박물관

부관장의 말을 인용하여, 2000년에 새로 건립한 장안박물관을 상징할 수 있는 기념비적인 유물을 수장하고 진열하기 위해 자오곡에 있던 김가기전석각을 절단해 이곳으로 옮겼다고 한다. 그 시기는 대략 2001년 6월 이후 멀지않은 때였을 것으로 보인다.

2) 김가기전석각 훼손

장안박물관의 김가기전석각을 보는 순간 문득 몇 년 전에 읽었던 피터 홉커크(Peter Hopkirk)의 《실크로드의 악마들(Foreign Devils on the Silk Road)》(김영종 역, 사계절출판사, 2000)이 생각났다. 이 책은 19세기 말에서 20세기 초 영국, 독일, 프랑스, 러시아, 일본의 '유물 사냥꾼'들이 고고학자로 가장해 중국령 투르키스탄, 곧 중국 서북부 사막지역의 각종 고대 유적을 무분별하게 파헤치고 유물을 약탈해간 이야기를 흥미진진하게 서술하였다. 당시 그들은 비교적 옮기기 쉬운 불상과 불경, 각종 문서와 그림뿐만 아니라 석굴과 사원에 그려진 벽화까지 뜯어갔다.

지금도 중국인들은 100여 년 전의 그러한 만행에 분노하고 있다. 중국 문화재를 약탈해갔을 뿐만 아니라, 남은 문화재조차 원형을 알아볼 수 없을 정도로 심하게 훼손시켰기 때문이다. 그럼에도 벽화를 비롯한 그들이 가지고 간 유물들은 현재 영국의 대영박물관이나 독일의 베를린국립박물관, 심지어 한국의 국립중앙박물관 등지에 온전하게 보존되어 있다. 불행 중 다행이다.

유럽의 유물 사냥꾼들이 자행한 벽화 절취와는 맥락이 다르지만, 훼손될 위기에 처한 벽화를 떼어내 별도로 보존하는 것은 문화재 보호의 한 방법이다. 중국의 경우, 산시성 첸현(乾縣)의 장회태자묘 예빈도 벽화를 섬서역사박물관에서 보존하고 있는 것이 대표적이다. 2005년 7월에 처음 첸현의 장회태자묘를 찾아갔을 때, 당시 묘실 입구 동쪽 벽에 그려진 예빈도가 원래의 벽화 그대로라 생각하고 감격스럽게 마주 대한 적이 있다. 그후 몇 차례 시안을 드나들면서, 이 무덤을 발굴한 직후 관계 당국이 곧바로 예빈도 벽화를 벽채로 뜯어내 섬서역사박물관 특별수장고로 옮겨갔다는 사실을 알고 황당해한 기억이 있다.

사실 석굴이나 능묘의 벽화를 뜯어내는 것은 화강암에 새겨진 글씨나 조각을 뜯어내는 것보다 상대적으로 쉬운 작업이다. 실크로드 벽화는 대개 원래의 벽면에 낙타 똥과 잘게 쓴 짚을 이긴 점토를 두껍게 바르고 그 위에 회반죽을 입힌 후 그림을 그려 만든 것이다. 그래서 예리한 칼로 벽화 외곽 둘레에 깊은 칼자국을 내고 펠트(felt)로 싼 널빤지를 벽화 앞에 대어 고정시킨 다음, 벽화 옆에 구멍을 내고 여우꼬리 모양의 기다란 톱을 집어넣어 점토층을 벽면과 분리해내면 벽화 '절취'가 끝난다.

반면 화강암을 떼어내는 것은 칼자국을 내고 톱으로 썰어낼 수 있는 것이 아니다. 칼과 톱 대신 착암기(drill)로 옆면과 뒷면에 돌아가며 촘촘히 구멍을 뚫어 해당 부분을 분리해내야 한다. 장안박물관에 옮겨놓은 김가기전석각의 옆면과 뒷면에 남아 있는 수십 개의 착암기 구멍 흔적은 그러한 사실을 말해준다. 당시 어떤 착암기를 어떻게 사용했는지 알 수 없으나, 드릴 작업은 화강암 전체에 커다란 진동과 충격을 주었을 것이다. 그 결과 김가기전석각을 원래 암석에서 떼어냈을 때는 이미 곳곳이 깨지고 갈라질 수밖에 없었다. 2005년 7월 장안박물관에서 보았던 김가기전석각은 이미 흉측하게 변해버린 바위 덩어리에 불과했다.

일본 도쿄의 황궁 안에 중국 랴오닝성 뤼순(旅順)의 황금산 아래에 있던 당홍려정비(唐鴻臚井碑)가 보존되어 있다. 이 비석은 러일전쟁에서 일본이 승리하고 뤼순을 접수한 다음, 1908년에 러일전쟁의 전리품으로 일본에 싣고 가 일왕에게 바친 것이다. 이때 일본은 10여 톤에 이르는 당홍려정비를 통째로 해군 함정에 싣고 옮겨갔다고 한다. 일본의 문화재약탈을 두둔하는 것은 아니지만, 기왕 김가기전석각을 장안박물관으로 옮기려면 일본처럼 손상되지 않게 통째로 옮겼더라면 하는 아쉬움이 남는다.

근년 장안박물관은 당대 묘지 148점을 포함한 전체 184점의 묘지를 정리해 《장안신출묘지》(문물출판사, 2011)를 출간하였다. 장안박물관에 당나라 묘지가 이처럼 많이 소장된 사실을 모르고 있던 필자는 장안박물관 소장 당대 묘지를 둘러보고, 아울러 김가기전석각을 다시 한번 살펴볼 요량으로 2017년 8월 중순에 장안박물관을 찾아갔다. 그러나 원래 장안박물관이 있던 창안구 웨이구진에는 장안박물관이 없었다. 이리저리 수소문한 끝에 2015년 11월에 창안구 궈두진에 건립된 장안문화센터(長安文化中心)에 장안박물관을 비롯한 도서관, 문화관이 함께 입주해 있다는 사실을 알게 되었다. 장안문화센터 3층과 4층에 입주한 장안박물관은 진열실이 좁아 당대묘지는 몇 점만이 전시되었고 김가기전석각은 아예 보이지도 않았다. 그러나 박물관 전자 도록에는 김가기전석각이 당조김가기흥륭비(唐朝金可紀興隆碑)란 해괴한 명칭으로 여전히 소장 자료로 등록되어 있었다. 도록 사진으로 본 김가기전석각은 10여년 전 옛 장안박물관에서 본 그대로의 모습으로, 문화재 보존의 측면에서 조금도 개선되지 않았다.

중국은 역사유적과 유물이 우리와 비교할 수 없을 정도로 풍부하다. 지방의 조그만 박물관에 가도 선사시대의 석기, 주나라 청동기, 수·당대의 비석과 불상, 명·청대의 회화와 전적 등을 쉽게 볼 수 있다. 이런 유물들이 한국에 있었다면 모두 국보나 보물이 되고도 남을만한 것들이다. 그럼에도 중국에서는 별로 대접받지 못하고 시골 박물관 진열대에 방치되어 있다. 유물의 가치는 역사적 희소성에 크게 좌우된다. 중국에는 이런 것들이 각지에 널려 있다. 중국인의 눈에 비친 김가기전석각도 숱하게 많은 별 것 아닌 유물 중의 하나일 수 있다. 필자의 눈에는 전혀 그렇게 보이지 않은데도 말이다.

6. 소릉 진덕여왕 석상과 이타인묘지

1) 진덕여왕 석상 명문

관중분지를 동서로 가로질러 시안 북쪽을 흐르는 위수(渭水) 이북에 당나라 황제 무덤이 촘촘히 들어서 있다. 당은 618년에 건국하여 907년에 망할 때까지 측천무후를 포함해 21명의 황제가 재위하였다. 그 가운데 소종(昭宗)과 애제(哀帝)를 제외한 19명의 황제가 관중 땅에 묻혔다. 그런데 측천무후와 고종은 건릉(乾陵)에 합장되었으므로 실제 능은 18개이다. 그것을 보통 관중 당십팔릉(關中唐十八陵)이라 칭한다. 그 중에서도 산시성 리취안현(禮泉縣) 옌샤 진(烟霞鎭)의 당 태종 무덤인 소릉(昭陵)은 생전 업적에 걸맞게 유달리 크고 웅장하게 조성되었다.

당대 제왕의 능은 흙을 인위적으로 쌓아 만든 적토릉(積土陵)과 기존의 산 전체를 무덤으로 이용한 인산릉(因山陵)으로 나눌 수 있다. 소릉은 해발 1,188m의 구종산(九嵕山) 주봉을 능묘로 삼아, 산의 남쪽 기슭을 뚫고 들어가 묘실을 조성한 인산릉이다. 소릉 주위에는 돌아가며 담장을 쌓고 사방에 문을 만들었는데 남문을 주작문(朱雀門), 북문을 사마문(司馬門)이라 하였다. 그런데 소릉의 남쪽은 지형이 가팔라 사람의 접근이 용이하지 않았으므로 주작문 안에는 헌전(獻殿)만 세우고, 나머지 제단과 각종 기념물들은 대부분 북쪽 사마문 안에 조성하였다. 오늘날 관광객들이 주로 출입하는 곳은 바로 사마문이 있던 소릉의 북쪽이다.

중국에서는 1965년에 처음으로 소릉 사마문 터를 조사한 이후, 1982년과 2002년 등 도합 세 차례에 걸쳐 북쪽 사마문 일대를 발굴, 조사하였다. 특히 섬서성고고연구원과 소릉박물관이 합동으로 실시한 제3차 발굴에서 이른바 십사국번군장상(十四國蕃君長像) 가운데 하나인 신라 진덕여왕 석상 받침돌이 발견되었다. 사마문 안에 신라를 비롯한 14국 군장의 석상을 세운 사실은《당회요》(권20)를 통해 이미 1천여 년 전부터 알려져 왔다. 실제 이전 발굴에서 돌궐 답포가한(答布可汗) 아사나사이(阿史那社爾)를 비롯한 7명의 군장상과 여러 형태의 깨진 석상들을 수습하였다. 그럼에도《당회요》에서 말한 "신라낙랑군왕김진덕(新羅樂浪郡王金眞德)"의 석상은 확인되지 않았다. 그런데 제3차 발굴 때 "신라△△군△△△덕(新羅△△郡△△△德)"이 새겨진 받침돌이 출토된 것이다.

필자는 지난 20여년 동안 재단법인 장보고기념사업회와 후에 그것을 흡수통합한 한국해양재단과 인연을 맺고 장보고 연구와 선양사업에 적극적으로 참여해왔다. 지금은 다소 위축되었지만, 이전에는 이들 기관에서 장보고와 관련한 다양한 사업을 추진하였다. 그 중에서도 매년 여름방학에 전국의 초·중·고등학교 교사를 모집하여 중국 장보고 유적지를 탐방하는 프로그램은 교사들에게 꽤나 인기 있고, 또 사회적으로도 관심을 끄는 행사였다. 이 행사의 기획 단계부터 관여했던 필자는 거의 매년 교사들을 인솔하여 중국 산동반도의 장보고 관련 유적지를 탐방하였다.

2008년 여름에도 어김없이 여러 선생님들과 함께 이 행사에 참여하였다. 늘 그랬듯이, 이번에도 옛 장보고선단의 뱃길을 체험한다는 취지에서 인천 국제여객선터미널에서 배를 타고 산동반도 동쪽 끝의 석도항(石島港)을 통해 중국에 들어가 5박 6일동안 장보고 관련 유적지를 답사하고 되돌아오는 코스였다. 마침 그해는 한국학술진흥재단의 중국 금석문 관련 연구 과제를 마무리하는 해였으므로 시안과 뤄양의 금석문을 재차 확인해볼 필요가 있었다. 그래서 장보고 유적 답사를 마치고 석도항에서 선생님들을 먼저 떠나보낸 후 혼자 남아 산시성 시안으로 향하였다.

그해 시안의 여름은 찌는 듯이 더웠다. 무더위 속에서 서안비림박물관과 섬서역사박물관을 비롯한 곳곳에 흩어져있는 한국고대사 관련 금석문을 살펴보고 뤄양으로 떠나기에 앞서, 몇 년 전 학계에 소개된 진덕여왕 석상과 받침돌 명문을 보기 위해 소릉으로 향하였다. 시안에서 리취안현을 거쳐 소릉 박물관 앞에서 택시로 바꿔 타고 구종산 허리를 구불구불 휘감으며 몇 ㎞를 오르면 소릉이 눈에 들어온다. 남쪽으로 시안을 내려다보고, 또 시안 너머 멀리 종남산을 마주한 소릉의 우뚝한 위용은 천하를 아우른 태종의 기상을 그대로 보여주는 듯하였다.

2005년 7월에 처음 시안을 방문했을 때, 들뜬 마음에서 숙소에 들르지도 않고 함양공항(咸陽空港)에서 곧장 산시성 첸현(乾縣) 양산(梁山) 허리를 뚫어 무덤을 만든 고종과 측천무후의 합장릉인 건릉(乾陵)으로 달려갔다. 당시 건릉의 장대한 규모에 감탄한 기억이 생생하거니와, 소릉은 건릉과 비교할 수 없는 위엄이랄까 카리스마를 가지고 있었다. 그리고 후에 답사한 산시성 푸청현(浦城縣) 금속산(金粟山) 주봉을 무덤으로 조성한 현종의 능인 태릉(泰陵)도 웅장하기는 하나, 소릉에서 느낄 수 있는 그런 위압감은 없었다.

문득 경주의 신라 왕릉이 떠올랐다. 경주 서악동의 태종 무열왕릉과 낭산 기슭의 선덕여왕릉을 비롯한 신라의 여러 왕릉을 소릉이나 건릉과 비교하면, 마치 장난감처럼 작아 보인다. 비록 작고 아담하지만 당나라 황제릉에 비하면 얼마나 소박하고 인간적인가? 소릉과 건릉을 축조하기 위해 당 황실은 오랜 세월동안 수많은 백성들의 노동력을 착취하고, 셀 수 없이 많은 생명을 죽음으로 몰아넣었을 것이다. 그러나 신라 왕릉 축조에는 백성들의 희생을 강요할 필요가 없었다. 신라 왕릉을 소릉이나 건릉처럼 거대한 산의 허리를 뚫고 만들었다면 어떠했을까? 전혀 조화롭지도 어울리지도 않는, 마치 그리스 신화에 나오는 켄타우로스(Kentauros) 같은 모양새가 되었을 것이다. 이런 점에서 신라의 왕릉은 균형과 절제의 미덕을 갖춘 지극히 인간적인 무덤이라 할 수 있다.

소릉 북쪽 능선을 따라 올라가면 사마문 유지가 나온다. 사마문 일대는 몇 차례의 발굴조사로 옛 유물의 위치를 대강 찾은 듯하였다. 제단 앞쪽에 14 국번군장 석상과 당 태종이 전장에서 타고 다니던 여섯 마리의 준마, 곧 육준

〈그림 3-5〉 소릉

(六駿) 조각이 각각 반씩 나뉘어 동서로 마주보고 서 있었던 것으로 확인되었다. 그럼에도 그 일대에는 발굴 후 미처 수습하지 않은 유물들이 여기저기 방치되어 있었다. 특히 눈길을 끈 것은 14국번군장 석상 받침돌이다. 설연타(薛延陀) 진주비가가한(眞珠毗伽可汗) 석상의 받침돌을 비롯한 예닐곱 개의 받침돌이 깨지고 부서진 채로 나뒹굴고 있었다. 혹시나 하여 흩어진 유물들을 이리저리 살펴보았으나 진덕여왕 석상 받침돌은 보이지 않았다.

소릉에서 많은 시간을 보낸 탓에 소릉박물관에 내려왔을 때는 이미 폐관 시간이 임박하였다. 시간이 촉박하여 전시유물을 자세히 보지 못하고, 혹시 진덕여왕 석상과 받침돌이 있는지 만을 눈여겨 살펴보았다. 그러나 실내는 물론 야외에 흩어놓은 유물 속에서도 그것을 찾을 수 없었다. 박물관 직원에게 진덕여왕 석상과 받침돌의 소재를 물었으나, 그들은 퇴근 시간에 쫓겨 '부쯔다오(不知道)'만 성의 없이 되풀이하였다.

2015년 2월에 다시 소릉을 찾아갔다. 소릉 사마문 일대는 7년 전에 왔을 때와 완전히 다른 모습이었다. 소릉박물관에서 정비했는지 알 수 없으나, 사마문 입구부터 말끔히 정리하여 옛 유물을 복원해 다시 세우고 표지석을 설치해 자세한 설명을 덧붙여 놓았다. 그리고 종전에 방치되었던 14국번군장 석상 받침돌을 비롯한 각종 석재 유물들도 깨끗이 정리되어 모두 소릉박물관으로 옮겨졌다. 겨울의 끝자락에 찾은 소릉은 안개인지 구름인지 아니면 매연인지 알 수 없는 뿌연 기운에 휩싸여 있었다.

소릉을 뒤로 하고 소릉박물관으로 내려와 지난번 자세히 보지 못한 전시 유물들을 찬찬히 살펴보았다. 그 가운데 토번찬보(吐蕃贊普) 송찬우포(松贊于布)를 비롯한 4명의 번국군장 석상 받침돌이 박물관 전시실에 한 자리를 차지하고 있었다. 유물 설명문에 의하면 모두 "2009년에 소릉 북쪽 사마문에서 가져왔다"라 하였으니, 지난번 다녀간 다음해 이곳으로 옮겨왔음을 알 수 있다. 진덕여왕 석상과 받침돌이 있을까 하여 박물관 안팎을 샅샅이 뒤졌으나 어디에서도 찾을 수 없었다. 박물관 측에 문의한 결과, 사마문 유적을 함께 발굴한 섬서성고고연구원이 진덕여왕 석상 받침돌을 비롯한 출토 유물 상당수를 가져갔으며, 박물관 야외에 전시된 머리가 떨어져나가고 몸통이 세로로 갈라진 석조물이 진덕여왕 석상으로 추정된다고 하였다.

황제의 덕화가 사방에 미쳤음을 드러내기 위해 무덤 앞에 주변국 군장이나 사절의 석상을 세우는 전통은 소릉 이후 여러 왕릉으로 이어졌다. 고종과 측천무후의 합장릉인 건릉 앞 61구의 번국 군장상을 비롯하여 현종의 능인 태릉, 헌종의 숭릉(崇陵), 경종의 장릉(莊陵)에도 번국 군장상을 세운 사실이 확인된다. 최근 섬서성고고연구원이 산시성 푸핑현(富平縣)의 중종 능인 정릉(定陵) 남문 터 부근 서쪽 건물지에서 신라 사절 혹은 숙위로 보이는 김의양(金義讓)의 석상 조각을 발굴했다고 한다.[4] 그렇다면 정릉에도 번국 군장상을 세웠

4) 田有前,〈唐定陵發現新羅人石像硏究〉,《北方文物》 2019-1, 69~73쪽 ; 김영관,〈唐 中宗 定陵의 新羅人

다고 할 수 있다.

2) 이타인묘지의 행방

섬서성고고연구원은 2006년에 기존의 섬서성고고연구소를 확대 개편한 산시성 문물국 산하의 고고 유적과 유물을 발굴 조사하는 전문 연구기관이다. 대안탑(大雁塔)으로 잘 알려진 대자은사 북쪽의 낙유로(樂游路)에 위치한 이 연구원은 지금까지 산시성 일대에서 출토된 유물 14만여 점을 수집해 보관하고 있다. 그 속에 소릉과 정릉에서 각각 출토된 진덕여왕 석상 받침돌과 김의양 석상 조각이 포함되어 있다.

2012년 2월 중순에 고구려 유민 이타인(李他仁) 묘지 소장 여부를 확인하기 위해 섬서성고고연구원을 방문하였다. 이타인묘지는 1989년 1월 시안시 바차오구(灞橋區) 방직성(紡織城) 서가(西街)의 방직공장 건설공사 중에 출토되었다. 그후 섬서성고고연구소에 근무하던 쑨테산(孫鐵山)이 1998년 섬서성고고연구소 창립 40주년 기념논문집인 《원망집(遠望集)》(하)에 〈당 이타인묘지 고찰(唐李他仁墓誌考釋)〉을 발표함으로써 세상에 널리 알려졌다. 그런데 이 논문에서는 탁본 사진은 물론 묘지석의 크기와 지문의 구성 등 묘지 연구에 필요한 기본적인 정보를 전혀 언급하지 않았다. 그래서 많은 사람들이 이 묘지의 실체를 궁금해 하였다. 필자도 그 중의 한 사람이었다.

섬서성고고연구원은 다른 공공기관에 비해 분위기가 다소 부드러웠다. 그곳에서 왕샤오멍(王小蒙) 부원장을 만나 이타인묘지 소장 여부와 탁본 열람을 요청하였다. 일찍이 쑨테산이 "섬서성고고연구소가 바차오구 방직성의 방직공장 건설공사 중에 출토된 이타인묘지를 수습했다"라 하였다. 그리고 시안의

石像 소개〉,《신라사학보》46, 2019, 293~304쪽.

지인이 쑨테산에게 들었다는 말에 의하면, 그가 이타인묘지 관련 논문을 투고할 때 논문 말미에 수록할 탁본을 원고와 함께 섬서성고고연구소 40주년 기념논문집 편집위원회에 제출했으나, 기념논문집에 탁본이 실리지 않았을 뿐더러 후에 그것을 돌려받지도 못했다고 한다.

그렇다면 이타인묘지와 그것의 탁본이 섬서성고고연구원에 소장되어 있을 가능성이 매우 높다. 그럼에도 왕샤오밍 부원장은 현재 자료를 정리하는 중이라 이타인묘지의 소장 여부를 알 수 없을 뿐더러 묘지 탁본도 가지고 있지 않다고 하였다. 아무런 '꽌시'도 없이 불쑥 찾아간 사람에게 돌아올 당연한 답변이었다. 그러면서 미안했던지 섬서성고고연구소가 2004년 산시성 푸핑현(富平縣) 두춘진(杜村鎭)에서 발굴한 괵왕비부여씨묘지(虢王妃扶餘氏墓誌) 탁본을 가져와 보여주었다. 그러나 촬영은 허락되지 않았다.

아무른 소득 없이 한국에 돌아와 이타인묘지에 대한 생각을 잊어버리고 있을 즈음, 중국의 유명 중고서적 인터넷 사이트인 콩푸즈닷컴(congfz.com)에 이타인묘지 탁본이 매물로 올라왔다는 사실을 알게 되었다.[5] 이를 소개한 안정준 교수는 인터넷 사이트에 실린 상품 소개 사진을 바탕으로 묘지를 판독하려 시도했으나, 사진 상태가 불량하여 판독에 한계가 있음은 물론 탁본의 진위도 문제였다. 그러나 어떤 형태로든 이타인묘지 탁본이 존재한다는 사실만은 분명했다.

금석문을 연구하는 사람이면 누구나 탁본에 대한 관심이랄까 욕심이 없을 수 없다. 탁본 자체에 대한 관심도 관심이지만, 연구 자료로서의 필요성 때문에 더욱 그렇다. 시안이나 뤄양 같은 역사도시에는 도처에 탁본을 전문적으로 제작, 판매하는 상점들이 있다. 뤄양의 주왕성광장(周王城廣場) 지하의 골동품 매장과 시안의 비림박물관 일대 서화점이 대표적이다.

---

5) 안정준, 〈이타인묘지명 탁본 사진의 발견과 새 판독문〉, 《고구려발해연구》 52, 2015, 369~384쪽.

어느 해 여름날, 서안비림박물관 주변에 즐비한 서화점을 기웃거리다가 예군묘지(禰軍墓誌) 탁본 한 점을 만나게 되었다. 보다 정확하게 표현하면, 필자가 한국 사람이라는 사실을 알아챈 상점 주인이 깊숙이 숨겨둔 예군묘지 탁본을 조심스럽게 꺼내 필자에게 보여주며 인민폐 2,000원을 요구하였다. 2015년 2월에 소릉박물관을 방문했을 때, 구내 기념품 매장 운영자가 박물관의 비석과 묘지를 불법으로 탁본해 판매하다가 적발되어 영업정지 처분을 받고 문을 닫은 것을 본 적이 있다. 우리나라도 마찬가지지만 중국에서는 공공기관에 소장된 유물을 탁본하여 판매하는 것이 법적으로 엄격히 금지되었다. 그런데 예군묘지는 이미 2013년에 서안박물원에 수장되었는데 어떻게 그것의 탁본이 시중에 나돌 수 있을까, 혹시 가짜는 아닐까 하며 망설이다가 발걸음을 돌렸다.

중고서적 인터넷 사이트에 매물로 나온 이타인묘지 탁본도 의심이 들기는 했으나, 가까운 시일 내에 탁본 소유자를 만나 실물을 살펴볼 작정이었다. 2016년 8월 간쑤성 란저우(蘭州)와 둔황(敦煌)을 여행한 후 시안에 들러 이타인묘지 탁본 소유자와 접촉하였다. 음성 통화는 일절 거절하고, 휴대전화 문자를 통해 일방적으로 지정한 시안시 창안구의 서북호텔(西北飯店) 로비에서 은밀하게 그를 만났다. 이타인묘지 탁본의 제작과 판매가 불법이어서 그런지 그는 상당히 조심하고 서두르는 모습이었다. 이 탁본은 자신의 지인이 모처에 있는 이타인묘지의 탁본 두 본을 만들어 한 본을 자신에게 넘긴 것이라는 등등의 이야기를 하였다. 출처에 대한 진술도 신빙성이 있어 보이거니와, 탁본 상태를 보아 가짜는 아닌 듯하였다. 그런데 값이 문제였다. 며칠 후 한국으로 돌아가야 하는 여행의 막바지에 인민폐 5,000원은 만만한 금액이 아니었다. 이런 거래에서 신용카드는 무용지물이다. 하여튼 얼마 정도 깎아주기는 했으나 여전히 부담스럽기는 마찬가지였다. 그래서 결국 흥정이 깨졌다.

귀국한 후 이타인묘지 탁본이 눈에 어른거렸다. 혹시 다른 사람이 사갈 수 있겠다는 조바심도 생겼다. 그래서 서북호텔에서 이타인묘지 탁본을 함께 살펴봤던 시안의 지인에게 전화를 걸어, 가능한 빠른 시일 내에 탁본을 구매해 줄 것을 부탁하였다. 며칠 후 이타인묘지 탁본을 구입했다는 연락을 받았다. 그리고 또 얼마 후 여호규 교수가 섬서성고고연구원의 리밍(李明) 연구원과 함께 이타인묘지 탁본을 소개하고, 그 내용을 재검토한 논문을 발표하였다.[6] 여호규 교수는 이 글에서, 리밍 연구원이 이타인묘지 탁본을 가지고 있다 하였다. 앞서 필자에게 이타인묘지 탁본을 판매한 사람이 "자신의 지인이 이타인묘지 탁본 두 본을 제작해 한 본을 자신에게 넘겼다"는 '지인'이 혹시 리밍 연구원일 수도 있겠다는 생각이 들었다. 만약 그렇다면 이타인묘지는 섬서성 고고연구원에 소장되어 있음이 거의 확실하다고 할 수 있다.

7. 구성궁 만년궁명비의 김인문 친필

1) 당 황실의 피서 행궁

수·당대의 황실은 수도 장안과 낙양 주변 여러 곳에 여름철 더위를 피해 옮겨 거주하는 피서 행궁을 조성, 운영하였다. 당나라 때 그러한 행궁을 양궁(凉宮)이라 불렀거니와, 산시성 통촨시(銅川市) 서북쪽 교산(橋山)의 옥화궁(玉華宮), 시안시 창안구 종남산의 취미궁(翠微宮), 린요우현(麟游縣) 신청구(新城區) 천태산의 구성궁(九成宮)이 대표적이다. 그 중에서도 구성궁은 수나라와 당나라 초기에 황실에서 가장 즐겨 찾던 피서 행궁이다.

---

6) 余昊奎·李明, 〈고구려 유민 이타인묘지명의 재판독 및 주요 쟁점 검토〉, 《한국고대사연구》 85, 2017, 365~413쪽.

구성궁의 원래 이름은 인수궁(仁壽宮)이었다. 수나라 개황 13년(593)에 문제가 기주(岐州)를 순행하던 도중 인유산(麟游山), 곧 지금의 산시성 린요우현 천태산에 이르러 아름다운 산수와 빼어난 지세를 보고 그곳에 행궁을 건설하여 인수궁이라 하였다. 그후 618년에 수나라를 무너뜨린 당 고조는 수 문제와 양제의 폭정을 혐오하여 수나라 황실이 이용하던 행궁과 별관 등을 모두 폐기시켰다. 그러나 태종이 즉위한 후 인수궁을 대대적으로 수리, 증축하여 이름을 구성궁으로 바꾸고 자주 행차하였다. 이어서 즉위한 고종 역시 구성궁을 즐겨 이용하였는데, 651년에 구성궁을 만년궁(萬年宮)이라 개칭했다가 667년에 다시 옛 이름으로 되돌렸다. 당시 구성궁의 성곽 둘레는 1,800보에 이르렀고, 궁성 안에 영안전(永安殿)을 비롯한 많은 전각과 각종 관청 및 관사(官寺)를 설치하였으며, 북쪽에 현무문(玄武門) 남쪽에 영광문(永光門)을 두는 등 마치 장안 황성을 축소한 것 같은 모습을 갖추었다.

각종 문헌과 발굴 결과를 통해 알 수 있듯이, 구성궁에는 수많은 전각과 누정을 비롯한 각종 건축물과 기념물이 있었다. 그 중에서도 특히 주목을 끄는 것은 당 태종의 명으로 위징(魏徵)이 짓고 구양순(歐陽詢)이 글씨를 쓴 구성궁예천명비(九成宮醴泉銘碑)와 당 고종이 지은 만년궁명(萬年宮銘)을 새긴 만년궁명비이다. 전각과 누정들은 천 수백 년의 세월 속에서 풍화와 전란으로 모두 없어졌으나, 구성궁예천명비와 만년궁명비는 옛 모습을 유지하며 오늘날까지 비교적 온전하게 전해온다.

필자가 구성궁 터에 관심을 가지게 된 것은 만년궁명비 뒷면에 새겨진 이른바 '음기제명(陰記題名)' 때문이다. 만년궁명비 음기제명은 당 고종이 654년에 만년궁, 곧 구성궁에 행차했을 때 그를 수행한 3품 이상의 관인과 학사들에게 각자의 관함과 이름을 자필로 적어 새긴 것으로, 중간 아랫부분에 신라인 김인문(金仁問)으로 보이는 이름이 적혀있다. 물론 일부에서는 그것을 설인귀(薛仁貴), 유인궤(劉仁軌), 유인원(劉仁願) 등으로 읽기도 하나, 탁본 사진을 통해

본 그것은 김인문일 가능성이 매우 높았다. 그래서 직접 확인해보고 싶었던 것이다.

린요우현은 현재 인구가 9만 명 겨우 되는 조그만 현이다. 산시성의 성도인 시안에서 서북쪽으로 약 160㎞ 떨어진 이곳은 평균 해발고도 1,270m의 심산유곡에 자리잡고 있어, 예로부터 여름철 더위를 피하기 좋은 지방으로 알려졌다. 수·당대 황실은 린요우현의 구성궁을 특별히 사랑하여, 태종과 고종은 이곳을 도합 13차례나 찾아가 총 2,267일 동안 머물며 정사를 처리하였다. 이른바 구성궁 정치이다.

시안에서 구성궁 가는 길은 그렇게 만만하지 않다. 전용 차량 없이 일반 대중교통을 이용해 구성궁에 가기란 더욱 힘들다. 필자는 중국을 여행할 때마다 대부분 대중교통을 이용하였다. 비록 기동력은 떨어지나, 버스나 기차를 타고 중국인들과 부대끼며 중국을 알아가는 것도 나름의 재미가 있다. 2008년 8월에도 시안에서 버스를 타고 구성궁 답사에 나섰다. 아침 일찍 호텔을 출발하여 리취안현(禮泉縣)과 첸현(乾縣)을 거쳐 용소우현(永壽縣)의 용핑진(永平鎭)에서 차를 갈아타는 등의 우여곡절 끝에 정오가 조금 넘은 시간에 린요우현에 도착하였다. 우리가 탄 버스는 용핑진에서부터 굽이굽이 이어진 산길을 따라 1시간가량 달려 린요우현에 도착했는데, 이때 차창 밖에 펼쳐진 풍경은 장관이었다. 린요우현에 내리자 여름 날씨 같지 않은 시원한 바람이 불어, 과연 이곳이 피서 행궁이 들어설만한 땅이라는 것을 실감할 수 있었다.

구성궁 터는 린요우현 버스터미널에서 도보로 10분 이내의 멀지 않은 곳에 있었다. 우선 시안으로 돌아가는 버스시간을 체크하고 근처에서 점심을 간단히 해결한 후 구성궁 터를 찾아갔다. 구성궁 터는 1978년부터 1994년까지 수차례의 발굴, 조사를 통해 행궁의 규모와 구조가 어느 정도 밝혀져 이미 몇몇 건물이 복원되었다. 그런데 만년궁명비와 구성궁예천명비가 있는 곳은 다른 구역과 달리 비정(碑亭)이란 보호각을 세우고 주위에 담장을 쌓아 별도로 관리하였다.

구성궁예천명비와 만년궁명비가 귀중한 역사 유물일 뿐더러 찾아오는 사람이 별로 없어서 그런지, 우리가 찾아간 날 비정 문이 굳게 잠겨 있었다. 근처 주민의 말에 의하면, 평소에도 늘 잠궈둔다고 하였다. 이리저리 수소문하여 겨우 관리인을 찾아 비정 안의 비석을 보여줄 것을 요청하였다. 처음에는 이런저런 핑계로 출입을 허락하지 않았다. 이럴 때의 대응 매뉴얼은 "이 비석을 보기 위해 일부러 한국에서 여기까지 왔다"는 말로 상대방을 설득하는 것이다. 요즘은 전혀 먹혀들지 않지만, 중국에서 한국이 잘 나가던 당시만 해도 이런 멘트가 어느 정도 통했다. 어쨌든 관리인을 겨우 설득하여 안으로 들어가 만년궁명비 뒷면 하단의 '김인문(金仁問)'으로 추정되는 글자를 자세히 살펴보았다. 비록 '김(金)'과 '문(問)'이 일부 훼손되기는 했으나 새겨진 글자가 김인문인 것이 틀림없었다.

2) 만년궁명비의 김인문

반신반의하며 찾아간 구성궁 만년궁명비에서 신라인 김인문의 이름을 분명하게 확인한 것은 큰 수확이었다. 654년에 세운 만년궁명비에 김인문이 등장하는 것이 대수롭지 않은 일일 수도 있다. 그러나 거기에 김인문의 이름이 보이는 것은 만년궁명비를 세울 당시 신라의 대당외교를 주도하던 김인문이 고종과 함께 만년궁, 곧 구성궁에 머물고 있었음을 의미한다. 이는 기존에 알고 있던 김인문의 입당(入唐) 행적과 어긋난다. 더욱이 김인문의 친필이 전혀 남아있지 않은 상황에서 만년궁명비는 그의 친필을 확인할 수 있는 유일한 자료가 될 수 있다. 생각이 여기에 이르자, 만년궁명비를 소재로 김인문의 입당 행적을 재검토해볼 필요성을 느꼈다.

논문 원고를 마무리해갈 즈음인 2015년 2월 초순에 재차 린요우현을 방문하였다. 우선 인유현박물관의 웨이이소우(魏益壽) 연구원을 찾아갔다. 그는 시안의 유명 출판사인 삼진출판사(三秦出版社)의 기획시리즈인 섬서역사문화 백부총서 중의 하나인 《당구성궁(唐九成宮)》(2005)을 집필한 향토사학자로, 구성궁에 관한 한 린요우현에서 그를 능가할 사람이 없었기 때문이다. 우선 그의 안내로 구성궁 터를 한 바퀴 둘러보았다. 구성궁 터에는 지난번 왔을 때보다 훨씬 많은 건물들이 복원되었다. 웨이이소우 연구원에 의하면, 몇 달 후인 7월에 구성궁 복원작업을 완료하고 관광지로 일반에 공개할 계획이라 하였다. 이런저런 이야기 끝에 비정 문을 열고 들어가 만년궁명비의 김인문 관련 부분을 보다 세밀히 관찰, 조사하였다. 그 부분이 "좌령군장군신김인문(左領軍將軍臣金仁問)"인 것을 다시 한번 확인하였다.

수십 분에 걸쳐 만년궁명비의 세세한 부분까지 꼼꼼히 살펴본 후, 같은 구역에 나란히 서 있는 구성궁예천명비는 보는 둥 마는 둥 하고 비정을 나왔다. 그때 동행했던 인유현박물관 해설사 위안팡쥔(袁芳娟)이 '대부분 사람들이 관심을 갖는 구성궁예천명비는 본체만체하고, 아무도 관심을 두지 않는 만년궁명비에 그토록 열중하는 까닭을 모르겠다'는 듯이 바라보았다. 사실 구성궁예천명비는 만년궁명비와 비교할 수 없을 정도로 유명하다. 이 비석은 문장도 문장이려니와, 새겨진 글씨가 구양순 서풍의 완숙미를 보여준다는 점에서 당대 이후 해서의 표본으로 숭앙되었다. 그럼에도 구성궁예천명비에 별 관심을 두지 않았으니, 이상하게 보이는 것도 당연할 것이다.

위안팡쥔 해설사는 20대 중반으로 보이는 린요우현의 순박한 산골 처녀이다. 그는 추운 날씨에도 불구하고 장시간 우리와 동행하며 여러 가지 편의를 제공해주었다. 아무런 보답도 하지 못하고 헤어지면서 "한국에 돌아가 답사기를 쓰게 되면 꼭 당신 이름을 소개하겠다"고 약속했다. 여기서 굳이 그의 이름을 밝힌 것은 바로 그때의 약속 때문이다.

구성궁 탐사를 마치고 시안으로 돌아온 다음날 페이린구(碑林區) 남원문(南院門)에 있는 고구서점(古舊書店)을 찾아갔다. 지난번 린요우현에서 웨이이소우 연구원에게 "만년궁명비 탁본을 구할 수 없을까?" 문의하였다. 그가 말하기를 "탁본 제작과 매매가 엄격히 금지되어 있어 구하기는 어렵고, 2008년에 중국사회과학원고고연구소가 출간한 《수인수궁·당구성궁-고고발굴보고서(隋仁壽宮·唐九成宮-考古發掘報告書)》에 실제와 버금가는 탁본 사진이 수록되어 있는데, 아마 시안의 고구서점에

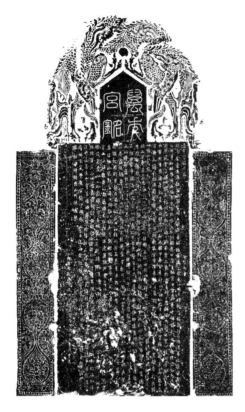

〈그림 3-6〉 만년궁명비 탁본

이 책이 있을지 모르겠다"고 했기 때문이다.

고구서점은 100년이 넘는 역사를 자랑하는 시안의 유서 깊은 서점으로, 이전에도 몇 차례 방문한 적이 있다. 여기서는 주로 고적, 서예, 역사, 고고, 문물 관련 서적을 전문적으로 취급하는데, 1층에는 신간을 판매하고 지하에는 중고서적을 취급하였다. 비록 넓지는 않으나 중국 고전과 역사, 금석문 자료와 각종 발굴보고서 등이 잘 구비되었다. 린요우현에서 돌아온 직후에 들른 고구서점에 웨이이소우 연구원이 말한 구성궁 발굴보고서가 딱 한 권 남아 있었다.

필자는 시안에 갈 때마다 고구서점은 물론 한당서성(漢唐書城)에 꼭 들른다.

한당서성은 가회그룹(嘉滙集團)이 2002년에 문을 연 대형 서점으로, 시안 시내에 장안중로점(長安中路店), 금교국제점(金橋國際店), 위곡북가점(韋曲北街店) 등의 세 분점이 있다. 이 가운데 옌타구(雁塔區)에 있는 장안중로점이 가장 규모가 크고 유명하다. 가회빌딩 1층에서 4층까지를 차지한 장안중로점 2층에 역사와 고전, 고고와 문물에 관한 서적이 진열되어 있다. 한당서성은 비록 자연과학과 사회과학 서적뿐만 아니라 각종 수험서와 어린이 도서까지 함께 판매하고 있으나, 베이징을 비롯한 다른 지역의 출판물은 물론 산시성의 역사와 고고·문물에 관한 전문 서적을 충실히 갖추고 있다. 특히 이곳은 지하철 2호선 소채역(小寨站)과 가까워, 시내 어디서든지 왕래하기가 편리하다. 그래서인지 서점 앞에는 늘 사람들로 북적였다.

린요우현 구성궁 터의 만년궁명비 탐사를 마치고 한국에 돌아와 만년궁명비에 대한 원고를 마무리하였다. 그것이 2015년 8월 《신라사학보》 제34집에 실은 〈당 구성궁의 김인문 친필 서적(書跡)〉이다. 이 논문이 발표되자 많은 사람들이 지금까지 한 점도 알려지지 않은 김인문 친필이 이름도 생소한 중국 산시성 린요우현 구성궁 터의 만년궁명비에 남아 있다는 사실을 신기하게 생각했다. 여러 언론에서도 그러한 사실을 널리 소개하였다.

당의 저명한 서법가 유공권(柳公權)이 "붓놀림은 마음에 달려 있으니, 마음이 바르면 글씨도 바르다"라 하였듯이, 글씨는 마음의 거울이다. 여러 자료에 의하면, 김인문은 단정하고 온화하며 침착하고 굳센 성품으로 관대한 대인의 풍모를 지녔다고 한다. 산시성 린요우현 구성궁 터의 만년궁명비에 남아 전하는 김인문 친필은 그러한 사실을 웅변하고 있다.

제2절 중원지역 탐방

1. 망산의 고구려 연씨(淵氏) 무덤

1) 북망산 연씨 묘역

중국 허난성 뤄양(洛陽) 북쪽의 망산(邙山), 곧 북망산은 예로부터 사람이 죽어 묻히는 저승의 별칭으로 사용되었다. 우리 민가인 성주풀이에서 "낙양성 십리 허에 높고 낮은 저 무덤은, 영웅호걸이 몇몇이며 절세가인이 그 누구냐"라 하였고, 전래 만가(輓歌)에서 "연산홍 좋은 날에 나는 가네 나는 가네. 북망산천 멀다더니 건너 산이 북망산이로다" 한 것은 그러한 사실을 잘 말해준다. 이처럼 북망산은 죽어서 가는 곳이라 살아서는 갈 곳이 못된다.

2005년 7월 중순 필자는 얼떨결에 북망산을 다녀왔다. 사실 그때 북망산을 가고자 해서 간 것이 아니라, 낙양고묘박물관(洛陽古墓博物館)을 찾아가는 우리를 택시 기사가 데려다 준 곳이 바로 뤄양 북쪽의 망산 기슭이었다. 지금은 낙양고대예술박물관으로 이름이 바뀐 낙양고묘박물관은 뤄양 시내에서 서북쪽 외곽의 낙양공항으로 가는 기장로(機場路) 중간 망산고분군보호구 안에 자리잡고 있다. 망산고분군보호구라 하면 으레 여기저기 고분들이 솟아있을 것으로 상상하겠지만, 그곳은 산지가 아닌 평지였고 우뚝 솟은 고분은 어디에도 보이지 않았다. 망산고묘박물관 주변에는 옥수수가 무성하게 자라는 넓은 평원이 끝도 없이 펼쳐져 있었다.

당시까지만 해도 망산을 우리나라의 여느 산처럼 계곡과 바위가 있고 나무가 무성하게 자라는 그러한 '산(山)'으로 생각했다. 그런데 막상 망산이라는 곳을 가보니 생각과는 전혀 딴판이었다. 망산은 진령산맥(秦嶺山脈)에서 뻗어 내린 효산(崤山)의 줄기로, 서쪽은 지금의 허난성 몐츠현(澠池縣)에서 동쪽으로 정저우(鄭州) 북쪽 광무산(廣武山)에 이르기까지 약 190㎞에 걸쳐 뻗은 구릉형 산지이다. 특히 고분이 집중적으로 조성된 북망산 남쪽 기슭은 완만하고 평 퍼짐한 황토지대를 이루고 있다. 이러니 우리가 찾아간 망산에서 물이 흐르 는 계곡과 나무가 자라는 산봉우리를 볼 수 없는 것이 당연하다. 망산에 대 한 선입견이 여지없이 깨진 것이다. 그날의 탐방일기에 "망산은 산이 아니다" 라 메모되어 있다.

그로부터 7년이 지나 다시 망산을 찾았다. 이때는 고구려 유민 연남생을 비롯한 연씨(淵氏) 일족 묘지석이 출토된 연씨 무덤을 살펴보기 위해서였다. 잘 알고 있듯이, 당대에는 고조 이연(李淵)의 이름을 기피하기 위해 고구려 '연 (淵)'씨를 '천(泉)'씨로 바꾸어 표기하였다. 이후 중국의 여러 문헌과 금석문은 물론《삼국사기》조차도 고구려 연씨를 모두 천씨로 적었다. 망산에서 출토된 연씨 일족 묘지명에서도 천씨라 하였음은 말할 것도 없다.

뤄양은 전후 13개 왕조가 도읍을 정도로 역사적으로 번창하였고, 북쪽의 망산은 무덤 조성에 적합한 토질과 지형 조건을 갖추고 있다. 그래서 주나라 때부터 당·송대에 이르기까지 수많은 왕공귀인들이 이곳에 묻히게 되었다. 서진의 문인 장재(張載)가 〈칠애시(七哀詩)〉에서 "북망산의 무덤은 어찌 이리도 겹겹이 이어져 있는가? 높다란 황제의 무덤도 네다섯 개 있구나[北芒何壘壘 高陵有四五]"라 하였듯이, 서진시대에 이미 망산에는 수많은 무덤이 조성되었다. 근년 중국의 망산고분군 조사 결과를 통해 알 수 있듯이, 현재 망산에는 여 섯 왕조의 여러 왕릉 24기와 배장묘를 비롯한 대략 10만여 기의 고분이 분포 한 것으로 확인되었다.[1] 이러한 고분들 속에서 연씨 일족과 백제 부여융을 비 롯한 재당 한인 묘지가 다수 출토되었다.

---

1) 洛陽市第二文物工作隊,〈洛陽邙山陵墓群的文物普查〉,《文物》2007-10, 2007, 43~59쪽.

〈그림 3-7〉 연씨 무덤 전경

2013년 2월 중순에 연씨 일족 무덤이 있다는 망산 남쪽의 멍진현(孟津縣) 송좡진(送莊鎭)을 찾아갔다. 송좡진 일대에는 밀이 파릇파릇 자라는 들판이 끝없이 펼쳐졌고, 들판 군데군데 마을이 형성되어 있었다. 송좡진 동산두촌 (東山頭村)에 들어서자 남쪽 멀리 동서로 나란히 자리잡은 무덤 3기가 눈에 들어왔다. 그곳 사람들은 이 무덤을 삼녀총(三女塚)이라 하였다. 일찍이 궈위탕 (郭玉堂)은 이들 무덤에서 각각 천남생, 천헌성, 천비 묘지가 출토되었다 했거니와, 지금도 중국 학계에서는 동쪽 무덤을 천헌성, 중간 것을 천남생, 서쪽 것을 천비 무덤으로 보고 있다.

궈위탕은 허난성 멍진현 핑러진(平樂鎭) 유파촌(劉坡村) 출신으로, 근대 중국의 금석학자이고 탁본 수장가이다. 그는 민국시기와 항일전쟁기에 도굴꾼들이 망산의 고분을 마구잡이로 파헤치는 것을 보고 직접 도굴 현장과 유물 습득자들을 일일이 찾아다니며 묘지의 출토 시기와 지점, 내용과 소장처 등을 조사해 메모하였다. 후에 그의 증손 궈페이유(郭培育)와 궈페이즈(郭培智)가 궈위탕의 메모를 편집, 보완해 출간한 것이 유명한 《낙양출토묘지시지기(洛陽出

土墓誌時地記)》(대상출판사, 2005)이다. 귀위탕이 현장에서 직접 보고 들은 것을 정리한 이 책에서 천남생, 천헌성, 천비 묘지가 이곳에서 출토되었다고 했으므로 그것을 사실로 믿어도 좋을 듯싶다.

세 봉우리가 연이어진 연씨 일족 무덤은 광활한 밀밭 가운데 우뚝 서있다. 세 무덤은 크기가 대략 비슷하나 맨 서쪽의 천비 무덤이 다소 작아 보였다. 황색 점토를 쌓아 조성한 무덤 위에는 키 큰 나무와 잡목들이 뒤엉켜 우거졌고, 주위에는 당대 벽돌과 기와조각이 흩어져 있었다. 그런데 자세히 살펴보면, 원래 무덤이 자리 잡았던 땅의 상당부분이 깎여나가 농경지로 이용되는 것을 알 수 있다. 현재는 그나마 이곳이 고분이라는 사실을 알아볼 수 있으나, 시간이 지나면 농경지가 무덤 쪽으로 더 파고 들어가 언젠가는 무덤이 형체조차 없어지지 않을까 걱정된다. 자주 언급하지만, 중국에는 문화재가 워낙 많아 송좡진 동산두촌의 연씨 묘역은 중국 정부가 지정한 문화재, 이른바 '문물(文物)'과는 거리가 멀다. 따라서 고구려 유민 연씨 일족 무덤도 밀밭으로 변할 날이 멀지 않아 보인다.

2) 연남산과 의자왕 무덤

안타까운 역사 현장을 뒤로 하고 동산두촌 남쪽의 핑러진 유파촌으로 향하였다. 그곳에 연남생의 아우 연남산(淵男産)의 무덤이 있기 때문이다. 연남산은 작은 형 남건과 함께 큰형 남생에게 반기를 들었다가, 연남생과 함께 쳐들어온 당나라 군대에 사로잡혀 당으로 끌려가 그곳에서 생을 마감하였다. 그래서인지 연남산은 연남생 무덤과 조금 떨어진 유파촌에 따로 묻혔다. 20세기 초까지만 해도 이것이 연남산의 무덤인지 모르고 모두 표범무덤[豹子塚]이라 하였다. 그러다가 1923년 이곳에서 천남산묘지가 출토됨으로써 마침내 무덤의 주인을 찾게 된 것이다. 그럼에도 마을 사람들은 아직도 연남산 무덤이라 하지 않고 그냥 한나라 무덤[漢墓]이라 부르고 있다.

앞서 소개한 귀위탕의 고향이 바로 이곳 유파촌이다. 그의 회고담에 의하면, 어렸을 때 이 무덤 위에 올라가 놀았다고 한다. 연남산 무덤은 원래 상당히 넓은 면적에 걸쳐 봉분을 쌓아 만들었을 터인데, 지금은 주변이 모두 농경지로 침식되어 사방 약 10m 크기의 수직으로 쌓아올린 흙무더기 모양으로 변하였다. 황색 점토를 쌓아 만든 무덤 위에는 키 작은 잡목들이 빽빽이 자라고, 동쪽 측면에는 도굴꾼들이 뚫은 것으로 보이는 도굴구멍 흔적이 남아있었다. 그리고 주위에는 회색 벽돌과 기와조각이 드문드문 보였다.

연씨 일족 무덤을 살펴보고 뤄양으로 돌아가는 길에 송좡진 봉황대촌(鳳凰臺村)을 찾아갔다. 필자는 가끔 백제 의자왕의 묘비와 묘지석이 남아있지 않을까 상상해 보곤 한다. 의자왕은 660년에 백제가 멸망한 후 당으로 끌려가 온갖 수모를 당하며 울분과 좌절 속에서 나날을 보내다 얼마 후 병으로 죽고 말았다. 이에 당은 의자왕에게 금자광록대부 위위경(衛尉卿)을 추증하고, 망산의 오나라 마지막 왕 손호(孫皓)와 진나라 마지막 왕 진숙보(陳叔寶)의 무덤 왼쪽 언덕에 장사지내고 비석을 세웠다고 한다.

한편 진숙보의 아우 진숙명(陳叔明)과 진숙영(陳叔英)의 묘지에 의하면, 그들은 각각 망산 봉대원(鳳臺原)과 봉대리(鳳臺里) 곧 지금의 송좡진 봉황대촌에 묻혔다고 한다. 수·당대에는 가족 공동묘역 조성이 유행하였다. 따라서 진숙보도 그의 아우들과 함께 지금의 봉황대촌 부근에 묻혔을 것이다. 그렇다면 진숙보 무덤 왼쪽 언덕에 묻혔다는 의자왕 무덤은 봉황대촌 서쪽 혹은 서북쪽에 있을 가능성이 크다. 그럼에도 그곳이 어느 지점인지 구체적으로 알 수 없다. 뤄양 북쪽 망산의 대부분 지역이 그렇듯이, 봉황대촌 일대는 오랜 세월에 걸친 풍화작용으로 기존의 여러 봉분들이 거의 무너졌다. 뿐만 아니라 후대에 마을이 들어서고 경작지로 개발하는 과정에 원래 지형이 훼손되어, 큰 고분 몇 기를 제외한 나머지는 모두 흔적을 찾을 수 없기 때문이다.

1996년 5월에 낙양고고공작대가 멍진현 송좡진 봉황대촌을 포함한 망산 일대 넓은 구역을 항공촬영 방식으로 고분 유적을 탐사하였다. 그 결과 봉황 대촌 북쪽에 남북과 동서로 각각 2기씩 모두 4기의 대형고분 흔적을 발견하고, 그 가운데 맨 동쪽 고분을 의자왕 무덤으로 추정하였다. 그리고 1995년 충청남도에서 충남대학교 박물관에 의뢰한 의자왕 무덤 찾기 조사사업에서도 봉황대촌 북쪽 약 4㎞ 지점에 의자왕 무덤이 있을 것으로 추정하였다. 의자왕 무덤이 봉황대촌 부근에 조성되었다는 조사와 연구가 잇따르자, 충청남도 부여군은 2000년 4월에 봉황대촌의 의자왕 무덤 추정지에서 영토(靈土) 반혼제를 올리고 그곳 흙을 가지고 돌아와 부여 능산리 백제 왕릉원에 의자왕 가묘(假墓)를 조성하였다.

의자왕 무덤이 봉황대촌 부근에 조성되었으리라는 추론은 매우 설득력이 있다. 그럼에도 지금의 송좡진 봉황대촌 일대에서 의자왕 관련 정보나 자료를 얻는 것은 거의 무망한 일이다. 혹시나 하는 마음에서 마을 주민들에게 근처에 고분 흔적이 있는지, 경작 과정에서 옛 유물이 발견되지는 않았는지 등을 물어보았다. 그들은 전혀 관심이 없었다. 올해 밀농사가 잘 될지, 축사의 돼지가 새끼를 몇 마리나 나을 지 등이 그들의 주 관심사였다. 봉황대촌이든 어디든 의자왕 무덤과 묘지석 그리고 묘비가 발견되기를 기대해본다.

2. 천당지재 고구려 유민 묘지

1) 천당지재의 고현묘지

허난성 뤄양에서 서쪽으로 약 45㎞ 정도 떨어진 신안현(新安縣) 테먼진(鐵門鎭)에 묘지석을 전문적으로 수집, 전시하는 천당지재(千唐誌齋) 박물관이 있다. 천당지재는 신해혁명의 원로 장팡(張鈁)이 1930년대 초 국민혁명군 제23로 군(路軍) 총지휘 겸 하남민정청장으로 재직할 때 수집한 당나라 묘지 1천여 점을 보관한 데서 유래한 이름이다.

장팡이 당대 묘지 1천여 점을 수집할 수 있었던 데는 멍진현 출신의 금석학자 궈위탕의 역할이 컸다. 1931년 장팡은 금석문의 훼손과 유실을 막기 위해 섬서정국군총사령관 위유런(于右任)과 함께 자금을 모아 궈위탕에게 비석과 묘지 구매를 부탁하였다. 이에 궈위탕은 망산을 중심으로 한 뤄양 일대에서 출토된 비각과 묘지 2,200여 점을 수집하여, 당대 이전의 유물 800여 점은 위유런에게 넘기고 당대 이후의 유물 1,400여 점은 장팡에게 넘겨주었다. 장팡은 이러한 비석과 묘지를 보전하기 위해 천당지재를 건립했던 것이다.

그후 천당지재는 1980년대 후반부터 다시 뤄양 북쪽의 망산, 남쪽의 만안산(萬安山)과 용문서산(龍門西山), 그리고 옌스현(偃師縣)과 멍진현 등지를 광범위하게 조사하여 800여 점의 묘지를 추가로 수집하였다. 이로써 천당지재는 총 2,200점에 가까운 역대 석각자료를 소장하게 되었는데, 그중 1,700여 점이 당나라 묘지이다. 그 속에 고구려 유민 고현(高玄), 고질(高質), 유원정(劉元貞) 묘지가 포함되어 있다.

2008년 8월 초순에 처음으로 천당지재를 방문하였다. 필자는 중국을 여행할 때 거의 매번 기차나 버스, 택시와 지하철 등의 대중교통을 이용한다. 주로 혼자 움직이기 때문이다. 주위에서는 이러한 여행 방식을 '독립군' 스타일이라 하거니와, 다소 불편하고 번거롭기는 해도 중국과 중국인 그리고 중국문화를 체험하고 이해하는 데 이만한 것이 없다. 천당지재를 찾아갈 때도 역시 대중교통을 이용하였다.

뤄양에서 천당지재로 곧장 가는 버스는 없다. 그래서 우선 뤄양에서 시외버스를 타고 신안현까지 가서 다시 톄먼진 천당지재로 가는 시내버스로 갈아타야 한다. 지금은 어떤지 모르겠으나, 당시에는 신안현 버스터미널에서 천당지재까지 가는 버스는 대략 한 시간마다 한 대씩 있었다. 운이 없으면 한 시간을 꼬박 기다려야만 했다. 이럴 때는 아직까지 우리나라에 비해 요금이 싼 택시를 이용하는 것도 하나의 방법이다.

신안현 터미널에서 버스로 약 30분 걸려 도착한 천당지재는 테먼진 서북쪽의 누추한 시골에 자리잡고 있었다. 장팡의 고향마을이기도 한 이곳에는 그의 고택과 기념관, 그리고 무덤이 있다. 일찍부터 서화와 금석을 애호한 장팡이 이곳에 천당지재를 세우고 비각과 묘지를 보관한 것도 그가 나고 자란 곳이기 때문이다. 어쨌든 당대 묘지 천 수백 점을 소장하고 있다는 천당지재 방문은 설렘 그 자체였다.

천당지재 남문을 들어서면 정면에 담쟁이넝쿨이 전체를 뒤덮은 건물이 눈에 들어온다. 장팡의 서재 청향독화지실(聽香讀畵之室)이다. 그리고 뒤쪽으로 돌아가면 건물 중앙 위쪽에 칩려(蟄廬)라 새긴 9칸짜리 벽돌건물이 나온다. 이 건물은 장팡이 부친의 죽음과 신해혁명의 퇴조로 일시 섬서정로군에서 물러나 고향으로 돌아와 머물 때인 1921년에 지은 것이다. 건물을 지은 지 두 해째 되던 1923년에 당대의 석학 캉유웨이(康有爲)가 이곳에 들렀다. 그는 장팡이 은거하는 것을 옛날 제갈량이 남양(南陽)에 칩거하던 것에 비유하여 '칩려(蟄廬)'란 두 글자를 써주며 당호로 삼도록 했다. 현재 건물 중앙 위쪽의 청석에 새겨 놓은 글자가 바로 그것이다.

칩려와 연접한 서쪽에 회랑이 딸린 토굴 같은 터널식 방 15개가 줄지어 있다. 건물 입구 상단을 올려다보면 청말 민국초의 학자이자 개혁가인 쟝빙린(章炳麟)이 전서로 쓴 '천당지재(千唐誌齋)'란 제호가 보인다. 이곳이 바로 당나라 묘지 1천여 점을 보관, 전시하는 명실상부한 천당지재이다. 처음 천당지재를 방문했을 때, 셀 수 없이 많은 묘지가 회랑과 각 방의 벽을 도배한 듯 빽빽하게 박혀있는 모습은 엄청난 놀람과 충격으로 와 닿았다. 무엇보다도 묘지가 많은 것에 놀랐고, 또 묘지석을 벽에 끼워 넣어 허술하게 전시 혹은 보관하는 것에 충격을 받았다.

현재 천당지재는 1,700여 점의 당대 묘지를 소장하고 있다는 사실을 익히 알았으나, 이처럼 묘지석을 한꺼번에 전시할 줄은 상상도 하지 못했다. 너무나 놀랍고 경이로운 광경이었다. 현재 각 방과 회랑에 전시된 묘지가 모두 몇 점인지 정확히 알 수 없으나 어림잡아 7, 8백 점 정도 되어 보였다. 그런데 그것을 모두 일률적으로 벽에 끼워 전시하였다. 묘지석을 벽에 고정시켜 전시, 보관하는 것은 우리에게 전혀 익숙하지 않은 모습이다. 그러나 중국에서는 이미 북송 때부터 이런 방식으로 비각 자료를 전시, 보관해왔다. 천당지재도 중국의 오래된 전통을 이어받아 묘지를 벽에 끼워 보관, 전시한 것이다.

중국 특유의 묘지 전시와 보관 방식은 유물 보호 측면에서 매우 부적절하다. 벽에 끼워 넣고 고정시키는 과정에 묘지석이 훼손되고, 또 시간이 흐르면서 벽면의 시멘트와 벽돌에서 녹아내린 석회 성분에 의해 오염된다. 뿐만 아니라 관람자들이 마음대로 만지고 심지어 탁본까지 함으로써 지석이 마멸되

〈그림 3-8〉 천당지재 전시실

고 박락(剝落)될 수도 있다. 천당지재 전시실을 둘러보면 훼손되고 오염된 묘지를 쉽게 찾아볼 수 있는 것은 바로 그러한 전시 방식 때문이다. 그래서 근년에 지은 중국의 현대식 박물관에서는 비석이나 묘지를 이런 방식으로 전시혹은 보관하지 않는다.

시멘트와 벽돌 사이에 끼여 고통 받는 수많은 천당지재 묘지석들을 보며, 몇 년 전 경주박물관에서 본 신라 묘지석이 문득 생각났다. 경주박물관에는 글자를 전혀 알아볼 수 없는 조그맣고 조잡한 묘지석 한 세트가 나란히 전시되어 있다. 경주시 용강동 제1구역 6호 무덤에서 출토된 이 묘지는, 과문한 탓인지 모르지만 현존하는 신라의 유일한 묘지가 아닐까 한다. 그래서인지 경주박물관은 천당지재의 당나라 묘지와 비교할 수 없을 정도로 볼품없고 초라한 신라 묘지석을 애지중지하며 박물관 본관의 쾌적한 공간에 전시해 두었던 것이다. 중국 금석문 탐사기를 정리하던 지난해 여름, 신라 묘지석을 보기 위해 경주박물관을 찾아갔다. 혹시 수장고에 들어가지 않았을까 걱정했으나 여전히 꿋꿋이 그 자리를 지키고 있었다.

경주박물관에서 멀지 않은 낭산 동북쪽 기슭에 황복사 터가 있다. 그곳의 삼층석탑에서 나온 금동사리함(金銅舍利函) 명문에 의하면, 706년에 이 탑을 세울 때 무구정광대다라니경 한 부를 탑 속에 안치했다고 한다. 이때의 무구정광대다라니경은 704년 도화라국(都貨邏國) 승려 미타산(彌陀山)이 한문으로 번역한 것을 705년에 견당사 김지성(金志誠)이 신라로 가지고 돌아와 706년 탑속에 안치한 것이다. 이처럼 신라는 당에서 불경이 번역되자마자 곧바로 수입해 활용할 정도로 중국의 신문물에 민감하였다. 당의 문화를 그토록 신속하게 받아들이던 신라인들이 어째서 당에서 성행하던 묘지석 안장 문화에는 그렇게 둔감했을까? 당에서 흔하디흔한 묘지가 신라에서는 왜 그렇게 귀할까? 좀처럼 변하지 않는 장례문화의 속성 때문일까? 아니면 또 다른 이유가 있을까? 미스터리한 일이다.

이런저런 생각을 하며 전시실을 차례로 둘러보던 중 반가운 묘지석 하나를 발견하였다. 고구려 유민 고현 묘지이다. 고현묘지는 제8호 전시실 입구에서 정면으로 마주보이는 벽면 세 번째 열의 왼쪽 두 번째 자리에 전시되어 있다. 사방 벽이 온통 묘지석으로 된 천당지재의 여러 전시실에 들어갈 때마다 눈길을 어디에 둬야 할지 모르는 묘한 중압감을 느꼈다. 그래서인지 묘지 하나하나를 읽고 내용을 확인하고자 하는 마음이 좀처럼 생기지 않았다. 그런데 마침 제8호 전시실 입구 안내판에 '고현묘지가 이곳에 있다'라 하여 쉽게 찾을 수 있었던 것이다.

고현묘지는 육안으로 글자를 쉽게 읽을 수 없을 정도로 마모되고 훼손되었다. 고현묘지 탁본은 《천당지재장지(千唐誌齋藏誌)》(문물출판사, 1984)를 비롯한 몇몇 자료집에 실려 있으나, 대부분이 흐릿하여 연구 재료로 쓰기에는 적당치 않다. 이에 2011년 2월 한국고대사 관련 중국 금석문 연구팀과 함께 관리인의 눈을 피해 고현묘지를 직접 탁본해 보았다. 그러나 품질이 좋지 않았다. 습탁(濕拓)이 아닌 건탁(乾拓) 방식이었던 데다가 관리인에게 발각될지 모른다는 조바심으로 너무 급하게 작업했기 때문이었다. 이듬해 2월에 다시 천당지재를 찾아가 그곳에 보관된 탁본을 정밀하게 촬영하였다. 그러나 역시 마음에 차지 않았다. 고현묘지의 현재 원석 상태로는 보다 질 좋은 탁본을 구하기 어려울 것으로 판단되었다. 이후 천당지재에서 고현묘지 탁본을 구하려는 노력을 그만두었다.

2) 천당지재의 유원정묘지

고현묘지 탁본에 대한 미련을 버린 후 더 이상 천당지재에 갈 일이 없을 듯하였다. 그런데 2018년 8월에 유원정묘지(劉元貞墓誌)를 보기 위해 다시 천당지재를 찾아갔다. 당시 필자는 한국연구재단의 "재당 한인 묘지명 종합적

연구"란 과제를 진행하고 있었다. 재당 한인이란 당나라에 살던 고대 한반도 삼국과 발해 출신 인물을 지칭한다. 그 중의 한 사람이 고구려 유민 유원정이다.

사실 유원정묘지는 《전당문보유-천당지재신장전집》(삼진출판사, 2006)을 통해 이미 학계에 알려졌다. 그럼에도 지금까지 묘지석은 물론 탁본조차 공개되지 않아 그 내용을 검증할 수 없었다. 그래서 이번 기회에 유원정묘지를 직접 확인하고 그것을 재당 한인 묘지명 연구에 적극 활용할 생각이었다.

앞서 몇 차례 천당지재를 방문했으나 유원정묘지 열람을 요청할 만큼의 꽌시(關系)를 맺지 못하였다. 무작정 찾아갔다가는 10여년 전 서안비림박물관에서처럼 문전박대를 당할 것이 불을 보듯 뻔했다. 그래서 주위에 천당지재와 관련있는 인물을 수소문한 결과, 낙양사범학원 마오양광(毛陽光) 교수의 제자가 천당지재에 연구원으로 재직한다는 사실을 알게 되었다.

마오양광 교수는 2016년 8월 하순 서울에서 열린 "고대동아시아 석각연구의 새로운 방향"이란 학술대회에서 만난 적이 있다. 2017년 8월 중순 허난성 루산현(魯山縣)의 난원경묘지를 조사하러 가는 길에 뤄양에 잠시 들러 마오양광 교수를 만났다. 그 자리에서 천당지재에 근무하는 제자를 통해 유원정묘지를 열람할 수 있도록 도와주기를 청하였다.

다음해 여름이 시작될 무렵 마오양광 교수가 "천당지재의 덩판(鄧盼) 연구원을 만나보라"는 내용의 메일을 보내왔다. 급히 짐을 싸 그해 8월 초순에 절강해양대학 로우정하오(樓正豪) 박사와 함께 천당지재를 방문하였다. 사실 이때 유원정묘지와 그것의 탁본을 직접 볼 수 있을 것으로 기대했다. 그러나 덩판 연구원은 아직 공개되지 않은 묘지석과 탁본 열람은 자신의 권한 밖이라 하며 대신 탁본 사진 스캔본을 프린트해 주었다. 이미 15년 전에 그 내용이 소개된 유원정묘지는 묘지석이나 탁본을 공개하지 못할 이유가 전혀 없다. 그럼에도 공개할 수 없다고 하니 우리로서는 따를 수밖에 없었다.

중국에는 비공개 자료가 왜 그렇게 많은지 모르겠다. 별 것 아닌 자료인데도 걸핏하면 공개할 수 없다고 한다. 정말 공개할 수 없을 정도의 비밀스런 자료인지, 아니면 가진 자의 오만인지, 그것도 아니면 게으르고 귀찮아서 그러는지 알지 못하겠다. 아무튼 당초 기대에는 미치지 못하나 아직까지 공개된 적 없는 유원정묘지 탁본 스캔본이라도 얻었으니 그것으로 만족할 수밖에 없었다.

천당지재에 가면 장팡이 가꾼 화원도 둘러볼만하다. 천당지재 전시실에서 칩려(蟄廬) 건물 옆으로 난 통로를 따라 지상으로 올라가면 넓은 화원이 나온다. 화원에는 온갖 나무와 화초들이 자라고 곳곳에 명인들의 그림과 글씨를 새긴 기념물이 조성되어 있으며, 동북쪽 끝 지점에 그의 무덤이 있다. 그런데 장팡의 무덤 동쪽에 천당지재와 어울리지 않는 유물 하나가 보존되어 있다. 북위 때 조성한 하남신안현서옥석굴(河南新安縣西沃石窟)이다.

이 석굴은 원래 허난성 신안현에서 북쪽으로 약 40㎞ 떨어진 서옥촌(西沃村) 동쪽의 황하 가 절벽에 조성된 것이다. 그런데 1994년부터 아래쪽 소량저(小浪底)에 댐 공사를 시작하자 이곳이 수몰될 위기에 처했다. 이에 석탑, 불상, 석굴, 불감(佛龕) 등을 조각한 암벽의 주요 부분을 가로 15m 높이 5m 크기 정도로 떼어내 천당지재로 옮겨왔다. 그것이 바로 천당지재의 북위 석굴이다. 이 석굴을 볼 때마다 시안의 장안박물관에서 본 김가기전석각이 떠올랐다. 김가기전석각의 깨지고 갈라진 흉측한 몰골과 달리 천당지재의 북위 석굴은 비교적 온전한 상태로 옮겨졌기 때문이다. 두 개 모두 암벽에서 떼어내 옮겼는데, 하나는 흉측하게 깨졌고 하나는 멀쩡하다면 왜 그럴까? 석질의 차이일까, 기술의 차이일까, 아니면 정성의 차이일까?

3. 낙양고대예술관의 천비묘지

1) 관림(關林)과 천비묘지

위, 촉, 오가 천하를 두고 치열하게 다투던 서기 220년에 촉나라 용장 관우가 그의 아들 관평(關平)과 함께 임저(臨沮)에서 손권의 군사에게 붙잡혀 참수되었다. 손권은 그의 머리를 낙양의 조조에게 보내자, 평소 관우의 무용을 경외하던 조조가 그의 머리를 정중히 모셔 후하게 장례를 치렀다. 지금의 뤄양시 뤄룽구(洛龍區) 관린진(關林鎭)의 관림이 바로 관우의 머리가 묻힌 곳이다. 관림은 오늘날 뤄양의 관광지로 널리 알려져 있거니와, 그곳에 가면 명·청대에 지은 관우 관련 각종 건축물들을 볼 수 있다.

1980년 뤄양시 인민정부는 관림 안에 낙양고대예술관을 건립하여 뤄양을 비롯한 허난성 일대에서 출토된 각종 석각 조형물과 비석, 묘지 등 1천여 점의 석각자료를 전시, 보관하였다. 그 속에 천비묘지(泉毖墓誌)가 들어 있다. 현재 고구려 연씨, 곧 천씨 묘지는 모두 4점이 알려졌다. 천남생, 천남산, 천헌성, 천비 묘지가 그것인데, 모두 망산에서 출토되었다. 그럼에도 이들 묘지는 오늘날 뿔뿔이 흩어져, 천남생묘지는 하남박물원, 천남산묘지는 북경대학 새클러고고예술박물관(賽克勒考古與藝術博物館), 천비묘지는 낙양고대예술관을 거쳐 낙양박물관, 그리고 천헌성묘지는 그 소재지를 알 수 없다.

천비묘지가 어떤 과정을 거쳐 낙양고대예술관에 들어갔는지 알 수 없으나, 일찍부터 탁본이 공개되어 여러 자료집에 수록되었다. 자료집에 실린 탁본으로 보아 묘지석의 상태는 비교적 양호하여 대부분의 글자를 읽는데 별 어려움이 없다. 그럼에도 재당 한인묘지를 종합적으로 정리하는 입장에서 한번 정도는 꼭 묘지의 실물을 확인해보고 싶었다. 이에 2008년 8월 초순 장보고기념사업회의 장보고유적답사팀과 함께 태산과 적산법화원 등지를 답사하고

〈그림 3-9〉 낙양고대예술관 전시실

일행이 모두 한국으로 돌아간 후 혼자 남아 낙양고대예술관을 찾아갔다.

낙양고대예술관은 대략 80m 정도 됨직한 기다란 회랑식 건물이 동서로 마주보는 형태로 건축되었는데 동쪽은 비각묘지전시실, 서쪽은 석각예술전시실이다. 초창기에는 동쪽의 비각묘지전시실에 비석과 묘지를 함께 전시했다고 한다. 그러나 필자가 방문했을 때는 이곳에 비석은 없고 건물 중간을 남북으로 가로지른 담장 모양의 벽 앞면과 뒷면에 묘지석을 각각 두 단으로 촘촘히 박아 부착시키고, 위쪽 제3단에는 실물 크기의 탁본을 패널(panel)로 만들어 전시하였다. 이곳에 전시된 묘지가 전체 몇 점인지 정확히 알 수 없으나, 대략 100여 점 가까이 되어 보였다. 천비묘지는 가운데 설치한 벽면 뒤쪽 중간쯤 하단에 0281의 번호가 매겨져 전시되었다.

검은색 벽돌로 쌓은 벽면에 단단히 고정된 천비묘지는 자료집에서 본 탁본에 비해 상태가 훨씬 나빴다. 묘지석을 벽에 끼워넣고 전시함으로써 벽돌과 시멘트에서 녹아내린 석회 성분이 묘지석 주위를 감싸며 흘러내렸고, 탁본 제작 과정에서 묻은 먹물 흔적이 군데군데 남아 있었다. 뿐만 아니라 묘지석 표면도 일부 훼손되었다. 참담한 심정이었다. 동행했던 자오전화(趙振華) 교수도 낙양고대예술관의 자료 전시와 보관의 문제점에 공감하였다.

자오전화 교수는 일찍이 낙양박물관에서 15년 정도 근무하고 낙양고대예술관 관장을 역임한 뤄양의 대표적인 금석학자이다. 당시 낙양사범학원 하락문화연구센터(河洛文化硏究中心) 교수로 재직하던 그는 생면부지인 필자에게 뤄양 출토 묘지에 대한 각종 정보를 제공해주었다. 그후 몇 차례 더 만나 뤄양의 고대 한인 묘지에 대한 여러 가지 자문을 해주기도 했다. 그 과정에 자신이 수집한 재당 한인 묘지 탁본을 비롯한 다양한 금석문 자료를 아낌없이 내주었다. 그에게 늘 감사하는 마음이다.

2012년 2월 중순에 다시 낙양고대예술관을 찾아갔다. 지난번 방문 때 확인한 천비묘지 지석은 손상되고 오염되어 연구에 별로 도움이 될 것 같지 않았다. 그래서 묘지석이 손상되기 이전에 만든 깨끗한 탁본을 구하기 위해 재차 그곳을 방문한 것이다. 허난성 이촨현(伊川縣) 문물관리위원회에서 고족유묘지(高足酉墓誌)를 살펴본 후 뤄양에 들러 곧바로 낙양고대예술관으로 갔다. 사전 약속도 없이 들이닥친 불청객을 선뜻 맞아줄 리 없었다. 다음날 다시 찾아가 관장을 면담하고자 했으나 역시 성사되지 않았다. 하는 수 없이 다른 일정을 미루면서까지 뤄양에 머물며 몇 차례 더 방문한 끝에 겨우 관장을 만날 수 있었다. 그에게 전후 사정을 말하고 천비묘지 탁본 열람과 구매 가능성을 타진하였다. 관장은 "탁본 매매는 불법이라 어찌할 수 없다"라 하며 일언지하에 거절하였다. 다만 낙양고대예술관이 보관하고 있는 천비묘지 탁본을 꺼내와 사진 촬영을 특별히 허락하였다. 두 커트만 찍는 조건이었다. 부랴부랴 카메라를 꺼내 서너 커트를 찍었으나 촬영 기술이 문제인지 아니면 탁본이 문제인지 썩 마음에 들지 않았다.

그후 뤄양시는 낙양고대예술관을 낙양관림관리처(洛陽關林管理處)로 명칭을 바꾸고 관우 관련 자료 전시와 홍보에 주력하였다. 더불어 그곳에서 소장하던 비석과 묘지는 모두 뤄양시 뤄롱구 섭태로(聶泰路)에 신축한 낙양박물관으로 옮겨갔다. 천비묘지도 이때 다른 자료와 함께 낙양박물관으로 이관되었다.

2) 고모묘지 탁본 발견

뤄양이나 시안에 가면 늘 한 번씩 둘러보는 곳이 고완성(古玩城), 곧 골동품 시장이다. 거기에는 조잡하게 만든 값싼 위조품부터 엄청난 가격으로 거래되는 귀중한 유물에 이르기까지 실로 다양한 골동품들이 매매된다. 묘지석과 탁본도 당연히 거래되었다. 뤄양에는 묘지와 탁본을 전문적으로 취급하는 골동품점이 몇 곳 있다. 그 중의 한 곳이 주왕성광장(周王城廣場) 지하의 골동품 시장이다. 이곳은 원래 공습에 대비한 방공호로 건설되었으나, 지금은 각종 골동품을 전문적으로 매매하는 상가로 활용되고 있다.

낙양고대예술관에서 천비묘지 탁본을 촬영한 다음 어김없이 주왕성광장 지하의 골동품 시장을 찾아갔다. 이곳저곳을 살펴봤으나 특별한 물건이 없었다. 아무런 소득 없이 밖으로 나와 주변을 두리번거리다 이전에 보지 못한 낙양비지탁편박물관(洛陽碑誌拓片博物館)을 발견하였다. 뤄양시 인민동로(人民東路) 첩가상성(捷佳商城) 3층 일부를 차지한 낙양비지탁편박물관은 뤄양 일대에서 출토된 비석이나 묘지 탁본을 전문적으로 전시, 판매하는 민영박물관이다. 이 박물관에는 측천무후가 짓고 쓴 승선태자비(升仙太子碑), 서진 무제가 태학을 시찰한 내용을 새긴 벽옹비(辟雍碑), 안진경이 쓴 왕림묘지(王琳墓誌), 측천무후 집권에 앞장선 무승사(武承嗣) 묘지 등 각종 비석과 묘지 탁본들이 전시되어 있었다.

전시품을 둘러보던 중 뜻밖에도 고구려 유민 고모(高牟) 묘지 탁본이 눈에 들어왔다. 박물관 관계자의 말에 의하면, 이 탁본은 2000년대 초 류젠쥔(劉建

軍) 관장이 뤄양의 문물시장에서 구입한 것으로, 구입 당시 지석과 개석을 직접 보지 못했을 뿐더러 묘지석의 소장처도 확인하지 못했다고 한다. 다시 말하면 고모묘지는 언제, 어디서, 어떤 과정을 거쳐 출토되었고, 현재 누가 이 묘지석을 보관하고 있는지 등이 전혀 알려져 있지 않은 셈이다. 그래서 혹시 위조품이 아닐까 의심이 들기도 했다.

다음날 다시 박물관을 찾아가 고모묘지 탁본을 자세히 살펴보았다. 사실 필자는 탁본의 진위 여부에 반신반의 하였다. 그러나 동행한 로우정하오 박사는 진품일 가능성을 확신했다. 후에 그는 이 탁본을 구매해 당대 신분에 따른 묘지의 규격, 서체와 문체, 묘지의 문양 등을 분석하여 진품임을 밝히고, 고모의 출자와 재당 행적을 포함한 묘지명의 내용을 종합적으로 정리해 한국과 중국에 발표하였다.[2] 이로써 마침내 고모묘지가 세상에 알려졌다.

로우정하오 박사와의 인연은 오래 되었다. 2009년 1학기에 고려대학교 대학원 한국사학과에서 고대대외관계사연구를 강의한 적이 있다. 당시 로우정하오는 석사과정 1학년으로 이 수업에 참여하였다. 나중에 안 사실이지만, 그는 필자가 재직하는 부산외국어대학교에서 1년 동안 어학코스를 이수했다고 한다. 어쨌든 그는 고려대학교에서 석사과정을 마치고 중국으로 돌아가 상하이 복단대학(復旦大學)에서 박사학위를 받고 현재 절강해양대학에 재직하고 있다. 필자는 로우정하오 박사와 함께 중국 각지를 돌아다니며 한국고대사 관련 중국 금석문을 탐사하였다. 중국 금석문 탐사기 곳곳에 그의 이름이 나오는 것은 바로 그 때문이다.

몇 년 후 뤄양을 방문했을 때 혹시 새로운 자료가 있을까 하여 다시 낙양 비지탁편박물관을 찾아갔다. 그러나 박물관은 없어지고 그 자리에 다른 상

---

2) 樓正豪, 〈고구려유민 高車에 대한 고찰〉, 《한국사학보》 53, 2013, 389~412쪽; 〈新見唐高句麗遺民高車墓誌銘考釋〉, 《唐史論叢》 18, 265~273쪽.

점들이 입주해 있었다. 주변에 박물관의 소재를 수소문해보았으나 아는 사람이 없었다. 최근 중국 금석문 탐사기를 정리하면서 뤄양의 지인을 통해 알아본 결과, 낙양비지탁편박물관은 없어지고 박물관이 소장하던 비석과 묘지의 탁본 등은 모두 용문박물관(龍門博物館)으로 옮겨갔다고 한다.

4. 뤄양 용문의 재당 한인 석각

1) 용문석굴의 유민 석각

뤄양의 중국국화원(中國國花園) 동문에서 남쪽으로 곧게 뻗은 용문대도를 따라 10㎞ 정도 가다보면 이하(伊河)를 중심으로 동서 양쪽 암벽에 조성된 거대한 석굴군을 만날 수 있다. 2000년에 유네스코 세계문화유산으로 등재된 용문석굴(龍門石窟)이 그것이다. 용문석굴은 간쑤성의 돈황석굴, 산시성의 운강석굴과 함께 중국 3대 석굴로 불리거니와, 북위 효문제가 뤄양으로 천도한 494년을 전후해 처음 만들기 시작하여 이후 당과 북송, 심지어 청대까지 천수백년에 걸쳐 조성된 중국 석굴문화의 최고봉이다. 이하를 따라 약 1㎞에 걸쳐 이어진 서쪽 용문산과 동쪽 향산(香山) 암벽에는 2,345개의 석감과 10여만 개의 불상, 그리고 2,860여 점의 제기(題記)가 새겨져 있다. 그 속에 신라상감(新羅像龕)과 백제 유민 부여씨 석각이 들어있다.

중국은 1953년에 용문문물보관소를 설치하여 용문석굴을 보호, 관리, 연구하기 시작하였다. 그후 1990년에 그것을 용문석굴연구소로 확대·개편하고 용문석굴을 보다 체계적이고 정밀하게 조사하여, 현재 석굴 북쪽 입구부터 남쪽으로 그리고 이하(伊河) 건너편의 향산 석굴에 차례대로 번호를 매겨 관리하고 있다. 그 중에 제484호 석굴이 신라상감이다. 그리고 제877호 석굴 왼쪽 중간에 부여씨가 조성한 조그만 불상 2구와 제기(題記)가 있다.

2005년 7월 중순 신라상감과 부여씨 석각을 확인하기 위해 용문석굴을 찾아 갔다. 용문석굴은 이하 서쪽 절벽에 조성된 서산(西山) 석굴과 강의 동쪽 향산 바위언덕에 만들어진 동산(東山) 석굴로 나누어진다. 대부분의 석굴은 서산에 집중되어 있거니와, 신라상감과 부여씨 석각 역시 서산 석굴 지역에 있다.

용문석굴 정문 출입구를 통과하여 이하를 따라 남쪽으로 내려가면 오른쪽 절벽에 크고 작은 석굴이 끝없이 이어진다. 마치 벌집을 연상시킬 만큼 빽빽이 들어찬 수많은 석굴에서 신라상감을 찾기란 쉽지 않다. 용문석굴 안내도에 의하면, 진주천(珍珠泉) 오른쪽 위쪽에 신라상감이 있다고 하였다. 이에 진주천이란 샘물을 찾은 후 오른쪽으로 난 계단을 따라 10m 정도 올라가자 사진으로 보던 신라상감이 눈앞에 나타났다. 감실(龕室)은 높이가 대략 1.5m 폭과 깊이가 각각 1m 정도 되는 석굴로, 안에 불상을 안치했던 대좌와 벽면 3곳에 불상을 새긴 흔적이 남아있었다. 그리고 감실 입구 위쪽에 세로로 2행에 걸쳐 새긴 "신라상감(新羅像龕)"이란 글자가 어렴풋이 보였다.

감실 앞의 안내 표지석에 '신라인이 이 석굴을 조성했다'고 간단히 소개하였다. 석굴을 신라상감이라 했으니 분명 신라인이 만들었을 터인데 구체적으로 누가, 언제, 왜 만들었을까? 이러한 의문이 생기자 '직업병'이 발동하여 석굴 주변과 내부를 샅샅이 살펴보았다. 단서가 될 만한 것이 남아있을 리 없었다. 어떤 사람은 원측법사가 만들었다 하고 또 어떤 사람은 낭혜화상 무염(無染)이 만들었다고 한다. 그러나 어느 것도 확실하지 않다.

한여름 땡볕을 피해 신라상감 석굴 속에 들어가 주불을 안치했던 자리에 걸터앉았다. 이하(伊河)의 물결이 한눈에 들어왔다. 강물에 비친 햇빛이 반짝였다. 그 옛날 낯선 이국땅에 살던 신라인도 여기서 불공을 드리고 이하의 강물을 내려다봤을 것이다. 무슨 생각을 했을까? 혹시 고향땅 신라를 떠올리지는 않았을까? 신라상감 석굴 속에 앉아 이런저런 상상을 해보았다. 그후 몇

차례 더 이곳에 들렀다. 그런데 근년에 다시 가보니 신라상감 일대는 관람 제
한구역으로 지정되어 입구를 막아 놓았다.

신라상감에서 내려와 다시 남쪽으로 쌍요동(雙窯洞), 만불동(萬佛洞), 연화동
(蓮花洞)을 거쳐 미륵동(彌勒洞)을 지나면, 탐방로 바로 옆 지상 약 2.5m 높이
에 조성된 제877호 석굴이 나온다. 높이와 폭이 대략 1m쯤 되어 보이는 석굴
안에 중앙의 주불을 포함한 5명의 불보살이 조각되었다. 그런데 〈그림 3-11〉
의 동그라미 부분에 해당하는 석굴 왼쪽 중간쯤의 얕게 판 조그만 감실 두
곳에 각각 불상을 조각하고, 아래쪽에 부여씨가 이 불상을 만들었다는 명문
이 새겨져 있다. 용문석굴연구소는 부여씨가 조성한 감실과 불상이 워낙 작
아 아직 번호조차 부여하지 않았다. 지금은 엄두도 내지 못하지만, 관리가 느
슨하던 초창기에는 보호 철책 위에 올라가 부여씨 석각과 불상을 가까이에서
자세히 살펴볼 수 있었다. 2구의 불상은 마치 미니어쳐(miniature)처럼 조그맣
고 앙증맞아 보였다. 그럼에도 가부좌를 틀고 앉은 단정한 모습에서 나름의
위엄과 당당함을 느낄 수 있었다.

부여씨 석각은 "일문낭장의 아내 부여씨가 경건한 마음으로 불상 2구를 조
성했다[一文郎將妻扶余氏敬造兩圖]"라는 짧은 글이다. 10만 점이 넘는 용문석굴
의 불상 하나하나에는 모두 나름의 사연이 있을 것이다. 어떤 이는 죽은 자식

〈그림 3-10〉 신라상감   〈그림 3-11〉 부여씨 석각

이나 손자의 명복을 빌었고, 어떤 이는 남편이나 부인 혹은 부모의 명복을 빌었으며, 또 어떤 이는 살아있는 친속과 나라의 융성을 기원하는 등 온갖 염원을 안고 바위에 굴을 파고 불상을 새겼다. 용문석굴의 불상에는 우리네 8만 4천 번뇌가 모두 깃들어 있는 듯하였다.

문득 산시성 시안의 청룡사(靑龍寺)에서 보았던 소원성취 리본이 생각난다. 지난 20여년 동안 중국 각지의 여러 사찰들을 돌아다녔지만, 시안 청룡사만큼 소원성취 리본이 많이 달린 곳은 보지 못했다. 왜 이곳에 유독 리본이 많이 달렸는지 모르겠으나, 청룡사의 나무 가지가지 마다 촘촘하고 첩첩하게 매달린 붉은 리본에는 건강과 취업, 사랑과 화평, 부귀와 영화, 입신과 출세 등등을 소망하는 내용들이 빽빽하게 적혀 있었다. 뤄양 용문산에 석굴을 파고 불상을 조각하는 정성에는 훨씬 미치지 못하나, 이들 역시 한마음으로 불교에 기대어 자신의 바람이 이루어지기를 빌었다. 이처럼 많은 사람들의 소원을 모두 듣고 보기 위해 천수천안(千手千眼) 관음보살이 사바세계에 나투신 걸까?

백제 유민으로 보이는 부여씨는 어떤 염원을 가지고 불상을 조성했을까? 아쉽게도 남아있는 명문에서는 그것을 말하지 않는다. 남편의 출세를 빌었을까? 가족의 건강을 빌었을까? 망자의 명복을 빌었을까? 아니면 고국 백제에 돌아가기를 빌었을까? 역사를 공부하다 보면 가끔 역사소설을 쓰고 싶은 충동을 느낄 때가 있다. 역사 속에는 흥미로운 소재가 무궁무진하기 때문이다. 용문석굴의 신라상감과 부여씨 석각도 그러한 소재 중의 하나이다.

2) 용문박물관의 고을덕묘지(高乙德墓誌)

10여년 전 양은경 교수가, 용문석굴에는 신라상감과 부여씨 석각 외에 신라 승려 자장을 비롯한 김막신(金莫神), 왕사례(王思禮) 등의 고대 한인 관련 명문이 몇 점 더 존재한다고 했다.[3] 그러나 그의 글에 소개된 내용만으로 명문 속의 인물이 한반도 출신이라 단정할 수 없었다. 이에 몇 차례 더 용문석굴에 갈 기회가 있었으나 굳이 그가 지목한 석각자료를 찾아보려는 노력을 하지 않았다. 대신 용문박물관을 주목하였다.

용문석굴 정문 부근에 용문박물관이 있다. 2013년에 개관한 이 박물관은 용문석굴의 예술품을 중심으로 불교관련 유물을 전문적으로 수집, 전시하는 민영박물관이다. 개관 후 지속적으로 유물을 수집한 결과, 지금은 불교 유물뿐만 아니라 하·은·주 삼대 이래의 각종 유물을 소장하게 되었다. 사실 용문박물관 개관 초에는 이 박물관에 별로 관심을 두지 않았다. 그런데 2018년 8월 초순에 특별한 목적을 가지고 용문박물관을 찾아갔다. 최근 뤄양의 지인으로부터 고구려 유민 고을덕 묘지가 이곳에 소장되어 있다는 말을 들었기 때문이다.

고을덕묘지는 낙양사범학원 마오양광 교수가 허난성 뤄양 일대의 고미술상과 개인수집가들이 소장한 당나라 묘지를 일괄 조사, 정리하는 과정에서 그 존재가 확인되었다. 이 묘지는 원래 산시성 시안에서 출토되었다. 그후 언제인가 뤄양으로 유입되어 어느 민간인 손에 들어갔다가 최근 용문박물관에 이관되었다고 한다.

용문박물관은 용문산 북쪽 기슭에 기댄 지하 2층 지상 2층의 나지막한 건물로, 전체적으로 주위 경관을 해치지 않을뿐더러 용문석굴과 조화를 이루도록 설계된 건축물이다. 입구를 막 지나면 미로처럼 이어진 복도를 따라 각종 불교문화재가 전시되었고, 위층의 서쪽 후미진 전시실에 고을덕묘지를 비롯한 다수의 당나라 묘지가 진열되었다. 지금은 어떤지 알 수 없으나, 필자가 방문했을 때는 대부분의 묘지를 임시 진열대 위에 올려놓고 아무런 보호 장

---

3) 梁銀景, 〈고대 한국인의 중국 내 사원, 불상조성과 중국 불교문화와의 관계〉, 《강좌미술사》 29, 2007, 245~295쪽.

치 없이 방치해둔 상태였다. 박물관의 그러한 무관심 '덕분'에 고을덕묘지를 만져보고 두드려보는 행운을 누릴 수 있었다.

진열대에는 정방형의 개석과 지석이 나란히 전시되었다. 당대 묘지는 대부분 개석 윗부분에 전서(篆書)로 제액을 새기는 것이 일반적이다. 그런데 이 묘지는 개석 윗면에 여타 당나라 묘지와 달리 12행 12열에 걸쳐 명문을 새겼고, 지석에는 21행 21열에 걸쳐 예서풍이 묻어나는 해서로 묘지의 서문을 새겼다. 이러한 형식은 매우 드문 예에 속한다. 물론 유사한 사례가 전혀 없는 것은 아니라 하나, 특이한 형태의 묘지임에는 틀림없다.

이 묘지는 우리 학계에 소개된 직후부터 위작 논란에 휩싸였다. 사실 고을덕묘지는 형식과 내용 면에서 위작으로 의심받을만한 소지가 충분하다. 필자도 내심 그럴 가능성을 염두에 두고 용문박물관에 진열된 묘지석의 각자(刻字) 방식과 글자 형태 등을 세밀히 살펴보았다. 다행인지 불행인지 알 수 없으나 위작으로 확증할 수 있는 단서를 발견하지 못했다. 이 문제는 시간을 두고 고민해볼 필요가 있을 듯하다.

한편 고을덕묘지와 가까운 곳에 이은지묘지(李隱之墓誌)가 전시되어 있었다. 이은지는 7세기 중엽 나당연합군의 침략으로 고구려가 망할 즈음 당나라에 이주한 사람이다. 필자는 생각이 다르지만, 많은 사람들이 그를 고구려 유민으로 간주한다. 여기서 굳이 그를 고구려 유민으로 봐야할지 어떨지를 따질 필요는 없을 듯싶다. 아무튼 그때까지 이은지묘지는 뤄양시 찬허후이주구(瀍河回族區) 목림로(沐霖路)에 자리한 낙양구조각석문자박물관(洛陽九朝刻石文字博物館)에 소장된 것으로 알고 있었다. 이는 2017년 8월 중순에 석각문자박물관 치윈퉁(齊運通) 관장으로부터 직접 확인한 사실이다. 그런데 1년 후에 그것을 용문박물관에서 보게 되었으니 당혹스럽고 황당할 수밖에 없었다. 나중에 알게 된 사실이지만, 2017년 하반기에 용문박물관이 낙양구조각석문자박물관으로부터 이은지묘지를 매입했다고 한다.

5. 하남박물원의 천남생묘지

1) 하남박물원과의 엇박자

중국을 여행할 때면 가는 곳마다 그 지역의 박물관을 찾아간다. 직할시나 성도(省都)와 같이 큰 도시는 말할 것도 없고, 지방의 조그만 시(市)나 현급(縣級) 도시에 가도 박물관은 필수 방문코스였다. 물론 다양한 전문 테마박물관까지 모두 찾아갈 수는 없었지만 가능한 한 많은 박물관을 둘러보려고 노력했다. 다른 나라도 마찬가지지만, 중국 박물관에 가면 그 지방의 역사와 문화를 한눈에 파악할 수 있을 뿐더러 운이 좋으면 한국 관련 유물을 만날 수도 있기 때문이다.

지난 20여년 동안 중국을 여행하면서 전국 각지에 산재한 수십 곳의 박물관을 관람하였다. 베이징과 상하이의 중국 국가박물관과 상해박물관은 물론 서쪽의 돈황박물관과 감숙성박물관, 동쪽의 산동박물관과 봉래고선박물관(蓬萊古船博物館), 서북쪽의 길림성박물관과 요령성박물관, 동남쪽의 남경박물원과 소주박물관, 그리고 중원과 관중지역의 하남박물원과 섬서역사박물관 등등 일일이 거론하기 어려울 정도로 많다. 그 중에서 가장 인연이 닿지 않은 박물관은 하남박물원이었다.

하남박물원은 허난성 정저우시(鄭州市) 진수이구(金水區) 농업로(農業路)에 소재한다. 이 박물관의 전신은 이전의 허난성 성도였던 카이펑(開封)의 하남성박물관이다. 그런데 1954년에 성도를 카이펑에서 정저우로 이전함에 따라 1961년 하남성박물관도 정저우로 옮겨갔다. 그후 1998년 현재 자리에 박물관을 신축하여 이름을 하남박물원으로 바꾸고 오늘에 이른다. 하남박물원은 선사시대부터 근대에 이르기까지 각종 귀중 문화재 약 14만 점을 소장하고 있다. 그 속에 고구려 유민 천남생과 백제 유민 부여융 묘지가 들어있다.

천남생묘지는 1922년 허난성 멍진현(孟津縣) 송장진 동산두촌 남쪽에 자리한 3개의 토총 가운데 중간 무덤에서 출토되었다. 출토 직후 전각(篆刻) 예술가인 타오주광(陶祖光)이 묘지를 일본으로 반출하려던 것을 당시 허난성 성장(省長)이었던 장펑타이(張鳳臺)가 1천원에 사서 회수했다고 한다. 장펑타이는 이 묘지를 당시 성도였던 카이펑으로 옮겨 하남금석록편찬처(河南金石錄編纂處)에 잠시 보관했다가 하남도서관으로 옮겼고, 언제인가 다시 하남성박물관 곧 지금의 개봉박물관으로 이관하였다. 그후 하남성박물관이 정저우로 옮겨가고 또 하남박물원이 신축되면서 개봉박물관의 유물 일부가 그곳으로 이전되었다. 천남생묘지는 이때 하남박물원으로 옮겨졌다.

한편 부여융묘지는 1919년 허난성 뤄양시 북쪽 망산에서 출토되었다. 그러나 정확히 망산 어디서, 어떤 과정을 거쳐 출토되었는지는 알려져 있지 않다. 묘지 말미에 부여융을 북망산 청선리(淸善里)에 장사지냈다고 한다. 따라서 부여융묘지는 당대의 청선리에서 출토되었을 것이나, 청선리가 현재 어디인지 알 수 없다. 짝을 이뤄 함께 출토되었을 개석과 지석은 현재 각기 떨어져, 개석은 낙양고대예술관을 거쳐 낙양박물관에, 지석은 하남도서관을 거쳐 하남박물원에 소장되어 있다.

정저우 하남박물원을 처음 찾은 것은 2005년 7월 중순이었다. 당시 여행은 산시성 시안과 허난성 뤄양을 둘러보고 정저우에서 소림사와 하남박물원의 천남생묘지를 관람하고 돌아오는 5박 6일의 짧은 일정이었다. 필자는 중국을 여행할 때 대부분의 경우 전체 일정만 잡고 하루하루의 세부적인 것은 현지 사정에 따라 줄이거나 늘리고 혹은 건너뛰기도 한다. 그러다 보니 숙박과 식사는 물론 기차표를 비롯한 교통편을 모두 현지에서 해결할 수밖에 없다. 단체 여행에서는 상상할 수도 없는 무모한 방식이지만 '독립군' 스타일로 중국의 역사유적을 탐사하는 여행에서는 이런 방식이 오히려 효율적이다.

이번 여행도 마찬가지였다. 그런데 시안과 뤄양에서 시간을 다소 지체하여 정저우에서는 하루의 시간 밖에 없었다. 남은 하루 동안 하남박물원 혹은 소림사 한 곳만 가기에는 시간이 남을 것 같아, 욕심을 내어 두 곳을 모두 돌아보기로 하였다. 아침에 호텔을 나서 소림사로 향하였다. 지금은 많이 개선되었지만, 당시 중국의 시외버스는 운행시간이 정해져 있으나 버스에 사람이 꽉 차지 않으면 출발하지 않았다. 아니면 출발시간이 되지 않아도 사람이 차면 곧바로 출발하였다.

그날도 그랬다. 정저우 기차역 동쪽 광장 맞은편의 시외버스터미널에서 9시 10분에 떠나는 소림사행 버스를 탔다. 그러나 시간이 되어도 승객이 차지 않자 한참을 기다리다가 9시 25분에야 출발하였다. 터미널을 출발한 버스는 시내 이곳저곳을 돌며 입석 승객을 태우느라 시내를 벗어나는 데 또 50분이 소요되었다. 이어서 정저우와 소림사를 잇는 정소고속도로(鄭少高速道路)를 달려 정오가 거의 다 된 시간에 소림사 가까이 있는 숭양서원(嵩陽書院)에 도착하였다. 그러자 운전기사가 버스 시동을 끄고 "여기서 40분 정도 정차하니 숭양서원을 관광하고 오라" 하였다. 버스기사는 아마 거기서 점심식사를 할 모양이었다. 하는 수 없이 예정에 없던 숭양서원을 둘러보고 오후 1시가 훌쩍 넘은 시간에 겨우 소림사에 도착했다. 정저우로 돌아갈 때도 이런 저런 사정으로 버스가 지체되었다. 조급한 마음을 추스르며 하남박물원에 도착했을 때는 이미 폐관시간이 가까운 오후 5시 30분경이었다. 박물관 입장은 허용되지 않았다. 이렇게 하여 첫 번째 하남박물원 관람은 실패로 끝났다.

3년이 지난 2008년 7월 말에 산둥성 장보고 관련 유적지 답사를 마치고 쉬저우(徐州)와 카이펑을 거쳐 다시 정저우를 찾았다. 지난번 실패를 거울삼아 이번에는 정저우에 도착하자마자 곧바로 하남박물원으로 향하였다. 하남박물원은 밖에서 보던 것과 달리 실내가 넓고 쾌적하였다. 1층과 2층에는 은·주시대부터 명·청대까지 당대를 대표하는 각종 유물을 전시하고, 또 몇 개의 특별전시관을 마련하여 주제별로 관련 유물을 모아 진열하였다. 이들

〈그림 3-12〉 하남박물원

자료를 대충 둘러본 후 천남생묘지를 보기 위해 박물관 내 수·당대 석각자료를 다량 전시하는 고대석각예술관을 찾아갔다. 그런데 마침 고대석각예술관이 수리 중이라 예술관 입구 회랑에 전시되어 있다는 천남생묘지를 볼 수 없었다. 이로써 두 번째 하남박물원 방문에서도 뜻을 이루지 못하였다.

이후 몇 차례 더 하남박물원을 찾아갔으나 갈 때마다 수리 혹은 보수공사를 하고 있었다. 특히 2015년 7월부터 박물원 본관을 완전히 폐쇄하고 전면 보수공사를 시작하여 2020년 9월에 공사를 마무리하고 다시 개방하였다. 공사기간 동안 하남박물원은 본관 옆에 임시전시관을 마련하여 유물의 일부를 옮겨 전시하였다. 혹시나 하는 마음에서 정저우에 갈 때마다 임시전시관에 들러 전시유물을 둘러보았으나 천남생묘지는 보이지 않았다. 결국 지금까지 한 번도 천남생묘지를 직접 보지 못했다.

2) 천헌성묘지 탐색

천남생묘지에 대한 집착은 그의 아들 천헌성 묘지에 대한 관심으로 이어졌다. 천헌성묘지는 1926년 8월 망산 남쪽 멍진현 송좡진 동산두촌의 이른바 고구려 연씨 묘역에서 출토되었다. 이 묘지는 출토 후 언제인가 금석학자 뤄전위(羅振玉)가 탁본 한 점을 구해 보관하다가 1937년《당대해동번벌지존》에 소개함으로써 세상에 널리 알려졌다. 이 책에서 뤄전위는 "(천헌성묘지) 탁본 한 점을 겨우 보았을 뿐 그것의 존재 여부는 알지 못한다"라 하였듯이, 그 자신도 천헌성묘지를 직접 보지 못했을 뿐더러 출토과정과 소장처 등에 대한 정보를 전혀 가지고 있지 못하였다. 그후 어느 누구도 이 묘지를 보지 못했고, 또한 지금 어디에 어떤 상태로 보관되어 있는지 확인할 길이 없다. 심지어 그것의 탁본조차 남아있지 않다.

20세기 초 망산에서 출토된 묘지석들은 대부분 당시 허난성 성도였던 카이펑으로 옮겨 보관하였다. 천헌성묘지도 처음에 천남생묘지 등과 함께 개봉박물관에 수장되었다. 귀위탕(郭玉堂)이 현장에서 실제 보고 들은 내용을 정리해 출간한《낙양출토묘지시지기》에서 "천헌성묘지는 개봉박물관에 소장되어 있다"라 하였고, 낙양시문물고고연구원에서 편찬한《낙양출토묘지목록속편》(국가도서관출판사, 2012)에서도 "천헌성묘지는 개봉박물관에 소장되어 있다"라 한 것에서 그러한 사실을 알 수 있다.

2008년 7월 하순에 천헌성묘지 소장 여부를 확인하기 위해 개봉박물관을 찾아갔다. 카이펑은 우리에게 잘 알려진 중국 드라마 '판관 포청천'의 중심 무대로, 허난성 동부의 황하 남쪽 연안에 자리하고 있다. 수·당대에 변주(汴州)라 칭하던 이곳은 황하와 회수(淮水) 및 장강을 잇는 대운하로 인해 강남과 낙양 및 장안을 연결하는 교통의 요지로 발전하였다. 그리고 오대십국시대 후량(後梁)에서 북송에 이르기까지 여러 왕조의 수도로서 크게 번성하였다. 그후 여진족의 침입으로 송나라 왕실이 남쪽으로 옮겨가고, 또 황하의 범람과 운하 물길의 변경 등으로 점차 쇠퇴하였다. 1949년 중화인민공화국 수립 후 카이펑은 허난성의 성도가 되었으나 1954년에 그 지위를 정저우에 넘겨주었다.

당시 개봉박물관은 카이펑의 유명 관광지인 포공호(包公湖) 남쪽에 자리잡고 있었다. 이 박물관은 처음에 옛 하남성박물관을 그대로 사용하다가 1988년에 새로 건축한 것으로, 중앙 대청의 실내는 물론 오른쪽 벽에 수십 점의 묘지석을 벽 사이에 끼워 전시하였다. 혹시나 하는 마음에서 묘지석 하나하나를 유심히 살펴보았으나 천헌성묘지는 보이지 않았다. 이에 박물관 학예연구실로 찾아가 천헌성묘지 소장 여부를 문의하였다. 아무런 꽌시도 없는 외국인의 요청에 박물관 측은 관련 자료를 찾아보지도 않고 '메이요우(沒有)'만 연발하였다. 하는 수 없이 박물관의 다른 유물을 관람한 후 다음을 기약하며 발길을 돌렸다.

개봉박물관을 방문한 지 벌써 13년이 지났다. 그 사이 몇 번이나 개봉박물관을 포함한 카이펑 답사를 계획했으나 이런저런 사정으로 번번이 실행에 옮기지 못하였다. 지금까지 조사한 정보로는 천헌성묘지가 개봉박물관에 소장되어 있을 가능성이 높아 보인다. 전 세계를 휩쓸고 있는 코로나19 사태가 진정되면 가장 먼저 카이펑을 찾아갈 생각이다. 2018년에 허난성 인민정부가 기존의 개봉박물관을 폐쇄하고 롱팅구(龍亭區) 시민광장 옆에 최신식 건물의 박물관을 신축, 개관했다고 한다. 최근 중국의 지인이 전한 말이다.

4. 노산현문화관의 난원경묘지

1) 난원경묘지의 발견

일찍이 프랑스의 역사가 랑글루아(Charles V. Langlois)와 세뇨보(Charles

Seignobos)는 "사료 없이 역사 없다"라 하였다. 이는 사료에 근거하지 않은 역사는 허구이고, 빈약한 사료로는 풍성한 역사를 만들어낼 수 없다는 말이다. 한국고대사도 예외가 아니다. 오늘날 한국고대사 연구는 극심한 사료 부족에 허덕인다. 더 이상의 문헌자료는 물론 국내의 새로운 금석문이나 고문서 등의 출현을 기대하기도 어려운 실정이다. 이런 상황에서 한국고대사 연구의 활로가 될 수 있는 것은 바로 중국에 산재한 한국 관련 금석문이다. 이에 필자는 지난 십 수년 동안 한국고대사 관련 중국 금석문 수집과 정리에 심혈을 기울였다.

한국고대사 관련 중국 금석문을 수집, 정리하는 과정에서 가장 어려웠던 점은 중국 현지의 자료 수집이었다. 물론 중국에서 출간된 각종 자료집에 관련 금석문의 탁본과 내용이 대부분 소개되었으나, 그것을 재차 가공해 연구자료로 활용하기에 적합하지 않은 경우가 종종 있다. 그럴 때면 현지에 찾아가 온갖 어려움을 무릅쓰고 실물을 확인하고 보다 정확한 탁본을 구해야 한다. 백제 유민 난원경(難元慶) 묘지가 그 중의 하나이다.

난원경묘지는《수당오대묘지휘편》(낙양1, 천진고적출판사, 1991)을 비롯한 여러 자료집에 탁본이 수록되어 있다. 그런데 자세히 살펴보면, 모든 자료집의 탁본은 묘지석 사방 가장자리 부분이 한 줄씩 빠진 상태로 실렸다. 허난성 일대 금석문을 훤히 꿰뚫고 있는 자오전화(趙振華) 교수도 그러한 사실을 모르고 있었다. 뿐만 아니라 자신이 소장한 탁본 역시 사방 가장자리 부분이 빠진 것이었다. 결국 난원경묘지를 직접 확인하지 않을 수 없었다.

1960년 여름에 허난성 루산현(魯山縣) 장디엔향(張店鄉) 장비구촌(張飛溝村) 주민들이 소평대(昭平台) 저수지 수로 공사를 하다가 가로 세로 약 60㎝ 되는 정사각형 판석 2매를 발견하였다. 당시 촌민들은 이 돌이 무엇인지 모른 채 하나는 마을의 홰나무 아래에 옮겨두고 주민들이 앉아 더위를 식히거나 식탁과 다듬돌 등으로 사용하였고, 다른 하나는 인근 소하장촌(小河張村)의 위안씨(袁氏)가 생활도구로 사용할 요량으로 가져갔다.

그후 1984년에 노산현문화관 고고·문물 담당자인 왕종민(王忠民)이 장비구촌을 방문하여 역사유적을 조사하던 중, 20여년 전에 마을 사람들이 글자가 새겨진 판석을 발견한 사실을 알게 되었다. 그는 소하장촌으로 가져간 판석은 찾지 못하고 장비구촌에 있던 것만 회수하여 노산현문화관으로 가져가 살펴보니, 그것은 백제 유민 난원경의 묘지석이었다.

　　2012년 2월 초순 정저우에서 기차를 타고 궁이(鞏義), 옌스(偃師), 루저우(汝州), 핑딩산(平頂山)을 거쳐 4시간가량 걸려 루산현에 도착하였다. 루산현은 전형적인 중국의 시골도시였다. 지금까지 가본 중국의 여러 현급 도시 가운데 가장 낙후되고 초라해 보였다. 아무튼 도착 다음날 아침에 난원경묘지가 보관된 노산현문화관을 찾아갔다. 문화관 직원의 안내로 문물관리소장을 만나 저간의 사정을 설명하고 난원경묘지 열람을 조심스럽게 요청하였다. 문물관리소장은 흔쾌히 우리를 묘지석 수장고로 안내하였다. 난원경묘지는 햇빛도 들지 않는 허름한 수장고에 다른 묘지석 몇 점과 함께 시멘트 바닥에 놓여있었다. 묘지를 자세히 살펴보니, 비록 마멸되기는 했으나 기존 자료집에 실린 탁본에 보이지 않던 사방 가장자리 부분의 글자를 육안으로 어느 정도 읽을 수 있었다.

〈그림 3-13〉 노산현선전문화센터

수장고의 묘지석을 살펴본 후 문물관리소장에게 난원경묘지의 탁본을 구할 수 없을까 문의하였다. 어느 관리와 마찬가지로 "탁본 유출은 엄격히 금지되어 있어 불가하다"고 하며 이 묘지에 대해 잘 아는 위안짠차이(袁占才) 주임을 소개해주었다. 난원경묘지가 발견된 곳과 가까운 마을에서 자란 위안짠차이 주임은 묘지 발견과 수습 경위를 상세히 일러주었다. 아울러 행방을 알 수 없는 난원경묘지 개석을 일찍이 본 적이 있는데, 개석 윗면에 전서를 새겼고 사방에는 돌아가며 용과 봉황 무늬를 생동감 있게 조각했다고 한다. 그러면서 자신도 난원경묘지 탁본을 가지고 있지 않아 우리를 도울 수 없다며 미안해하였다.

2) 난원경 기념사업

루산현에서 특별한 소득 없이 돌아온 지 5년이 지난 2017년 8월 중순에 다시 노산현문화관을 찾아갔다. 이번에는 반드시 난원경묘지 탁본 자료를 구해야겠다 작심하고 동행한 로우정하오 박사와 머리를 맞대고 아이디어를 짰다. 아무런 대책 없이 실무자들에게 부탁해봐야 빈손으로 돌아오기 십상이기 때문이다. 우리나라 관청도 마찬가지지만, 중국 관료들은 좀처럼 책임질 일을 하지 않는다. 이럴 경우에는 기관장을 찾아가 직접 담판하는 것이 효과적일 수 있다. 그래서 책임있는 고위 공직자를 만나 난원경을 활용한 루산현 발전 계획안을 제공하고, 더불어 난원경묘지 탁본을 넌지시 요청할 생각이었다.

그 자리에 신문이나 방송 기자가 동석하면 효과가 배가(倍加)될 것이다. 육십 평생을 살아온 한국에서도 알고 지내는 기자가 별로 없는데, 아무런 연고도 없는 중국 땅 허난성 루산현에 아는 기자가 있을 리 만무하였다. 마침 지난해 난원경묘지를 취재하여 기사로 올린 평정산만보(平頂山晚報)의 뤼짠웨이(呂占偉) 기자가 생각났다. 평정산만보는 평정산일보사에서 발행하는 석간신문으로, 조간인 평정산일보의 자매지이다. 평정산만보와 평정산일보는 핑딩산시

(平頂山市) 공산당위원회 기관지로, 펑딩산시에서 가장 영향력 있는 언론 매체이다. 루산현은 펑딩산시에 속한 현으로, 두 지역은 한 시간 이내에 오갈 수 있는 지척 거리이다. 생각이 여기에 이르자, 급히 인터넷을 뒤져 평정산만보의 난원경묘지 관련 기사를 확인하고 신문사로 전화를 걸었다. 뤼짠웨이 기자에게 우리와 함께 난원경묘지에 대한 추가 취재를 제안할 생각이었다. 그러나 외근 중이어서 통화할 수가 없었다. 몇 차례 더 신문사로 전화를 했으나 역시 통화가 이루어지지 않았다. 하는 수 없이 단독으로 부딪쳐 볼 수밖에 없었다.

관공서 출근시간에 맞추어 지난번 만난 적 있는 노산현문화관 위안짠차이 주임을 찾아갔다. 그에게 우리의 생각을 대충 이야기하고 루산현 현장(縣長)이나 현서기(縣書記) 면담을 부탁하였다. 위안짠차이 주임은 우선 루산현의 문화와 예술을 총괄하는 문화국장을 만나는 것이 순서라 하며, 우리를 루산현 문화국장에게 안내하였다. 노산현문화국은 노산문화관이 입주한 노산현 선전문화센터(魯山縣宣傳文化中心) 건물 3층에 자리잡고 있었다. 문화국장과의 면담 자리에서 당나라에 투항한 백제 유민 난원경의 행적과 역사적 의미를 소개하고, 산둥성 롱청(榮城)의 적산법화원과 장쑤성 양저우(揚州)의 최치원기념관 그리고 저장성 저우산(舟山)의 심청공원 등을 예로 들며 루산현에 난원경 기념공원이나 기념관을 만들어 그를 부각시키면 한국의 관광객과 투자 유치에 도움이 될 것이라 역설하였다. 더불어 만약 루산현에서 그럴 의향이 있으면, 한국에 돌아가 이 사업에 참여할 지방자치단체를 물색해 보겠다고 제안하였다.

문화국장은 우리의 제안에 반신반의 하였다. 전혀 모르는 한국의 어느 대학 교수가 불쑥 찾아와 난원경 기념공원이나 기념관 건립을 제안하였으니, 충분히 그럴 만도 했다. 더욱이 당시는 고고도미사일방어체계(THAAD) 문제로 한중관계가 극도로 경색되어 있었다. 이런 상황에서 루산현이 앞장서 백제 유민 난원경을 현창하는 기념물을 조성한다는 것은 시류에도 맞지 않았다. 문화국장은 상부와 상의한 후 혹시 일을 추진하게 되면 연락하겠다고 했다. 그리고 동석한 문물연구실장에게 우리가 요청한 난원경묘지 탁본의 편의를 제공해주라고 지시하였다.

문화국장과의 면담을 마친 후 문물연구실장과 함께 자료실에 보관된 난원경묘지 초기 탁본을 보고자 했다. 그러나 마침 담당자가 출타 중이라 탁본을 볼 수가 없었다. 그렇다고 무작정 기다릴 수도 없었다. 이에 문물연구실장이 "담당자가 돌아오면 자신이 직접 탁본 사진을 찍어 전자메일로 보내주겠다"고 하였다. 한국에 돌아온 며칠 후 루산현 문물연구실장이 보낸 난원경묘지 초기 탁본의 사진파일을 받았다. 그러나 우리가 제안한 난원경 기념사업에 대한 루산현 문화국장의 연락은 5년이 돼가는 지금까지도 감감무소식이다.

최근 허난성 핑딩산시의 유력 일간지인 평정산일보 2019년 7월 3일자 인터넷판에 실린 위안짠차이(袁占才) 주임의 기고문을 우연히 보게 되었다. 위안짠차이는 이 글에서 난원경묘지의 발견과 연구 성과를 소개한 후 백제 장군 난원경이 당나라에 투항해 루산현에 살다 죽은 사실을 아는 한국인이 별로 없는데, 만약 룽청시의 장보고기념관과 양저우시의 최치원기념관처럼 루산현에 난원경 기념공원을 만들면 한국의 학술탐방객뿐만 아니라 일반 관광객들이 루산현에 찾아오게 되고, 나아가 한국 기업들이 루산현에 투자할 것이라 하며 난원경 기념사업 추진을 촉구하였다.

위안짠차이 주임은 앞서 우리가 루산현 문화국장을 면담하는 자리에 동석하였다. 그리고 면담 후 제안 내용을 자세히 정리해 그에게 넘겨준 적이 있다. 그런데 평정산일보에 기고한 그의 주장은 당시 우리가 문화국장에게 제안한 루산현 발전계획안과 조금도 다름이 없었다. 중국에서 난원경 기념사업의 필요성을 제기하는 것은 반가운 일임에 틀림없다. 그럼에도 원래 아이디어의 출처를 밝히지 않고 그것을 마치 자신의 독창적인 생각인양 세상에 내놓은 점에 대해서는 서운한 감을 지울 수 없다.

7. 법왕사 엔닌(圓仁) 석각 미스터리

1) 엔닌 석각의 비밀

2011년 6월 초순 서울 조계사에서 제3회 한·중·일 불교문화교류제 국제학술회의가 열렸다. 국내외 저명 학자들이 대거 참가한 이번 학술회의에서는 장보고와 동아시아 삼국의 불교교류 문제를 집중적으로 조명하였다. 당시 필자는 일본 사카요리 마사시(酒寄雅志) 교수의 발표에 대한 토론자로서 학술회의에 참석하였다.

사카요리 교수는 〈중국 법왕사의 엔닌 명문 석각〉이란 논문을 발표하였다. 그는 이 글에서, 일본 승려 엔닌이 당 무종의 불교탄압으로 환속하여 본국으로 쫓겨 돌아가던 중 지금의 허난성 덩펑시(登封市) 숭산(嵩山) 자락에 위치한 법왕사에 들러 수 문제가 세운 부도탑 속의 석가모니 사리를 절 뒤쪽 당나라 전탑(塼塔) 아래의 지하궁전으로 옮겨 보관한 뒤 그러한 사실을 기록한 석가사리장지(釋迦舍利藏誌)를 만들었는데, 후에 지석이 파손되어 명나라 말 혹은 청나라 초에 원래 석각에 의거하여 새로 만든 것이 바로 현재 법왕사에 남아 전하는 석가사리장지라는 것이다.

사실 2010년 5월에 중국 CCTV에서 법왕사의 엔닌 석가사리장지를 다큐멘터리 탐사보도 형식으로 방영하였고, 7월에는 일본의 아사히신문(朝日新聞)과 시모츠케신문(下野新聞)에서 그것의 발견 소식을 대대적으로 보도하였다. 사카요리 마사시 교수는 당시 법왕사의 엔닌 석각 발견과 학술적 연구를 주도한 사람이다. 그는 수차례 중국 현지를 방문하여 엔닌 석각을 조사하고 그것의 진실성을 확신하였다. 이번 서울에서의 발표는 종전 자신의 조사와 연구를 종합적으로 정리, 소개한 것이었다.

일본 승려 엔닌은 당나라에 유학한 약 9년 반동안 거의 매일 자신이 보고

들은 것을 메모해두었다가 나중에 본국으로 돌아가 정리한 것이 《입당구법순례행기(入唐求法巡禮行記)》이다. 그런데 《입당구법순례행기》에는 엔닌이 귀국하던 도중에 지금의 허난성 덩펑시 법왕사에 들렀다거나 또는 그러한 정황을 암시하는 기록이 전혀 보이지 않는다. 그럼에도 법왕사에 엔닌이 만들었다는 석각이 남아있다고 하니 흥미로운 일이 아닐 수 없다.

일찍이 필자는 엔닌의 《입당구법순례행기》를 수차례 탐독하였고 또 그것을 번역, 주석하여 국사편찬위원회 한국사 데이터베이스 자료로 제공한 적이 있다. 그 이후에도 엔닌과 그의 일기에 관심을 갖고 있던 터라 이른바 '엔닌 석각'을 직접 확인해보고 싶었다. 물론 엔닌 석각을 보기 위해 일부러 법왕사에 갈 필요는 없겠으나, 혹시 허난성에 갈 일이 있으면 꼭 법왕사에 가볼 생각이었다.

마침 2013년 2월에 중국 소재 한국고대사 관련 금석문을 조사하기 위해 허난성 뤄양에 갈 일이 생겼다. 한국에서 뤄양으로 가는 방법은 여러 가지가 있다. 그런데 이번에는 정저우 신정국제공항(新鄭國際空港)을 통해 중국에 들어가 가까이 있는 덩펑시에 들러 법왕사를 둘러본 후 시외버스로 뤄양으로 갈 계획을 세웠다. 법왕사는 정저우와 뤄양의 중간쯤에 위치하기 때문이다.

법왕사는 덩펑시에서 북쪽으로 약 5㎞ 떨어진, 숭산의 주봉인 태실산(太室山) 남쪽 기슭에 자리잡고 있다. 중국의 오악(五岳) 가운데 하나인 숭산은 측천무후가 신악(神岳)으로 숭배하던 명산이다. 일반적으로 숭산이라 하면 먼저 소림사를 떠올리겠으나 법왕사는 소림사보다 420여년 앞서 건립된 유서 깊은 사찰이다. 현재 사찰의 규모는 소림사에 미치지 못하나 금강전, 천왕전, 대웅보전, 지장전, 서방성인전(西方聖人殿), 장경각 등의 건물이 산기슭을 따라 포진하고, 절 뒤쪽 언덕에는 수나라 문제(文帝) 때 세운 15층의 방형 사리탑과 당나라 때 건립한 벽돌 탑 3기가 우뚝 서 있다. 사카요리 교수의 조사에 따르면, 엔닌의 석가사리장지는 바로 당나라 벽돌 탑 가운데 제2호 탑의 지하궁전에서 나왔다고 한다.

〈그림 3-14〉 법왕사 정문

현재 석가사리장지는 천왕전 동쪽 문인 유리문(琉璃門) 오른쪽의 검은 벽돌로 쌓은 벽에 끼워져 있다. 이 벽에는 상하 2단에 걸쳐 명·청대에 제작된 크고 작은 10개의 석각 자료가 촘촘히 끼워져 진열되었다. 그중 가로 60㎝ 세로 42㎝ 크기의 석가사리장지는 상단 왼쪽 두 번째 자리에 고정되어 있다. 거기에는 12행 8열에 걸쳐 수 문제가 법왕사 부도에 안치했던 사리를 전탑의 지하궁전으로 옮기고 '원인(圓仁)'과 '천여(天如)'가 지석을 만들어 그러한 사실을 새겼다고 한다. 그때가 회창 5년(845)이었다. 회창 5년은 당나라 무종의 불교 탄압이 최고조에 달한 시기로, 일본 구법승 엔닌이 강제로 환속하여 본국으로 쫓겨 돌아가던 해이다. 그래서 사카요리 교수는 엔닌이 일본으로 돌아가던 도중 법왕사에 들러 부처의 사리를 당나라 전탑 지하궁전에 봉안했을 것으로 추정하였다.

그런데 석가사리장지를 자세히 보면 '원인(圓仁)'이란 글자가 다른 글자에 비해 확연히 작다. 왜 이 글자만 작게 새겼을까? 석가사리장지에 새겨진 '원인(圓仁)'이 일본 승려 엔닌(圓仁)과 동명이인일 가능성은 없을까? 석가사리장지의

'원인(圓仁)'이 일본승 엔닌이라면, 그는 왜 법왕사에 들렀을까? 법왕사 종루에도 동일한 내용을 새긴 또 하나의 석가사리장지가 있다고 하는데, 왜 똑같은 장지(藏誌)가 두 점 남아있을까 등등 의문에 의문이 꼬리를 물고 이어졌다.

법왕사에 가기 몇 달 전 추창민 감독이 만든 영화 "광해, 왕이 된 남자"를 관람하였다. 이 영화는《승정원일기》에서 기록이 사라져 버린 광해군 8년의 15일간 행적을 픽션으로 재구성한 것이다. 실제《승정원일기》의 광해군 8년조에 보름 동안의 기록 공백이 있는지 확인해보지 않았으나, 그것과 관계없이 이 영화는 많은 사람들의 흥미와 감동을 자아냈다.

엔닌이 당에 체류하는 동안 매일 매일의 행적을 거의 빠짐없이 기록한《입당구법순례행기》에도 여러 가지 상상을 불러일으킬만한 기록의 공백이 있다. 즉 엔닌이 귀국하는 도중 845년 6월 1일에 낙양을 떠나 6월 9일 정주(鄭州)에 도착하기까지 7일간의 일기가 통째로 보이지 않는다. 엔닌은 왜 7일간의 행적을 기록으로 남기지 않았을까? 이 기간 동안 엔닌에게 무슨 일이 있었을까? 사카요리 교수의 말처럼, 무자비한 불교 탄압의 엄혹한 상황 속에서 엔닌이 낙양을 떠날 때 양경지(楊敬之)의 부탁을 받고 은밀히 법왕사에 들러 석가사리를 당대 전탑의 지하궁전에 숨겨 봉안하고 그러한 사실을 기록한 석가사리장지를 만든 다음 정주로 갔을까? 아니면 또 다른 무슨 일이 있었을까? 온갖 상상과 억측을 불러일으키는 대목이다.

2) 소림사 단상

뤄양으로 떠나기에 앞서 태실산과 서쪽으로 마주보는 소실산(少室山) 북쪽 중턱에 자리잡은 소림사를 찾아갔다. 소림사는 워낙 유명한 사찰이기도 하거니와, 신라 승려들의 자취가 서려있는 곳이라 그냥 지나가기가 아쉬웠다. 그곳에 가면 오진(悟眞)과 무상(無相) 같은 신라 스님의 소상(塑像)을 만날 수 있고, 비록 논란이 되기는 하나 《왕오천축국전》으로 유명한 혜초(慧超) 스님의 여향(餘香)을 맡을 수 있다. 그리고 지리산 쌍계사를 창건한 진감선사 혜소(慧昭)가 구족계를 받은 곳이 바로 이곳 소림사이다.

진감선사 혜소는 신라의 다른 승려와 달리 속인 신분으로 중국에 들어가, 30대 초반의 늦은 나이에 당나라 신감대사(神鑑大師) 아래에서 머리를 깎고 출가하였다. 그후 37세가 되던 810년에 소림사 유리계단(琉璃戒壇)에서 구족계를 받고 종남산과 장안을 두루 돌아다니며 불법을 구하였다. 선사는 이후 20년 동안 당에 머물다 57세가 되던 해에 고국으로 돌아왔다. 그리고 신라 왕들의 추앙을 받으며 지리산 기슭에 쌍계사를 창건하고 널리 불법을 펼치다가 77세의 나이로 입적하였다. 최치원이 지은 쌍계사진감선사탑비문에 전하는 내용이다. 이러니 소림사를 무심히 지나칠 수가 없었던 것이다.

소림사는 2005년 7월 중순에도 한차례 들렀던 곳이다. 그때나 지금이나 마찬가지지만, 실제 소림사는 평소 상상해오던 '샤오린스(少林寺)'와 전혀 달랐다. 강호의 고수들이 무술을 연마하고 내공이 특출한 노승이 법당에서 호령하는 영화 속의 소림사와는 딴판이었다. 금석문 탐사여행을 소개하는 글에서 새삼스럽게 소림사를 장황하게 언급할 필요는 없을 듯하다. 다만 소림사에서 느꼈던 한 가지 단상만을 소개하고자 한다.

종종 느끼는 일이지만, 중국인들은 사물의 명칭 앞에 '대(大)'자를 붙이기 좋아한다. 대당, 대명, 대청 등의 나라 이름 앞에 '대'자를 붙이는 것은 동·서양의 공통된 현상이므로 그만두고라도 대천복사, 대자은사, 대흥성사, 대법왕사와 같이 절 이름 앞에도 습관적으로 대(大)자를 붙인다. 심지어 고속도로를 가다보면 전혀 크지도 않고 장대하지도 않은 조그만 다리에 "大○○橋"라 한 것을 심심찮게 볼 수 있다.

어울리지 않는 '대'자 사용은 소림사에서도 마찬가지였다. 소림사 장경전 앞에 '대소림사(大少林寺)'라 새긴 커다란 향로가 놓여 있다. 소림사가 크고 장

대한 사찰인 것은 분명하다. 그렇다고 하여 클 대(大)자와 적을 소(少)자를 연이어 붙여 대소림사라 한 것은 아무래도 어울리지 않는 조합인 듯하다. 하기야 어울리지 않는 용어 조합으로는 한국의 서울중앙지방검찰청 혹은 서울중앙지방법원만한 것도 없을 것이다. 서울과 중앙 그리고 지방의 개념이 뒤죽박죽 얽히고 설켜 도저히 논리적으로 설명할 수 없다. 참으로 해괴한 명칭이다.

'대소림사'도 비논리적이기는 마찬가지이다. 10여년 전에 작고한 중국의 사상가이고 작가인 보양(柏楊)의 《추악한 중국인(醜陋的中國人)》(김영수 역, 창해출판, 2005)을 읽은 적이 있다. 허난성에서 태어났으나 후에 공산정권을 피해 타이완으로 이주한 그는 이 책에서 중국의 민족성을 신랄하게 비판하였다. 그는 중국문화의 본질을 지독히 오래되고 찌든 '장독 항아리'로 규정하고, 중국인의 심성과 행태 깊숙한 곳에 숨겨진 치부를 직설적으로 피력하였다. 그 중에서 중국인들은 큰소리치기 좋아하고 과장하여 허풍 떠는데 익숙하다는 점을 꼬집었다. 그것이 수천년 동안 주변민족을 깔보고 스스로를 세상의 중심이라 여기던 중화사상에 기인하는지 알 수 없다. 아무튼 중국인들은 '대소림사(大少林寺)'와 같이 어울리든 어울리지 않든 아무 곳에나 '대'자 붙이기를 좋아한다. 이런 점에서 보양의 지적에 충분히 수긍이 간다.

제3절 동북·동남지역 탐방

1. '당대해동번벌지'의 행방

1) 뤄전위의 해동번벌지

중국 허난성 뤄양에 갈 때면 종종 자오전화(趙振華) 교수를 만난다. 자오전화 교수는 인품도 인품이려니와, 그를 만나면 중국 금석문에 대한 다양한 정보를 얻을 수 있기 때문이다. 2017년 8월에도 허난성 루산현(魯山縣)의 난원경 묘지를 조사하러 가는 길에 뤄양에 들러 어김없이 자오전화 교수를 만났다. 칭하이성(靑海省)에 피서를 다녀온 일을 비롯한 일상의 소소한 이야기를 하던 중 자연스럽게 대화의 주제가 뤄양에서 출토된 당대 묘지로 옮겨갔다. 그 중에서도 고구려 유민 천헌성 묘지의 행방이 주요 화젯거리가 되었다.

천헌성묘지는 1937년 뤄전위(羅振玉)가 《당대해동번벌지존》에 묘지의 전문을 소개한 이후 누구도 본 적이 없는 자료이다. 자오전화 교수는 "묘지석의 존재 여부는 알 수 없으나, 그것의 탁본은 뤄전위와 인연이 많은 랴오닝성 뤄순(旅順)과 선양(瀋陽)의 박물관이나 도서관에 소장되어 있을지 모르겠다"라 하였다. 이어서 뤄전위의 생애를 자세히 소개하였다.

뤄전위는 청나라 동치 5년(1866) 지금의 장쑤성 화이안(淮安)에서 태어났다. 그는 몇 차례 향시에 응시했으나 번번이 낙방하자, 과거에 대한 미련을 버리고 금석학을 비롯한 역사와 고전 등의 국학에 관심을 갖고 연구하기 시작하였다. 후에 그는 호북농무국총리(湖北農務局總理) 겸 농무학당(農務學堂) 교장과 광둥(廣東)의 남양공학(南洋公學) 교장을 맡았고, 쑤저우(蘇州)에 강소사범학당을 세우고 초대 교장을 역임하였다. 그리고 1906년에 장즈통(張之洞)의 추천으로 베이징 청나라 정부에 들어가 학부(學部) 참사관과 이어서 경사대학당(京師大學堂) 농과 학장을 맡았다.

뤄전위가 청나라 정부에 봉직하던 1911년에 신해혁명이 일어났다. 그는 신변의 위험을 느끼고 일본으로 망명하여 교토(京都)에 거처를 마련한 다음 8년간 그곳에 머물렀다. 그후 1919년 3월에 일본을 떠나 중국으로 돌아가 상하이를 거쳐 톈진(天津)에 안착하였다. 그리고 베이징을 오가며 청나라 마지막 황제 선통제 푸이(溥儀)를 도와 왕조 재건을 도모하였다. 그는 1928년에 다시 뤼순(旅順)으로 이사하여 장군산 기슭에 사저와 대운서고(大雲書庫)를 짓고 그동안 소홀했던 연구에 전념하는 한편, 만주의 유지들뿐만 아니라 일본 관동군 지휘부와도 교류하며 청나라 재건에 마음을 기울였다.

그러던 중 1931년 9월 18일 유조호사건(柳條湖事件)이 일어났다. 이를 계기로 만주사변이 발발하고 다음해 3월 1일 만주국이 수립되었다. 이때 뤄전위는 참의부 참의(參議)와 이어서 감찰원 원장 등을 맡았다. 만주국 정부에서 바쁜 나날을 보내던 뤄전위는 1937년 건강이 악화되어 모든 공직을 사임하고 뤼순으로 퇴거해 자신이 소장하고 있던 전적과 기물을 정리하고 연구에 몰두하였다. 우리에게 잘 알려진 《당대해동번벌지존》은 바로 그때 편찬된 것이다. 그후 뤄전위는 1940년 5월에 75세의 나이로 죽었다고 한다.

사실 그때까지 뤄전위가 어떤 사람인지 전혀 알지 못했다. 흥미로운 이야기를 듣는 동안 자오전화 교수가 가지고 온 황주 한 병을 다 비웠다. 자오전화 교수는 평소 술을 거의 마시지 않는다. 그런데 한국에서 권 아무개가 왔다고 하여 특별히 집에 있던 황주를 한 병 가지고 나왔던 것이다. 필자는 중국의 백주(白酒)는 더 없이 좋아하나 황주는 별로 입에 맞지 않았다. 그런데 알고 보니 황주 마시는 법을 몰랐기 때문이었다. 황주는 그냥 마시기보다 주전자에 붓고 거기에 생강을 썰어 넣은 다음 따뜻하게 데워 먹으면 그 맛과 향이 일품이다. 이야기에 취하고 술에 취하는 사이 뤄전위의 이른바 '해동번벌지(海

東藩閟誌)'의 행방을 추적할 필요성을 느꼈다.

다음날 뤄양을 떠나 노산현문화관을 방문한 후 시안으로 갔다. 늘 그랬듯이 시안에 머무는 동안 비림박물관 근처의 여가호텔(如家酒店) 국화원점에 여장을 풀었다. 새롭게 단장한 청룡사박물관과 장안박물관을 둘러보고 바이건싱(拜根興) 교수와 장취안민(張全民) 연구원을 만나는 등의 모든 일정을 마무리한 후, 느긋한 마음으로 산책길에 나섰다. 익숙한 산책 코스인 호텔과 비림박물관 사이에 박문서점(博文書店)이란 조그만 헌책방이 있다. 10평이 채 되지 않을 것 같은 좁은 공간에 헌책과 새 책, 그리고 고서들이 어지럽게 쌓여있었다. 예전에 몇 번 들른 적이 있었으므로 시간을 보낼 겸 해서 별 생각 없이 서점에 들어가 이곳저곳을 둘러보았다. 그러던 중 서점 안쪽 선반 위에 가지런히 놓인 뤄전위의 저술총서인 《설당유고(雪堂類稿)》(8책) 한 질이 눈에 들어왔다. 전에는 보이지 않던 책이 오늘 보이는 것은 무슨 조화일까? 모든 게 마음에 두는 만큼 보이는 법이다. 예전에는 뤄전위에 관심이 없었으니 안 보였다가, 오늘은 뤄전위를 마음에 두고 나니 비로소 그 책이 보인 것이다.

2) 랴오닝성의 겨울 여행

귀국 후 틈틈이 뤄전위와 '해동번벌지'에 대한 자료를 조사하여 다음해 1월 중순 랴오닝성 선양(瀋陽)으로 향하였다. 선양의 겨울 날씨는 매서웠다. 게다가 도착하자마자 위염까지 생겨 박물관과 도서관 대신 병원부터 먼저 찾는 신세가 되었다. 호텔에서 며칠 쉬며 몸을 추스른 다음 선양시 훈난구(渾南區)에 자리한 요령성도서관과 요령성박물관을 찾아갔다. 뤄전위가 생전에 소장하던 유물의 일부가 그곳에 보관되어 있기 때문이다.

1940년 5월에 뤄전위가 죽은 후 그의 후손들이 뤼순 사저에 거주하며 대운서고의 자료를 관리하였다. 그런데 1945년 8월에 일본이 패망해 물러가고 소련군이 뤼순과 다롄(大連) 지역을 접수하였다. 소련군은 뤄전위의 사저와 대운서고가 있는 뤼순 태양구(太陽溝) 일대의 옛 일본군 고관들의 고급 주택을 징발하여 장교 주택과 공공 숙박시설로 사용하려 했다. 소련군의 징발령이 내려지자 뤄전위의 후손들은 대운서고의 서적과 유물을 옮길 여력이 없었다. 하는 수 없이 자료를 그대로 두고 가재도구만 챙겨 나왔는데, 곧이어 대운서고는 소련군 초대소로 개조되었다. 그 과정에 대운서고에 소장된 수많은 전적과 유물들이 파손되고 버려지고, 또 불법적으로 반출되었다. 비록 얼마 후 중국공산당 정부의 노력으로 버려지고 반출된 유물의 일부가 회수되고 남은 자료가 비교적 온전히 보전되었으나, 그것은 원래 소장 유물의 절반에도 미치지 못하였다.

1949년 뤄전위의 후손들은 중국 정부의 요청을 받아들여 도서 20여만 책을 지금의 요령성도서관인 동북도서관(東北圖書館)에 기증하였다. 그리고 뤄전위는 생전에 자신이 소장하던 역대 명기(明器)를 비롯한 다수의 유물을 요령성박물관의 전신인 국립봉천박물관(國立奉天博物館)에 기탁하였다. 뿐만 아니라 그의 사후 대운서고 자료 일부가 요령성박물관으로 유입되어, 현재 각종 전적과 문서 그리고 상당수의 수·당대 묘지 탁본이 여기에 수장되어 있다.

먼저 요령성도서관을 방문하여 왕레이(王蕾) 연구원을 찾았다. 왕레이 연구원은 일찍이 요령성도서관에 소장된 미정리 고적자료의 현황을 조사한 적이 있어, 그를 통하면 뤄전위 후손이 이 도서관에 기증한 자료를 쉽게 확인할 수 있을 것 같았기 때문이다. 그러나 마침 출타 중이라 만날 수가 없었다. 대신 특장부(特藏部)에서 고적 정리를 담당하는 류빙(劉冰) 사서를 소개받아, 요령성도서관에 소장된 뤄전위의 자료 가운데 이른바 '해동번벌지'가 들어있는지 문의하였다. 그는 여기저기 자료를 검색하고 또 다른 직원들에게 물어본 후, 아직 뤄전위의 자료를 모두 정리하지 못해 그러한 탁본이 있는지 알 수 없다고 하였다.

요령성도서관을 나와 길 건너편의 요령성박물관으로 향하였다. 지난 2000
년 요령성박물관은 박물관에 소장된 비석과 묘지 탁본을 일괄 조사하여《요
령성박물관장비지정수(遼寧省博物館藏碑誌精粹)》(문물출판사)를 출간하였다. 이
작업은 왕몐호우(王綿厚) 연구원이 주도하였다. 그래서 우선 그를 찾았으나 이
미 퇴직한 상태였다. 하는 수 없이 당시 이 작업의 실무자로 참여했던 왕원(王
韞) 주임을 만나 뤄전위의 '해동번벌지' 소장 여부를 문의하였다. 그러나 현재
까지의 박물관 조사 목록에는《당대해동번벌지존》에 실린 탁본 자료가 없을
뿐더러 자신도 그런 자료를 본 적이 없다고 하였다.

선양에서 별다른 소득을 얻지 못하고 여순박물관으로 향하였다. 여순박물
관은 대운서고를 포함한 뤄전위의 옛 저택과 가까운 다롄시 뤼순구(旅順區)
태양구역사풍경구(太陽溝歷史風景區) 안에 자리잡고 있었다. 이 박물관은 원래

〈그림 3-15〉 여순박물관

의 일본 관동청박물관(關東廳博物館)을 후에 지금의 이름으로 바꾼 것으로, 건물은 20세기 초의 모습을 그대로 유지하였다. 입구에는 저명한 중국학자 궈모뤄(郭沫若)가 1954년에 쓴 "여순박물관(旅順博物館)" 현판이 위풍당당하게 걸려 있었다. 여순박물관은 일찍부터 대운서고에서 유출된 고적과 갑골, 청나라 황실 문서, 청동기, 비첩 등의 유물을 꾸준히 수집하여, 지금은 약 7천여 점의 뤄전위 유물을 소장하고 있다.

이번 여행을 준비하면서 국내에 여순박물관과 인맥이 닿는 사람이 있는지 다방면으로 수소문했으나, 마땅한 사람을 찾을 수 없었다. 하는 수 없이 몇 년 전 여순박물관에 소장된 뤄전위의 비첩 현황을 조사, 발표한 이 박물관의 류짜오청(劉兆程) 연구원을 찾아갔다. 그는 필자와 초면인데도 오래 사귄 친구처럼 친절하게 응대하였다. 류짜오청은 여순박물관이 소장한 뤄전위의 탁본 목록을 가져와 보여주었다. 거기에는 대운서고에서 흘러나온 각종 탁본 100여 점이 기록되어 있었으나, 우리가 찾던 해동번벌지의 탁본은 어디에도 보이지 않았다. 실망한 마음을 안고 근처의 여순감옥을 둘러본 후 대련도서관으로 발길을 돌렸다.

대련도서관은 다롄시 시강구(西崗區) 장백가(長白街)에 자리잡고 있다. 일찍이 뤄전위의 후손들은 대운서고의 자료 13만여 책과 다수의 금석 탁본을 여대시문물보호위원회(旅大市文物保護委員會)에 기탁하였다. 그후 여대시문물보호위원회는 이 자료를 여대시도서관(旅大市圖書館), 곧 지금의 대련도서관으로 이관하였다. 그리고 2006년에 뤄전위의 손자 뤄지주(羅繼祖)가 개인적으로 소장하던 뤄전위의 전적 2,300종 5,477책을 역시 대련도서관에 기증하였다.

대련도서관에도 아는 사람이 없어 무작정 고적 담당 직원을 찾아갔다. 생면부지의 한국인이 사전 연락도 없이 찾아갔음에도 담당 직원은 친절히 맞아주었다. 그러면서 대련도서관은 뤄전위의 소장 탁본을 상당수 가지고 있으나, 아직 모두 정리하지 않아 현재로서는 '해동번벌지'의 존재 여부를 알 수 없고,

추후 몇 년 안에 그것들을 정리해 책으로 간행할 예정인데 자료집이 나오면 보내주겠다고 하였다. 이 말이 인사치레인 것을 알면서도 혹시나 하는 마음에서 명함을 맡기고 도서관을 나왔다.

대련도서관은 고서 약 55만 권, 명·청시대의 회화 5,000여 점, 역대 비석과 묘지 탁본 2,000여 점을 수장하고 있다. 탁본의 경우 아직 정리되지 않은 것까지 합하면 이보다 훨씬 많을 것이다. 만약 소련군 진주 직후의 혼란 속에서 '해동번벌지'가 없어지지 않고 남아 있다면, 대련도서관에 소장되어 있을 가능성이 높아 보인다. 아무튼 천헌성묘지 탁본을 비롯한 뤄전위의 '당대해동번벌지'를 찾아 나선 이번 여행은 변죽만 울리고 별다른 소득 없이 끝났다.

2. 정효·정혜공주 묘지 탐사

1) 옌지(延吉)의 정효공주묘지

2018년 7월 중순 지린성 옌지의 연변대학에서 국사편찬위원회가 주관한 제6회 한중역사가 포럼이 열렸다. 이 포럼에서 한국과 중국학자 8명이 광개토왕릉비와 발해의 문자기와를 비롯한 고대 동아시아 문자자료에 대한 다양한 논문을 발표하였다. 필자는 이 자리에서 그해 초 랴오닝성 선양과 다롄에서 조사한 '해동번벌지'의 행방 문제를 다룬 〈뤄전위(羅振玉)의 금석학과 당대해동번벌지존〉이란 논문을 발표하였다.

옌지는 한중수교 직후인 1992년 11월에 국사편찬위원회의 공무 출장으로 다녀온 이후 25년 만에 다시 찾은 곳이다. 그 사이 수십 차례 중국을 왕래했으나, 주로 시안과 뤄양을 위시한 중국 내륙과 산둥성, 장쑤성, 저장성 등의 동남 연해지역을 돌아다녔다. 강산이 두 번도 더 바뀐 후에 찾아간 옌지는 필자의 기억 속에 남아있던 낙후되고 우중충한 옌지가 아니었다. 뽕나무 밭이 푸른 바다가 되어 있었다. 감회가 남달랐다.

이번 지린성 여행의 주목적은 말할 것도 없이 학술회의 논문 발표이다. 그런데 이 외에도 두 가지 목적이 더 있었다. 하나는 발해 정효공주와 정혜공주 묘지(墓誌)를 조사하는 일이고, 다른 하나는 허룽시(和龍市) 용해촌(龍海村) 용두산(龍頭山)에서 출토된 발해황후 묘지석의 현황을 알아보는 것이었다. 정효공주와 정혜공주 묘지는 오래 전에 출토되어 이후 연구가 꾸준히 이어져왔다. 그럼에도 과문한 탓인지 모르지만, 아직까지 이들 묘지의 양호한 탁본이 공개된 적이 없다. 그리고 지린성 허룽시에서 발해황후 묘지가 출토되었다는 사실이 이미 10여 년 전에 알려졌음에도, 지금까지 탁본은 물론 그것의 구체적인 내용이 전혀 공개되지 않았다. 옌지에 간 김에 이 두 가지 문제의 실마리라도 찾아볼 생각이었다.

하루 종일 진행된 한중역사가 포럼의 마지막 순서는 종합토론이었다. 종합토론이 거의 끝나갈 무렵, 필자가 정효공주와 정혜공주 묘지의 탁본과 허룽시 용두산에서 출토된 발해황후 묘지의 현황 문제를 제기하였다. 토론의 좌장을 맡은 연변대학 정영진(鄭永振) 교수가 정효공주와 정혜공주 묘지를 간단히 언급한 다음, 발해황후 묘지에 대하여 비교적 소상히 소개하였다.

발해황후 무덤을 발굴하고 또 묘지를 수습한 길림성문물고고연구소 리챵(李强) 소장은 자신과 친분이 있는 사람으로, 개인 사정으로 발굴보고서 작성이 늦어져 아직 묘지를 공개하지 못하고 있다 하였다. 그리고 일찍이 리챵 소장의 연구실에서 발해황후 묘지를 직접 보았는데, 묘지는 모두 2점으로 형태는 규형(圭形)이고 그중 하나의 묘지에서 황후의 출신을 선비족 후손이라 한듯하다고 기억하였다.

첫날 학술회의가 끝난 뒤 한국측 참가자들은 이틀 동안 동모산성(東牟山城), 육정산고분군(六頂山古墳群), 성산자산성(城山子山城), 팔련성(八連城), 온특혁부성(溫特赫部城), 살기성(薩其城) 등지를 답사하고 연변조선족자치주박물관을 관람하였다. 무엇보다도 중국 금석문에 관심이 많은 터라 육정산고분군의 정혜공주 무덤과 연변조선족자치주박물관에 전시된 정효공주묘지를 눈여겨 살펴보았다. 육정산고분군 제2호분인 정혜공주묘는 남쪽으로 묘도를 낸 석실봉토분으로, 묘지석이 있던 묘실은 생각보다 작았다. 그리고 연변조선족자치주박물관으로 옮겨놓은 정효공주묘지는 진열실 안쪽 멀찌감치 전시되어 있어 자세히 살펴볼 수 없었다. 다만 전체적으로 당대의 일반적인 묘지석과 달리 직사각형의 윗부분 좌우 귀퉁이를 자른 규형으로, 크기는 대략 높이 100㎝ 폭 60㎝ 두께 25㎝ 정도 되는 둔중한 형태였다. 글자를 새긴 앞면에는 사방을 돌아가며 테두리 선을 긋고 선 바깥부분에는 화초넝쿨무늬를 새겼다.

사실 엊그제 학술회의 종합토론에서 정효공주와 정혜공주 그리고 발해황후 묘지 현황에 대한 정영진 교수의 설명이 성에 차지 않았다. 그래서 이틀 동안 우리 일행을 안내한 연변대학 강성산(姜成山) 박사에게 정효공주와 정혜공주 묘지의 초기 탁본과 발해황후 묘지석을 직접 볼 수 있을지 타진하였다. 발해사를 전공하는 자신도 정효공주와 정혜공주 묘지의 선명한 탁본을 본 적이 없다고 하며, 추후 관심을 가지고 초기 탁본을 찾아보겠다 하였다. 그리고 발해황후 묘지는 아직 아무에게도 공개하지 않은 자료라 지금으로서는 열람이 거의 불가능한데, 다음에 옌지를 방문하게 되면 발해황후 무덤을 발굴한 리챵 소장과의 만남을 주선해보겠다고 했다.

그해 12월 중순 강성산 박사가 학술회의 참석차 부산을 방문하였다. 강 박사에 의하면, 연변대학 당안자료실(檔案資料室)에 정효공주묘지 초기 탁본 복사본이 있고, 리챵 소장은 자신의 친구 아버지라 만남을 주선하는데 어려움이 없을 것이라 하였다. 이에 부랴부랴 지린성 여행을 준비하여 다음해 1월 중순 옌지행 비행기에 몸을 실었다.

옌지에 도착하자마자 강성산 박사와 함께 연변대학으로 갔다. 그가 연변대

〈그림 3-16〉 정효공주묘지 탁본

학 당안자료실에서 미리 빌려놓은 정효공주묘지 탁본 복사본은 지금까지 보지 못한 선본이었다. 우선 그것을 사진으로 찍었으나 마음에 차지 않았다. 이에 연변대학 대학원생 문성휘(文星輝)의 도움을 받아 여러 부분으로 나누어 동일 배율로 스캔한 다음 그것을 USB에 담았다. 귀국 후 이것을 조합하고 편집해 완전한 형태의 탁본을 복원할 요량이었다.

다음날 저녁 숙소인 화양호텔(華陽酒店)에서 리챵 소장을 만났다. 그 자리에서 발해황후 묘지의 개황과 묘지석 혹은 탁본 열람을 요청하였다. 리챵 소장은 "정식 발굴보고서가 나오기 전에는 묘지 내용과 탁본을 일절 외부에 공개할 수 없다. 내년에 발굴보고서를 출간할 예정인데 그 이후에 다시 옌지를 방문하면 탁본을 보여주겠다"고 약속하였다. 이전에도 한국의 몇몇 교수와 기자가 발해황후 묘지를 열람하고자 했으나 모두 거절했다는 말도 덧붙였다. 어쩔 수 없이 다음에 다시 찾아오겠다는 말로 만남을 마무리했다.

2) 길림성박물원의 정혜공주묘지

옌지에서 비교적 양호한 정효공주묘지 탁본을 스캔할 수 있었으나, 둔화시(敦化市) 육정산고분군에서 출토된 정혜공주묘지와 그것의 탁본은 어디서도 찾아볼 수 없었다. 하는 수없이 강성산 박사와 함께 정혜공주묘지를 소장한 창춘(長春)의 길림성박물원으로 향하였다. 한중수교 직후 지린성에 처음 갔을 때는 옌지에서 창춘까지 기차로 네댓 시간 걸린 걸로 기억한다. 그러나 지금은 고속철도가 놓여 2시간 반이면 창춘에 갈 수 있다.

길림성박물원은 원래 시내 중심의 옛 만주국 황궁 건물에 자리했으나, 지금은 동남쪽 외곽의 정월경제개발구(淨月經濟開發區)로 옮겨갔다. 창춘역에서 택시로 약 40분이 걸릴 정도로 멀리 떨어진 변두리에 자리한 길림성박물원은 길림성과학기술관과 함께 길림성과학기술문화센터 건물에 입주해 있었다. 지난해 한중역사가 포럼에서 만났던 길림대학 쑹위빈(宋玉彬) 교수와 함께 박물관을 관람하였다.

길림성박물원 2층에 정혜공주묘지가 전시되어 있었다. 처음 보는 정혜공주묘지인지라 열심히 사진을 찍고 내용을 메모하였다. 이때 옆에 있던 쑹위빈 교수가 "이것은 복제품이고 실제 묘지석은 일곱 조각으로 깨진 채 수장고에 보관되어 있다"고 귀띔해주었다. 쑹위빈 교수의 말을 듣고서 비로소 정혜공주묘지의 전체 모습을 보여주는 사진과 탁본이 학계에 소개되지 않은 이유를 알 것 같았다. 이 묘지는 출토 당시에 이미 일곱 조각으로 깨져 있었으므로 묘지의 완전한 모습을 보여주는 탁본과 사진이 존재할 수 없다. 물론 깨진 돌을 모두 합체하거나 혹은 하나하나의 탁본을 만들 수도 있겠으나, 굳이 그럴 필요가 없었을 것이다. 길림성박물원에 가면 정혜공주묘지뿐만 아니라 운이 좋으면 양호한 탁본도 볼 수 있을 것이란 당초의 기대는 여지없이 깨졌다. 그런 생각 자체가 완전 무지의 소치였다.

쑹위빈 교수에 의하면, 박물원에 전시된 정혜공주묘지가 비록 복제품이기는 하나 원래 묘지와 조금도 차이가 없다고 한다. 이 묘지는 정효공주묘지와 비슷한 둔탁한 규형으로, 묘지 위쪽에 화초넝쿨무늬를 음각하고 그 아래쪽에 글자를 새겼다. 글을 새긴 부분의 상단 약 1/3은 심하게 훼손되어 글자를 거의 알아볼 수 없고, 그 아래쪽은 비교적 온전하게 남아 있었다.

길림성박물원을 나와 시내로 이동하여 길림대학 왕롄룽(王連龍) 교수를 만났다. 그는 백제 유민 예군 묘지를 처음으로 학계에 소개하였고, 또 고구려 유민 고을덕(高乙德)과 남단덕(南單德) 묘지를 연구하는 등 재당 한인 묘지에 관심이 많은 학자이다. 당초 왕롄룽 교수를 만날 계획이 없었으나, 쑹위빈 교수의 갑작스런 주선으로 그를 만나게 되었던 것이다. 그로부터 길림성박물원에 소장된 정혜공주묘지를 비롯한 재당 한인 묘지에 대한 연구현황을 듣고, 최근 그가 집필한 《신현수당묘지집석(新見隋唐墓誌集釋)》(요해출판사, 2015)을 선물로 받았다.

지린성을 다녀온 후 USB에 담아온 정효공주묘지 탁본을 편집해 복원하였다. 그것이 언제가 될지 모르지만, 이 탁본을 바탕으로 정효공주묘지를 새롭게 판독하고 분석해볼 생각이다. 그리고 발해황후 묘지 발굴보고서가 출간되면 다시 옌지를 방문할 예정이다. 지난번 리창 소장의 말대로라면 발굴보고서가 이미 나왔어야 하는데, 아직 출간 소식이 들리지 않는다.

3. 곤유산 무염선원비 추적

1) 무염선원과 무염사

중국 산둥성 원덩시(文登市) 곤유산(崑崙山)의 무염사풍경구에 당나라 무염선원(無染禪院) 옛 터가 있다. 원덩시에서 309번 국도를 따라 서남쪽으로 20㎞ 정도 가다가 적금박(赤金泊) 부근에서 오른쪽 성도(省道)로 접어들어 북쪽으로 거쟈진(葛家鎭)과 쇄자촌(晒字村)을 지나면 초현(楚峴) 삼거리가 나온다. 거기서 왼쪽으로 난 좁은 도로를 따라 3㎞ 정도 들어가면 무염선원 터에 도달할 수 있다.

현지인들이 주로 무염사라 부르는 이곳에는 최근 콘크리트 건물을 개조해 만든 조그만 불당과 청나라 광서 13년(1887)에 세운 중수무염선원비(重修無染 禪院碑)가 있다. 이 비문에 의하면 무염선원은 19세기 말까지만 해도, 비록 번성하지는 않았으나 장륙상을 모신 불전과 승방 그리고 산문을 두루 갖추었다고 한다. 그러던 것이 1940년대 중국의 항일전쟁 와중에 선방의 승려들이 뿔뿔이 흩어지고 사찰 건물은 병공창(兵工廠)으로 활용되었다. 그후 1960년대 초 중·소분쟁으로 양국 사이에 전운이 감돌자, 소련과의 전쟁에 대비하여 무염선원의 원래 건물을 완전히 뜯어내고 그 자리에 군영을 건설하였다.

현재 무염선원 터에는 4동의 건물이 서 있다. 장방형으로 된 이들은 모두 시멘트와 석재를 섞어 두껍고 단단하게 벽을 쌓고, 벽 중간중간에 유리창을 설치하여 통풍과 채광 그리고 외부조망에 편리하도록 건축되었다. 이 건물들이 바로 1960년대 지은 군영일 터인데, 건물의 벽면이 40cm가 넘을 정도로 튼튼하게 쌓은 모양새가 이곳이 군영으로 사용되었음을 말해준다. 아무튼 무염선원은 20세기의 몇 차례 수난으로 절의 옛 건물들은 모두 무너져 없어지고 사찰의 흔적까지도 사라지게 되었다.

근년 중국 정부는 이 지역 일대를 무염사풍경구로 지정하고 관광지로 개발하였으나, 여타 관광지와 달리 찾아오는 사람이 별로 없는 실정이다. 이처럼 사찰의 규모나 명성에 특별한 점이 없어 보이는 이 절에 관심을 갖게 된 것은 이곳에 재당 신라인 김청(金淸)이 등장하는 당무염선원비(唐無染禪院碑)가 있다고 했기 때문이다.

무염선원이 한국에 알려진 것은 30여 년 전의 일이다. 1988년에 열린 서울올림픽과 1992년에 체결된 한중수교는 한국과 중국의 정치, 경제, 문화 교류에 획기적인 계기가 되었다. 역사를 포함한 한중 학술교류도 예외가 아니었다. 중국 학자들은 종래 역사연구의 변방으로 취급되던 한중교류사에 관심을 기울이기 시작하였고, 한국 학자들은 중국 현지답사를 통하여 새로운 자료를 수집해 연구에 활용하였다. 그 중에서도 고대 한중교류에 대한 자료 발굴과 정리가 왕성하게 이루어졌다. 무염선원은 바로 그러한 과정에서 주목받게 된 사찰이다.

무염선원에 대한 관심은 중국에서부터 시작되었다. 1989년 지린성 사회과 학원의 류용쯔(劉永智)와 산둥성 펑라이시(蓬萊市) 문화국의 위안샤오춘(袁曉春) 이 《증수등주부지(增修登州府誌)》에 수록된 당무염선원비를 인용하여, 신라 출 신 김청이 무염선원 창건에 깊이 관여한 사실을 처음으로 소개하였다. 그후 한국의 김문경 교수가 무염선원 터를 찾아가 현장을 직접 조사한 후, 이 절은 신라의 서학 구법승 낭혜화상 무염(無染)이 귀국한 후 재당 신라인 김청이 그 를 기리기 위해 건립한 것이라 하여 보다 구체화시켰다.

2) 무염선원 터 답사

산둥성 무염선원이 낭혜화상 무염과 관련 있다는 주장은 꽤나 흥미로웠다. 그럼에도 늘 의구심을 품고 있던 중, 2004년 8월에 중국 산동대학이 주최한 등주항과 한중교류국제학술회의(登州港與中韓交流國際學術討論會) 참석차 산둥 성 펑라이시를 방문하였다. 펑라이시는 원덩시와 멀지 않았으므로 학술회의 마지막 날인 8월 23일 산동대학 대학원생 차은화(車垠和)와 함께 무염선원 터 를 찾아갔다.

펑라이에서 무염선원 옛 터에 가려면 옌타이(烟台)를 거쳐야 한다. 펑라이에 서 옌타이까지는 시외버스로 쉽게 오갈 수 있었으나, 옌타이에서 무염선원 터 까지는 왕래하는 버스가 없을뿐더러 가는 길도 잘 몰랐다. 하는 수 없이 거 금을 주고 택시를 전세 내어 왕복하기로 했다. 무염선원 터에 도착한 후 가장 먼저 그곳에 현존하는 중수무염선원비의 내용을 확인하였다. 사찰 중수비는 그 절의 창건을 비롯한 사찰의 역사를 개략적이나마 소개하는 것이 일반적이

〈그림 3-17〉 중수무염선원비

다. 중수무염선원비에도 무염선원의 창건 내력과 변천 과정 등이 기록되어 있을 터이므로, 이 비문은 무염선원과 낭혜화상 무염과의 관련성에 어떤 단서를 제공해주지 않을까 생각했기 때문이다.

일찍이 이 비문을 조사한 김문경 교수는 "비문의 판독이 매우 곤란하다"라 하였으므로 내심 큰 기대는 하지 않았다. 그러나 현지의 비문은 육안으로도 대부분 판독할 수 있을 정도로 글씨가 온전하게 남아있었다. 이에 무염사풍경구 관리인의 눈을 피해 비문을 탁본하고 정밀하게 촬영하였다. 귀국 후 탁본과 사진을 바탕으로 판독문을 만들어 내용을 읽어보니, 낭혜화상 무염과 관련된 내용이 전혀 없었다.

2005년 1월 하순 고구려연구재단의 연구 과제를 수행하기 위해 중국을 답사하던 중 재차 무염선원 터를 찾아갔다. 이번에는 지난번 답사 때 둘러보지 못한 사찰 경내를 자세히 살펴볼 생각이었다. 아울러 중수무염선원비 내용의 사실 여부와 당무염선원비의 실물 혹은 탁본의 존재 여부를 확인하고자 하였다. 우선 무염사풍경구 관리소장 리밍(李明)의 안내로 절 뒤쪽 계곡 약 1㎞ 상류 지점의 암벽에 중수무염선원비에서 언급한 제나라 왕후 무염(無鹽)의 무덤이라 전하는 석감(石龕)을 비롯한 몇몇 유적을 확인하였다. 그러나 당나라 광화 4년(901)에 세웠다는 당무염선원비에 대해서는 이곳 관리소뿐만 아니라 후에 들렀던 원덩시 박물관과 문물국에서도 그 존재를 알지 못하였다.

당무염선원비의 존재 가능성에 대한 미련을 버리지 못하고 있던 필자는 2006년 7월 하순에 세 번째로 무염선원 터를 찾아갔다. 이때 절터 구석구석을 조사하였으나 온전한 비석은커녕 파편 한 점 발견할 수 없었다. 다만 무염선원비인지는 알 수 없으나, 지금의 무염사 아래쪽 개울에 건축 용재로 사용하기 위해 인위적으로 절단한 비석의 대좌(臺座)와 개석이 흩어져 있었다. 그리고 그와 유사한 석재가 군영 건물의 주춧돌로 사용되었다는 사실을 확인하였다.

한편 무염선원 터에서 북쪽으로 약 1㎞ 정도 떨어진 곤유산 기슭의 성모궁(聖母宮) 뜰에서 가로 70㎝, 세로 50㎝ 크기로 절단된 비편을 발견하였다. 관리소장의 말에 의하면, 이 비석은 원래 무염선원 터에 있었는데 지난해 성모궁 뜰로 옮겼다고 한다. 윗부분이 깨져 나가고 결락과 마모가 심하여 비석의 내용을 정확히 파악할 수 없었다. 다만 비문 끝부분에 "궁복만서어발(宮卜萬書於跋)"이라 한 점으로 보아, 이것은 《증수등주부지》에서 말한 무염원증수비(無染院增修碑)의 잔편이 아닐까 생각되었다.

무염선원 옛 터를 세 차례 탐사했으나 끝내 당무염선원비 혹은 그것의 탁본을 찾지 못한 채, 그간의 조사 내용을 바탕으로 〈중국 산동성 무염원(지)에 관한 몇 가지 문제〉(《신라문화》 28, 2006)를 발표하였다. 그런데 다음해 박현규 교수가 중국 국가도서관에서 당무염선원비의 완전한 탁본을 찾아냈다는 소식을 들었다. 박현규 교수는 이 탁본의 제작시기를 청나라 말에서 민국 초로 추정하였다.[1] 그의 주장에 따른다면 무염선원비는 민국 초까지 온존하였음이 분명하다. 더욱이 1936년에 편찬된 《모평현지(牟平縣誌)》에 당무염원선원비의 일부를 촬영한 사진이 실려 있다. 그렇다면 당무염선원비는 1930년대 중반까지도 무염선원 옛 자리에 온전하게 남아있었다고 할 수 있다.

그러면 그토록 찾아 헤매던 당무염선원비는 구체적으로 언제, 왜 없어졌을까? 1996년에 편찬된 《문등시지(文登市誌)》가 그 실마리를 제공한다. 《문등시지》의 당무염원비 해제에 "(무염선원비는) 군영을 건설할 때 유실되었다[失于建軍營時]"라 하였다. 1936년 이후 이곳에 군영을 건설한 것은 1960년대 초 중·소분쟁 와중에 소련과의 전쟁에 대비해 설치한 것이 유일하다. 그렇다면 1천여 년 동안 꿋꿋이 제자리를 지켜오던 당무염선원비는 1960년대 초 군영 건설 과정에서 사라졌다고 할 수 있다. 다만 그것이 온전하게 다른 곳으로 옮겨져 보관되어 있는지, 아니면 깨져 군영 건설의 석재로 사용되었는지는 알수 없다.

비록 세 차례에 지나지 않으나, 무염선원 터를 찾아갈 때마다 무염사풍경구 관리소장인 리밍을 만났다. 처음에는 낯선 이방인을 경계하는 눈치였으나 두세 번 만나면서 다소 친숙해졌다. 중국의 풍경구는 뛰어난 자연이나 문화적, 과학적, 혹은 역사적 가치를 가진 자연경관과 인문환경이 집중되어 있는 일정 범위의 명승구역을 지칭하는 말이다. 우리나라의 문화관광단지와 유사한 개념이다. 중국 풍경구에는 국가가 지정하는 국가급풍경구와 각 성(省) 별로 지정하는 성급풍경구가 있다. 무염사풍경구는 곤유산의 아름다운 자연과 곳곳에 자리잡은 도관(道觀)·사찰 등의 인문자원이 어우러진 곤유산풍경구의 일부분으로 국가급풍경구이다.

---

1) 박현규, 〈원탁본 唐无染禪院碑 고찰〉, 《신라사학보》 12, 2008, 327~338쪽.

곤유산풍경구의 다른 지역은 어떤지 모르겠으나, 당시 무염사를 중심으로 한 무염사풍경구는 관광지로서의 기반시설이 전혀 갖추어지지 않았다. 식당은 물론 조그만 가게 하나 없었다. 그래서인지 찾아오는 관광객이 거의 없었다. 리밍 소장과 이러한 문제를 이야기하다 문득 고려대학교 총장을 역임한 김준엽 선생이 생각났다. 대한민국 임시정부 광복군으로 활동한 김준엽 선생은 자타가 공인하는 중국통이다. 한중수교 후 그가 장쑤성 양저우(揚州)에 들렀을 때 그곳 사람들이 "어떻게 하면 한국 관광객들을 양저우로 많이 유치할 수 있을까요?"라 묻자, 김준엽 선생이 "양저우에는 신라인 최치원이 있지 않습니까"라 하였다. 그러자 양저우에서 양주고성(揚州古城) 안에 최치원기념관을 건립하는 등의 노력으로 한국 관광객을 끌어들이려 했다고 한다. 중국을 여행하면서 전해들은 이야기이다.

최치원기념관 건립이 양저우의 한국 관광객 유치에 얼마나 효과가 있었는지 잘 모른다. 아무튼 무염사풍경구도 무염사의 전신인 무염선원 건립에 앞장선 신라인 김청(金淸)을 활용해보면 어떨까 조언하였다. 말단 관리인 리밍 소장이 감당하기에 너무 벅찬 과제라는 사실을 알면서도 짐짓 김준엽 선생의 흉내를 한번 내 본 것이다.

최근 한국고대사 관련 중국 금석문을 정리하다 중국 포털사이트 바이두(百度)를 통해 무염선원을 검색해보았다. 바이두에 실린 무염사풍경구의 모습은 마지막으로 이 절을 찾았던 2006년 때와는 완전 딴판이었다. 무염사 입구에는 자동차 행렬이 이어지고 썰렁하던 사찰 경내에는 행락객들로 붐볐다. 문득 리밍 소장에게 겸연쩍은 생각이 든다.

4. 중국 국가도서관의 고진묘지 탁본

1) 양해각서의 첫 수혜자

몇 년 전 뤄전위(羅振玉)의 《당대해동번벌지존》에 수록된 '해동번벌지(海東藩閥誌)'를 찾아 랴오닝성의 여러 도서관과 박물관을 탐방한 적이 있다. 그 중에서도 현재 묘지석과 탁본이 모두 확인되지 않는 천헌성묘지와 탁본은 존재하나 묘지석이 확인되지 않는 고자묘지(高慈墓誌)와 고진묘지(高震墓誌)를 탐색하는 것이 저번 탐사여행의 주목적이었다. 그러나 변죽만 울리고 실질적으로 아무 것도 얻지 못하고 빈손으로 돌아왔다.

그후 천헌성묘지와 그것의 탁본을 찾는 일은 단기간에 가능할 것 같지 않아 장기과제로 미루어 두었다. 또한 고자묘지는 탁본이 이미 여러 자료집에 소개되었으므로 그것을 활용하면 연구에 별 문제가 없을 것으로 보였다. 그러나 고진묘지의 경우는 다르다. 고진묘지는 《당대해동번벌지존》을 비롯한 여러 자료집에 이미 그 내용이 소개되었으나, 묘지석과 탁본은 전혀 공개된 적이 없기 때문이다. 그에 따라 고진묘지를 연구에 활용하는 사람들은 모두 탁본 자료가 아닌 기존 판독문에 의지할 수밖에 없었다.

중국의 금석학자 저우샤오량(周紹良)은 20세기 초 이후 중국 각지에서 발견 혹은 발굴된 당나라 묘지 5천여 점을 정리하여 《당대묘지휘편》(상해고적출판사, 1992) 상·하 2책을 출간하였다. 이 책에 고진묘지의 전문이 실려 있거니와, 그는 자신이 소장한 탁본에 의거하여 이 묘지를 판독했다고 하였다. 그럼에도 그는 지금까지 고진묘지의 탁본을 한 번도 공개하지 않았다.

저우샤오량은 1917년 톈진(天津)에서 태어났다. 어려서부터 불교와 고전을 공부하고 이후 고문자학과 돈황학 등을 깊이 연구하였다. 특히 그는 첸위안(陳垣)을 스승으로 삼아 고대문학과 역사, 서화와 예술을 공부하였고 또한 고서와 금석학에도 조예가 깊었다. 뿐만 아니라 그는 금석 탁본을 비롯한 고적을 다량 소장한 수장가로서도 이름이 높았다. 만년에 중국불교도서관 관장, 국가문물 감정위원회 위원, 중국불교문화연구소 소장, 중국인민정치협상회의전국위원회 위원 등을 역임하고, 2005년 베이징에서 88세의 나이로 세상을 떠났다.

그가 생존해 있다면 직접 찾아가 고진묘지의 탁본 열람을 요청할 수도 있겠으나, 이미 작고하였으므로 확인할 방법이 없었다. 막막하고 답답했다. 그러다 문득 그에 관한 자료를 보다 광범위하게 탐색해보면 혹시 고진묘지의 행방에 대한 어떤 단서를 찾을 수 있지 않을까 생각되었다. 이에 저우샤오량 관련 자료를 닥치는 대로 섭렵하였다. 그러던 중 리징궈(李經國)의 《주소량연보(周紹良年譜)》(북경도서관출판사, 2008)에서 고진묘지 탁본의 행방에 대한 실마리를 찾았다.

저우샤오량은 생전에 수많은 전적과 서화, 역대 비석과 묘지 등의 탁본을 소장하였다. 그는 만년에 그것을 고궁박물원, 중국 국가도서관, 천진도서관 등에 기증 혹은 판매하였다. 탁본의 경우, 1994년에 중국 국가도서관에 201점을 기증하고 2002년에 다시 541점을 그곳에 판매하였다. 그리고 같은 해 탁본 1,757점을 천진도서관에 판매하였다. 그런데 《주소량연보》 부록에 실린 저우샤오량의 탁본 기증 및 판매 목록에 의하면, 2002년 중국 국가도서관에 판매한 탁본 속에 고진묘지가 포함되어 있었다. 이로써 고진묘지는 현재 중국 국가도서관에 소장되어 있다는 사실을 알게 되었다.

중국 국가도서관은 베이징 중관촌(中關村) 남대가(南大街)에 자리한 중국 최대 도서관이다. 이 도서관은 원래 1909년에 세운 경사도서관(京師圖書館)을 1949년에 북경도서관으로 개칭했다가 1998년에 건물을 신축하고 중국 국가도서관으로 이름을 바꾸었다. 국가도서관은 3,600만 권이 넘는 도서와 문서를 수장하고 있다. 1989년에 북경도서관 곧 지금의 중국 국가도서관은 소장 탁본 14,632점을 정리하여 《북경도서관장중국역대석각탁본휘편(北京圖書館藏

〈그림 3-18〉 중국 국가도서관

中國歷代石刻拓本彙編》》(중주고적출판사) 101책을 간행했거니와, 현재 이러한 탁본을 포함한 금석문 자료 약 33만 점을 보관하고 있다.

고진묘지가 중국 국가도서관에 소장돼 있다는 사실을 확인한 후 국가도서관 홈페이지에 들어가 "고진묘지(高震墓誌)"를 검색해보았으나 나오지 않았다. 그래서 리징궈가 《주소량연보》 부록(4)에 "2002년 국가도서관 판매 탁본 목록"을 작성하면서 명명한 "□진묘지(□震墓誌)"로 다시 검색해보았으나 역시 존재하지 않았다. 고진묘지가 중국 국가도서관에 소장되어 있음이 분명한데도 검색되지 않는 것은 이 자료가 아직 정리되지 않기 때문일 것이다.

북경도서관이 중국 국가도서관으로 명칭을 바꾸기 이전인 1992년에 그곳을 방문하여 도서관 장서를 둘러본 적이 있다. 몇몇 서고를 살펴보는 데 한나절이 걸릴 정도로 자료가 엄청나게 많았던 기억이 난다. 30년이 지난 지금은 당시와 비교할 수 없을 정도로 자료가 많이 늘어났을 것이다. 이러한 자료를 열람하기 위해 매일 수많은 사람들이 국가도서관을 방문한다. 그런데 아무런 '꽌시'도 없는 한국인이 아직 자료 목록에도 올라있지 않은 고진묘지 탁본을 열람한다는 것은 거의 불가능에 가까웠다.

이에 한국과 중국의 지인들을 통하여 중국 국가도서관과 인맥이 닿는 사람을 수소문했으나 마땅한 사람이 없었다. 마침 그즈음 아시아기자협회 소속 회원들이 만드는 인터넷 신문 《아시아엔(AsiaN)》 2018년 6월 27일자에, 대한민국 국회도서관 허용범 관장이 얼마 전 중국 국가도서관과 상해도서관을 둘러보고 왔다는 기사가 실렸다. 이 기사를 보는 순간 혹시 허용범 관장에게 부탁하면 고진묘지 탁본 열람 문제를 풀 수 있겠다는 생각이 들었다. 곧바로 전화를 걸었다. 그리고 10월 26일 오후에 국회도서관장실을 방문하기로 했다.

사실 그날 필자는 국회 의원회관에서 열리는 한국해양재단 학술회의에서 논문을 발표하기로 예정되어 있었다. 그래서 이날 만나기로 약속한 것이다. 아무튼 오전에 장보고의 해양활동에 관한 논문을 발표한 후 오후에 국회도서관장실을 찾아갔다. 그 자리에서 저간의 사정을 설명하고 중국 국가도서관에 소개장을 한 장 써줄 것을 부탁하였다. 허용범 관장이 "그럴 필요 없이, 열흘 후에 중국 국가도서관장이 대한민국 국회도서관과 상호 교류 협력 증진을 위한 양해각서(MOU)를 체결하기 위해 서울에 오는데 그때 직접 부탁하겠다"고 하였다.

일이 의외로 쉽게 풀리는 듯했다. 국회도서관 관계자의 말을 빌면, 중국 국가도서관과의 양해각서 체결 공식행사가 끝난 뒤 허용범 관장이 중국 국가도서관장에게 고진묘지 탁본 자료를 정식으로 요청했다고 한다. 그로부터 얼마 지나지 않아 국회도서관을 통해 탁본 사진파일을 전해 받았다. 중국을 자주 다녀봤지만 중국 관공서에서 이처럼 일을 신속하게 처리해준 것은 처음이다. 어쨌든 필자는 생각지도 않게 대한민국 국회도서관과 중국 국가도서관의 상호 교류 협력 증진을 위한 양해각서의 첫 수혜자가 되었다. 허용범 관장께 늘 고맙게 생각하고 있다.

2) 북경대학의 한인 금석문

베이징에는 중국 국가도서관 외에 북경대학 새클러고고예술박물관(賽克勒考古與藝術博物館)과 북경대학 도서관에도 한국고대사 관련 석각 자료와 탁본이 소장되어 있다. 북경대학 새클러고고예술박물관은 미국의 정신과 의사로서 의료광고와 제약 마케팅으로 큰 부자가 된 아서 새클러(Arthur M. Sackler)가 북경대학에 많은 돈을 기부하여 1993년에 신축, 개관한 박물관이다. 이 박물관은 구석기시대부터 명·청대까지의 각종 유물 1만여 점은 소장하고 있는데, 그 속에 고구려 유민 천남산 묘지가 들어있다.

1923년 4월 허난성 멍진현(孟津縣) 망산에서 출토된 천남산묘지가 어떻게 북경대학 새클러고고예술박물관에 들어갔는지 정확히 알 수 없다. 그런데 천남산묘지 출토 직후인 1923년 10월에 북경대학 고고학연구실 마헝(馬衡) 주임과 쉬빙창(徐炳昶) 교수 등이 뤄양에 가서 멍진현에서 출토된 청동기 유물 600여 점을 구매한 적이 있다. 그렇다면 혹시 그때 근처에서 출토된 천남산묘지를 함께 구입한 것은 아닌지 모르겠다.

한편 북경대학 도서관은 20세기 초부터 청말의 교감학자 모우쳰쑨(繆荃孫)과 그의 아들 모우루바오(繆祿保)가 소장한 금석 탁본 1만 2천여 점과 장런리(張仁蠡)가 가지고 있던 1만여 점을 비롯한 수많은 금석 탁본을 구매 혹은 인수하였다. 그 결과 1950년대 초에 이미 5만여 점의 탁본을 소장하게 되었다. 지금은 그보다 훨씬 많은 탁본을 갖고 있을 터인데, 그 속에 광개토왕릉비를 비롯한 한국 금석문 탁본 114점이 들어있다.

2007년 12월에 북경대학 도서관을 방문하였다. 당시 필자는 강원도 양양군의 의뢰를 받아 왕희지 글자를 집자(集字)한 신라 홍각선사탑비 복원 연구 용역을 수행하였다. 이를 위해 홍각선사탑비 탁본을 널리 조사하던 중, 북경 대학 도서관에 이 탑비의 비편(碑片) 탁본 1점이 소장되어 있다는 사실을 알게 되었다. 이에 북경대학 역사학과 왕샤오푸(王小甫) 교수의 도움을 받아 '사림사 홍각선사비명(沙林寺弘覺禪師碑銘)'이라 명명한 탁본을 열람하였다. 더불어 왕희 지 서체로 새긴 무장사지 아미타불조상사적비(阿彌陀佛造像事蹟碑)의 비편 탁 본도 실견하였다.

홍각선사탑비 탁본을 비롯한 다수의 한국 금석문 자료가 어떻게 북경대학 도서관에 소장되어 있을까? 잘 알고 있듯이, 19세기 청과 조선 학자들 사이에 학술 교류가 활발하였다. 그 과정에서 조선의 금석문 탁본이 중국에 다량 유 입되었다. 그리고 청나라 학자들은 그러한 자료를 활용하여 조선금석문 자료 집을 간행하였다. 옹방강(翁方綱)의《해동금석령기(海東金石零記)》, 이장욱(李璋 煜)의《동국금석문(東國金石文)》, 섭지선(葉志詵)의《고려금석록(高麗金石錄)》, 유 희해(劉喜海)의《해동금석원(海東金石苑)》등이 그것이다.

특히 유희해는 조인영과 김정희·김명희 형제 같은 조선의 우인들을 통해 다양한 금석 탁본을 수집하였다. 김정희는 고구려고성석각(高句麗古城石刻)과 묘향사비(妙香寺碑) 탁본 등을, 조인영은 북한산진흥왕순수비와 태고사원증국 사비(太古寺圓證國師碑) 탁본을 비롯한 많은 금석문 자료를 유희해에게 보내주 었다. 그리고 김명희는 유희해가 요청한 사림사잔비(沙林寺殘碑)와 법천사원묘 비(法泉寺元妙碑)를 비롯한 문무왕릉비, 각간묘비, 봉암사비, 가야산홍류동칠언 시 등등의 탁본을 전해주었다. 유희해는 이러한 자료를 바탕으로 1832년에 《해동금석원》6권을 편찬하였다.

비록 구체적인 경위는 알 수 없으나, 현재 북경대학 도서관에 소장된 한국 금석 탁본은 유희해를 비롯한 청나라 금석학자들이 조선의 우인을 통해 수집 하여 연구와 편찬에 활용했던 자료의 일부가 아닐까 한다. 그렇다면 2007년

12월에 북경대학 도서관에서 열람한 소장번호 26446의 '사림사홍각선사비명'은 바로 김명희가 유희해에게 보낸 '사림사잔비'의 탁본 그것일 것이다.

5. 남경박물원의 흑치상지 부자 묘지

1) 리건위안(李根源)과 흑치씨 묘지

2016년 1월 하순 쑤저우시(蘇州市) 우중구(吳中區) 궁륭산(穹窿山) 남쪽 소왕산(小王山) 기슭에 자리잡은 이근원기념관(李根源紀念館)을 찾아갔다. 리건위안은 자가 인천(印泉)이고 호는 곡석(曲石)으로, 1879년 윈난성(雲南省) 텅충현(騰沖縣)에서 태어났다. 1904년 일본에 유학하여 동경진무학당(東京振武學堂)에 들어가 군사학을 공부하고, 일본에서 쑨원(孫文)이 주도한 중국동맹회에 가입하였다. 1909년에 귀국하여 당시 중국에서 진보적 군사학교로 알려진 운남육군강무당(雲南陸軍講武堂) 교관 겸 교장을 역임하였고, 무창봉기 후에는 대한운남군정부(大漢雲南軍政府)에 참여해 활동하였다. 그후 북양군벌이 정권을 잡고 있던 북경정부에 들어가 농상총장(農商總長)과 국무총리를 잠시 맡았다. 그러던 중 1923년에 차오쿤(曹錕)이 돈으로 의원들을 매수해 총통에 취임한 사건이 일어났다. 리건위안은 차오쿤의 총통 취임을 적극적으로 반대하였다. 그는 이를 계기로 정계에서 물러나 쑤저우에 거처를 마련하고 고적과 문물 조사, 인민교육 및 구제사업에 전념하였다.

1932년 일본이 상하이를 점령했다. 이에 국민당 정부는 수도를 임시로 뤄양(洛陽)으로 옮기고 거기서 국난회의(國難會議)를 개최하였다. 리건위안은 이 회의에 참석하기 위해 뤄양에 들러 용문석굴을 비롯한 명승을 둘러보았다. 그러던 중 뤄양 북쪽 망산에서 다량의 당대 묘지가 출토되었다는 사실을 알게 되었다. 그의 아들 리시비(李希泌)의 기억에 의하면, 리건위안은 평소 고대 문물에 관심이 많아 뤄양에서 은화 2천원을 주고 백제 유민 흑치상지와 흑치 준 묘지를 비롯한 당나라 묘지석 93점을 구매하였다. 그런데 묘지석의 전체 무게가 수십 톤이 되었으므로 화차(貨車) 1량을 전세 내어 그것을 싣고 쑤저 우로 내려가 곡석정려장구십삼방당지실(曲石精廬藏九十三方唐誌室)을 건립해 묘 지를 보관했다고 한다.

그후 1937년에 중일전쟁이 발발하였다. 리건위안은 일본군이 묘지석을 강 탈해 갈까 걱정하여 그것을 쑤저우 우중구 소왕산 중턱의 관묘(關廟), 곧 관 우 사당 앞의 작은 연못 속에 빠뜨려 숨겨두었다. 전쟁이 끝나고 1949년에 중 화인민공화국이 수립되자, 리건위안은 그동안 수집해 소장하고 있던 한나라 비석 10점과 연못 속에 숨겨두었던 당나라 묘지석 93점, 그리고 각종 서화를 소주문물보관위원회(蘇州文物保管委員會)에 기증하였다. 얼마 후 소주박물관 곧 강소성박물관이 개관되자 리건위안이 기증한 자료는 그곳으로 옮겨지고, 또 1959년 강소성박물관이 남경박물원(南京博物院)에 통합되면서 그것은 남경 박물원으로 이관되어 오늘에 이르렀다. 이러한 전승 내력을 가진 백제 유민 흑치상지와 흑치준 묘지를 떠올리며 이근원기념관을 찾아갔던 것이다.

이근원기념관은 2004년 쑤저우시 인민정부가 애국인민 교육장으로 활용하 기 위해 건립한 것으로, 생전에 그가 우거(寓居)하던 쑤저우시 우중구 창수진 (藏書鎭) 장서촌(藏西村) 소왕산 풍경구에 자리잡고 있다. 소주박물관에서 서쪽 으로 약 30㎞ 떨어진 이곳은 시내버스를 두 번 갈아타고 태호(太湖) 부근의 목 독고진관광단지(木瀆故鎭觀光團地)까지 가서 다시 택시를 타고 몇 ㎞를 들어가 야 겨우 도착할 수 있는 한적한 시골 마을이다. 이근원기념관 정문을 들어서 면 정면에 우뚝 선 그의 석상이 눈에 들어온다. 그뿐이었다. 관리인도 전시물 도 없고 안내판이나 홍보 책자도 없었다. 기념관 뒤쪽의 리건위안 묘소 외에 는 그를 추억할만한 장치가 전혀 없었다. 전체적으로 분위기가 썰렁했다. 한 시간 정도 머무는 동안 젊은 남녀 한 쌍만이 이곳을 찾아왔다. 아무런 볼거리가 없는 이곳에 사람들이 찾아온다는 것이 오히려 이상할 정도였다. 필자 역시 별다른 감흥이 없었다. 그럼에도 리건위안은 흑치상지 부자 묘지를 안전하게 보존함으로써 백제사를 보다 풍성하게 만드는데 기여하였다. 이런 점에서 비록 볼거리는 별로 없으나 한번쯤은 찾아가볼 만한 곳이 아닐까 한다.

이근원기념관을 찾아가기에 앞서 이미 흑치상지와 흑치준 묘지석이 소장된 남경박물원을 몇 차례 방문하였다. 남경박물원은 난징시 쉬안우구(玄武區) 중산동로(中山東路)에 자리잡고 있다. 박물원은 역사관, 특별전시관, 수자관(數字館), 예술관(藝術館), 비유관(非遺館), 민국관(民國館)의 6개 전시관으로 이루어졌는데, 묘지를 비롯한 금석문 자료는 주로 예술관에 진열되었다. 일찍이 리건위안은 〈경수당제발(景邃堂題跋)〉에서 자신이 매입한 당나라 묘지 93점 가운데 크기가 가장 큰 왕지환묘지(王之渙墓誌)와 흑치상지묘지를 최고로 평가하였다. 그래서 남경박물원 예술관에 흑치상지묘지가 당연히 전시되었을 것으

〈그림 3-19〉 남경박물원

로 예상하였다. 그러나 박물관 어디에도 보이지 않았다.

사실 남경박물원을 여러 차례 방문한 것은 흑치상지묘지 관람도 관람이지만, 흑치준묘지의 소재를 확인하려는 것도 하나의 목적이었다. 일찍이 남경박물원에 근무하던 수요우춘(束有春)과 리즈롱(李之龍)은 '흑치준묘지는 남경박물원에 소장되어 있지 않을뿐더러 현재 그것의 소재지를 알 수 없다'라 하였다.[2] 그런데 남경박물원이 2000년부터 3년여에 걸쳐 박물관 수장고의 당대 묘지를 종합적으로 조사, 정리한 《남경박물원장 당대묘지》(상해인민미술출판사, 2003)에, 리건위안이 기증한 당나라 묘지 93점 가운데 왕지환묘지와 장리견묘지(張利肩墓誌)를 제외한 나머지 91점은 남경박물원에 소장되어 있다고 하였다.

2011년 8월 초순 흑치준묘지 소장 여부를 확인하기 위해 일부러 남경박물원을 방문하였다. 박물원에 도착하자마자 곧장 앞서 남경박물원에 흑치준묘지가 없다고 한 수요우춘과 리즈롱 연구원을 찾았다. 그러나 수요우춘은 이미 퇴직했고 리즈롱은 남경시박물관 보관부(保管部)로 옮겨갔다고 하였다. 먼저 수요우춘 연구원에게 전화를 걸어 관련 사실을 문의한 결과, 자신이 확인한 바로는 1996년 당시 남경박물원에 흑치준묘지의 지석은 없고 탁본만 있었다고 하였다. 다음으로 리즈롱 연구원과 통화하였다. 그도 수요우춘과 마찬가지로 남경박물원에는 흑치준묘지 탁본만 있었다고 하며, 묘지석의 행방을 '미스터리'라 표현하였다.

머릿속이 혼란스러웠다. 한쪽에서는 없다 하고 다른 한쪽에서는 있다 하니 어느 쪽이 진실일까? 그런데 수요우춘이 개인적으로 조사한 것보다 5, 6년 후 남경박물원 차원에서 종합적으로 조사한 내용이 더 진실에 가까울 것으로 판단되었다. 이에 흑치준묘지는 현재 남경박물원에 소장되어 있는 것으로

---

2) 李之龍, 〈唐代黑齒常之墓誌文考釋〉, 《東南文化》, 1996-3, 1996, 102~109쪽 ; 束有春·焦正安, 〈唐代黑齒常之, 黑齒俊父子墓誌文解讀〉, 《東南文化》, 1996-4, 1996, 58~69쪽.

잠정 결론을 내렸다. 그럼에도 남경박물원에서 흑치준묘지를 직접 확인하지 않았으니 단정할 수는 없다. 이 문제는 시간을 두고 조사해볼 생각이다.

2) 문화재의 중앙집중화

남경박물원에 가면 흑치상지와 흑치준 묘지 외에 중국 남북조시대 양나라 소역(蕭繹)이 그린 양직공도(梁職貢圖)를 떠올릴 것이다. 필자도 2004년 6월 무렵 남경박물원에 간 김에 양직공도를 보고자 하였다. 지금은 그렇지 않지만, 당시에는 양직공도가 이 박물원에 소장되어 있다고 믿었다. 한국에서 처음으로 양직공도를 소개, 연구한 이홍직 선생이 1960년 당시 남경박물원이 양직공도를 북경역사박물관 곧 지금의 중국 국가박물관에 대여한 상태라 하였으므로[3] 그 후에 남경박물원이 당연히 돌려받았을 것으로 생각되었기 때문이다. 그러나 양직공도는 아직까지 돌려받지 못하고 현재 베이징의 중국 국가박물관에 소장되어 있다.

1959년 8월 천안문 광장 동쪽에 새로 건립한 북경역사박물관(北京歷史博物館) 개관을 기념하고, 또 그해 10월의 중화인민공화국 건국 10주년 기념행사를 겸하여 북경역사박물관에서 "중국통사진열(中國通史陳列)"이란 공개 전시회를 개최하였다. 이때 북경역사박물관은 남경박물원이 소장한 양직공도를 대여해 이 전시회에 전시하였다. 그후 북경역사박물관과 그것을 이어받은 중국 국가박물관은 양직공도를 남경박물원에 돌려주지 않고 지금까지 자신들이 보관하고 있다. 양직공도를 중국 국가박물관에 대여한 지 60여년이 흐른 지금, 남경박물원 직원들은 이전에 그러한 유물을 소장했는지조차 모르고 있었다.

---

3) 이홍직, 〈梁 職貢圖 論考-특히 백제국 사신 圖經을 중심으로〉, 《고려대 60주년기념논문집》(인문과학 편), 1965; 《한국고대사의 연구》, 신구문화사, 1971, 385쪽.

어느 나라 할 것 없이 한 나라의 수도는 정치, 경제, 사회, 문화의 중심지이다. 그러다 보니 사람이 모이고 돈이 모이고 권력이 모이고, 심지어 문화재까지 모인다. 한국에는 2020년을 기준으로 국보가 349점, 보물이 2,256점 지정되어 있다. 이 가운데 전체 국보의 48.1%에 해당하는 168점과 보물의 32.3%에 해당하는 728점이 서울에 소재한다. 그런데 서울에 소재하는 국보나 보물의 원 소재지를 조사해보면 대부분 서울이 아니다. 이것들은 모두 사람을 따라, 돈을 따라, 또 권력을 따라 서울에 모인 것이다. 문화재의 중앙집중화이다. 중국도 마찬가지이다. 베이징의 국가박물관이 남경박물원의 양직공도를 60년 넘도록 돌려주지 않고 움켜쥐고 있는 것은 문화재 중앙집중화의 한 단면을 보여준다.

남경박물원 판공실 뒤쪽 현대식 건물에 박물원 학예연구실과 출판실, 그리고 연구기관지《동남문화(東南文化)》편집실이 입주해 있다. 앞서 수요우춘과 리즈롱이 흑치상지와 흑치준 관련 논문을 게재한 잡지가 바로《동남문화》이다. 그래서 혹시 근년 이 잡지에 흑치씨 묘지와 양직공도를 비롯한 한국고대사 관련 논문이 실렸을까 하여 편집실에 잠시 들렀다. 마오잉(毛穎) 부주임의 호의로 1996년 이후《동남문화》의 목록을 살펴봤으나 관련 논문이 전혀 없었다. 그 자리에서 마오잉 부주임이《동남문화》에 논문 투고를 요청하였다. 얼떨결에 그렇게 하겠다고 했으나 아직도 논문을 보내지 못하고 있다.

6. 베이징과 상하이 서점 기행

1) 베이징의 서점들

중국 금석문 탐사는 현지에서 묘지나 비석을 확인하고 수집하는 것만으로 끝나지 않는다. 그것을 기존의 여러 자료집 혹은 연구논저 등과 비교, 검토해야 하는 과정이 남았기 때문이다. 한국에는 중국 금석문 연구 인력이 거의 없어 그러한 자료집이나 연구서적을 구하기 매우 어렵다. 물론 중국 서적을 전문적으로 수입, 판매하는 화문서적 같은 서점이 있기는 하다. 그러나 가격이 비쌀뿐더러 서적 종류가 다양하지 못하고 물량도 많지 않아 필요한 자료를 구입하는 데 한계가 있다. 따라서 중국 금석문에 관한 다양한 자료집과 연구서를 구하기 위해서는 베이징이나 상하이 같은 중국 대도시 서점을 찾아갈 수밖에 없다.

필자는 이런저런 일로 지금까지 베이징을 십여 차례 방문하였다. 그 때마다 빼놓지 않고 들르는 곳이 화평문(和平門) 남쪽의 유리창(琉璃廠)이다. 유리창은 원나라 때 황궁 건설에 필요한 유리 기와와 벽돌을 만드는 가마가 있었던 데서 유래한 이름이다. 그곳은 황궁과 가까우면서도 풍광이 수려해 이후 문인과 학자들이 모여 들면서 청나라 후기에 이르러 번화한 문화의 거리로 발전하였다. 당시 유리창에는 각종 서적, 서화, 골동품, 비첩, 문구류 등을 판매하는 수많은 상점들이 즐비하였다. 그 가운데 대표적인 상점이 서점이었다. 조선후기의 실학자 박제가(朴齊家)는 유리창의 서점들을 둘러보고 그곳을 "문명의 숲[文明之藪]"이라 했거니와, 조선의 연행사들은 매번 이곳에 들러 서적을 구입하고 청나라 문인들과 교유하였다.

번창하던 유리창은 청나라 말기의 각종 외침과 내란, 그리고 중국의 문화대혁명으로 건물이 크게 파괴되고 문물이 대량 소실되었다. 필자는 1991년에 처음 유리창을 방문하였다. 그때는 이미 조선후기 지식인들이 말하던 문화와 예술이 넘치는 거리가 아니었다. 그럼에도 유리창에는 여전히 발길 닿는 곳마다 서점이 자리잡고 있었다. 21세기에 들어와 베이징은 급속히 현대식 도시로 탈바꿈하였다. 그 과정에 유리창의 서점들은 대부분 사라지고 지금은 손가락으로 꼽을 정도의 서점만 남게 되었다. 그 중의 하나가 중국서점(中國書店)이다.

중국서점은 1952년에 설립된 국영 문화기업으로, 베이징 여러 곳에 분점을

〈그림 3-20〉 중국서점 유리창점

설치해 운영하고 있다. 대표적인 곳이 중국서점 유리창점이다. 유리창문화가
(琉璃廠文化街)를 남북으로 관통하는 남신화가(南新華街) 동쪽의 해왕촌고완시
장(海王村古玩市場) 안에 자리한 유리창점은 금석과 고고, 서예와 회화 및 각종
공구서와 같은 기본 자료집을 주로 취급한다. 그리고 이곳에 수용하지 못한
연구 단행본, 고적 도서, 중고서적 등은 북쪽의 옆 건물에 별도 공간을 마련
해 판매하고 있다.

중국서점 유리창점에서 육교로 남신화가를 건너 맞은편의 유리창문화가를
따라 서쪽으로 100m 정도 가면 북경고적서점(北京古籍書店)이 나온다. 북경고
적서점도 금석과 고고 자료를 비롯한 각종 고적과 공구서를 취급한다. 그런
데 이곳은 중국서점과 달리 도서 외에 고서와 비지(碑誌) 탁본을 전시, 판매하
였다.

2013년 2월 중순으로 기억된다. 그날도 어김없이 유리창의 북경고적서점을
찾아갔다. 2층의 비첩과 탁본 진열실을 둘러보던 중 청나라 때 제작한 도인법

사비(道因法師碑) 비첩을 발견하였다. 당 고종 때 현장법사를 도와 불경을 번역한 도인법사를 기려 만든 이 비석은 현재 서안비림박물관에 보존되어 있거니와, 구양순(歐陽詢)의 아들로 당대의 명필인 구양통(歐陽通)이 글씨를 쓴 것으로 유명하다. 그런데 비첩의 가격이 무려 우리 돈으로 5백만 원에 가까운 인민폐 2만 5천원이었다. 비싼 값에 감히 살 엄두를 내지 못하고 주변을 한참 배회하다 눈에 담아 나온 적이 있다. 비록 도인법사비 비첩 같은 고가의 자료는 구매하지 못했으나, 유리창 중국서점과 고적서점에 갈 때마다 중국 금석문 연구에 필요한 각종 자료집과 공구서 그리고 연구 단행본들을 다량 구입하였다.

베이징 중심가인 왕부정(王府井) 근처에도 중국서점 분점이 있다. 중국서점 등시구점(燈市口店)이 그것이다. 베이징을 여행할 때면 늘 왕부정과 가깝고 또 비교적 한적하면서도 교통이 편리한 지하철 5호선 등시구역(燈市口站) 부근에 숙소를 정하였다. 중국서점 등시구점은 그런 연유로 우연히 알게 된 서점이다. 이 서점은 등시구역에서 동서남대가(東西南大街)를 따라 북쪽으로 100m 정도 떨어진 지점에 있다. 통행 인구가 많지 않고 비교적 한적한 곳에 자리잡아서 그런지, 한국인은 물론 베이징 시민들에게도 널리 알려지지 않은 듯하였다. 갈 때마다 늘 책을 사려는 고객보다 책을 파는 직원 수가 더 많았다. 아무튼 이 서점에는 금석문과 고고발굴보고서, 서화와 고적 등의 자료가 비교적 잘 구비되어 있다.

베이징에는 곳곳에 초대형 서점들이 산재해 있다. 시청구(西城區) 서장안가(西長安街) 서단역(西單站) 부근의 북경도서대하(北京圖書大廈), 왕부정 거리의 왕부정서점(王府井書店), 북경대학 근처의 중관촌도서대하(中關村圖書大廈) 등이 그것이다. 그 중에서 북경도서대하는 베이징은 물론 중국에서 규모가 가장 큰 서점이다. 1층에서 4층까지 각 층마다 넓은 공간에 온갖 책들이 가득 찼고, 5층에서 7층까지는 전자서적과 각종 문화상품을 진열, 판매하였다. 서울의 교보문고는 말할 것도 없고, 일본에서 가장 큰 도쿄의 키노쿠니아서점(紀伊國屋書店)도 규모와 장서 면에서 북경도서대하에 비하면 아주 왜소하게 느껴질 정도이다. 우리나라나 일본도 그렇지만, 대형 종합서점에는 대개 대중적인 신간서적을 중심으로 교과용 도서와 수험서 그리고 어린이 도서가 많은 부분을 차지한다. 북경도서대하도 마찬가지였다. 장서 수는 엄청나게 많으나 정작 필요로 하는 전문서적은 별로 없어 늘 실망하고 돌아오곤 했다.

한편 베이징에는 고적과 역사, 금석과 고고, 문학과 사상, 서화와 문자 관련 도서를 전문적으로 취급하는 인문학 전문서점 또한 곳곳에 산재한다. 앞서 소개한 유리창과 등시구역의 중국서점과 북경 고적서점을 포함하여 왕부정대가의 함분루서점(涵芬樓書店), 북경대학 부근의 만성서원(萬聖書園)과 중국서점 중관촌점(中關村店)이 그것이다.

왕부정 번화가에서 북쪽으로 왕부정대가를 따라가면 고딕 양식의 왕부정 천주교당이 나오고, 다시 조금 더 가면 상무인서관(商務印書館)과 함분루서점이 나온다. 함분루서점은 120년이 넘는 역사를 가진 출판의 명가 상무인서관이 직영하는 서점이다. 이곳에는 상무인서관에서 출판한 서적은 물론 중화서국을 비롯한 중국 유명 출판사에서 간행한 각종 인문, 사회과학 도서를 두루 구비하였다. 1층에는 주로 금석학을 포함한 서예와 회화 관련 자료집, 언어와 문자 관련 각종 사전 등의 기본 도서를 진열하였고, 지하에는 역사와 고고, 문학과 철학을 비롯한 각종 인문, 사회과학 전문 도서를 풍부하게 비치하였다. 이 서점은 등시구역에서 도보로 10분 정도 거리에 있어, 베이징에 머물 때면 틈날 때마다 찾아갔다. 함분루(涵芬樓)라는 상호에 걸맞게 찾아갈 때마다 항상 책의 향기를 듬뿍 머금고 있었다.

베이징 하이뎬구(海淀區) 중관촌 일대에는 북경대학, 청화대학, 인민대학 등의 중국 명문 대학들이 밀집해 있다. 대학가 주변에는 으레 서점들이 들어서기 마련이다. 중관촌 일대에는 중관촌도서대하 같은 대형 종합서점과 중소형의 각종 서점들이 곳곳에 자리잡고 있다. 지하철 4호선 북경대학동문역(北大東門站)에서 성부로(成府路)를 따라 동쪽으로 10분정도 걸어가면 만성서원이 나온다. 허름한 2층짜리 건물의 2층에 자리한 이 서점은 규모가 그렇게 크지 않을뿐더러 인문, 사회과학 도서만을 전문적으로 취급하는 곳이라 일반인들에게는 별로 알려져 있지 않다. 그럼에도 북경대학과 청화대학 혹은 인민대학에서 역사와 철학 혹은 정치와 경제를 전공하는 학생들 중에 모르는 사람이 없을 정도로 유명한 곳이기도 하다.

만성서원은 원래 인민대학 부근에 있었는데 1994년 북경대학 근처로 옮겼다고 한다. 필자는 이곳에 자주 들러 금석문 자료집과 이체자 자전을 비롯한 여러 도서를 구입하였다. 좁은 공간에 빼곡히 들어찬 책 사이를 헤집고 다니다 생각지도 않은 귀한 책을 발견할 때가 있다. 그럴 때면 책을 안고 서점 안 창가에 마련된 '생각하는 사람[醒客]'이란 명패가 붙은 카페에 앉아 달달한 커피를 마시며 행복에 거워했던 기억이 난다. 만성서원은 책의 묵향과 부드러운 커피 향이 어우러진 묘한 향기를 맡을 수 있는 바로 그런 곳이었다.

중국서점 중관촌점도 중국 금석문 탐사에서 빼놓을 수 없는 코스이다. 2017년 2월 만성서원에서 책을 몇 권 구입한 후, 북경대학동문역에서 서쪽으로 약 2km 떨어진 해정서대가(海淀西大街)의 중관촌도서대하를 찾아갔다. 신화서점 계열의 종합도서 백화점이라 할 수 있는 중관촌도서대하는 듣던 대로 규모가 엄청나게 컸다. 혹시나 하는 마음에서 역사, 문화, 금석, 고고, 예술 코너 등을 둘러보았으나 중국 금석문 연구에 쓸 만한 책이 전혀 없었다.

여기저기 다니느라 피곤한 몸을 이끌고 중관촌도서대하를 나서는 순간 맞은편에 검은 벽돌로 지은 중국서점 건물이 눈에 들어왔다. 중국서점 중관촌점이었다. 다른 중국서점도 마찬가지지만, 중관촌점은 만성서원과 분위기가 완전 딴판이었다. 3층으로 이루어진 널찍한 공간에 책들이 듬성듬성 꽂혀있을 뿐 차를 마시며 쉴 수 있는 공간이 전혀 없었다. 찾아오는 사람도 별로 없어 썰렁하기까지 했다. 그럼에도 중국 금석문 연구에 필요한 다양한 자료집과 연구서들이 비교적 잘 구비되어 있었다. 그후 서너 차례 이곳을 드나들며 여러 종류의 금석문 관련 서적을 구입하였다. 그 중에서도 다른 서점에서 구할 수 없었던 장용취안(張湧泉)의 《돈황속자연구(敦煌俗字硏究)》(상해고적출판사, 2015)를 이곳에서 구입한 것은 행운이었다.

2) 상하이의 서점들

베이징은 원·명 이후 지금까지 중국의 수도로서 정치, 경제, 문화의 중심지였다. 그러나 상하이는 춘추전국시대 이래 명·청대까지 장강(長江) 하류 바닷가의 조그만 고을에 불과했다. 그러던 것이 민국시대를 거쳐 오늘에 이르는 동안 중국 최대 상업도시로 발전하였다. 따라서 상하이는 한국고대사 관련 금석문과 무관한 도시라 할 수 있다. 그럼에도 중국 금석문 탐사를 위해서는 상하이를 찾아가지 않을 수 없다. 비록 베이징에 미치지는 못하나, 상하이에도 중국의 고적과 역사, 금석과 고고 관련 서적을 취급하는 대형 전문서점이 다수 있기 때문이다.

베이징과 시안(西安)에 갈 때마다 주로 단골 숙소에 투숙하였듯이, 상하이를 방문할 때는 늘 옛 도심이었던 인민광장 근처에 숙소를 정하였다. 인민광장은 우선 교통이 편리하고 유명 관광지인 남경동로(南京東路)와 와이탄(外灘)에 가깝다. 게다가 상해박물관이 옆에 있고 또 주변에 서점들이 많기 때문이다. 특히 인민광장에서 동쪽으로 와이탄까지 이어지는 복주로(福州路) 중간 중간에 상해서성(上海書城)을 비롯한 크고 작은 서점들이 자리잡고 있다.

상해서성은 상하이에서 규모가 가장 큰 서점이다. 그러나 북경도서대하와 같은 신화서점 계열로, 규모만 클 뿐 중국 금석문과 역사, 고고, 고적 관련 전문 도서는 거의 없다. 처음에는 이곳을 몇 차례 들렀으나 서점의 성격을 파악한 이후로는 상해서성을 건너뛰고 동쪽으로 한 블록 떨어진 상해고적서점(上海古籍書店)을 주로 찾아갔다. 이 서점은 중국의 고적과 역사, 사회와 문화, 고고와 금석, 비첩과 서화 등을 취급하는 상하이의 대표적인 인문학 전문서점이다. 특히 4층 상해박고재(上海博古齋)에는 고서, 탁본, 비첩 등을 전시 판매하였다. 상하이에 갈 때마다 상해고적서점에 들러 첸쭈오(陳卓)가 편집한《백납본사기(百衲本史記)(상·하)》(국가도서관출판사, 2014)와 왕홍리(王宏理)의《중국금석학사(상·하)》(화동사범대학출판사, 2016)를 비롯한 다양한 도서를 구입하였다.

상해고적서점에서 복주로를 사이에 두고 맞은편에 예술서방(藝術書坊)이 있다. 이 서점은 상호와 어울리지 않게 음악과 미술 서적뿐만 아니라 고고발굴보고서, 각종 고적자료, 금석문 탁본자료집, 서화와 비첩 등을 두루 구비해놓았다. 특히 1층 대부분의 공간에 각종 발굴보고서와 고적자료를 빽빽하게 채워놓았다. 이 서점에서 장푸요우(張福有)의《집안마선고구려비(集安麻線高句麗碑)》(문물출판사, 2014), 중국 국가박물관의《낙양대유지항공촬영고고(洛陽大遺址航空撮影考古)》(문물출판사, 2017) 같은 서적을 구입한 것은 나름의 보람이었다.

이처럼 베이징과 상하이에는 중국서점이나 고적서점 같은 인문학 전문서점들이 곳곳에 산재해 있다. 과문한 탓인지 모르지만, 우리나라에는 그와 같은 대형 인문학 전문서점이 존재하지 않는다. 물론 서울 인사동의 통문관 같은 서점이 있기는 하나, 대부분이 고서를 주로 취급하는 소규모 서점들이다. 한국에 대형 인문학 전문서점이 없는 데는 여러 가지 이유가 있겠으나, 무엇보다도 수지타산이 맞지 않기 때문일 것이다. 오늘날 세계적인 추세가 돈 안 되는 학문은 별로 인기가 없다. 그런데 대표적인 비인기 분야가 문사철(文史哲)을 중심으로 한 인문학이다. 그에 따라 인문학 연구자가 줄어들고 더불어서 인문학 전문서적 수요가 감소하여, 중국과 달리 시장이 좁은 우리나라에서는 인문학 전문서점이 살아남기 어렵게 되었다.

최근 중국에서 책값이 많이 올랐다. 물론 책값뿐만 아니라 모든 물가가 올랐다. 그럼에도 아직까지는 한국이나 일본에 비하여 책값이 싼 편이다. 특히 일본과는 비교할 수 없을 정도로 싸다. 필자만의 경험인지 모르겠으나, 우리 나라 서점에서 그럴듯한 책 한 권을 사려면 몇 번이나 들었다 놓았다하다 겨 우 큰맘 먹고 구입하곤 한다. 그러나 중국에서는 전혀 그렇지 않았다. 해외여 행에서 느끼는 객기(客氣)도 객기려니와, 값이 우리나라에 비해 훨씬 싸기 때 문이다. 그렇게 사 모은 책들이 집과 학교 연구실을 가득 채우고 있다.

요즘 전국의 대학도서관은 장서 공간이 포화상태라 개인의 도서 기증을 별 로 달가워하지 않는다. 그래서 주변의 퇴직하는 선배 교수들은 장서를 아예 고물상에 내다 버리거나, 아니면 쓸 만한 책만 골라 인연있는 외국 대학이나 국내외 연구소 혹은 박물관 등에 기증하기도 한다. 정년퇴직이 얼마 남지 않 은 필자도 우리나라는 물론 앞서 소개한 중국의 여러 서점과 일본 각지를 다 니며 애써 구입한 도서를 어떻게 처리해야할지 고민이다. 버리기는 아깝고 그 렇다고 기증할만한 곳도 없으니 낭패다. 전국의 퇴직 인문학자들과 연계하여 베이징의 중국서점과 상하이의 고적서점에 버금가는 인터넷 인문학 중고서점 을 열어보면 어떨까 하는 생각을 해 본다.

7. 에필로그

올해는 한중수교 30주년이 되는 해이다. 지난 30년 동안 한국과 중국은 국 내외적으로 많은 변화를 겪었다. 그 중에서도 단연 주목할 것은 중국의 급속 한 경제발전이다. 오늘날 미국과 더불어 세계경제의 한 축을 형성하는 중국 이 본격적으로 도약한 것은 바로 지난 30년이었다. 이 기간 동안 중국을 빈번 히 왕래하며 시시각각 변하는 중국의 모습을 현지에서 지켜봤다. 나날이 상 전벽해의 연속이었다. 하루가 다르게 변하는 중국을 보며, 뭔지 알 수 없는 묘한 두려움을 느끼기도 했다.

지금은 그렇지 않지만, 한중수교 초기만 해도 한국은 기술과 자본을 앞세워 중국을 압도하였다. 당시 한국은 중국에서 선망의 대상이었다. 중국이 한국을 부러워하고 한국인을 선망한 것은 한중관계 2천년 역사에서 초유의 사건이다. 지난 2천년 동안 중국인의 눈에 비친 한국은 중화의 문물을 흠모하고 조공과 책봉을 주고받던 변방의 이적(夷狄)에 불과하였다. 그러나 20세기 말부터 전세가 역전되어, 중국이 한국을 우러러보게 되었던 것이다. 그런 점에서 우리는 한중관계 2천년 역사에서 단 한 번도 경험하지 못한 세상을 살았던 유일한 세대라 할 수 있다. 바로 그런 호시절에 중국 전역을 돌아다니며 한국고대사 관련 중국 금석문을 탐사하였다.

몇 년 전 교육부에서 필자가 재직하는 학교에 대해 종합감사를 실시하였다. 그 과정에 최근 3년간 교수들의 해외여행 기록을 제출하도록 요구받았다. 이때까지만 해도 중국을 몇 번 다녀왔는지 정확하게 알지 못했다. 감사팀에 제출할 서류를 겸해서 출입국외국인청 인터넷망으로 1990년부터 2020년까지 출입국 사실을 조회해 보니, 중국에 총 52회 다녀온 것으로 확인되었다. 그리고 중국 여행 일수는 총 363일이었다.

이 기간 동안 부산 혹은 인천에서 베이징이나 상하이는 물론이고 멀게는 시안과 광저우, 가깝게는 웨이하이(威海)나 스다오(石島) 등지를 통해 중국을 빈번히 왕래하였다. 부산이나 인천에서 이들 지역까지의 거리가 각각 얼마인지 일일이 확인할 수 없으나, 중국을 여행한 거리를 모두 합하면 십 수만 ㎞가 될 것이다. 부산과 베이징을 기준으로 전체 거리를 대충 산출하면, 부산에서 베이징까지의 비행거리가 765마일 곧 1,231㎞이므로 왕복 2,462㎞이고, 52회를 왕복했다면 모두 128,024㎞이다. 그리고 중국 내에서 하루 평균 50㎞를 이동했다고 가정하면, 모두 18,150㎞가 된다. 이러한 이동 거리를 모두 합하면 총 146,174㎞에 이른다. 이는 지구를 세 바퀴 반 돌 수 있고, 경부고속도로로 서울과 부산을 175회 왕복할 수 있는 거리이다. 대장정이었다.

2019년 6월에 베이징과 도쿄를 방문하여 중국과 일본의 당대 금석문 연구 현황과 성과를 최종적으로 점검하고 돌아왔다. 귀국 후 곧바로 유효기간이 거의 만료된 여권을 갱신하였다. 다가오는 겨울방학 때 북경대학 새클러고고 예술박물관(賽克勒考古與藝術博物館)과 허난성 카이펑(開封)의 개봉박물관을 다녀올 생각이었다. 중국 여행을 준비하고 있던 그해 12월 후베이성 우한(武漢)에서 코로나 바이러스 전염병이 대규모로 발생하였다. 곧이어 그것이 전 세계로 확산되어 모든 국가에서 나라의 관문을 꼭꼭 틀어막았다. 이른바 팬데믹(pandemic)에 직면한 것이다. 이로 인해 갱신한 지 2년이 지난 여권을 아직 펼쳐볼 기회조차 없었다.

세계를 강타한 팬데믹은 끝날 기미가 보이지 않았다. 이런 상황에서 중국 관문이 다시 열리기를 무작정 기다릴 수도 없었다. 베이징과 카이펑을 다녀온 후 정리하려던 중국 금석문 탐사기를 앞당겨 작성하기 시작했다. 빛바랜 여행일기를 한 장 한 장 넘길 때마다 십 수년 전의 여행 현장이 생생하게 되살아났다. 시안, 뤄양, 정저우, 카이펑, 베이징, 상하이, 항저우, 쑤저우, 난징, 지난(濟南), 펑라이(蓬萊), 칭다오(靑島), 다퉁(大同), 란저우(蘭州), 둔황(敦煌), 선양(瀋陽), 다롄(大連), 옌지(延吉) 등등의 도시와 각종 박물관, 유적과 유물, 그리고 그곳 사람들이 필자의 뇌리에 주마등처럼 지나갔다. 지난 십 수년 간의 중국 금석문 탐사여행은 이번 생애에서 다시 찾아오지 않을 최고의 프로젝트였다. 한곳 한곳이 모두 혼자 간직하기에 아쉬운 아름다운 여정이었다. 거칠게나마 기록으로 남겨 행복했던 추억을 함께 나누었으면 하는 바람이다.

● 참고문헌

1. 자료집

1) 국내편

국립중앙박물관, 《金石文資料》(삼국시대), 국립중앙박물관소장 역사자료총서 10, 2010.

국사편찬위원회, 《韓國古代金石文資料集》, 국사편찬위원회, 1995.

권덕영, 《在唐 韓人 墓誌銘 硏究》(자료편), 한국학중앙연구원, 2021.

신종원 등, 《中國 所在 韓國 古代 金石文》, 한국학중앙연구원, 2015.

이난영, 《韓國金石文追補》, 아세아문화사, 1968.

이우태 등, 《韓國金石文集成》, 한국국학진흥원, 2014.

허홍식, 《韓國金石全文》(고대), 아세아문화사, 1984.

2) 국외편

高峽 等, 《西安碑林全集》, 廣東經濟出版社, 1999.

羅振玉, 《唐代海東藩閥誌存》, 1937.

洛陽市文物考古硏究院, 《洛陽出土墓誌目錄續編》, 國家圖書館出版社, 2012.

洛陽市文物工作隊, 《洛陽出土歷代墓誌輯繩》, 中國社會科學出版社, 1991.

洛陽市文物管理局·洛陽市文物工作隊, 《洛陽出土墓誌目錄》, 朝華出版社, 2001.

洛陽市新安縣千唐誌齋管理所, 《千唐誌齋藏誌》, 文物出版社, 1984.

洛陽市第二文物工作隊, 《洛陽新獲墓誌》, 文物出版社, 1996.

洛陽市第二文物工作隊, 《洛陽新獲墓誌續編》, 科學出版社, 2008.

毛陽光, 《洛陽流散唐代墓誌彙編續集》, 國家圖書館出版社, 2018.

毛陽光·余扶危, 《洛陽流散唐代墓誌彙編》, 國家圖書館出版社, 2013.

毛漢光, 《唐代墓誌彙編附考》, 中央硏究院 歷史語言硏究所, 1984~1994.

北京圖書館金石組, 《北京圖書館藏中國歷代石刻拓本彙編》, 中州古籍出版社, 1991.

于平,《中國歷代墓誌選編》, 天津古籍出版社, 2000.

西安市文物稽查隊,《西安新獲墓誌集萃》, 文物出版社, 2016.

吳鋼 等,《全唐文補遺》, 三秦出版社, 1994~2007.

吳鋼 等,《全唐文補遺:千唐誌齋新藏專輯》, 三秦出版社, 2006.

吳樹平·趙超 等,《隋唐五代墓誌彙編》, 天津古籍出版社, 1991~1992.

李希泌,《曲石精廬藏唐墓誌》, 齊魯書社, 1986.

長安博物館,《長安新出墓誌》, 文物出版社, 2011.

張沛,《昭陵碑石》, 三秦出版社, 1993.

濟運通,《洛陽新獲七朝墓誌》, 中華書局, 2012.

趙力光,《西安碑林博物館新藏墓誌彙編》, 線裝書局, 2007.

趙力光,《西安碑林博物館新藏墓誌續編》, 陝西師範大學出版社, 2014.

周紹良,《唐代墓誌彙編》, 上海古籍出版社, 1992.

周紹良,《唐代墓誌彙編續集》, 上海古籍出版社, 2001.

周紹良 等,《全唐文新編》, 吉林文史出版社, 2002.

中國文物研究所·河南省文物研究所,《新中國出土墓誌》(河南1), 文物出版社, 1994.

陳忠凱 等,《西安碑林博物館藏碑刻總目提要》, 線裝書局, 2006.

陳長安,《隋唐五代墓誌彙編》(洛陽7), 天津古籍出版社, 1991.

胡戟·榮新江,《大唐西市博物館藏墓誌》, 北京大學出版社, 2012.

氣賀澤保規,《新編 唐代墓誌所在總合目錄》, 明治大學東洋史料叢刊 13, 汲古書院, 2017.

2. 연구 논저

1) 국내편

권덕영,《고대한중외교서-遣唐使 연구》, 일조각, 1997.

권덕영,《재당 신라인사회 연구》, 일조각, 2005.

권덕영,《신라의 바다 황해》, 일조각, 2012.

권덕영,《在唐 韓人 墓誌銘 硏究》(역주편), 한국학중앙연구원, 2021.

권덕영, 〈신라 弘覺禪師碑文의 복원 시도〉,《가산이지관스님화갑기념 한국불교문화 사상사》(상), 1992.

권덕영, 〈재당 신라인사회와 赤山 법화원〉,《사학연구》 62, 2001.

권덕영, 〈재당 新羅人의 종합적 고찰-9세기를 중심으로〉,《역사와 경계》 48, 2003.

권덕영, 〈金仁問小傳〉,《문화사학》 21, 2004.

권덕영, 〈8, 9세기 '君子國'에 온 唐나라 使節〉,《신라문화》 25, 2005.

권덕영, 〈중국 산동성 無染院(址)에 관한 몇 가지 문제〉,《신라문화》 28, 2006.

권덕영, 〈나당교섭사에서의 朝貢과 冊封〉,《한국 고대국가와 중국왕조의 조공·책봉 관계》, 고구려연구재단 연구총서 15, 2006.

권덕영, 〈신라 '西化' 구법승과 그 사회〉,《정신문화연구》 30-2(통권 107), 2007.

권덕영, 〈신라 관련 唐 金石文의 기초적 검토〉,《한국사연구》 142, 2008.

권덕영, 〈신라 弘覺禪師塔碑 원형 탐구〉,《신라문화》 32, 2008.

권덕영, 〈大唐故金氏夫人墓銘과 관련한 몇 가지 문제〉,《한국고대사연구》 54, 2009.

권덕영, 〈한국고대사 관련 중국 금석문 조사 연구-唐代 자료를 중심으로〉,《사학연 구》 97, 2010.

권덕영, 〈唐 長安의 신라승과 일본승, 그 과거와 현재〉,《사학연구》 110, 2013.

권덕영, 〈唐 墓誌의 고대 한반도 삼국 명칭에 대한 검토〉,《한국고대사연구》 75, 2014.

권덕영, 〈당 九成宮의 김인문 친필 書跡〉,《신라사학보》 34, 2015.

권덕영, 〈高慈墓誌〉,《중국 소재 한국 고대 금석문》, 한국학중앙연구원, 2015.

권덕영, 〈김인문〉,《신라 천년의 역사와 문화》 22, 경상북도, 2016.

권덕영, 〈신라사 補正을 위한 당 금석문 기초 연구〉,《신라사학보》 38, 2016.

권덕영, 〈羅振玉의 금석학과 唐代海東藩閥誌存〉,《한국고대사연구》 91, 2018.

권덕영, 〈고구려 유민 高慈 묘지에 대한 몇 가지 문제〉,《한국고대사연구》102, 2021.

金賢淑, 〈중국 소재 高句麗 遺民의 동향〉,《한국고대사연구》23, 2001.

김현숙, 〈고구려 붕괴 후 그 유민의 거취문제〉,《한국고대사연구》33, 2004.

김병곤, 〈신라 하대 求法僧들의 행적과 실상〉,《불교연구》24, 2006.

김상현, 〈신라 法相宗의 성립과 順璟〉,《신라의 사상과 문화》, 일지사, 1999.

김상현, 〈7·8세기 海東求法僧들의 중국에서의 활동과 의의〉,《불교연구》23, 2005.

김수미, 〈백제부성의 실체와 웅진도독부 체제로의 전환〉,《역사학연구》28, 2006.

金秀鎭, 〈唐京 高句麗遺民 硏究〉, 서울대학교 박사학위논문, 2017.

김수진, 〈含資道捴管柴將軍精舍草堂之銘에 대한 새로운 이해〉,《대구사학》140, 2020.

金榮官, 〈渤海人 諾思計 묘지명에 대한 고찰〉,《목간과 문자》7, 2007.

김영관, 〈백제 유민 예식진묘지 소개〉,《신라사학보》10, 2007.

김영관, 〈고구려 유민 高鐃苗 墓誌 검토〉,《한국고대사연구》56, 2009.

김영관, 〈중국 발견 백제 유민 祢氏 가족 묘지명 검토〉,《신라사학보》24, 2012.

김영관, 〈고구려 유민 高提昔 墓誌銘에 대한 연구〉,《백산학보》97, 2013.

김영관, 〈백제 유민 묘지명의 현황과 가치〉,《중국 출토 百濟人墓誌 集成》(원문·역주편), 충청남도역사문화연구원, 2016.

김영관, 〈부여융묘지명의 새로운 판독과 번역〉,《한국고대사탐구》25, 2017.

김영관, 〈고구려 유민 南單德 墓誌銘에 대한 연구〉,《백제문화》57, 2017.

김영관, 〈唐 中宗 定陵의 新羅人 石像 소개〉,《신라사학보》46, 2019.

김영관·조범환, 〈고구려 泉男生 墓誌銘에 대한 소개와 연구현황〉,《한국고대사탐구》22, 2016.

김영심, 〈묘지명과 문헌자료를 통해 본 백제멸망 전후 禰氏의 활동〉,《역사학연구》52, 2013.

南東信, 〈鳳巖寺智證大師塔碑〉, 《譯註 韓國古代金石文》, 가락국사적개발연구원, 1992.

盧重國, 《백제 부흥운동사》, 일조각, 2003.

노중국, 《백제정치사》, 일조각, 2018.

노중국, 〈백제의 남천과 지배세력의 변천〉, 《한국사론》 4, 1978.

노중국, 〈백제의 성씨와 귀족가문의 출자〉, 《대구사학》 89, 2007.

노태돈, 《삼국통일전쟁사》, 서울대학교출판부, 2009.

盧泰敦, 〈고구려 유민사 연구-遼東·唐內地 및 突厥方面의 집단을 중심으로〉, 《한우근박사정년기념 사학논총》, 지식산업사, 1981.

문동석, 〈660년 7월 백제와 신라의 황산벌 전투〉, 《신라사학보》 38, 2016.

閔庚三, 〈중국 西安 발견 新羅人 金可記史蹟碑 연구〉, 《중국어문논총》 21, 2001.

민경삼, 〈중국 洛陽 新出土 고대 한인 묘지명 연구; 高質墓誌銘을 중심으로〉, 《신라사학보》 15, 2009.

閔德植, 〈唐 柴將軍 精舍草堂碑에 대한 檢討〉, 《백제문화》 31, 2002.

閔泳珪, 〈圓仁入唐求法巡禮行記二則〉, 《나·당불교의 재조명》, 대한전통불교연구원, 1993; 《四川講壇》, 又半, 1994.

朴漢濟, 〈高慈 墓誌銘〉, 《譯註 韓國古代金石文》, 가락국사적개발연구원, 1992.

朴現圭, 〈산동 무염원과 신라 자료 검토〉, 《신라사학보》 11, 2007.

박현규, 〈원탁본 唐 无染禪院碑 고찰〉, 《신라사학보》 12, 2008.

박현규, 〈天龍山石窟 제15굴과 勿部珣將軍功德碑〉, 《서강인문논총》 25, 2009.

방향숙, 〈百濟故土에 대한 당의 지배체제〉, 《이기백선생고희기념 한국사학논총》 (상), 일조각, 1994.

裵珍達, 〈龍門石窟 新羅像龕 試論〉, 《석오윤용진교수정년퇴임기념논총》, 1999.

卞麟錫, 《唐 長安의 新羅史蹟》, 아세아문화사, 2000.

변인석, 〈당 장안의 終南山 연구-한국 관련 사적을 중심으로(4)〉, 《백산학보》 49,

1997.

서영교, 《羅唐戰爭史 硏究》, 아세아문화사, 2006.

송기호, 〈대외관계에서 본 발해 정권의 속성〉, 《한국 고대국가와 중국왕조와의 조
공·책봉관계》, 고구려연구재단, 2006.

안정준, 〈唐代 고구려 유민 일족인 劉元貞과 그의 부인 王氏 墓誌銘-8세기 초반 高句
麗 遺民 후손의 활동 사례〉, 《목간과 문자》 23, 2019.

안정준, 〈이타인묘지명 탁본 사진의 발견과 새 판독문〉, 《고구려발해연구》 52, 2015.

梁銀景, 〈고대 한국인의 중국 내 사원, 불상조성과 중국 불교문화와의 관계〉, 《강좌
미술사》 29, 2007.

여성구, 〈신라 중대의 입당구법승〉, 국민대학교 박사학위논문, 1997.

余昊奎·李明, 〈고구려 유민 李他仁墓誌銘의 재판독 및 주요 쟁점 연구〉, 《한국고대
사연구》 85, 2017.

尹龍九, 〈중국 출토의 韓國古代 遺民資料 몇 가지〉, 《한국고대사연구》 32, 2003.

이기백, 《한국고대정치사회사연구》, 일조각, 1996.

이기백, 〈웅진시대 백제의 귀족세력〉, 《백제연구》 9, 1978.

이도학, 〈웅진도독부의 지배조직과 대일본정책〉, 《백산학보》 34, 1987.

이동훈, 〈고구려 유민 高德墓誌銘〉, 《한국사학보》 31, 2008.

이문기, 〈신라 김씨왕실의 少昊金天氏 출자관념의 표방과 변화〉, 《역사교육론집》 23
·24 합집, 1999.

李文基, 〈백제유민 難元慶 墓誌의 소개〉, 《경북사학》 23, 2000.

이병도, 《국역 삼국사기》, 을유문화사, 1977.

이상훈, 《나당전쟁연구》, 주류성, 2012.

李成制, 〈어느 고구려 무장의 가계와 일대기-새로 발견된 高乙德墓誌에 대한 譯註와
분석〉, 《중국고중세사연구》 38, 2015.

이순근, 〈신라시대 성씨취득과 그 의미〉, 《한국사론》 6, 1980.

이홍직, 〈梁 職貢圖 論考-특히 백제국 사신 圖經을 중심으로〉, 《고려대학교60주년
　　　기념논문집》(인문과학편), 1965;《한국고대사의 연구》, 신구문화사, 1971.

이희진, 〈백제의 멸망과정에 나타난 군사상황의 재검토〉, 《사학연구》 64, 2001.

정구복 등, 《개정증보 역주 삼국사기》, 한국학중앙연구원, 2012.

정동준, 〈高乙德 墓誌銘〉, 《木簡과 文字》 17, 2016.

정병준, 〈고구려유민연구〉, 《중국학계의 북방 민족·국가 연구》, 동북아역사재단,
　　　2008.

鄭性本, 〈淨衆無相禪師硏究〉, 《신라선종의 연구》, 민족사, 1995.

최상기, 〈禰軍墓誌의 연구 동향과 전망-한·중·일 학계의 논의사항을 중심으로〉,
　　　《목간과 문자》 12, 2014.

崔協·李光奎, 《多民族國家의 민족문제와 한인사회》, 집문당, 1998.

許重權, 〈新羅 統一戰爭史의 軍事史的硏究〉, 한국교원대학교 박사학위논문, 1995.

조선민주주의인민공화국 과학원고전연구실, 《삼국사기》, 1958.

2) 국외편

葛繼勇, 〈新出土 入唐 高句麗人 高乙德墓誌와 高句麗 末期의 內政과 外交〉, 《韓國古
　　　代史硏究》 79, 2015.

郭培育·郭培智, 《洛陽出土石刻時地記》, 大象出版社, 2005.

歐潭生·王大松, 〈唐代張光祚墓誌淺釋〉, 《文物》 1981-3.

金憲鏞·李健超, 〈陝西新發現的高句麗人, 新羅人遺迹〉, 《考古與文物》 1996-6.

羅振玉, 《羅振玉自述》, 安徽文藝出版社, 2013.

羅振玉, 〈泉獻誠墓誌跋〉, 《丙寅稿》, 1926;《雪堂類稿》(丙), 遼寧教育出版社, 2003.

洛陽市第二文物工作隊, 〈洛陽邙山陵墓群的文物普查〉, 《文物》 2007-10.

董延壽·趙振華, 〈洛陽, 魯山, 西安出土的唐代百濟人墓誌探索〉, 《東北史地》 2007-2.

路遠, 《碑林史話》, 西安出版社, 2000.

樓正豪, 〈새로 發見된 新羅 入唐求法僧 惠覺禪師의 碑銘〉, 고려대학교 석사학위논문, 2010; 《史叢》 73, 2011.

樓正豪, 〈高句麗遺民 高车에 대한 考察〉, 《韓國史學報》 53, 2013.

樓正豪, 〈新見唐高句麗遺民高车墓誌銘考釋〉, 《唐史論叢》 18, 2014.

樓正豪, 〈新見新羅入唐求法僧惠覺禪師碑銘考論〉, 《北方文物》 2015-2.

劉蓮芳, 〈唐李訓夫人王氏墓誌考釋〉, 《碑林集刊》 10, 2004.

劉俊男, 《唐鴻臚井碑》, 人民出版社, 2010.

劉俊男, 〈關于鴻臚井刻石的幾個問題〉, 《遼寧師範大學學報(社會科學版)》 2006-3.

凌鳳, 〈羅振玉與旅順博物館〉, 《大連日報》 2007년 9월 8일.

武伯綸, 〈唐萬年, 長安縣鄉里考〉, 《考古學報》 1963-2.

拜根興, 《七世紀中葉唐與新羅關系研究》, 社會科學出版社, 2008.

拜根興, 《石刻墓誌與唐代東亞交流研究》, 科學出版社, 2015.

拜根興, 〈唐 含資道摠管柴將軍精舍草堂之銘考釋〉, 《慶北史學》 23, 2000.

拜根興, 〈新羅眞德王代的對唐外交〉, 《大陸雜誌》 102-2, 2001.

拜根興, 〈中國 所在 韓國古代史 關聯 金石文 資料의 現況과 展望〉, 《新羅 金石文의 現況과 課題》, 新羅文化祭學術發表會論文集 23, 2002.

拜根興, 〈新羅 眞德女王石像 몸통 殘餘와 臺石 銘文의 發見에 대한 一考察〉, 《新羅史學報》 7, 2006.

바이건싱, 〈高句麗·渤海 遺民 關聯 遺迹·遺物〉, 《중국학계의 북방 민족·국가 연구》, 동북아역사재단, 2008.

拜根興, 〈百濟遺民禰寔進墓志銘關聯問題考釋〉, 《東北史地》 2008-2.

拜根興, 〈唐李訓夫人王氏墓誌的新考察〉, 《韓國古代史研究의 現段階》, 周留城, 2009.

拜根興, 〈唐朝與新羅往來研究二題〉, 《當代韓國》 2011-3.

拜根興, 〈萬年宮銘碑陰題名與新羅使者金仁問〉, 《第二屆全國九成宮文化研討會論文集》, 寶鷄市九成宮文化研究會, 2012.

拜根興, 〈唐代 百濟遺民 禰氏家族 墓誌에 관한 考察〉, 《韓國古代史硏究》 66, 2012.

拜根興·林澤杰, 〈新出隋唐之際李禎墓誌關聯問題探微〉, 《社會科學戰線》 2021-12.

傅樂成, 신승하 역, 《中國通史》, 우종사, 1979.

史吉祥, 〈吉林大學考古與藝術博物館收存的羅家舊藏文物簡介〉, 《大連日報》 2016년
　　　10월 28일.

陝西省考古硏究院, 《唐嗣虢王李邕墓發掘報告》, 科學出版社, 2012.

束有春·焦正安, 〈唐代黑齒常之, 黑齒俊父子墓誌文解讀〉, 《東南文化》, 1996-4.

孫鐵山, 〈唐李他仁墓誌考釋〉, 《遠望集》(下), 陝西省考古硏究所華誕40周年紀念文集,
　　　陝西人民美術出版社, 1998.

辛時代, 〈唐高句麗移民劉元貞墓誌考釋〉, 《高句麗與東北民族研究》 7, 2015.

余國江, 〈惠覺禪師碑再考〉, 《北方文物》 2017-1.

余音, 《春秋 大連人物》, 大連出版社, 2012.

呂占偉, 〈魯山縣雞元慶墓誌訴說百濟將軍傳奇〉, 《平頂山晚報》 2016년 9월 5일.

冉雲華, 〈東海大師無相傳研究〉, 《敦煌學》 4, 1979.

閣現章, 〈全唐文的編纂動機及特色〉, 《北方論叢》 1994-5.

榮新江, 〈唐與新羅文化交往史證-以海州大雲寺禪院碑爲中心〉, 《韓國研究》 3, 杭州大
　　　學韓國文化研究所, 1996.

王其禕·周曉薇, 〈國內城高氏:最初入唐的高句麗移民-新發現唐上元元年泉府君夫人高
　　　提昔墓誌釋讀〉, 《陝西師範大學學報(哲學社會科學版)》 42-3, 2013.

王連龍, 〈百濟人禰軍墓誌考論〉, 《社會科學戰線》 2011-7.

王連龍, 〈唐代高麗移民高乙德墓誌及相關問題研究〉, 《吉林師範大學學報(人文社會科
　　　學版)》, 2015-4.

王雲峰, 〈三十萬冊藏書都哪里去了〉, 《遼寧日報》 2006년 1월 8일.

王維坤, 〈武則天造字的分期〉, 《文博》 1998-4.

王昊斐·王琬瀛, 〈唐代三韓貴族墓誌的發現與研究〉, 《乾陵文化研究》 9, 2015.

王煥鎮,〈羅振玉碑刻硏究述評〉, 河北大學 碩士學位論文, 2015.

袁道俊,〈唐代墓誌釋讀及其文化解析〉,《南京博物院藏 唐代墓誌》, 上海人民美術出版
　　　社, 2003.

袁占才,〈唐難元慶墓誌的發現與硏究〉,《平頂山日報》, 2019년 7월 3일.

魏益壽,《唐九成宮》, 三秦出版社, 2005.

劉永智,〈山東省文登市崑崘山无染寺(院)系新羅人金淸資助所建造〉,《中朝關系史硏
　　　究》, 中州古籍出版社, 1994.

劉韞,〈遼寧省博物館藏隋代宮人墓誌拓片〉,《遼海文物學刊》1995-1.

李慶國,《周紹良年譜》, 北京圖書館出版社, 2008.

李裕群·李鋼,《天龍山石窟》, 科學出版社, 2003.

李之龍,〈唐代黑齒常之墓誌文考釋〉,《東南文化》, 1996-3.

李希泌,〈全唐文篇目分類索引序〉,《文獻》1997-4.

麟游縣人民政府,《九成宮槪覽》, 石鼓編輯部, 2010.

岑仲勉,〈證史補遺-萬年宮碑碑陰補證〉,《歷史語言硏究所集刊》12, 1947;《金石論叢》,
　　　中華書局, 2004.

張建林·史考,〈唐昭陵十四國蕃君長石像及題名石像座疏證〉,《碑林集刊》10, 2004.

張福有·趙振華,〈洛陽, 西安出土北魏與唐高句麗人墓誌及泉氏墓地〉,《東北史地》
　　　2005-4.

張彥,〈唐高麗遺民高鐃苗墓誌考略〉,《文博》2010-5.

張薀·汪幼軍,〈唐故虢王妃扶餘氏墓誌考〉,《碑林集刊》13, 2008.

張雲,《西安碑林博物館》, 陝西旅遊出版社, 2002.

張維愼,〈萬年宮銘碑陰三品以上從官題名考〉,《第二屆全國九成宮文化硏討會論文集》,
　　　寶鷄市九成宮文化硏究會, 2012.

張全民,〈唐禰氏家族墓的考古發現與初步硏究〉,《西安地區中韓歷史文化交流學術硏
　　　討會資料集》, 2011년 8월 26일.

張全民, 〈新出唐百濟移民禰氏家族墓誌考略〉,《唐史論叢》14, 2012.

張全民, 이순애 역, 〈당나라 백제유민 고분과 출토 묘지〉,《중국 출토 百濟人墓誌 集成》원문·역주편, 충청남도역사문화연구원, 2016.

田有前, 〈唐定陵發現新羅人石像研究〉,《北方文物》2019-1.

趙跟喜, 〈千唐誌齋概說〉,《榮寶齋》6, 2003.

趙力光, 〈西安碑林所藏與海東關聯墓誌概述〉,《碑林集刊》17, 2011.

趙振華,《洛陽古代銘刻文獻研究》, 三秦出版社, 2009.

趙振華·威娜, 〈羅振玉和洛陽文物研究〉,《洛陽考古四十年-1992年洛陽考古學術研討會論文集》, 科學出版社, 1996.

周偉洲, 〈長安子午谷金可記磨崖碑研究〉,《中華文史論叢》81, 2006.

中國社會科學院考古研究所,《隋仁壽宮·唐九成宮-考古發掘報告》, 科學出版社, 2008.

陳玲, 〈唐代墓誌所見關中鄕里詞語研究〉, 西南大學 碩士學位論文, 2014.

陳邦直,《羅振玉傳》, 滿日文化協會, 1943.

陳尙君, 〈述'全唐文'成書經過〉,《復旦學報(社會科學版)》1995-3.

陳尙君, 〈唐五代文章的總彙-全唐文〉,《古典文學知識》1996-3.

陳呈, 〈唐兩京鄕村地名考論-以出土唐代墓誌爲主的考察〉, 西南大學 碩士學位論文, 2016.

陳垣,《二十史朔閏表》, 中華書局, 1962.

천징푸, 〈韓國 僧侶의 長安에서의 活動〉,《佛敎硏究》23, 2005.

衡劍超, 〈千唐誌齋槪況〉,《東方藝術》2008-16.

黃有福·陳景富,《中朝佛敎文化交流史》, 中國社會科學出版社, 1993.

山崎覺士, 〈唐末五代における杭州と兩浙地方〉,《中國史研究》40, 2006.

山尾幸久, 〈朝鮮三國の軍區組織〉,《古代日本と朝鮮》, 學生社, 1974.

小野勝年,《入唐求法行歷の研究》(上), 法藏館, 1983.

植田喜兵成智, 〈唐人郭行節墓誌からみえる羅唐戰爭-671年の新羅征討軍派遣問題を中心に〉,《東洋學報》96-2, 2014.

奧村佳紀, 〈新羅人の來航について〉,《駒澤史學》18, 1971.

日本內務省地理局,《三正綜覽》, 帝都出版社, 1932.

佐伯有淸, 〈9世紀の日本と朝鮮-來日新羅人の動向をめぐって〉,《歷史學研究》287, 1965.

佐伯有淸, 〈朝鮮系氏族とその後裔たち〉,《古代史の謎お探る》, 讀書新聞社, 1973.

酒寄雅志, 〈唐碑亭, すなわち鴻臚井の碑をめぐって〉,《朝鮮文化研究》6, 1999.

池內宏, 〈高句麗滅亡後の遺民の叛亂及び唐と新羅との關係〉,《滿鮮地理歷史研究報告》12, 1930;《滿鮮史研究》(上世2), 吉川弘文館, 1960.

Marylin M. Rhie, "A Tang Period Stele Inscription and Cave ⅩⅩⅠ at Tien-Lung Shan" Archives Asian Art 28, 1974; 문명대 역, 〈天龍山 제21석굴과 唐代 碑銘의 研究〉,《불교미술》5, 1980.

● 색인